*"Quem existe deve estar em algum lugar, de algum modo, fazendo alguma coisa e para algum fim. Portanto, se vives para movimentar alguma coisa, movimenta a **sabedoria**, mas no sentido do **amor**."*

Osvaldo Polidoro

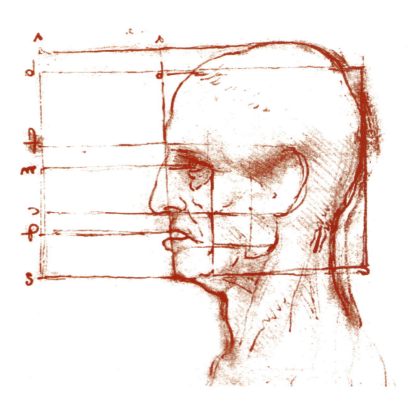

DO RESPIRADOR BUCAL À APNEIA OBSTRUTIVA DO SONO:

ENFOQUE MULTIDISCIPLINAR

Dados Internacionais de Catalogação na Publicação (CIP)
(Câmara Brasileira do Livro, SP, Brasil)

Colombini, Nelson Eduardo Paris
    Do respirador bucal à apneia obstrutiva do sono :
enfoque multidisciplinar / Nelson Eduardo Paris
Colombini, Mônica Moraes Cunha Macedo. -- 1. ed. --
São Paulo : Ícone, 2010.

    Vários colaboradores.
    ISBN 978-85-274-1099-1

    1. Cirurgia bucomaxilofacial 2. Cirurgia
craniomaxilofacial 3. Ortodontia 4. Respiração
bucal 5. Síndrome da apneia do sono I. Macedo,
Mônica Moraes Cunha. II. Título.

	CDD-617.643
10-02551	NLM-WU 400

Índices para catálogo sistemático:

1. Síndrome do Respirador Bucal à Síndrome da
        Apneia Obstrutiva do Sono : Distúrbios
        repiratórios : Diagnóstico e tratamento :
        Ortodontia : Odontologia   617.643

Autores
Nelson Eduardo Paris Colombini*
Mônica Moraes Cunha Macedo**

DO RESPIRADOR BUCAL À APNEIA OBSTRUTIVA DO SONO:
ENFOQUE MULTIDISCIPLINAR

Colaboradores

Ana Luisa Gudin
Arturo Frick Carpes
Claudia P. Maniglia
Elisabeth Tavares
Emanuel Araujo Nogueira (*"in memoriam"*)
José Antonio Patrocinio
José Antônio Pinto
Leonardo Fusazaki
Lucas Gomes Patrocinio
Mauricio Mitsuru Yoshida
Nivaldo Alonso
Rubens Huber da Silva
Tomas Gomes Patrocinio
Vera Nochi Cardim

* MD DDS, Especialista em Cirurgia Crânio Maxilo Facial, Especialista em Cirurgia Buco Maxilo Facial, ORL, Cirurgia Cérvico Facial e Plástica Facial. Doutorado em apneia do sono pela Famerp

** Mestre pelo Programa de Pós-graduação em Odontologia - Área de concentração em Ortodontia da Faculdade de Odontologia da Universidade Metodista de São Paulo (UMESP). Especialista em Radiologia e Imagenologia buco-maxilo-facial pela Associação Brasileira do Ensino Odontológico (ABENO). Especialista em Ortodontia

1ª edição
BRASIL – 2010

© Copyright 2010
Ícone Editora Ltda.

Título Original
Do Respirador Bucal à Apneia Obstrutiva do Sono: Enfoque Multidisciplinar

Projeto Gráfico, Capa e Diagramação
Richard Veiga

Revisão
Cláudio J. A. Rodrigues
Rosa Maria Cury Cardoso

Proibida a reprodução total ou parcial desta obra, de qualquer forma ou meio eletrônico, mecânico, inclusive através de processos reprográficos, sem permissão expressa do editor. Lei nº 9.610/98

Todos os direitos reservados pela
ÍCONE EDITORA LTDA.
Rua Anhanguera, 56 - Barra Funda
CEP: 01135-000 - São Paulo / SP
Fone/Fax: (11) 3392.7771
www.iconeeditora.com.br
iconevendas@iconeeditora.com.br

DEDICATÓRIA

Dedicamos este livro aos nossos pacientes, motivo de nosso constante estudo e aperfeiçoamento profissional.

SOBRE OS AUTORES E COLABORADORES

NELSON EDUARDO PARIS COLOMBINI

- Cirurgião-dentista Bucomaxilofacial;
- Médico com especialização em Otorrinolaringologia, Cirurgia Crâniomaxilofacial e Cérvico-facial e Cirurgia Plástica;
- Doutorado em Medicina pela FAMERP – Área de Concentração em SAHOS;
- Chefe do Serviço de Cirurgia e Traumatologia Maxilofacial do Hospital São Luiz (Unidade Anália Franco);
- Chefe do Serviço de Traumatologia Maxilofacial do Hospital Alemão Oswaldo Cruz.

MÔNICA MORAES CUNHA MACEDO

- Cirurgiã-dentista;
- Mestre e Especialista em Ortodontia;
- Especialista em Imagenologia Bucomaxilofacial.

CLAUDIA P. MANIGLIA

- Médica com especialização em Otorrinolaringologia;
- Especialização em Otorrinolaringologia Pediátrica;
- Docente da FAMERP (São José do Rio Preto).

RUBENS HUBER DA SILVA

- Médico com especialização em Otorrinolaringologia.

LEONARDO FUSAZAKI

- Fisioterapeuta;
- Pós-graduado em Ortopedia e Traumatologia;
- Formação em Terapia Manual.

ELIZABETH TAVARES

- Cirurgiã-dentista;
- Atuação em Ortopedia Funcional dos Maxilares.

ANA LUIZA GUDIN

- Cirurgiã-dentista Bucomaxilofacial.

EMANUEL ARAÚJO NOGUEIRA ("*IN MEMORIAM*")

• Médico especialista em Otorrinolaringologia.

JOSÉ ANTONIO PINTO

• Médico Especialista em Otorrinolaringologia;
• Chefe do Serviço de Otorrinolaringologia do Hospital São Camilo (Pompéia);
• Diretor do Núcleo de Otorrinolaringologia e Cirurgia de Cabeça e Pescoço de São Paulo;
• Coordenador do Departamento de Medicina do Sono da Associação Brasileira de Otorrinolaringologia e Cirurgia Cérvico-facial.

TOMAS GOMES PATROCINIO

• Médico Residente do Serviço de Otorrinolaringologia da Faculdade de Medicina da Universidade Federal de Uberlândia.

LUCAS GOMES PATROCINIO

• Médico e Chefe da Divisão de Cirurgia Crâniomaxilofacial do Serviço de Otorrinolaringologia da Faculdade de Medicina da Universidade Federal de Uberlândia.

JOSÉ ANTONIO PATROCINIO

• Médico e Professor Titular e Chefe do Serviço de Otorrinolaringologia da Faculdade de Medicina da Universidade Federal de Uberlândia.

NIVALDO ALONSO

• Médico e Professor Livre-docente, Chefe do Serviço de Cirurgia Craniomaxilofacial da Divisão de Cirurgia Plástica e Queimaduras do HC-FMUSP.

ARTURO FRICK CARPES

• Médico Otorrinolaringologista pela Associação Brasileira de Otorrinolaringologia e Cirurgia Cérvico Facial;
• Cirurgião Craniomaxilofacial pela Associação Brasileira de Cirurgia Craniomaxilofacial;
• Membro do Comitê de Cirurgia Craniomaxilofacial da Associação Brasileira de Otorrinolaringologia e Cirurgia Cérvico Facial.

MAURICIO MITSURU YOSHIDA

• Cirurgião Plástico pela Sociedade Brasileira de Cirurgia Plástica;
• Cirurgião Craniomaxilofacial, pela Associação Brasileira de Cirurgia Craniomaxilofacial;
• Médico assistente da Disciplina de Cirurgia Plástica da Faculdade de Medicina do ABC.

VERA NOCHI CARDIM

• Médica especialista em Plástica Facial e Cirurgia Crâniomaxilofacial.

ÍNDICE

Prefácio, 13

Capítulo 1
Embriologia e crescimento craniofacial, 19

Capítulo 2
Aspectos histológicos, 39

Capítulo 3
Alterações faciais na síndrome do respirador bucal, 43

Capítulo 4
Alterações posturais e sistêmicas na síndrome do respirador bucal, 69

Capítulo 5
Obstrução nasal na criança e desenvolvimento facial, 75

Capítulo 6
Atendimento interdisciplinar ao respirador bucal, 87

Capítulo 7
Diagnóstico, 91

Capítulo 8
Tratamento ortodôntico do respirador bucal, 105

Capítulo 9
Septoplastia na criança, 129

Capítulo 10
Tratamento cirúrgico aplicado às osteotomias
do terço médio da face e mandíbula, 133

Capítulo 11
Síndrome da apneia obstrutiva do sono (SAOS)
e outros distúrbios respiratórios, 189

Capítulo 12
Cirurgia nasal do respirador bucal, 265

Capítulo 13
Indicações e fundamentos técnicos da correção
da obstrução nasal no respirador bucal, 271

Capítulo 14
Enfoque da ortopedia funcional no
tratamento do respirador bucal, 289

Capítulo 15
Fisioterapia aplicada ao respirador bucal, 299

Capítulo 16
Síndromes craniofaciais associadas com
distúrbios respiratórios, 303

Capítulo 17
Cirurgia craniomaxilofacial na síndrome
da apneia obstrutiva do sono, 349

PREFÁCIO

Prof. Dra. Vera Nochi Cardim

No próximo fim de semana haverá competição esportiva entre todas as escolas do ensino fundamental da cidade. João adora futebol, e se inscreveu alegremente para participar representando sua escola. Foi sumariamente preterido!

O professor de educação física alegou que apesar de seu grande conhecimento e habilidade no jogo, cansa muito e não consegue manter eficiência nem mesmo durante o primeiro meio tempo. Por isso escolheu outro em seu lugar.

As notas também não estão boas, tem conseguido aprovação sempre no limite, muitas vezes com recuperação. Todas as brincadeiras dos colegas são acompanhadas com dificuldade, o cansaço o impede de compartilhar plenamente. Tem percebido que muitos dos passeios e programas que antes eram feitos em grupo, agora são planejados sem o seu conhecimento.

Sobram o computador, com seus games e chats, e as longas noites agitadas, povoadas de pesadelos, tendo como única testemunha o copo d'água na cabeceira. Pela manhã o copo vazio, o corpo cansado, a cabeça oprimida, a obrigação da escola. E aquelas aulas intermináveis, aqueles ensinamentos longínquos, que parecem passar em uma tela que ora se apaga e ora retorna em sua mente. Como lembrar tudo? Como guardar tudo isto para a prova?

E para piorar tudo isto, a face começa a mudar, este nariz está ficando grande demais, esta boca entreaberta e estas orelhas que nunca pareceram tão grandes começam a provocar apelidos. Ah! Realmente está tudo muito difícil!

João lembra que quando era ainda muito pequeno (6 ou 7 anos, talvez?) sua mãe o levou ao médico, e ele operou a garganta. Depois daqueles dias difíceis, sua vida tinha melhorado muito, e ele se sentia muito bem. Mas logo as dificuldades foram voltando, e o copo d'água passou a acompanhar suas noites. Há pouco tempo voltou ao médico, e ele falou que existe um desvio de septo que atrapalha sua respiração, mas que não se pode tocar em septo durante a fase de crescimento, pois o septo é um centro de crescimento muito importante.

O nariz, então? Nem pensar! Só depois dos 17 anos poderá se livrar daquela corcova que teima em crescer no centro da sua face.

E as orelhas? Bem, isto pode ser corrigido agora aos 13 anos, mas porque não espera para aproveitar a anestesia, quando for operar o nariz aos 17 anos?

Voltou para casa então carregando o peso daquela sentença. De volta ao computador, e às noites de pesadelos.

Passa-se o tempo, aumenta sua carga. O estudo cada vez mais penoso, os grupinhos cochichando à sua passagem, nos corredores da escola. As meninas, sorrindo evasivas e se afastando, as festas acontecendo e João ausente. Ou porque não foi convidado, ou porque já não tem coragem de enfrentar aqueles olhares de desaprovação. Melhor ficar em casa, com o computador!

Afinal, conforme o tempo passa, também algo muito bom acontece: aproxima-se o mágico aniversário de 17 anos! Ah, isto vai mudar sua vida! Seus pais já lhe prometeram que, em vez da viagem, vão lhe presentear com uma cirurgia plástica!

Agora só falta 1 mês para o aniversário. Chega o grande dia da consulta.

O médico o examina, pede-lhe exames, ouve suas queixas, mostra-lhe um álbum de narizes operados e lhe pergunta o que deseja para o seu nariz. João logo aponta a giba, e pede: por favor, livre-me deste osso! E também gostaria de juntar um pouco estas orelhas! O médico então acolhe seus pedidos, e mostra que o queixo está muito apagado: se colocar um silicone, o perfil vai ficar esplêndido!

Os exames são feitos e, tudo preparado, chega o grande dia! João nunca pensou que um acontecimento pudesse conter lados tão contraditórios: o medo, a insegurança, a aventura da cirurgia, e a alegria de ter a certeza de que dali em diante sua vida seria completamente diferente.

Passam-se os sombrios dias de pós-operatório: tampão, inchaço, olhos roxos. Todas as amigas de sua mãe em visita, comentando: "para que foi fazer isto? Era tão bonito, não precisava! Ela sim, está com um pneu horrível que não sai com ginástica! Que tal o cirurgião plástico? É bonito? É atencioso? Cobra caro? Me consiga o telefone!!!"

E assim se passam os dias, o resultado aparece. Mais seguro, João já se relaciona melhor, agora já são três garotas interessadas. Finalmente, sua vida mudou! As noites continuam difíceis, aquele copo d'água continua na sua cabeceira. O cirurgião fala que está tudo bem, mas ele continua roncando, e o estudo continua muito pesado. Principalmente agora, que está na escola e no cursinho. O vestibular é implacável e se aproxima cada vez mais.

Esta ficção representa o que vem acontecendo com a grande maioria dos respiradores bucais nas últimas três ou quatro décadas. A falta de valorização do aspecto funcional por parte das especialidades médicas diretamente envolvidas com estes pacientes (pediatria, hebiatria, otorrinolaringologia, cirurgia plástica) conduz à má administração da evolução facial durante o crescimento. Isto impede que condutas

PREFÁCIO

simples e pontuais levem à correção morfofuncional da face ainda neste período de desenvolvimento.

Voltemos à história do João, para reconstruí-la à luz do raciocínio lógico.

Na fase dos 6 ou 7 anos, quando se diagnosticou a hipertrofia adenoidiana, esta obstrução de nasofaringe impedia a respiração nasal. Com isto, a falta de pressão nas fossas nasais manteve as fossas piriformes altas e atrésicas, o soalho alto e por conseguinte o septo cartilaginoso (programado para crescer verticalmente no espaço criado pela absorção do soalho) começou a se desviar.

Ao desobstruir a nasofaringe com a adenoidectomia, a complementação esperada seria o acompanhamento com fonoaudiologia e ortopedia maxilar.

Respirando pela boca até os 6 anos, a criança não consegue trocar completamente o padrão respiratório apenas ao se desobstruir a via anatômica, pois o automatismo cerebral mantém o antigo padrão. É necessária a terapia miofuncional, para reeducar respiração, postura de lábios e língua, deglutição e hábitos mastigatórios. A falta de chave oclusal originada pela respiração bucal determina um colapso da arcada superior, com uma ogiva palatal que dificulta ainda mais o trânsito do ar pelo nariz. A ortopedia maxilar neste momento será de grande ajuda, pois com o expansor agindo na sutura palatal, a ogiva tenderá a descer, auxiliada pela pressão aérea presente na fossa nasal. Com isto o septo cartilaginoso se acomodará, e respirando normalmente pelo nariz a boca poderá fechar. Os côndilos serão então normalmente estimulados, provocando bom crescimento de ramos e regiões basilares, e a língua permanecerá bem posicionada na pélvis oral, influenciando o adequado crescimento do corpo mandibular.

Imaginando que com estes procedimentos não se tenha conseguido reverter o desvio septal já instalado, o que fazer? A avaliação e o diagnóstico do otorrino é fundamental, e o distúrbio detectado deverá ser tratado. Se alergia, tratamento clínico criterioso. Se desvio de septo, septoplastia. Septoplastia em criança??? Mas o septo não é o maior centro de crescimento da face?

Sim, durante a vida intrauterina! Após o nascimento, as forças da coluna aérea e das funções faciais são soberanas. Lembremos da Matriz Funcional de Moss!

Se objetiva e focada, a cirurgia trará muito menos comprometimento ao crescimento do que a manutenção da função alterada.

Analisemos agora a história do João a partir dos 13 anos, quando teve a oportunidade de nova consulta, considerando que nenhum destes cuidados tenha sido seguido aos 7 anos, como na história inicial. O que deveria ter sido feito?

Primeiramente, a espera convencionada dos 17 anos é discutível, pois o restabelecimento da função respiratória nasal iria preservar a forma conseguida na rinoplastia estética, se esta tivesse indicação para ser feita aos 13 anos para minimizar danos psicológicos.

A cirurgia funcional pode e deve ser feita em qualquer idade, aliás o mais precocemente possível, logo da detecção do problema. Isto inclusive seria a profilaxia da degeneração estética, pois a giba se forma por crescimento exagerado do dorso ósseo. E os ossos nasais são hiperestimulados devido às trações aumentadas que recebem através do sistema ligamentar da ponta cartilaginosa. Como os ligamentos se inserem junto com o lábio superior, o esforço adicional que este dispende para selar os lábios é transmitido pelo sistema ligamentar, e os respiradores bucais mistos desenvolvem rinomegalia. Naqueles em que a respiração bucal é pura durante toda a infância, o retrognatismo é tão intenso que inviabiliza o selamento labial. O lábio superior então fica funcionalmente abandonado, e esta hipotonia não emite tração efetiva ao sistema ligamentar da ponta, gerando um dorso nasal ósseo hipodesenvolvido, de padrão negróide.

Nunca esquecer que, em qualquer idade, as cirurgias de restabelecimento de via aérea devem ser sempre acompanhadas pela reeducação miofuncional orientada pela fonoaudióloga. A respiração correta, o fechamento da boca com o restabelecimento da chave oclusal, o posicionamento da língua (em repouso e deglutição) são os fatores responsáveis pela correção morfofuncional evolutiva.

Isto se aplica às crianças, onde o crescimento será modulado, e aos adultos, onde o envelhecimento facial também será menos deformante, por não continuar o padrão antigo de remodelagem óssea.

Já que acabamos de discutir a história do João aos 13 anos, vamos imaginar o que poderia ter sido feito aos 17 anos, tendo sido perdida aquela oportunidade na adolescência.

A partir da queixa estética e funcional, sem dúvida a rinosseptoplastia foi rigorosamente bem indicada e realizada com sucesso. E o que estaria fazendo com que ainda não tenha uma boa respiração nasal, principalmente à noite?

Quando o ar não passa na fossa nasal, também não passa pelo seu primeiro limite ósseo, que é a fossa piriforme. Esta se mantém alta e atrésica, por falta da pressão aérea que teria provocado reabsorção de suas margens. Não adianta corrigir o corredor por onde o ar deve passar, se não se abrir a porta, remodelando a fossa piriforme da forma como o ar o teria feito ao passar durante a fase de crescimento.

Além disto, a necessidade de respiração bucal provocou um desequilíbrio de forças musculares, fazendo com que a pélvis oral esteja relativamente mais ativa (abertura de boca) do que os músculos de fechamento. A língua, responsável então pela umidificação, aquecimento e limpeza do ar a ser respirado, se eleva em direção ao palato, e a retroposição de sua base (dada por esta postura e a falta de adequado crescimento da mandíbula) irá obstruir a orofaringe, principalmente durante o sono. O mento está apagado, justamente pela pressão que a musculatura do quadrado da barba exerce sobre sua face anterior. O lábio inferior também é hipertônico, pelo esforço do selamento labial difícil.

Ao se interpor um aloplástico de superfície lisa (o silicone, por exemplo) entre a pressão muscular e o osso, este volume adicional estará intensificando a pressão imposta ao osso. Em pouco tempo a erosão óssea rouba o efeito de aumento mentual, sem contar outros prejuízos que este desgaste ósseo (às vezes também dos ápices radiculares) pode causar. Se não houvesse a obstrução respiratória, poderíamos optar por um aloplástico poroso, que permite que a fibrose que o invade tracione o plano ósseo sem provocar erosão.

Em respirador bucal, porém, a projeção do mento obrigatoriamente deverá ser feita por avanço e fixação anterior do retalho osteomuscular da região basilar mesial. Isto fará uma distensão da pélvis muscular, encaixando a língua no espaço do arco mandibular, e consequentemente trazendo sua base para frente, o que desobstrui a orofaringe. Tudo isto logicamente apenas se torna efetivo a longo prazo se for submetido à reeducação miofuncional. Por isto o seguimento fonoaudiológico é fundamental.

A história do João retratou apenas o quadro mais comum de alteração respiratória. A variabilidade é enorme, e os casos mais complexos receberão proporcionalmente tratamentos específicos. Isto nos mostra o quanto é importante o diagnóstico preciso.

Baseados em um diagnóstico funcional, poderão ser acionadas todas as áreas multiprofissionais envolvidas, levando à melhor resolução do caso. O arsenal propedêutico disponível para auxiliar o diagnóstico tem se tornado progressivamente sofisticado, e auxilia em muito este entendimento. A polissonografia, a tomografia, ressonância magnética, nasofibroscopia, rinomanometria, cefalometria e até mesmo o eletroencefalograma trazem muita luz ao entendimento dos quadros de apneia ou síndromes obstrutivas, sempre auxiliados e enriquecidos pela avaliação da fonoaudiologia, ortopedia maxilar e ortodontia, psicologia e várias outras especialidades.

Logicamente de nada serviria tratar uma apneia de sono de cunho metabólico com um avanço bimaxilar, ou desobstruir a nasofaringe se a obstrução está na orofaringe.

Nunca até hoje se dispôs de tantos meios de diagnosticar e tratar a apneia de sono. É um assunto aparentemente inesgotável, porém nunca também alguém se deteve a reunir o máximo possível de evidências, informações e caminhos para nos presentear com uma obra tão enriquecedora como esta que temos às mãos. Sintomaticamente, este presente nos vem de uma parceria multidisciplinar! Um médico e odontólogo com especialidades expandidas na Cirurgia Craniofacial, e uma ortodontista, especializada no acompanhamento das cirurgias ortognáticas. Não poderia haver comunhão mais produtiva e adequada!

Do Dr. Nelson Colombini posso falar, pois durante algum tempo, há muitos anos (20, talvez?) compartilhamos cirurgias na Beneficência Portuguesa.

Ele, com a formação em cirurgia de Cabeça e Pescoço (que eu, cirurgiã plástica, não tinha) muito me ensinou. Posso dizer que toda a vivência e experiência de Cabeça e Pescoço que um cirurgião craniofacial precisa ter, devo principalmente a ele.

Eu, entusiasta dos raciocínios funcionais, apaixonada pelo estudo do crescimento facial, imagino que o tenha influenciado um pouco também. O tempo passou, sobra a admiração e a gratidão por tudo isto.

E tenho a certeza de que, ao ler este livro, você também levará um pouco do entusiasmo do Dr. Nelson para a sua prática diária.

Desfrute dos conhecimentos contidos nesta obra, e use o seu próprio bom senso e entusiasmo para dar seguimento a estas ideias e ampliar as possibilidades de abordagem diagnóstica e terapêutica em uma área tão importante da Medicina.

Vera Nochi Cardim

CAPÍTULO 1

EMBRIOLOGIA E CRESCIMENTO CRANIOFACIAL

NELSON E. P. COLOMBINI - MÔNICA M. C. MACEDO

Introdução

A sequência dos eventos da morfogênese da face distingue-se durante o segundo mês de desenvolvimento pré-natal, mais propriamente na última metade do período embriogênico.

O período embriogênico inclui as primeiras oito semanas pós-ovulatórias, no qual o embrião atinge aproximadamente 2 a 2,7 gramas, com formação do esboço umeral sendo seguido pelo período fetal, que se estende até o nascimento. A morfogênese facial tem seu início propriamente na quarta semana, momento em que o embrião possui 30 ou mais somitos e já se diferenciam os esboços dos braços e das pernas.

A região de um embrião humano de quatro semanas é na sua maior parte apenas um cérebro recoberto por uma fina camada de ectoderma-mesoderma. Esta região apresenta uma depressão central, chamada estomódio ou stomodium, que será a futura boca.

À medida que há expansão da região cefálica, a membrana que recobre o estomódio não o acompanha. Esta fina camada se rompe, e a faringe abre-se para exterior.

Nesta fase, podemos observar que a faringe é o segmento mais anterior do tubo digestivo, sendo revestida pelo endoderma. Seu lúmen é delimitado bilateralmente pelos arcos branquiais ou fendas. Entre estes encontram- se as fissuras faringeais externamente e as bolsas faríngeas internamente. Todos esses arcos e algumas das fissuras e bolsas dão origem a estruturas adultas específicas da cabeça e pescoço.

Cada osso do complexo craniofacial possui um nervo craniano específico e, portanto, cada nervo supre as outras estruturas que derivam daquele arco em particular.

O 1º arco branquial origina:
- Mandíbula e músculos.
- Intumescência maxilar (primórdio do arco maxilar).
- Ossículos da orelha média: martelo e bigorna.
- Nervo trigêmeo (V par) da divisão mandibular (V3).

A cartilagem de Meckel ou cartilagem do 1º arco, possui profileração autônoma e é rodeada por tecido mesenquimal, onde se pode observar uma orientação de crescimento neuroaxial. A ossificação tem seu início na bifurcação do nervo mandibular, ao nível do forame mentoniano. Como o tecido mesenquimal é anterior e situado externamente à cartilagem, o corpo mandibular forma-se sobre este, a partir deste tecido conjuntivo embrionário.

As apófises mandibulares sobre controle muscular, ou seja, o processo coronóide, o gônion e a apófise sinfisária são formados por condrificação secundária. Na apófise condilar, observam-se suas persistências na forma cartilaginosa, a qual está sujeita a influências mecânicas geradas por atividades dos músculos mastigatórios, em especial do pterigóideo lateral. O pericôndrio da cartilagem de Meckel forma o ligamento esfenomandibular (figuras 1 a 7).

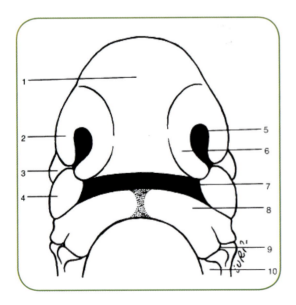

Fig. 1 - Desenvolvimento da face 5 semanas.

1 - Proeminência frontal
2 - Intumescência nasal lateral
3 - Olho
4 - Intumescência maxilar
5 - Fossa nasal
6 - Intumescência nasal média
7 - Estomódio
8 - Intumescência mandibular
9 - Fissura hióide mandibular
10 - Arco hióide

(De Enlow, *Crescimento Facial - Artes Médicas*, 1993)

Capítulo 1

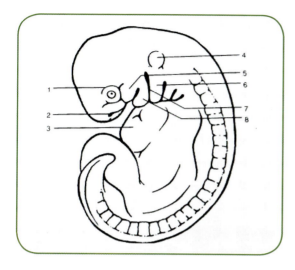

Fig. 2 - Embrião humano com 5 semanas.

1 - Olho
2 - Ápice nasal
3 - Proeminência cardíaca
4 - Vesícula auditiva
5 - Processo maxilar
6 - Arco hióide
7 - Fissura hiomandibular
8 - Arco mandibular

(De Enlow, *Crescimento Facial - Artes Médicas*, 1993)

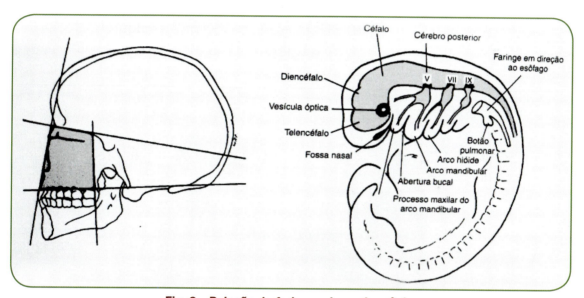

Fig. 3 - Relação da faringe e base do crânio.

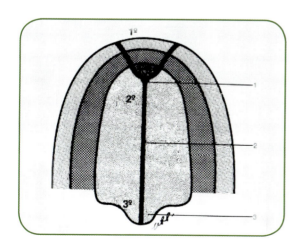

Fig. 4 - Completa fusão do palato (9 semanas).

1º: forame incisivo
2º: rafe palatina
3º: úvula

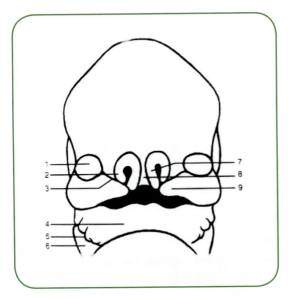

Fig. 5 - Face entre 6 e 7 semanas.

1 - Olho
2 - Intumescência nasal lateral
3 - Sulco nasomaxilar lacrimal
4 - Intumescência mandibular
5 - Fissura hiomandibular
6 - Arco hióide
7 - Intumescência naso medial
8 - Região nasal média onde o septo nasal está se formando
9 - Intumescência maxilar

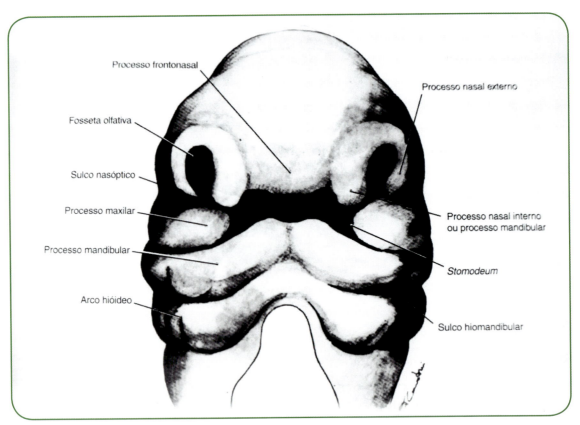

Fig. 6 - Embrião de 5 semanas com cerca de 6 a 9 mm.
(De Sérgio Lessa e Sérgio Carreirão, *Tratamento das fissuras labiopalatinas*, 1981)

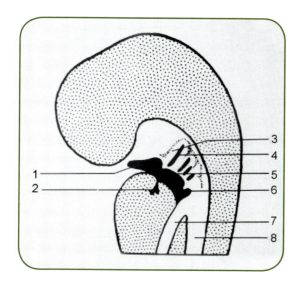

Fig. 7.

1 - Corpo da língua
2 - Divertículo da tireóide
3 - Arco mandibular
4 - Bolsa entre o 1º e 2º arcos
5 - Raiz da língua (cópula)
6 - Intumescências aritenóides
7 - Traqueia
8 - Esôfago

(De Enlow, *Crescimento Facial - Artes Médicas*, 1993)

OSSIFICAÇÃO E CRESCIMENTO PRÉ-NATAL DA MANDÍBULA

No período fetal inicial observa-se padrão de deposição predominante. Os padrões reabsortivos terão início mais tarde com a formação dos gérmens dentários. Em bases gerais a borda anterior do ramo possui padrão reabsortivo e a borda posterior, de deposição. No corpo, em sua face vestibular, ocorre deposição óssea e na lingual, reabsorção, com determinação de crescimento anterior desta região mandibular. O 2º arco branquial ou arco hióide forma também um modelo cartilaginoso que dá origem ao aparelho hióide e o terceiro ossículo da orelha média, o estribo; os canais semicirculares e cóclea desenvolvem-se próximo deste arco, a partir da vesícula auditiva.

Sua porção mesenquimal dá origem ao músculo estilóideo e aos músculos da expressão facial. O nervo craniano envolvido no processo é o VII par ou facial. Os 3º, 4º e 6º arcos faríngeos dão origem ao restante do aparelho hióide, as cartilagens laríngeas e aos músculos da laringe. Os nervos relacionados com este processo são o glossofaríngeo (3º arco) e o vago (4º e 6º arcos). Tem também origem no 3º e 4º arcos, a paratireóide e o timo.

A língua possui formação a partir do 1º arco mandibular direito e esquerdo anteriormente, e sua base a partir dos 3º e 4º arcos. Na porção anterior observa-se participação do V par craniano e um ramo do VII par que se junta a este, e, na base da língua, a inervação é fornecida pelo glossofaríngeo e vago.

A formação da glândula tireóide está relacionada com a língua; o primórdio desta glândula forma um divertículo profundo a partir do epitélio endodérmico de revestimento, no assoalho faríngeo, exatamente entre o 1º e o 2º arcos.

Com atenção à maxila, no embrião de cinco semanas, observa-se a formação da fosseta olfativa, que é uma estrutura em forma de ferradura aberta para a luz do estomódio.

O crescimento ectoblástico ao redor da fosseta olfativa irá formar os processos nasais internos ou mediais e externos ou laterais. O processo maxilar evolui deixando um sulco profundo entre si e o processo nasal externo chamado sulco naso óptico.

Os processos maxilares e nasais caminham para linha média no sentido de se fusionarem. Na sexta semana destacam-se o crescimento do processo frontonasal e fusão dos processos nasais internos e os maxilares. Os processos nasais externos formarão as asas nasais. A porção caudal do processo nasal interno (medial) cresceu sobre o segmento médio da fenda bucal.

Na sétima e oitava semanas pode-se observar no conjunto o esboço facial definitivo; há fusão medial dos processos nasais internos ou mediais e maxilares que determinarão a ponta nasal, columela, filtro e septo cartilaginoso. O processo frontonasal diferenciará a região frontal, o dorso e a raiz do nariz.

O aparelho lacrimal se formará a partir do fechamento do canal naso-óptico. Ao mesmo tempo, nesta fase os processos mandibulares direito e esquerdo fusionam-se centralmente para formar a sínfise mandibular.

Mais propriamente em relação ao palato, as prateleiras direita e esquerda, formadas a partir do arco maxilar, tendem a fusionar-se medialmente, acompanhando simultaneamente o crescimento do terço médio e inferior, quando a língua deixa de interpor-se entre elas. As camadas nasais e orais nesta fase, estão separadas anteriormente pelo palato primário (processo palatino mediano) que foi formado pela fusão dos processos nasais medianos ou internos (pré-maxila). Então, o palato primário, originário dos processos nasais internos e mediais, é mantido como um pequeno segmento mediano situado acima do forame incisivo, limite médio entre a região primária e secundária do palato. A fusão das prateleiras palatinas direita e esquerda formam o palato secundário, esta região do palato é uma extensão direta da maxila, a partir da qual se desenvolve.

Neste evento temporal ocorre fusão do septo nasal com o palato diferenciando a fossa nasal direita e esquerda da cavidade bucal, subsequentemente desenvolvem-se as conchas ou cornetos nasais. As lâminas do palato mole são as últimas a se fundirem para formar a úvula em torno da nona semana. Nesta fase completa-se a formação das coanas secundárias.

Com interesse a ossificação do complexo craniofacial, esta teve sua origem a partir da oitava semana de vida intrauterina (fase fetal). Dois tipos de ossificação ocorrem: uma direta ou membranosa e outra indireta ou endocondral a partir da cartilagem (figura 8). O crescimento cerebral possui papel na determinação da morfologia dos ossos do esqueleto craniofacial. A atividade muscular representa o fator complementar e modulador da formação óssea.

OSSIFICAÇÃO E CRESCIMENTO PRÉ-NATAL DO TERÇO MÉDIO E SUPERIOR DA FACE

Na ossificação das estruturas faciais do terço médio e superior, destacam-se ação de crescimento cerebral e nervoso e a função muscular; nesta fase, os ossos expandem-se em todas as direções, a partir de seus respectivos centros de ossificação.

Centro de ossificação

A maxila possui um centro de ossificação relacionada com trajeto e emergência do nervo infraorbitário medialmente, outro anterior pré-maxilar ou incisivo, situado na bifurcação entre o nervo dentário anterior e superior (Dixon, 1953). A estrutura lateral possui padrão determinado pela inserção do músculo masseter e do complexo dentoalveolar inferiormente.

Na pré-maxila, a ossificação e desenvolvimento são considerados como osso único. Sua ossificação tem sido relacionada pela somatória de vários centros, como o vomeriano que constitui um suporte funcional, a emergência do nervo esfenopalatino no canal palatino e o desenvolvimento do osso frontal sob controle de crescimento cerebral (rinencéfalo).

Durante o período frontal a superfície externa de toda a maxila, incluindo sua parte anterior, é de deposição óssea, que irá assim determinar o alongamento do arco, o qual, por sua vez, acompanha o desenvolvimento dos gérmens dentários.

No feto, o arco maxilar possui padrão de crescimento predominantemente horizontal. A maxila posterior e sua porção infraorbitária também possuem padrão de deposição, principalmente observados na tuberosidade, o que colabora no crescimento horizontal.

O soalho orbitário bem como a órbita como um todo, guarda relação de crescimento com o globo ocular e o deslocamento inferior de todo o complexo nasomaxilar pelo crescimento ósseo contínuo da sutura frontomaxilar. A reabsorção anterior e a deposição posterior do forame redondo (V2) acompanham o crescimento anterior de todo complexo facial.

No osso palatino é descrito o centro de ossificação, a partir da emergência dos nervos palatinos, que possuem padrão de desenvolvimento vertical, e no padrão horizontal através da ação muscular do grupo velofaríngeo.

No período fetal o lado nasal do palato, incluindo o osso palatino, é de reabsorção, exceto ao longo da linha média, e a superfície bucal é de deposição (Enlow). Disto resultam o crescimento inferior do palato e o alargamento vertical das fossas nasais.

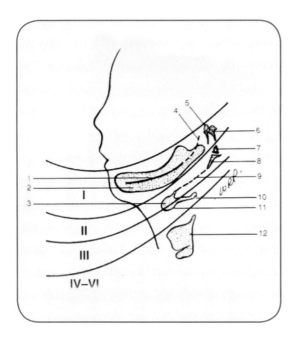

Fig. 8 - Derivações dos arcos faríngeos.

1 - Cartilagem de Heckel
2 - Osso intramembranoso desenvolvendo-se ao redor da cartilagem de Heckel
3 - Região superior do corpo e corno menor do hióide
4 - Ligamento esferomandibular
5 - Martelo
6 - Bigorna
7 - Estribo
8 - Processo estilóide
9 - Ligamento estilóide
10 - Corno maior do osso hióide
11 - Região inferior do corpo do hióide
12 - Cartilagens laríngeas

(De Enlow, *Crescimento Facial - Artes Médicas*, 1993)

No desenvolvimento da lâmina vertical do osso palatino, observa-se reabsorção em contraste com a deposição encontrada em sua superfície lateral.

A forma de vômer é em "V" anteriormente, que possui padrão de deposição, e "Y" posteriormente, na qual observa-se deposição das porções adjacentes à sutura, e reabsorção em sua parte central. A base pré-esfenoidal (Kier e Dollander, 1973) é principalmente controlada quanto à ossificação e crescimento pelas apófises pterigóides. Nestas observam-se segundo esses autores, dois centros principais de ossificação, um mesenquimal na asa externa (maior) e outro cartilaginoso na asa interna (menor), este último relacionado com o desenvolvimento das expansões ópticas do condrocrânio. No período fetal, no pré-esfenóide é observada reabsorção na superfície endocraniana.

Na asa menor ocorre reabsorção apenas em suas porções posterior inferior (limite da fissura orbitária superior) e deposição na porção posterior da fossa craniana anterior. Também ocorre reabsorção anterior ao nervo óptico e sulco quiasmático, que coincidem com o crescimento maior do olho em relação com o lobo cerebral, o que por sua vez, acompanha o deslocamento para frente da face.

A base occipital, acompanhando a direção de crescimento, mostra padrão de reabsorção endocraniana, e deposição ectocraniana com a permanência da cartilagem do côndilo occipital ao nascimento. O crescimento da sincondrose esfenoccipital continua até mais ou menos quinze anos, em seu fechamento estimado ao redor dos vinte anos. A sincondrose interesfenoidal cessa seu crescimento ao nascimento, e seu fechamento varia dos cinco aos vinte anos.

O etmóide forma-se a partir da cápsula nasal, dividindo-se em duas estruturas definidas (Grasse, 1967): uma mais anterior, denominada mesoetmóide de padrão cartilaginoso que forma o eixo do nervo olfatório, e duas outras laterais, os ecto-etmóides, cuja função respiratória é um dos principais fatores envolvidos em sua expansão.

Os labirintos etmoidais (ectoetmóides) formados em grande parte pelas conchas nasais médias e superiores, começam sua ossificação ao redor da 17ª semana com remodelação sendo observada na 26ª semana.

Na concha média, a deposição ocorre superiormente, e a reabsorção, inferiormente; contrariamente à concha superior, que é de reabsorção superiormente e deposição inferiormente. A concha nasal inferior inicia a sua ossificação a partir de molde cartilaginoso em período mais precoce que a concha média e superior, com padrão de reabsorção inferior e deposição superior na fase fetal.

No mesoetmóide (fossa anterior do craniomedial) observam-se reabsorção na face craniana e deposição na superfície inferior.

O osso zigomático classicamente é formado pela confluência de três centros de ossificação:

O superior ou pós-zigomático, o anterior ou pré-zigomático e o póstero-inferior ou zipo-zigomático (Albrecht, Toldt, 1912; Lê Doublé, 1903, Rambant et Renaut).

O principal centro de ossificação está relacionado com o ramo temporozigomático de V2 completada pela ação muscular originária da mastigação.

O crescimento fetal do osso zigomático é de padrão de deposição lateral acompanhando o desenvolvimento maxilar.

A estrutura fronto-orbital desenvolve-se do eixo neuroaxial situado a partir do nervo frontal (ramo V1) e seus ramos envolvendo também em seu desenvolvimento a expansão cerebral do lobo frontal e a espinha nasal e apófise frontal da maxila complementados por centros de ossificação secundários.

A região frontal possui padrão de crescimento fetal, com reabsorção na superfície endocraniana, exceto ao longo da crista média e deposição na superfície extracraniana. Na metade do arco orbitário nesta fase observa-se reabsorção; e na metade lateral deposição na face intraorbitária.

O teto orbitário é de reabsorção na face orbital e de deposição na face dural; no entanto, estes padrões se invertem no último trimestre, adquirindo características de crescimento pós-natal devido aos desenvolvimentos cerebral e ocular.

A ossificação do osso temporal é revestida de especial importância por ocorrer concomitantemente com a do côndilo mandibular e arco zigomático.

É de padrão cartilaginoso a partir da cartilagem de Reichert's, envolvendo fatores controladores como o crescimento cerebral, atividade do músculo temporal e do esternocleidomastóideo. Na região do osso temporal são observados deposições na superfície média da parte petrosa e reabsorção na porção lateral.

No nascimento, o comprimento total de toda a caixa cerebral atinge 63% do desenvolvimento total. A calota craniana do recém-nascido possui seis fontanelas. A posterior ossifica-se ao nascimento, a anterior com um ano de idade, as ântero-laterais com cerca de 15 meses a as póstero-laterais com 18 meses.

Na sutura metópica a fusão irá ocorrer por volta de dois anos de idade. A cranio-sinostose representa a fusão prematura das suturas cranianas, que pode ser complexo como na Síndrome de Apert determinada por herança autossômica dominante, na qual observa-se fusão prematura das suturas cranianas com comprometimento da função mental, acompanhada de malformações faciais, sindactilia, cardiopatia e outras malformações.

A craniosinostose simples determinará a forma da cabeça na dependência da sutura ou suturas envolvidas, a ordem de acometimento e ritmo de fechamento podem ocorrer na fase pré-natal ou pós-natal. Enlow aponta como regra geral, que a restrição ao crescimento ocorre em ângulos retos em relação com a sutura fundida, com expansão compensatória na mesma direção desta sutura.

DESENVOLVIMENTO CRANIOFACIAL PÓS-NATAL

A maturação dos vários sistemas constituintes do organismo não é simétrica, e ocorre em épocas diferentes. O crescimento e desenvolvimento da criança dependem de vários fatores, dentre eles: o genético, o nutricional, o hormonal, o funcional, entre outros.

A avaliação da relação peso e altura pode ser realizada por meio de tabelas que demonstram as marcas fundamentais do desenvolvimento de progressão normal.

O crescimento não é proporcional ou equivalente nos diversos órgãos do corpo, o mesmo acontecendo em relação à cabeça e face. Observa-se que as mudanças do crânio e da face com relação a outros segmentos corporais durante a vida, ocorre com predomínio de crescimento de sentido cefalocaudal.

Da mesma maneira, quando o padrão de crescimento facial é visto com perspectiva do gradiente cefalocaudal, não é de surpreender que a mandíbula cresça mais que a maxila, que está mais longe do cérebro, em comparação com os membros inferiores, que no adulto representam metade do comprimento corpóreo em contraste com um terço deste segmento quando do nascimento (Profitt).

Se for considerado todo o progresso de crescimento pós-natal, veremos, com interesse à cirurgia ortognática, que a adolescência representa o mais importante período. É nela que ocorrem profundas mudanças na face, com troca da dentição mista para a permanente, ao lado da maturidade sexual, pico do crescimento e mudanças fisiológicas dos órgãos internos.

Nesta fase, distinguem-se a ação dos hormônios sexuais oriundos do estímulo hipotalâmico sobre a hipófise anterior, que, por sua vez, produzirá gonadotrofinas.

As gonadotrofinas estimulam células endócrinas nos órgãos sexuais masculinos e femininos. Nos homens, as células dos testículos produzem predominantemente testosterona; e, na mulher, as gonadotrofinas estimulam secreção de estrogênio pelo ovário e, mais tarde, progesterona pelo mesmo órgão.

Além do crescimento e maturação das genitálias, observa-se na adolescência contração da atividade linfóide ao lado de aumento do crescimento geral do corpo. Nesta fase, as meninas possuem um ritmo de crescimento diferente dos meninos, apesar de os estágios finais de maturação sexual serem equivalentes. É observada, nesta fase, desconjugação do crescimento corpóreo com o crescimento maxilar e mandibular.

A mandíbula cresce mais que a maxila e parece fazê-lo um pouco antes do pico de crescimento principalmente em meninas. O crescimento mandibular ocorre mais em relação com o corpo mandibular horizontalmente e ramo verticalmente, que irão alterar as relações maxilo-mandibulares, tornando o perfil menos convexo.

Dentro de esqueleto temos situações de crescimento a partir de modelos cartilaginosos com sua substituição por osso (ossificação endocondral), ao lado de outras em que a formação óssea é possível sem qualquer participação de cartilagem intermediária, a qual chamamos de formação óssea intramembranosa. Como a porção basal do crânio, o esqueleto do tronco e apendiciforme possuem crescimento a partir de modelos cartilaginosos, o crescimento intersticial assume relevante importância no crescimento esquelético do corpo.

Apesar de a forma de crescimento intersticial ser restrita ao tecido mole, ela também ocorre no tecido calcificado, em sua periferia, por secreção extracelular perióstica, que é mineralizada e integrada ao tecido ósseo; ao lado da formação de novas células pela atividade perióstica. Assim, dentro do esqueleto há situações de crescimento a partir de modelos cartilaginosos com sua substituição por osso (ossificação endocondral), ao lado de outras em que a formação óssea é possível sem qualquer participação de cartilagem intermediária, chamada de formação óssea intramembranosa.

Dentro do esqueleto craniofacial, pode-se observar a combinação destes dois tipos de ossificação, sendo a abóboda craniana, a maxila e a maior parte da mandíbula (corpo) de formação intramembranosa. A base craniana, na sincondrose esfenoccipital, sutura interesfenoidal e esfenoetmoidal, e a porção do ramo mandibular são de formação endocondral.

A remodelação que define os modelos de aposição e reabsorção óssea ocorrem tanto em ossos de formação endocondral, como naqueles que se formam a partir do tecido conjuntivo. A regulação do crescimento craniofacial é realizada por meio de vários mecanismos, a saber: fatores genéticos intrínsecos, fatores epigenéticos e fatores de distúrbios do crescimento. No processo de desenvolvimento de crescimento facial e principalmente do terço médio da face, distingue-se a participação da base do crânio que constitui a plataforma sobre a qual a face se desenvolve.

À medida que o cérebro se expande, os ossos da calvária são correspondentemente deslocados para fora. Este deslocamento primário, criado pelo crescimento visceral, faz com que as suturas se expandam e as membranas suturais realizem deposição de osso em sua intimidade. Esta deposição se dá no lado endocraniano e ectocraniano, sendo a reabsorção observada na cavidade craniana predominante no soalho da cavidade.

Compensando a deposição óssea existente, são observadas zonas de reabsorção endósticas na face endo e extracraniana da calota do crânio.

No assoalho da fossa craniana, as zonas de concreção óssea que representam limites entre as fossas posterior, média e anterior, possuem padrão de deposição em contraste com o restante dos componentes da fossa, que nitidamente permitem sua expansão por reabsorção.

Nos forames da base do crânio que dão passagem a vasos e nervos, o crescimento se dá por flutuação, que é definida como: "Crescimento ósseo a partir da adição de tecido ósseo num dos lados do córtex e remoção do lado oposto. A face voltada para a direção do crescimento progressivo recebe nova deposição óssea e a face do lado oposto reabsorção, daí surgindo movimento de crescimento (Enlow).

No andar médio da base do crânio, destaca-se a presença de sincondroses (centro de ossificação endocondral) que possuem função de crescimento fetal e pós-natal.

Na criança, a sincondrose esfenoccipital é a principal cartilagem de crescimento da base do crânio, e cresce por pressão derivada do cérebro e músculos de inserção na base do crânio. O crescimento da base estende-se até 12 ou 15 anos, observando-se a fusão do esfenóide e occipital ao redor de 20 anos de idade. O crescimento ósseo endocondral na sincondrose esfenoccipital relaciona-se com o deslocamento primário do osso envolvido, com inicial separação do occipital e esfenóide posterior com neoformação óssea e consequente alongamento dos dois ossos. O seio esfenoidal acompanha o crescimento para frente e para baixo do terço médio da face, sendo de formação secundária a expansão do osso esfenóide.

Estão envolvidos neste processo fatores filogenéticos cartilaginosos que modulam a capacidade de duplicação celular e mecanismos intrínsecos de crescimento.

Com expansão da fossa craniana média, o complexo nasomaxilar e a mandíbula sofrem um deslocamento secundário. Sabe-se que o alongamento horizontal da fossa média, coincide com igual quantidade de deslocamento para frente da fossa anterior e complexo maxilar. No entanto, este alongamento para frente do complexo e mandíbula não está dependente unicamente do processo anteriormente citado, sendo atribuída importância especial ao crescimento dos lobos temporais e frontais que expandem a base do crânio e dão origem à tensão nas suturas, com consequente deposição óssea.

O aumento vertical da fossa craniana média possui relevante importância no posicionamento vertical da mandíbula e maxila. O ramo mandibular acompanha o crescimento da base do crânio e da faringe, acomodando-se ao crescimento nasomaxilar vertical que ocorre ao mesmo tempo. Como a expansão nasomaxilar não é igual à mandibular, o ângulo goníaco deverá fechar-se para evitar alteração oclusal entre o arco maxilar e o mandibular.

O complexo nasomaxilar acompanha obrigatoriamente a fossa craniana anterior pelo deslocamento primário proveniente do crescimento visceral e tensão sutural nas suturas esfenofrontal, frontemporal, esfenoetmoidal, frontoetmoidal e frontozigomática.

A formação do seio frontal se dá por flutuação, com remodelação da porção extrema do frontal e crescimento nasomaxilar concomitante.

No alongamento vertical do complexo nasomaxilar estão envolvidos a função nasal e o padrão de reabsorção predominante nas paredes laterais e soalho da fossa nasal, que dão origem à expansão lateral e anterior das cavidades nasais, com consequente movimento para baixo do palato e compensação com deposição óssea na porção bucal desta região.

Na fossa cribriforme ou teto da fossa nasal ocorrem aposição e, em sua posição craniana, reabsorção. O etmóide mais propriamente o ectoetmóide (concha média e superior), a deposição óssea nas faces laterais e inferiores e a reabsorção nas faces superiores com consequente deslocamento para baixo e lateralmente destas estruturas, acompanham o crescimento nasal.

No seio maxilar normal observa-se reabsorção em todas as paredes, com exceção da medial que é de deposição e sofre deslocamento lateral com a expansão nasal.

Ao mesmo tempo no osso malar são observadas deposição na face posterior e reabsorção na face anterior. Isto faz com que a região malar cresça e coloque-se posteriormente, acompanhando o crescimento posterior da maxila e o anterior da região nasal.

Este osso também é deslocado anterior e inferiormente nas mesmas quantidades de direção do deslocamento primário da maxila.

O septo ósseo, constituído pelo vômer e pela lâmina perpendicular do osso etmóide, alonga-se verticalmente, podendo ocorrer o mecanismo de flutuação, anteriormente descrito, na vigência de desvio septal.

Colaboram também no deslocamento anterior e inferior da maxila forças na cartilagem do septo nasal, provocando expansão desta cartilagem e campos de tensão nas suturas maxilares com consequente crescimento (Scott). Este mecanismo é secundário, não podendo ser apontado como mecanismo principal. O curso e a extensão do crescimento ósseo, em geral, dependem secundariamente da função e do crescimento dos tecidos moles reguladores, como expressa a teoria da matriz funcional de Moss.

O osso lacrimal participa ativamente da formação orbital e do deslocamento inferior da maxila. Na órbita, observa-se deposição nas lâminas do teto da órbita, e em seu crescimento observa-se o princípio do V que é assim definido: "Nos ossos com configuração em V, observam-se deposição óssea na face interna do V e reabsorção na face externa do V, gerando movimentos de crescimento". Este mecanismo faz com que a órbita cresça e se desloque no sentido de sua abertura anterior.

Concomitantemente, o soalho orbitário desloca-se para baixo e para frente, juntamente com o resto do complexo nasomaxilar. O crescimento lateral do soalho orbital se dá por superfície de reabsorção lateral intra-orbital e deposição lateral extra-orbital.

A combinação do remodelamento anterior da região nasal e da borda orbitária superior e do remodelamento posterior da borda orbitária inferior e área malar, produz uma rotação no alinhamento topográfico das regiões médias e superiores da face.

No crescimento do arco maxilar destacam-se:
- Alongamento posterior por deposição na porção posterior da tuberosidade maxilar.
- Crescimento lateral por deposição na superfície bucal.
- Crescimento para baixo por deposição óssea ao longo das bordas alveolares e também na face lateral.

O movimento vertical dos dentes ocorre por mecanismo de flutuação e está relacionado com o desenvolvimento maxilar, acompanhando as superfícies de reabsorção e aposição. Embora a face externa (labial) de toda a parte anterior do arco maxilar seja de reabsorção e adição na parte interna do arco, o movimento de crescimento se dá antes do principio do V. Conceitualmente, estima-se que o crescimento sutural vertical da maxila seja predominante em relação com o crescimento anterior, isto produz rotação por deslocamento de toda a maxila, com o objetivo de manutenção do posicionamento vertical em relação ao plano PM e ao eixo orbitário neutro.

A mandíbula possui origem de ossificação a partir de padrão endocondral e intramembranoso, e seu crescimento ocorre de maneira integrada quanto a estes padrões.

O crescimento do corpo mandibular está acoplado sincronicamente ao crescimento do arco maxilar, enquanto que a tuberosidade maxilar favorece o crescimento para frente por deslocamento do arco maxilar (crescimento posterior da tuberosidade).

A tuberosidade lingual correspondente mandibular desta última, cresce posteriormente por depósitos em suas superfícies posterior e medial, com deslocamento medial. Ao mesmo tempo, ocorre deslocamento posterior do ramo com recolocação e aumento do corpo mandibular, com movimentos de crescimento para frente.

Resulta da integração desses processos o alongamento do comprimento do arco e do corpo mandibular. Complementando estes mecanismos, destaca-se a apófise coronóide que apresenta padrão de reabsorção em sua face bucal e aposição na face lingual, resultando em crescimento de direção superior e posterior com alongamento vertical do ramo e alargamento do mesmo pelo princípio do V. É observado o campo de remodelação na união do corpo e ramo mandibulares com a formação da incisura antegoníaca que acompanhará a prevalência individual do crescimento, seja vertical ou horizontal.

O forame para o nervo dentário desloca-se por flutuação definida como decorrente de funções de remodelamento, resultando em crescimento direto, produzido pela deposição de osso novo em um dos lados da lâmina cortical com reabsorção do lado oposto, mantendo-se em equilíbrio a posição intermediária entre a borda anterior e posterior do ramo.

No côndilo mandibular observa-se crescimento regional adaptativo multidirecional e dependente da função. Na superfície condilar é definida uma camada capsular formada por tecido conjuntivo pouco vascularizado, que possui participação ativa no inimigo do crescimento, tornando-se fibrosa quando frente às exigências funcionais. Profundamente, existe uma camada de células pré-condroblásticas onde há profileração celular que irá formar cartilagem, substrato essencial para deposição de osso no crescimento endocondral.

Este crescimento possui direção estabelecida para cima e para trás, decorrente de processo dinâmico de reposição de osso endocondral, a partir de uma camada imatura, mas intensamente proliferativa, cujas células estão empilhadas e suportadas por zona de transição formada de cartilagem hialina.

À medida que estas células pré-condroblásticas vão se diferenciando em condroblastos que se hipertrofiam, tornam-se a matriz hialina adelgaçada e acompanham o crescimento de aposição pela substituição óssea. Este arranjo aleatório caracteriza o padrão de cartilagem de crescimento secundário (Koshi), no qual os condrócitos têm origem de tecido mesenquimal indiferenciado, que difere da cartilagem com padrão primário de crescimento(Epifisária), na qual é observada profileração mitótica de células-mães com formação de células-filhas e crescimento intersticial unidirecional.

Concomitantemente ao desenvolvimento da cartilagem secundária, o periósteo e o endósteo produzem osso cortical que envolvem o centro medular do tecido ósseo endocondral.

Finalizando o processo, o colo condilar será recolocado progressivamente em áreas ocupadas previamente pelo côndilo. Isto é provável pela presença de reabsorção periostal e deposição endosteal do colo condilar, que naturalmente apresenta-se mais estreito que a cabeça condilar. Em resumo, conforme a mandíbula é afastada de seu contato articular com a base do crânio, pelo crescimento em V nasomaxilar, o côndilo secundário concomitantemente cresce na direção da fossa glenóide com aumento vertical do ramo adaptado ao aumento da faringe.

Somando-se a este conceito, os trabalhos de Enlow, Petrovic e Mc Namara sugerem que a velocidade e a direção do crescimento condilar estão sujeitas a forças biomecânicas intrínsecas, extrínsecas e fatores de indução fisiológicos que modulam os fatores de programação genética existentes na cartilagem condilar.

Assim observam-se profundas alterações adaptativas do crescimento vertical e horizontal do ramo mandibular, frente a condições de variação na horizontalidade e verticalidade e inclinação da fossa craniana média, e do terço médio da face, que por sua vez será dependente de mudanças angulares da base do crânio, deslocamento etmóideo maxilar secundário e rotações nasomaxilares, etc.

A principal função do crescimento do ramo é o contínuo posicionamento do arco mandibular relacionando os movimentos do crescimento complementares da maxila. À medida que o arco maxilar se desloca para frente, observa-se crescimento horizontal do ramo com deslocamento para frente proporcional ao maxilar. Da mesma maneira, com o crescimento vertical maxilar, o do arco mandibular se desloca para baixo, juntamente com o alongamento vertical do ramo. Neste processo de recolocação mandibular, o corpo mandibular também participa principalmente pelo processo de aposição óssea do rebordo alveolar que acompanha o mecanismo de flutuação dentária para cima, e reabsorção ou aposição na porção basal mandibular (figuras 9 a 21-Enlow).

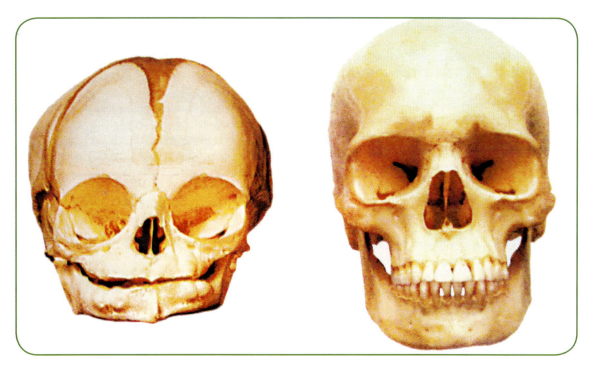

Fig. 9 - Aposições e reabsorções na face.

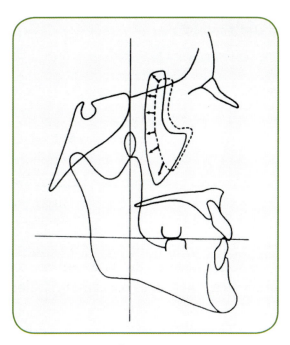

Fig. 10: Região malar: relocamento para posterior (Enlow).

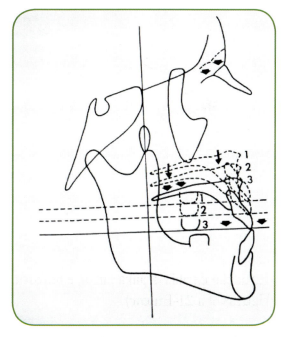

Fig. 11: Região dental (2-3: deslocamento inferior da maxila; 1-2: flutuação vertical). Região maxilar: (2-3: deslocamento primário; 1-2: flutuação vertical) Enlow.

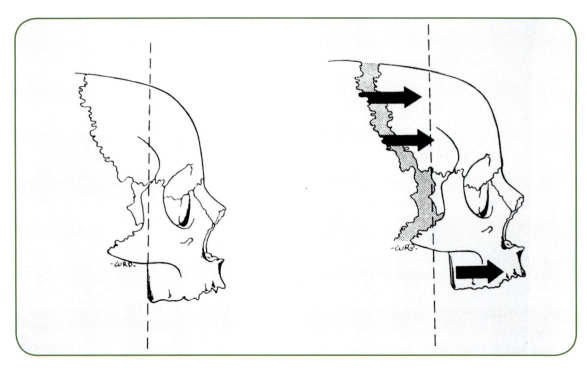

Fig. 12: Alongamento da base anterior do crânio (Enlow).

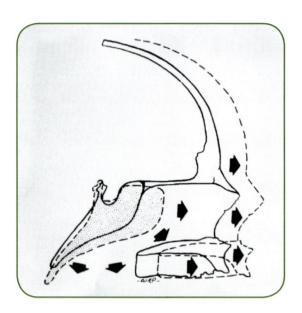

Fig. 13: Alongamento da base anterior do crânio (Enlow).

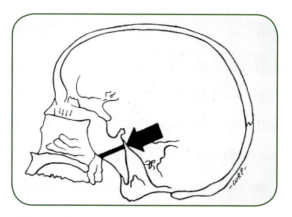

Fig. 14: Sincondrose Esfenoccipital (Enlow).

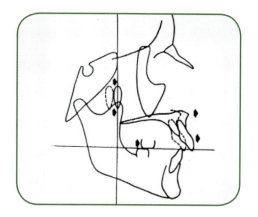

Fig. 15: Deslocamento primário (Enlow).

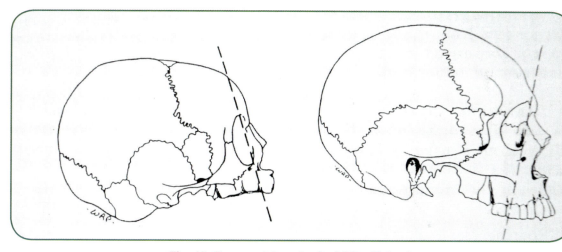

Fig. 16: Desenvolvimento da órbita (Enlow).

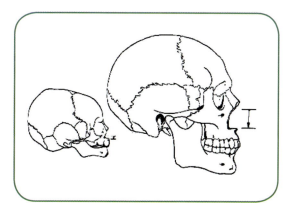

Fig. 17: Desenvolvimento da cavidade nasal (Enlow).

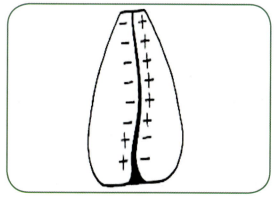

Fig. 18: Septo internasal (Enlow).

Fig. 19: Remodelamento do complexo naso-maxilar (Enlow).

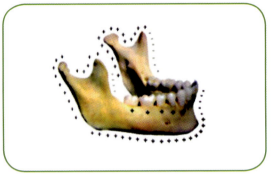
Fig. 20: Crescimento e desenvolvimento mandibular (Enlow).

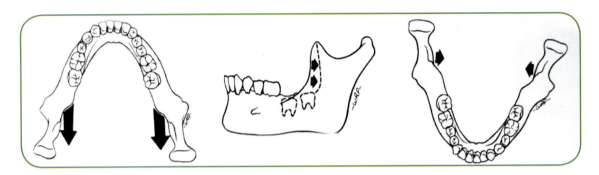
Fig. 21: Crescimento mandibular (Enlow).

Para Enlow, os estímulos de crescimento da face para este autor são: as funções orais de sucção, mastigação e deglutição, exercidas por ações musculares e a aeração dos seios paranasais. Este crescimento se dá tanto na altura quanto na largura facial. No crânio, é a pressão intracraniana que o faz crescer. Baseando-nos nestes estímulos de crescimento, podemos constatar o quanto a face cresce, bem como, quais os fatores que podem alterar este crescimento, já que a face tem um plano predeterminado pela hereditariedade e modificado pelos fatores ambientais. Sendo assim, temos que acompanhar o crescimento facial e o estabelecimento da relação oclusal, a fim de vermos a normalidade, estimular os fatores positivos e impedir os negativos. Embora o indivíduo obedeça a um padrão de crescimento predeterminado geneticamente, sabemos que, com o crescimento dos músculos, sua migração e inserções, as variações da função neuromuscular e as funções anormais influenciam marcadamente alguns aspectos do crescimento e da formação craniofacial.

CAPÍTULO 2

ASPECTOS HISTOLÓGICOS

NELSON E. P. COLOMBINI

O vestíbulo nasal é revestido por pele de epitélio estratificado escamoso com presença de glândulas sebáceas e sudoríparas. Observam-se pêlos, e nas porções mais intensas do vestíbulo, glândulas nasais serosas. A transição da pele paramucosa inicia-se na área valvular. A mucosa do trato respiratório superior é constituída por epitélio pseudo-estratificado cilíndrico ciliada, com células caliciformes, uma membrana nasal espessa. Na lâmina própria observa-se o tecido conjuntivo frouxo rico em vasos sanguíneos, glândulas seromucosas e células reativas e eventuais processos inflamatórios.

Algumas áreas do nariz, devido ao atrito do ar, podem apresentar metaplasia para epitélio estratificado cubóide ou até mesmo epitélio estratificado pavimentoso. Nas metaplasias a estrutura das lâminas basal e própria estão alteradas com perda da quantidade de glândulas secretoras e até mesmo substituição por tecido fibroso. Uma particularidade encontrada no nariz é a mucosa olfatória situada no teto das fossas nasais. Nessa região o epitélio possui grande quantidade de células receptoras que possuem grande quantidade de células receptoras que possuem cílios e grande quantidade de glândulas de Browman com função secretora serosa.

Os receptores celulares estão conectados com o bulbo olfatório por uma fina fibrosa nervosa não mielinizadas que conduz os estímulos ao bulbo olfatório, daí ao tálamo com integração com a gustação.

A mucosa de revestimento sinusal é muito mais fina que a do nariz e apresenta menor número de células secretoras. A lâmina própria é praticamente ausente, e a membrana basal, muito fina.

A mucosa sinusal tem um padrão grosseiro para cada seio estimado entre 0,2 a 0,7 mm no frontal e esfenoidal e 0,3 a 0,8 mm no seio maxilar e etmoidal. A membrana basal é delgada, e a membrana subepitelial, esparsa e firmemente aderida ao periósteo. Com relação ao seio frontal, próximo ao recesso, o epitélio é delgado com padrão cubóide.

A principal função do nariz é a respiratória. É o nariz que propicia a respiração fisiológica.

Se observarmos uma secção transversal do nariz, constataremos uma área menor ao nível da válvula interna que vai aumentando de tamanho à medida que nos aprofundamos do nariz em direção às coanas. Qualquer obstrução nas válvulas externas ou internas resultará em aumento de resistência à passagem do ar.

Normalmente, na inspiração a corrente de ar inspiratória divide-se grosseiramente em três fluxos: o principal passa junto ao septo do nariz, e os outros dois se abrem em subdivisões que são distribuídas ao meato médio. No fluxo expiratório ocorre semelhante percurso, mas em sentido contrário. Na altura da válvula, uma passa através da narina e outra volta pelo mesmo meato inferior, juntando-se com a corrente aérea da rinofaringe e promovendo um turbilhonamento na altura do meato médio, indo ter aos seios da face e à região olfatória (figuras. 22 e 23).

O ciclo nasal, ora permeabilizando uma narina e ora outra de maneira alternada, tem duração de duas e quatro horas em média. O tônus simpático leva à vasoconstrição, e o parassimpático, à vasodilatação. O estímulo simpático-parassimpático resulta em vasoconstrição (predomínio simpático). Este ciclo nasal interfere com a potência do fluxo nasal e parece estar relacionada com o controle hipotalâmico.

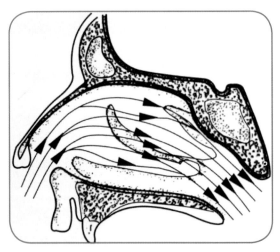

Fig. 22: Corrente de ar inspiratória (Colombini).

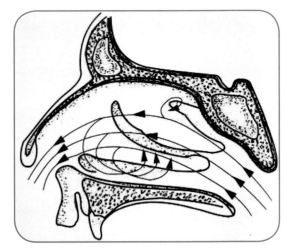

Fig. 23: Corrente de ar expiratória (Colombini).

A mucosa nasal também é dotada de receptores e mediada por um sistema chamado acetilcolina – acetilcolinesterase (Ac-AcE). A acetilcolina é produzida nas terminações nervosas das fibras parassimpáticas, é, portanto, vasodilatadora e é anulada pela acetilcolinesterase, e os hormônios estrogênios reduzem sua concentração. Este mecanismo regula o grau de reação vasomotora e possui controle hipotalâmico.

Diante da existência deste complexo sistema nervoso, receptores, mediadores químicos etc., observamos reflexos nasais importantes como o reflexo respiratório, o reflexo vasomotor e o reflexo cardíaco.

O reflexo respiratório ocorre estimulando-se a mucosa nasal e observando-se redução ou inibição da respiração, normalmente precedida por espirro e ocorrendo na expiração. Na estimulação da mucosa nasal, pode ocorrer o reflexo vasomotor com variação na pressão sanguínea. Este fato é observado a partir de vasos de pele, músculo e baço, estando a circulação carotídea isenta do mesmo. Esta vasoconstrição aumentada se deve à liberação de catecolaminas.

A bradicardia reflexa é observada na manipulação nasal. Dois aspectos do reflexo cardiopulmonar podem ser considerados: o reflexo nasopulmonar ipsilateral e o estímulo da mucosa com aumento da resistência capilar em pele, músculo, baço e rins.

CAPÍTULO 3

ALTERAÇÕES FACIAIS GERAIS NA SÍNDROME DO RESPIRADOR BUCAL

Monica M. C.Macedo

Introdução

Também chamada de Síndrome do Respirador Bucal, MENDES, *et al.*, 2005, comentaram que por se tratar de uma síndrome, nem sempre todos os sinais e sintomas estarão presentes em um só paciente e as consequências do respirador bucal vão depender do tempo de permanência da síndrome, da idade do paciente no início do problema, da predisposição para problemas musculares, do tempo da obstrução nasal, assim como de outros dados colhidos em orientação prévia.

Por ser uma função vital e inata a respiração permite a sobrevivência do ser humano. A respiração nasal favorece o crescimento e desenvolvimento craniofacial, cujo processo fisiológico inicia-se a partir da passagem do ar pelo nariz onde o mesmo é filtrado, aquecido e umidificado. O ar chega aos pulmões com boa qualidade protegendo as vias aéreas inferiores.

Ao nascimento a respiração é nasal e, caso não ocorram interferências negativas, este modo permanecerá até o final da vida. O ar entra por sucção e circula pela cavidade nasal, faringe, laringe, traqueias e brônquios, antes de chegar ao pulmão. A integridade destas estruturas é fundamental para produzir uma respiração eficiente.

No diagnóstico um dos maiores problemas é a ausência de uma definição precisa sobre o respirador bucal. A maioria dos indivíduos que respiram pela boca podem respirar nasalmente em graus variados, e outros, apesar de respirarem pela boca, podem não apresentar qualquer obstrução anatômica da via aérea nasal. Os respiradores bucais necessitam ser examinados com a verificação do histórico médico de seus pais, com ênfase na respiração oral, e com a observação da presença de alergias, adenóides e tonsilas hipertrofiadas, sendo que, alguns pacientes ortodônticos podem ser beneficiados pelos procedimentos de adenoidectomia e/ou tonsilectomia.

Para que a respiração nasal ocorra é necessário o selamento labial. No entanto, outros vedamentos também podem ocorrer: o contato do dorso da língua com o palato duro ou da base da língua com o palato mole. Caso não haja o vedamento desses pontos a respiração oral ou oronasal é a mais frequente. Quando a respiração nasal é substituída pela oral ou predominantemente oral, deve-se considerá-la uma condição patológica, por acarretar importantes alterações morfofuncionais no sistema estomatognático.

Altmann, citada em Junqueira (1997), define distúrbio miofuncional como a alteração dos músculos e das funções desempenhadas pelos órgãos fonoarticulatórios cujas características são: alterações das posturas orais, alterações do tônus dos músculos orofaciais, alterações de respiração, deglutição, mastigação e fala. Dentro do aparelho morfofuncional da face existe o aparelho estomatognático, que se utiliza de elementos ósseos, dentários e neuromusculares para o exercício de suas funções de modo integrado e sinérgico. Sabe-se ainda que o aparelho estomatognático está em ampla e total situação de interrelação com os componentes da face. Isto ocorre pela relação de contiguidade anatômica e pela ação de *feed-back* entre o aparelho mastigatório e o aparelho respiratório. Visto isso, todo o complexo mio-ósteo-dento-facial atua de forma conjugada e sincrônica, anatômica e funcionalmente e, como tal, deve ser tratado em caso de apresentar anomalias que envolvam alterações de forma e de suas funções.

Cooper (*apud* OLIVEIRA, 1999), relata que o crescimento da face completa-se em idade ainda precoce, com exceção da mandíbula que completa seu crescimento ao redor dos 18 anos. Afirma que por volta dos 4 anos, 60% do crescimento facial está completo, sendo que aos 12 anos de idade esse percentual sobe para 90%. O autor afirma que o mecanismo de manter a boca aberta induz a modificações no crescimento esqueletal, como estreitamento facial.

Assim sendo, pode-se dizer que a respiração oral é uma adaptação que influencia negativamente o crescimento e desenvolvimento do esqueleto craniofacial, principalmente no que diz respeito à forma maxilar, mandibular e altura facial. Uma vez que a língua se posiciona de maneira inadequada durante a respiração bucal, esta estrutura deixa de exercer sua função modeladora dos arcos dentários, acarretando más-oclusões. Por outro lado, os desvios na morfologia dento-alveolar podem servir como estímulo anormal para o crescimento craniofacial e para a fisiologia oclusal.

No tocante aos órgãos fonoarticulatórios, as alterações que apresentam coexistem e resultam em uma série de implicações como dislalias, disfonias, incompetência velofaríngea, dismorfismos faciais, palatinos e dentários e também repercussões auditivas por disfunções tubárias que levam a diferentes graus de hipoacusia, gengivas hipertrofiadas com alteração de cor e sangramentos, propriocepção bucal alterada. (CARVALHO)

MACARY, citado por BEUTTENMÜLLER *et al.*, afirma que todas as crianças que têm dismorfias dentomaxilofaciais são portadores da insuficiência respiratória e para tratá-las não é suficiente a correção da oclusão dentária, mas também o restabelecimento da função respiratória.

FASTLICHT (1967) acreditava que uma combinação do desequilíbrio muscular bilateral sobre os ossos da maxila e a diminuição da pressão pneumática propiciaram também a formação de arcos estreitos, com a diminuição do diâmetro transversal, ocorrendo mordidas cruzadas posteriores uni ou bilaterais. Em consequência dessas alterações haveria um aumento virtual na altura ou na profundidade do palato. Outros pesquisadores fizeram afirmações concordantes com estas e depois de Fastlicht, como ANGLE (1907) e WEIMERT (1968). Esses autores afirmaram repetidamente que o desequilíbrio muscular era o responsável por tantos distúrbios.

O conceito de matriz funcional afirma que a forma de cada unidade esqueletal encontra-se intimamente relacionada com as suas funções. Desta forma, podemos avaliar a importância da adequação dos órgãos subgengivais.

A seguir serão detalhadas algumas estruturas:

NARIZ

De acordo com os estudos de ARAGÃO (1988), a perda de volume das narinas ocorre no respirador bucal pelo desuso e também comenta que na nasofaringe ocorre a proliferação de adenóides por causa da falta de ventilação. Já HANSON (1988) relata que a parede da faringe torna-se menos sensível. Para Carvalho, o nariz tem forma de pirâmide (triangular), cuja implantação na sua parte superior se chama raiz e, na parte inferior, apresenta dois amplos orifícios que são as narinas. Nos pacientes respiradores bucais é comum as narinas serem estreitas ou mal desenvolvidas (fendas nasais).

Suas principais funções são: estética, olfatória, respiratória (filtração, aquecimento e controle de umidade do ar) e ressonância da voz.

FOSSAS NASAIS

Quando, por vários motivos, o palato torna-se ogival, há uma invasão da fossa nasal que, dessa forma, terá sua capacidade interna diminuída, significando um obstáculo mecânico à livre respiração, que deve ser removido mecanicamente.

O vestíbulo nasal vai desde a abertura da narina ao bordo posterior das cartilagens alares e, posteriormente a este, fica a região mais estreita e maior, responsável pela resistência das vias aéreas superiores: a válvula nasal. Por sua localização (entre a cartilagem lateral da pirâmide nasal e a cabeça do corneto inferior), está sujeita a ser mais estreitada pelo aumento do volume da mucosa septal e do corneto inferior por congestão.

Deve ser realizada uma avaliação do fluxo nasal. Um espelho frio, colocado sob as narinas quando o paciente expira, pode levar ao primeiro diagnóstico quanto à suficiência da respiração nasal, mediante a extensão do vapor que aparece na superfície do espelho. Pouco fluxo, unilateral ou ausência de qualquer passagem do fluxo pode nos conduzir à escolha de outro profissional: o otorrinolaringologista.

Ao passar pelas fossas nasais, o ar excita as terminações nervosas ali situadas que geram determinadas respostas. Em seguida, passa por um processo de filtragem, umidificação e aquecimento, estando dessa forma preparado para chegar aos pulmões. Quando não passa pelas fossas nasais, o ar vai diretamente para os pulmões, na temperatura externa do corpo, sem estar filtrado e umidificado e, dessa forma, age irritando a mucosa de todo o trajeto respiratório. A resposta do organismo é a grande produção de secreção que passa a ocupar um espaço físico pulmonar e complicar cada vez mais a respiração, que assume a cada dia seu caráter inadequado bucal. (CARVALHO, 2003)

A obstrução nasal acontece por vários motivos, é muito frequente e possui etiologia variada. Pode estar relacionada com situações transitórias, como as infecções das vias aéreas superiores ou crônicas, a hipertrofia das tonsilas faríngeas, e cada distúrbio sendo mais comum em cada fase de desenvolvimento.

No lactente pode ser dividida em categorias fisiológica, congênita, inflamatória, traumáutica, tumoral e metabólica. Na infância, a rinite alérgica é a mais comum causa de obstrução nasal que leva à respiração bucal. Todas as faixas etárias podem ser acometidas pela obstrução nasal, e os maiores distúrbios são mais preocupantes na infância por influenciarem o correto desenvolvimento facial. (CARVALHO, 2003)

LÁBIOS

No respirador bucal o lábio fica ressecado e rachado em virtude da passagem do ar sobre a sua superfície, como refere HANSON (1988).

BARROSO (1997) defende que as alterações musculares decorrentes da respiração bucal são falta de vedamento labial, lábio inferior interposto entre os dentes e superior hipofuncional e encurtado.

MARCHESAN (1995) complementa citando que é frequente a hipofunção dos músculos elevadores da mandíbula, alteração de tônus com a hipofunção dos lábios e bochechas, anteriorização da língua, propriocepção bucal alterada, mastigação ineficiente, deglutição atípica, fala imprecisa e voz rouca.

O músculo orbicular dos lábios fecha a boca e, quando contraído, comprime os lábios. Essas estruturas se revestem de importância no tratamento da Síndrome do Respirador Bucal (SRB), pois são sempre carentes de tonicidade, de adequação de função e de postura, mostrando eletromiográfica e clinicamente sua incompetência (Carvalho, 2003).

O recém-nascido apresenta os músculos dos lábios, da mandíbula, da língua, do palato e da faringe desenvolvidos para que efetivamente sejam possibilitadas a sucção e a deglutição, que constituem o primeiro reflexo neuromuscular que surge antes do nascimento.

Quando a função equivocada dessas estruturas impossibilita a adequação das formas, encontrar-se-ão, segundo RICKETTS (1968), desarmonia bucal e alteração estética de dez tipos, a saber: Bitroprusão labial, Birretusão labial, Lábios curtos, Contração labial, Contração do mento, Sucção labial inferior, Contração peribucal, Contração do sulco labiomentoniano, Proversão labial superior e Eversão labial inferior.

Pode-se demonstrar, eletromiograficamente, que os dois segmentos do músculo orbicular da boca funcionam como entidades distintas, separadas e independentes. Este reconhecimento justifica o fato de nos respiradores bucais os lábios se mostrarem antagônicos. Nesses casos o lábio superior é curto, resistente, hipofuncional e o lábio inferior é hipotônico, evertido, flácido. No respirador bucal é comum os lábios estarem ressecados e feridos em razão da passagem de ar, sem umidificação e aquecimento. (CARVALHO)

Para deglutir, há interposição labial para vedar a parte anterior da boca e fazer pressão negativa indispensável na deglutição. Com os lábios entreabertos, haverá uma diminuição dos impulsos motores, e a consequente alteração labial. (Figuras 24 a 26b).

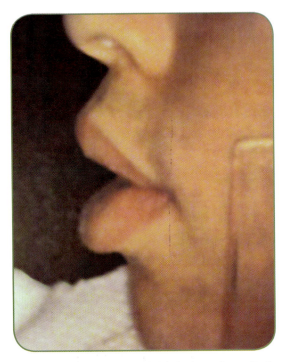

Fig. 24. (Hipotomia labial inferior - Carvalho)

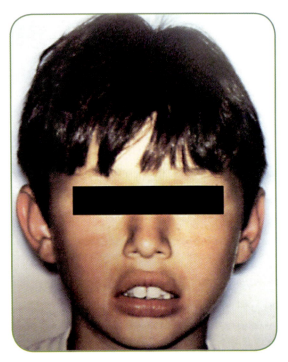

Fig. 25a.

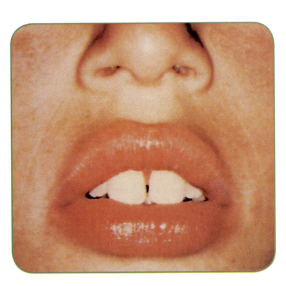

Fig. 25b (Vellini).

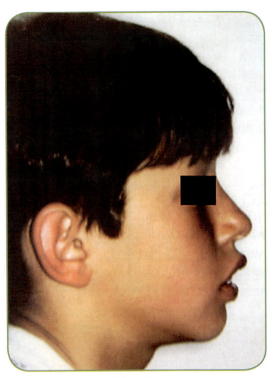

Fig. 25c.

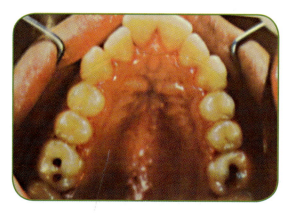 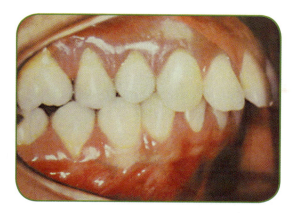

Fig. 26a.

Fig. 26b. Aspecto intra-bucal e otresia maxilar do respirador bucal (Vellini).

LÍNGUA

A hipotonia lingual está presente na Síndrome do respirador bucal, e apenas em 1985, Lieberman, comparou o padrão respiratório com a postura da língua e a posição dos dentes. Escreveu que os respiradores bucais, por terem a língua sempre baixa, para manter a via aérea, perdem o efeito modelador que esse órgão tem sobre a maxila e desenvolvem um arco maxilar estreito e alto, podendo levar às mordidas cruzadas. Considerou ainda que a respiração bucal, a deglutição atípica, as alterações da fala são as causas das recidivas dos tratamentos ortodônticos.

A posição de repouso de lábios e língua desempenha importantíssimo papel no estabelecimento e manutenção da posição dos dentes nos arcos dentários. Existe íntima relação entre as atividades labial e lingual e, consequentemente, um mau posicionamento e funcionamento labial, com frequência poderão estar relacionado à má postura e função da língua. A postura da língua em repouso é ainda um componente importante para se compreender todas as funções orais. Mastigar e deglutir alimentos, deglutir saliva, líquidos e falar alguns sons acontecem com a língua em posição semelhante ao repouso, ou seja, geralmente acoplada ao palato.

Existem ainda inúmeros benefícios quando a língua se mantém na postura ideal de repouso: ajuda a manter a mandíbula na sua postura fisiológica de repouso auxiliando seu crescimento normal. O palato duro e os seios maxilares também são positivamente afetados. Salienta-se que, para cada padrão facial definido, tanto o grau de prejuízo de um hábito parafuncional qualquer, quanto a própria postura de repouso, irão variar de acordo com a característica própria do tipo facial e acomodação de partes moles neste tipo. Neles, as posturas de língua dependem do espaço intra-oral disponível.

A posição normal da ponta da língua, para Bianchini (1995), tem relação com a dimensão vertical e ântero-posterior da cavidade oral, uma vez que o tamanho e posição da mandíbula interferem diretamente nesta postura. A postura de repouso de língua adapta-se à parte esquelética. Assim, observa-se uma posição mais elevada e anteriorizada da língua na classe II esquelética, em função da retrusão e inclinação mandibular e uma posição no soalho da boca mais plana, na classe III esquelética.

A postura protruída ou interdental de língua está relacionada às mordidas abertas esqueléticas, como adaptação à altura inferior da face aumentada. A postura anormal da língua relaciona-se à sua própria tensão e morfologia, além do componente respiratório, podendo estar associada com amígdalas aumentadas e alterações respiratórias (Monego M.T., 1999).

Convém notar que em 1985, o Prof. Pedro Planas já havia reconhecido e escrito sobre a importância da amamentação. Durante a amamentação, os movimentos peristálticos responsáveis pela ordenha, darão tônus à língua. Na mamadeira, a língua é mantida baixa com o dorso elevado, e não terá tônus para garantir a postura.

WITHMAN (1961) comparou os diferentes graus de mobilidade da língua e observou que em alguns pacientes as fibras do músculo genioglosso são curtas e que a língua fica baixa na boca, dando a aparência de macroglossia. Essa condição, segundo o autor, está presente em muitos casos de classe II, divisão I, e em todos os casos de classe III. A língua apoiada nos dentes anteriores, inferiores e no soalho da boca estimula o aumento das dimensões da mandíbula que, abraçando a maxila, impede seu desenvolvimento. O autor termina seu trabalho indicando tratamento de adequação quanto à tonicidade e à postura da língua sempre que houver sua ântero-posição de língua durante a deglutição.

SEGOVIA (1977), pesquisando a interrelação entre odontologia e fonoaudiologia cita as ações musculares como capazes de produzir deformidades ósseas, especialmente durante o crescimento. Acredita que essas variáveis não são facilmente reconhecidas ou avaliadas. Aconselha que as correções maxilomandibulares e oclusais associadas a distúrbios da fala devem ser corrigidas simultaneamente pelo fonoaudiólogo e pelo dentista. (figuras 27 a 30).

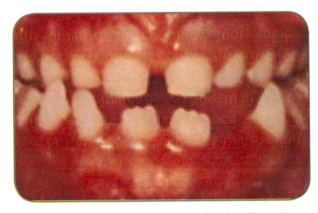

Fig. 27: Posicionamento lingual baixo (Ferraz).

MÚSCULO BUCINADOR

As fibras do mecanismo muscular do músculo bucinador se entrelaçam com as do músculo constritor superior da faringe e seguem posterior e medialmente até ancorarem no tubérculo faríngeo do Atlas (primeira vértebra cervical). Por isso, a importância da postura corporal e da cabeça durante o trabalho miofuncional. Sendo assim, qualquer ação que venha prejudicar esta sincronia, prejudica automaticamente todo o funcionamento do sistema (Monego M.T., 1999).

Carvalho, 2003, cita o músculo Bucinador como um músculo importante porque constitui o arcabouço das paredes laterais da boca. Além de ser um músculo de expressão é um músculo da mastigação e da deglutição. Uma de suas funções é a de manter a bochecha distendida durante todas as fases de abertura e fechamento da boca e isto é obtido porque o músculo, durante a abertura da boca se relaxa e vai contraindo-se gradativamente durante o fechamento da boca evitando assim, que a bochecha seja ferida pelos dentes.

O músculo constritor superior da faringe forma um elo com músculo Bucinador e os músculos orbiculares dos lábios, através do ligamento pterigomandibular, circundando completamente a maxila e a faringe. A flexão da cabeça para baixo e para frente modifica o comprimento desse elo muscular. Portanto, o paciente respirador bucal mantém a cabeça para frente e para baixo, com a boca aberta, deixando muitas vezes a língua para fora da boca.

FRANKEL (1990), citando Bosma, afirma que os músculos da parte anterior da boca são as últimas porções a adquirir um comportamento postural maduro. Portanto indica-se a amamentação para se evitar a falta de selamento bucal e de todas as alterações estruturais e funcionais do sistema estomatognático. A deglutição da criança até por volta de 4 anos é imatura, e a inadequada depois dessa idade é a atípica. Portanto, ocorrem alterações das funções orais como: mastigação ineficiente levando a problemas digestivos e engasgos pela incoordenação da respiração com a mastigação, deglutição atípica com ruído, projeção anterior de língua, contração exagerada de orbicular, movimentos compensatórios de cabeça, fala imprecisa, trancada, com excesso de saliva, sem sonorização pelas otites frequentes, com alto índice de ceceio anterior ou lateral, voz rouca ou anasalada (Marchesan).

A área de inserção de vários músculos faciais (Suarez e Martin) é de grande importância funcional no controle da forma da arcada dentária, é denominada Modíolo. Anatomicamente corresponde à área de inserção dos músculos zigomático maior, elevador do lábio superior, depressor do lábio inferior, platisma, risório,

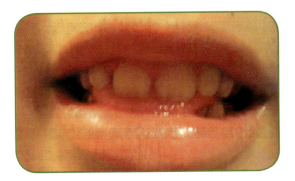
Fig. 28: Interposição lingual na criança (Macedo M).

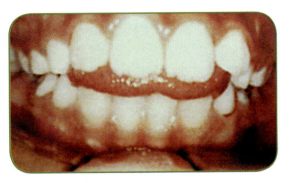
Fig. 29: Interposição lingual no adulto.

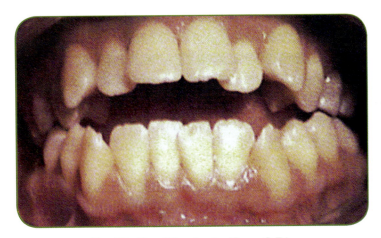
Fig. 30: Mordida aberta (Sosa G.E.).

orbiculares da boca e bucinador. Essa área está localizada nas proximidades da comissura labial.

Ao modíolo converge o músculo Bucinador, que aí se entrelaça com outros músculos faciais. Assim, o músculo Bucinador exerce tração sobre o modíolo e sua fixação.

Gould e Picton, em 1964, afirmaram que a zona do modíolo corresponde à área dos primeiros pré-molares e é a área de maior pressão dos músculos em repouso, durante a fala e durante a deglutição. Clinicamente é nítida a alteração estrutural que se evidencia nesta área sempre que a musculatura foi muito solicitada na sucção de chupetas e mamadeiras, tornando-se tensa. A tensão sobre o modíolo gera uma compressão das arcadas que estarão estreitas não sobrando espaços para língua e para os dentes. A língua não oferecerá resistência para a pressão externa, exagerada, do músculo Bucinador tenso. Nestes casos, a língua estará com a ponta baixa e o dorso elevado, e a pressão bilateral muscular elevará o palato (figura 31).

Capítulo 3

Figura 31: Modíolo: área de inserção de músculos faciais:1. Zigomático maior; 2. Elevador do lábio superior; 3 e 4. Orbicular do lábio superior e inferior; 5. Depressor do lábio inferior; 6. Platisma; 7. Bucinador (Suarez & Martin, 1885). (Carvalho, 2003.)

A diminuição do tônus nos músculos da face, em especial dos bucinadores e zigomáticos maior e menor, configura o que se denomina de flacidez facial, acarretando à face baixa resistência à tração, com aspecto de "face caída", e produzindo efeitos de envelhecimento precoce (Jardini, 2001; Jardini, 2002; Tasca, 2002).

Existem três fatores capazes de desencadear alterações no tônus da musculatura facial: o processo de envelhecimento; as alterações nas funções orofaciais e as irregularidades respiratórias e posturais. Portanto, a flacidez facial não está relacionada, exclusivamente, à perda de tônus muscular durante o processo natural de envelhecimento e pode estar presente em crianças, jovens e adultos, e não somente nos idosos (Oliveira e Vieira, 1999; Tasca, 2002).

O bucinador é um músculo mímico responsável pela flacidez facial presente nos respiradores orais (Marchesan, 1993) e diretamente relacionado aos sinais de envelhecimento. Este músculo confere a imagem facial do indivíduo, pois se encontra no centro de cada hemiface, proporcionando equilíbrio e simetria (Méndez *et al.*, 2004; Jardini, 2005; Jardini *et al.*, 2006).

A face mostra, precocemente, mais do que as outras áreas do corpo, os sinais de envelhecimento, sendo o local em que se encontram muitos músculos, com diferentes funções, favorecendo o enrugamento precoce (Pierotti, 2004). Estes músculos, principalmente os responsáveis pela expressão facial, não possuem bainhas fasciais, característica dos músculos esqueléticos, e situam-se logo abaixo da pele, formando uma camada quase única. Desta forma, a contração destes movimenta a cútis provocando depressões caracterizadas por linhas ou fossas perpendiculares à direção das fibras musculares que, com o tempo e a repetição destes movimentos, transformam-se em rugas (Madeira, 2003).

Oliveira A. C. *et al.*, 2007 verificaram a presença de aspectos indicativos de envelhecimento facial precoce e caracterizaram morfometricamente as medidas da projeção do sulco nasogeniano ao tragus e da largura facial (distância entre os bucinadores) em respiradores orais e nasais adultos. Foi realizada, em 60 indivíduos, observação de aspectos indicativos de envelhecimento facial precoce (presença de olheiras, rugas embaixo dos olhos, rugas mentuais e sulco mental). Em seguida, foram tomadas medidas da projeção do sulco nasogeniano ao tragus e da largura facial (distância entre os bucinadores) utilizando-se paquímetro eletrônico digital. Posteriormente, os voluntários foram submetidos às avaliações fonoaudiológica (anamnese e avaliação miofuncional orofacial) e otorrinolaringológica (anamnese, avaliação clínica e exame de videonasofaringolaringoscopia) para diagnóstico da respiração bucal. A amostra foi composta apenas por voluntários do sexo feminino.

Verificou-se, no grupo teste (respiradores bucais), média de idade de 22,04 ± 2,25 anos e, no grupo controle (respiradores nasais), 21,94 ± 2,03 anos. Observou-se, no grupo de respiradores bucais, um percentual mais elevado da presença de aspectos indicativos de envelhecimento facial precoce quando comparado aos respiradores nasais, bem como maiores diferenças entre as projeções dos sulcos nasogenianos nas hemifaces direita e esquerda. Entretanto, foram observados maiores valores de largura facial nos respiradores nasais, configurando faces discretamente mais alargadas na região das bochechas. Portanto, nesse estudo foram observados maiores indícios de envelhecimento facial precoce no grupo de respiradores orais.

Ação antagônica da musculatura da língua ao mecanismo do músculo bucinador

* Equilíbrio dentário vestíbulo-lingual (Mayoral): os dentes são mantidos em harmonia relação por forças antagônicas, uma contenção interna e outra de contenção externa. A força interna é representada pela musculatura da língua e a externa é a representada pelo músculo Bucinador.

* Equilíbrio dentário vestíbulo-lingual (Mayoral): quando a função equivocada dessas estruturas impossibilitou a adequação das formas, encontra-se segundo Ricketts (1968) desarmonia bucal e alteração estética de 10 tipos: biprotrusão labial, birretrusão labial, lábios curtos, contração labial, contração do mento, sucção labial inferior, contração peribucal, contração do sulco lábio-mentoniano, proversão labial superior e eversão labial inferior.

É comum a retrusão labial superior estar presente no mesmo paciente com protrusão labial inferior. Quando o lábio é curto, a sua insuficiência não permite o vedamento labial. Os dentes ficam sempre visíveis, muito comum nos casos de classe II, divisão 1. Geralmente, essa atrofia labial superior, o paciente tenta disfarçar por um esforço muscular do mento. Essa é a tensão do mentalis que possibilita o vedamento labial com uma linha de curvatura para baixo, dando ao paciente uma expressão antiestética de mau humor. O mento, nestes casos tem a aparência de casca de laranja.

A contração peribucal é uma manifestação da interposição lingual anterior, na deglutição, permitindo um escape anterior da língua. Aparecem dois sulcos profundos de ambos os lados das asas do nariz, acentuando a contração do orbicular dos lábios. (CARVALHO)

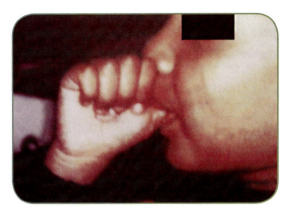

Fig. 32A: Desequilíbrio dentário sucção do polegar (Ferraz).

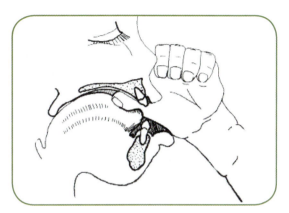

Fig. 32 B: Esquema de sucção do polegar (Ferraz).

Ricketts classificou os tipos faciais de acordo com a musculatura em:
Braquifacial: indivíduo com musculatura forte, plano mandibular baixo e mordida profunda.
Dolicifacial: indivíduo com musculatura mais fraca, com ângulo goníaco aberto e padrão vertical.
Mesofacial: indivíduo com musculatura balanceada e com medidas cefalométricas dentro dos padrões normais.

Swinerhart, também em Krakauer (1997), afirmou que maus hábitos causam maloclusões, através de alterações no processo de crescimento, dependendo da duração, frequência, intensidade e tipo de hábito inadequado. A sucção digital ou de chupeta poderia ocorrer concomitantemente com deglutição atípica, respiração bucal e sucção de lábios, mantendo a maloclusão instalada (figuras 32 A e B).

ARCADAS DENTÁRIAS / PALATO DURO

A compressão causada pela hipertonia do bucinador, na sucção da mamadeira, ou sucção da língua contra o palato para a obtenção da pressão negativa e tirar o leite da mamadeira alteram a dimensão transversal do arco, levando a língua a forçar o palato para cima e este "invade" a fossa nasal. Ainda que com a cirurgia tenha sido removido o obstáculo à livre respiração, o vedamento labial é muito difícil nos casos de classe II em razão da discrepância maxilomandibular. A pré-maxila pode estar projetada, levando o lábio superior a um encurtamento. O palato duro também se apresenta atrésico nos casos de classe III, com má posição lingual e grande dificuldade para o vedamento labial. (Carvalho)

Na figura 32 observamos a situação de normalidade entre músculos e lábios.

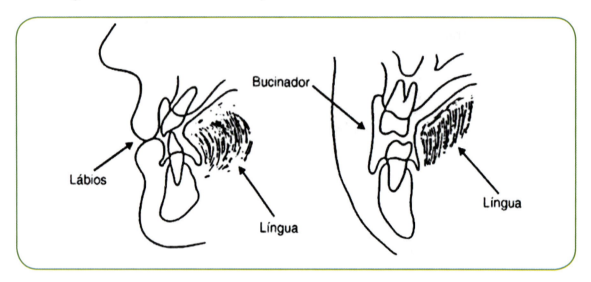

Fig. 32: Equilíbrio dentário vestíbulo-lingual (Mayoral et al., 1986).

O equilíbrio de forças em torno dos dentes na cavidade oral é mantido intra-oralmente pela língua e extra-oralmente pela musculatura perioral, formando um completo arcabouço muscular que auxilia tanto na sustentação dentária quanto no bom andamento funcional de todo o sistema estomatognático. Os músculos dos lábios e das bochechas são de tal forma entrelaçados que a ação de um reflete em todos os demais (Monego M. T.,1999).

Ribeiro F. et al. (2002) relacionaram as alterações de mordida em pacientes respiradores bucais com e sem hábitos orais. Foi realizado um levantamento de dados de prontuários de 40 indivíduos respiradores bucais. Após este levantamento foram realizados questionário e exame para verificação de hábitos orais e tipo de mordida. A amostra pesquisada foi constituída de 60% de homens. Dos 40 pacientes, 65% tinham alteração de oclusão e destes, 73% apresentaram mordida aberta anterior. Dos 40 respiradores bucais, 67,5% apresentaram algum hábito oral e destes, 68% tinham mordida aberta anterior. Concluíram que a maioria dos pacientes respiradores orais é portador de má-oclusão, sendo a mordida aberta anterior a mais frequente. Dos respiradores orais com mordida aberta anterior, 68% apresentaram algum hábito oral.

HANSON (1988) refere que as forças de oclusão, da língua, de erupção, muscular e também forças atmosféricas são essenciais para a saúde global do dente. Porém, quando essas forças são interrompidas, removidas e deslocadas surgem os problemas de má-oclusão, como uma tentativa de manter o equilíbrio entre os elementos do sistema estomatognático. Menciona ainda que devido à perda dos efeitos de moldagem dos lábios quando fechados, os incisivos superiores se projetam e se afastam uns dos outros e há um estreitamento do arco superior e a maxila assume a forma de um V, mediante a contração dos segmentos bucais e a protrusão dos dentes anteriores.

Para Carvalho, a língua da criança não amamentada mantém a postura que "ganhou" da mamadeira: a ponta baixa e o dorso elevado, assim se colocando em uma boca de maxila atrésica e mandíbula retruída. Se a língua se insere na mandíbula e essa está retroposturada, a língua estará também retroposturada. Essa é a situação do respirador bucal mantendo o retrognatismo fisiológico. Com a boca fechada a língua comprime os tecidos moles da orofaringe e desse modo também não poderá respirar pela boca. O respirador bucal abre a boca para respirar pela boca, trazendo a língua para a parte anterior e, ao deglutir "empurra" a língua para a frente, para desobstruir a passagem do alimento, fazendo a protrusão.

A língua funciona como forte matriz que estimula o desenvolvimento das estruturas orais. Se em virtude da maxila atrésica e da mandíbula retroposturada a língua vem para a frente, sem apoiar-se nos dentes anteriores e inferiores, a mandíbula continuará retroposturada, protruindo os dentes. Quando a língua para deglutir se apóia no terço incisal dos incisivos inferiores, sem escape entre as arcadas, o resultado desta postura será a biprotrusão.

Muitas vezes, quando a língua vem para a parte anterior da boca, para permitir a passagem de alimento, saliva, etc. ela pode não realizar o movimento de "varredura" do palato como no caso de protrusão. Ela passa entre as arcadas dentárias e faz a mordida aberta. As mordidas abertas podem ser anteriores e ainda uni ou bilaterais, dependendo dos pontos de apoio que a língua tome.

Não é raro encontrar casos nos quais a língua fica posturada no soalho da boca, uma vez que a maxila é muito estreita. Fica apoiada nos dentes anteriores ao falar e ao deglutir. Dessa forma estimula o crescimento mandibular. Esta posição da língua, somada à ação conjunta dos músculos pterigóideo lateral (traciona o côndilo, o disco intra-articular e a cápsula articular para a frente), pterigóideo medial (também traciona a mandíbula para a frente) e masseter, estimula o desenvolvimento da mandíbula anteriormente. A contração dos músculos pterigóideo lateral (principal antagonista da retração mandibular) e pterigóideo medial posiciona os incisivos inferiores à frente dos superiores.

KING (1978) e SIMÕES (1985) afirmam que a mordida cruzada se estabelece em grande parte por não ocorrer na criança uma alimentação dura e seca, criando-se interferências oclusais pela falta de uso e de desgaste natural dos dentes, estabelecendo-se um circuito patológico de reflexos mastigadores viciosos unilaterais. Considera-se ser da maior relevância citar que a grande incidência de mordidas cruzadas nos respiradores bucais pode ser em virtude da mastigação ineficiente, pois o respirador bucal tem problemas para mastigar, por utilizar a boca para respirar. Mas não podemos nos esquecer de que a compreeensão da musculatura bucinadora promove contração nas arcadas, o que acaba gerando contatos prematuros e posterior desvio funcional da mandíbula, acarretando mordidas cruzadas.

Sabe-se que as mordidas cruzadas posteriores (MCP) e as mordidas cruzadas anteriores (MCA) devem ser tratadas o mais precocemente possível. PLANAS afirma que o tratamento das mordidas cruzadas é muito fácil com diagnóstico precoce, mas, se mantidas, apresentam dificuldades cada vez maiores conforme o passar do tempo, chegando a ser irreversíveis. MCP não tratadas em dentes decíduos fará os molares e os pré-molares irromperem em MC. É muito necessário que essa maloclusão seja tratada o mais precocemente possível, pois as dificuldades aumentam a cada fase do crescimento e podem depois exigir cirurgia ortognática.

MELSON *et al.* (1979) afirmou que tanto a deglutição com projeção lingual quanto a deglutição com dentes separados possibilitam o desenvolvimento de distoclusão, mordida profunda extrema e mordida aberta. A mordida profunda, quando associada às características esqueléticas básicas e quando o processo alveolar não consegue competir, resulta na mordida profunda esquelética complexa. Clinicamente observam-se nas mordidas profundas rígidas as mais graves condições respiratórias. Acontece como um esmagamento da língua, já muito hipotônica, que resulta em um obstáculo a mais para a livre respiração, impossível pelo nariz e dificultada pela boca. A alteração da posição da cabeça altera imediatamente o trajeto mandibular. Desta forma, a posição anteriorizada da cabeça do respirador bucal é a postura que mais afeta o sistema estomatognático e determina uma oclusão patológica. Segundo Mew, citado pela mesma autora, existe uma relação entre má-oclusão dentária e postura anormal da cabeça, com quadro clínico de vias aéreas superiores bloqueadas e adenóides hipertrofiadas. Estudos do autor revelam que, ao se efetuar uma obstrução nasal artificial, há tendência da cabeça e pescoço adotarem uma má-postura. Torna-se mais confortável respirar pela boca (respiração de suplência), com a cabeça inclinada para trás, do que com a mesma em sua posição postural natural.

A mudança do eixo da cabeça visa, provavelmente, adaptar a angulação da faringe para facilitar a entrada do ar pela boca, na tentativa de se obter um melhor fluxo aéreo superior. Esta mudança do eixo altera também a posição de repouso mandibular, os contatos oclusais, os planos óptico e bipupilar. A estas modificações podem seguir-se movimentos adaptativos do corpo em busca de uma postura mais confortável e de equilíbrio. Já se disse que a escoliose guarda uma íntima relação com a mordida cruzada posterior e com os desvios laterais da mandíbula. Uma mordida cruzada posterior sem desvio lateral da mandíbula, em regra geral, não apresentará escoliose. Ocorrendo o desvio para um dos lados, o centro de massa da cabeça também é deslocado para o mesmo lado e, portanto, tem-se a inclinação de toda a cabeça para o lado do desvio e, em consequência, tem-se mastigação sem lateralidade, sem alternância, e todo o processo tem que ser avaliado e tratado (figura 33).

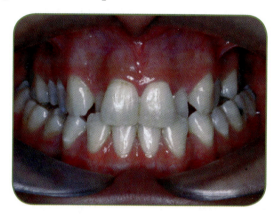

Fig. 33: Mordida cruzada bilateral (Macedo M.M.C.)

A mandíbula, ressentindo-se da redução transversal da maxila, assume uma posição de acomodação, que pode ocorrer de três maneiras distintas:
a) Desvio lateral, realizando uma síndrome de assimetria mandibular e facial;
b) Para frente sob pressão da língua, podendo provocar um prognatismo mandibular funcional;
c) Para baixo e para trás, efetuando um crescimento que seria seguido por um aumento da dimensão vertical anterior, o qual agravaria a falta de selamento labial (Scaramella e Quaranta) (apud KRAKAUER, 1997).

PALATO MOLE

Os músculos do palato mole são de grande importância dentro do contexto deste trabalho porque na SRB têm grande repercussão na deglutição e na trompa auditiva. Trata-se do músculo tensor do palato e músculo elevador do palato.

Também a hipotensão ou a hipertensão do músculo tensor do palato mole depende dos tipos de sucção. É importante salientarmos que a hipotensão desse músculo gera uma série de transtornos preocupantes: o não-fechamento da naso-faringe, separando-a da orofaringe e permitindo a passagem da pressão negativa da orofaringe para a nasofaringe, aspirando para a tuba auditiva líquidos intercelulares ou plasma, que são a etiologia das otites médias.

Podemos citar ainda que a hipotensão do músculo tensor do palato mole pode levar à apneia obstrutiva do sono. Hipotônico e pesado cai sobre o dorso da língua que está retroposturada e o respirador bucal, que já está impedido de respirar pelo nariz, também não pode respirar pela boca e, quando dorme, pára de respirar. Essa parada respiratória é a apneia obstrutiva do sono.

Às vezes há indicação cirúrgica para encurtar esse palato e assim corrigir e superar a parada respiratória durante o sono e de tão graves consequências. (CARVALHO)

UNIDADE CRANIOMANDIBULAR (UCM)

A unidade craniomandibular (UCM) compreende o crânio, as articulações temporomandibulares e a coluna cervical. A UCM, mesmo em condições normais, encontra-se em um estado de instabilidade que, associadas à disposição das estruturas envolvidas, contribuem para uma posterior sobrecarga de algum dos componentes da referida unidade e consequentemente ao surgimento da sintomatologia.

Em geral, os indivíduos encontram-se em estado de adaptação constante ('zona de adaptação'), ou seja, os componentes da UCM tem resposta de acordo com os esforços à que são submetidos. A partir do momento que esse tempo de adaptação dos tecidos se esgotam, a unidade passa então a pertencer a um estado chamado de "patofunção".

A UCM pode sofrer influências de forças descendentes, como a gravidade, que irá gerar descargas compressivas; e forças ascendentes, como as alterações de posicionamento de outros segmentos (membros inferiores, cintura pélvica, coluna vertebral, cintura escapular, membros superiores, posicionamento da cabeça). Em relação às forças ascendentes, existe uma causa que é o hábito de respirar com a boca, normalmente encontrado em crianças, o qual a permanência desse é nomeado de síndrome do respirador bucal (SRB).

Quarenta a cinquenta por cento dos respiradores orais sofrem influência na coluna cervical e postural. As alterações posturais que permanecem por um período prolongado são capazes de provocar alterações na arquitetura facial devido a rotação da mandíbula, aumento de altura facial e subsequente desenvolvimento de mordida aberta anterior esquelética, ou segundo escala de Angle, oclusão classe 2 da 1ª divisão.

Um contato ou postura alterada da articulação temporomandibular (ATM), irá afetar a propriocepção e a atividade muscular, ocorrendo alterações de repouso. O equilíbrio muscular é alterado e a estabilidade articular da ATM, que é mantida pelo músculo se modificam. Os contatos oclusais podem ocorrer então, com interferências ou prematuramente, provocando o estiramento dos músculos envolvidos no sistema estomatognático, e consequentemente, surge um quadro doloroso, podendo estar aí a causa das dores orofaciais e na ATM de crianças.

De um modo geral, a posição de uma articulação poderá comprometer a posição de outras. Consequentemente, a postura da cabeça, com resultantes na posição e função mandibular, é influenciada pela postura total do corpo. Diante de tais informações afirmando que as forças ascendentes relacionadas à síndrome do respirador bucal (posição da cabeça), sofrem alterações na UCM, fica claro a importância desse fator para o relacionamento do tratamento de alguma disfunção craniomandibular (DCM) (figura 34).

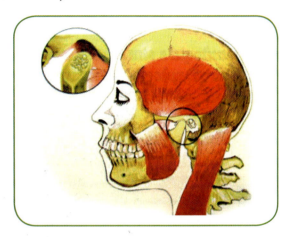

Fig. 34: Interrelação entre músculos, ATM e região cervical (Learreta J.A., 2004).

Para Rocabado,1998 a estabilidade ortostática postural do crânio sobre a coluna cervical é um fato importante no diagnóstico dos transtornos das disfunções cranio-mandibulares, tanto na criança como no adulto.

A articulação temporomandibular (ATM) é composta na sua porção alta do côndilo mandibular, estrutura aproximadamente cilíndrica e que se encontra perpendicular ao longo eixo do ramo mandibular. Apresenta-se altamente convexo no sentido ântero-posterior e pouco no sentido medianolateral. Na sua porção articular, o côndilo apresenta-se recoberto por uma camada de cartilagem secundária, susceptível a alterações de crescimento.

Já a superfície articular do osso temporal (cavidade temporal mais apófise articular) apresenta forma côncava, na região posterior ou da cavidade glenóide, tornando-se convexa, quando na região da eminência articular (apófise articular). Toda a sua superfície é revestida por tecido fibroso.

Interpondo-se entre essas duas estruturas esqueléticas, tem-se o disco articular ou menisco, lâmina fibrosa de grande firmeza que segue passivamente os movimentos da mandíbula. Sua parte central é mais afilada (onde se adapta o côndilo), enquanto suas bordas são mais espessas. Posteriormente, o disco espessa em tecido conjuntivo frouxo e vascular e interage com a parte posterior da cápsula articular, constituindo o coxim retrodiscal.

Envolvendo toda a articulação há uma cápsula fibrosa, mais ou menos delgada, que tem a função de conter e manter os movimentos da articulação dentro de uma área específica. Reforçada lateralmente por um ligamento lateral (ligamento temporomandibular), essa cápsula apresenta boa resistência à distensão (figuras 35 A e B, e 36).

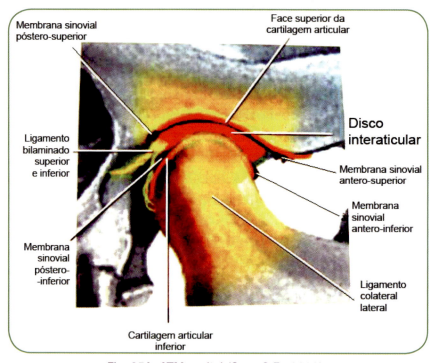

Fig. 35A: ATM sagital (Sosa G.E., 2008).

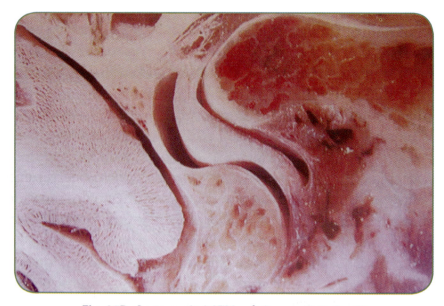

Fig. 35B: Corte sagital ATM crânio seco(Interlandi).

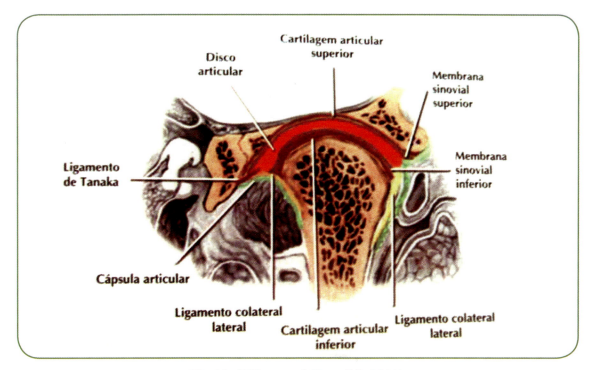

Fig. 36: ATM coronal (Sosa G E, 2008).

O ligamento temporomandibular é separado em duas partes distintas: uma, lateral ou superficial, e outra, medial ou profunda. A primeira limita os movimentos do côndilo para a posição anterior, enquanto a segunda limita os seus movimentos para a posição posterior. Tanto a cápsula quanto os ligamentos inserem-se no estreitamento da apófise condiliana, inferior e superiormente no osso zigomático e na porção escamosa do osso temporal.

Como a cápsula e o disco se fundem tanto anterior quanto posteriormente, algumas fibras musculares (provenientes do pterigóideo lateral) podem ser encontradas no interior do disco, permitindo ao músculo maior controle sobre essa estrutura (Figuras 35 e 36).

Um contato ou postura alterada da articulação temporomandibular (ATM), irá afetar a propriocepção e a atividade muscular, ocorrendo alterações de repouso. O equilíbrio muscular é alterado e a estabilidade articular da ATM, que é mantida pelos músculos se modificam. Os contatos oclusais podem ocorrer então, com interferências ou prematuramente, provocando o estiramento dos músculos envolvidos no sistema estomatognático, e consequentemente, surge um quadro doloroso, podendo estar aí a causa das dores orofaciais e na ATM.

De um modo geral, a posição de uma articulação poderá comprometer a posição de outras. Consequentemente, a postura da cabeça, com resultantes na posição e função mandibular, é influenciada pela postura total do corpo.

Diante de tais informações afirmando que as forças ascendentes relacionadas à síndrome do respirador bucal (posição da cabeça), sofrem alterações na UCM, fica claro a importância desse fator para o relacionamento do tratamento de alguma disfunção craniomandibular (DCM).

Fernandes J.J. e Teodoroski R.C.C. avaliaram as evidências de disfunção craniomandibular em pacientes com síndrome do respirador bucal. Para tal estudo foi realizada a caracterização da síndrome do respirador bucal, investigando o agente etiológico da respiração bucal por antecedentes patológicos ou por hábitos orais deletérios, avaliando o sistema estomatognático e a postura típica do respirador bucal. Metade ou mais da metade apresentaram características típicas da síndrome como boca entreaberta, face hipotônica, palato profundo e ogival, lábio superior curto, lábio inferior evertido, lábios ressecados, contração do mentális, protrusão de cabeça, ombros protrusos e deprimidos, hipercifose torácica, hiperlordose lombar, abdômen flácido e protruso, joelho valgo e pé plano.

A avaliação da articulação temporomandibular teve como objetivo investigar alguma alteração dessa e de caracterizar alguma disfunção craniomandibular.

O grande número de pacientes teve alterações consideráveis no que se diz respeito a ATM. Mais da metade apresentaram instabilidade articular, devido ao aparecimento de sinais e sintomas como alteração e assimetria da dinâmica da ATM, desvio mandibular em S, oclusão tipo II da 1ª divisão, tipo de mordida alterada (retrusa e profunda), ruídos articulares característicos de deslocamento de disco com redução, mastigação unilateral, alteração do trofismo e tônus muscular, compensação de grupos musculares como do osso hióide e da cervical.

Dentre os pacientes que apresentaram maior caracterização da síndrome, pode-se verificar que os mesmos obtiveram maior alteração da oclusão, maior alteração da ATM, e por conseguinte, uma tendência à disfunção craniomandibular.

Um dos sintomas relatados pelos pacientes com alteração de ATM são as dores no pescoço, cabeça e orofaciais e até mesmo no tórax, costas, ombros, braços e pernas, e redução dos movimentos mandibulares com alterações mastigatórias. O resultado disso são posturas alteradas de forma a conter e tentar controlar a dor, que atuando como protetoras, acabam afetando a funcionalidade da musculatura mastigatória. A dor nesta musculatura é o motivo da procura pelo profissional, sendo verificada já na avaliação da condição muscular do pescoço e dos músculos mastigatórios.

Associados a estes, ainda aparecem os estalos, a sensação de pressão e/ou dores no ouvido, a sensação de travamento da mandíbula e outras alterações respiratórias quaisquer. Bianchini (1998) cita ainda a presença de dor na musculatura mastigatória e ATM; ruídos ao movimentar a mandíbula; limitação ou desvio do percurso mandibular; zumbido e alterações funcionais, especialmente da mastigação.

A atuação harmônica dos músculos que agem sobre a mandíbula é fundamental para o funcionamento adequado da ATM. Disfunções da ATM associam-se, sem dúvida, às alterações do sistema neuromuscular correlato. Tais alterações não se restringem aos músculos mandibulares, mas estendem-se, também, aos músculos a ele associados, especialmente os do pescoço e os dorsais.

Schwartz, citado por Krakauer (1997), abordando a relação entre os músculos mandibulares e a dor facial, afirma que a contração dolorosa e prolongada do masseter isoladamente é rara, sendo que os músculos cervicais e temporais quase sempre aparecem contraídos simultaneamente. Refere-se ainda ao fato de que o espasmo muscular dos músculos mastigatórios, às vezes, precede ou ocorre simultaneamente com a afecção dos músculos do colo e ombros.

Quando em equilíbrio funcional, anatômico e fisiológico com estes elementos e com o sistema neuromuscular correlato, as ATMs direita e esquerda funcionam sinergicamente, sem esforços intensos, dores ou estalos. A ação coordenada dos músculos mastigatórios permite movimentos de abertura e fechamento, protrusão e deslocamento lateral da mandíbula que, funcionando harmonicamente como um conjunto de órgãos e tecidos de natureza diversa, exerce papel fundamental nas funções de mastigação, deglutição, respiração e fonação. Nos quadros de disfunção da ATM, uma alteração nos mecanismos neuromusculares responsáveis pelos movimentos mandibulares é observada. Há um rompimento da interação harmônica e sincronicidade necessárias para assegurar a movimentação satisfatória da mandíbula (Monego, M.T., 1999).

A cabeça e o pescoço adiantados causam extensão dos músculos que têm a origem e a inserção tendínea no osso hióide (supra-hióideos). Por isso, a mandíbula vem sendo tracionada para baixo e para trás, isto provoca uma estimulação proprioceptiva reflexa dos elevadores, alimentando ainda mais a parafunção e os danos à ATM. Crânio e pescoço para frente, com rotação posterior da cabeça, produzem verticalização dos músculos anteriores ao pescoço: esternocleidomastóideo e escalenos que originalmente são oblíquos (Krakauer, 1997).

O lábio inferior hipotônico apresenta-se flácido, geralmente evertido e, na deglutição, o respirador bucal interpõe o lábio inferior (que não oferece resistência) para conseguir o vedamento da parte anterior da boca e fazer pressão negativa indispensável na deglutição (figuras 37 a 39).

HIPERTENSÃO DO MÚSCULO MENTONIANO

Quando para deglutir ou mesmo por um motivo social o paciente respirador bucal deseja ou necessita de vedamento labial, acontecerá uma tensão do músculo mentoniano, que ajuda a elevação do lábio inferior. Esse vedamento acontece com uma curva para baixo, fazendo com que o paciente envie uma mensagem corporal de que está de mau humor (figura 37). (CARVALHO)

Breuer (1989), acrescenta que o posicionamento mais posterior da mandíbula não está relacionada à falta de crescimento da mandíbula, mas sim a uma consequência do deslocamento dos côndilos dentro da cavidade articular, podendo estar acompanhado de falta de crescimento do mento e consequente tensão.

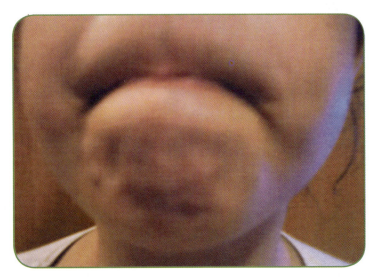

Fig. 37: Tensão do músculo mentoniano (Macedo, MMC).

CLASSIFICAÇÃO DOS RESPEIRADORES BUCAIS

Respiradores Bucais Funcionais

Geralmente esses pacientes foram submetidos à tonsilectomia e também à amigdalectomia, mas ainda mantêm a boca aberta. São respiradores bucais habituais e realizam quadros catarrais repetitivos. (Carvalho)

Esses pacientes mantêm a boca aberta em virtude de uma postura viciosa, ainda que todos os obstáculos mecânicos, funcionais e/ou patológicos que dificultavam a livre respiração tenham sido removidos.

O hábito de respirar pela boca ocorre porque mantiveram esse padrão respiratório durante muitos anos. O tratamento deve ser no sentido de desenvolver as estruturas e trabalhar para a superação do hábito vicioso. Esses pacientes podem não ter desenvolvido estruturas que possibilitam o vedamento labial e certos padrões faciais reforçam essa dificuldade. Provavelmente a alimentação pastosa que ingeriram durante anos tenha lhes causado hipotonia da musculatura elevadora da mandíbula. Eles têm condições respiratórias para o vedamento labial, mas não possui estrutura labial competente.

Respirador Bucal Orgânico Ou Genuíno

A respiração nasal é dificultada por obstáculos mecânicos que impedem ou dificultam a sua realização. Esses obstáculos podem ser nasais, retronasais e bucais. São exemplos: a estenose nasal, a atresia maxilar, o retrognatismo, a alteração de tonicidade, a postura e o tamanho da língua, a hipertrofia de tonsilas entre outros. Observar figuras 38(A e B) e 39.

Em crianças, tem-se um bom prognóstico nos casos de atresia da maxila, retrognatismo, hipertrofia de tonsilas entre outros. Nos adultos, deve-se considerar se eles eram respiradores bucais desde a infância ou se tornaram respiradores bucais depois de adultos. (CARVALHO)

Para Marchesan & Krakauer, citadas por Michelon & Oliveira (1997), os respiradores bucais adultos podem ser divididos em dois tipos:

1. Os que se tornaram respiradores bucais na fase adulta e apresentam problemas musculares e não ósseos, uma vez que o crescimento facial já havia terminado quando adquiriram esta condição.

2. Os que já eram respiradores bucais desde a infância, e que só procuraram tratamento na fase adulta. Nestes casos o paciente pode, às vezes, apresentar alterações de posicionamento das bases ósseas. A consequente acomodação dos músculos nestas bases ósseas alteradas não permite, muitas vezes, o pleno sucesso da terapia.

Respiradores Bucais Impotentes Funcionais

A respiração bucal ocorre por disfunção neurológica, podendo estar acompanhada de alterações psiquiátricas. Apresentam esfíncter glossoestafilíneo competente, via aérea permeável, mucosas nasal e rinofaríngea normais nos aspectos morfológico e funcional. São pacientes que necessitam de cuidados especiais e para tanto, além do conhecimento científico e da experiência clínica, é necessário uma grande dose de amor e sensibilidade para poder interagir com eles.

Esse paciente não é uma condição patológica que deve ser remediada ou uma necessidade que deve ser satisfeita, mas um estimulante desafio para toda equipe interdisciplinar dedicada ao seu tratamento. A figura 40 ilustra o esquema da respiração nasal e a bucal (observar a postura da língua).

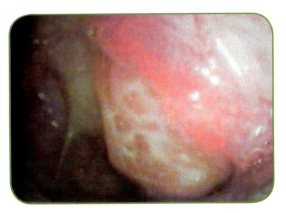 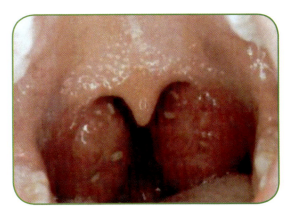

Fig. 38 (A e B): Adenóides e Amígdalas hipertróficas (Colombini).

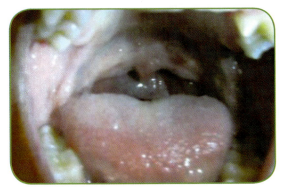

Fig. 39: Após remoção das amígdalas (caso Colombini).

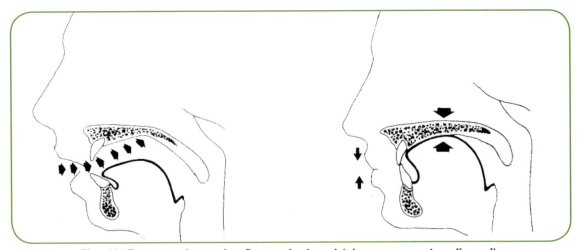

Fig. 40: Esquema da respiração nasal e bucal (observar a postura lingual).

CAPÍTULO 4

ALTERAÇÕES POSTURAIS E SISTÊMICAS NA SRB

MÔNICA M. C. MACEDO

A melhor postura é a que mantém o equilíbrio corporal com o mínimo de esforço e com perfeita sustentação e coordenação. O equilíbrio corporal deve proporcionar a máxima eficiência fisiológica e biomecânica.

"O indivíduo em pé deve ter os pés ligeiramente separados, os dedos dos pés apontam diretamente para frente ou ligeiramente para fora, o peso do corpo cai principalmente sobre o meio do pé. Há extensão natural do joelho e quadris. Deve existir uma tal posição dos ossos pélvicos que irá equilibrar o peso diretamente sobre o acetábulo, a coluna funciona equilibradamente com peso distribuído ao seu redor. Isso requer a preservação de uma curvatura moderada da região lombar e uma posição natural dos ombros para trás, para trazer o peso para coluna, em vez do tórax. Nesta posição as escápulas são mais ou menos chatas, o tórax é levado para frente e existe um tônus normal dos músculos do abdome. A cabeça ereta também se equilibra facilmente sem tensão para trás ou distensão para frente. A posição permite que o indivíduo se movimente em qualquer direção. Esta posição é a mais naturalmente confortável e equilibrada do corpo em pé" (Mathews, 1980).

Esta postura é raramente observada, principalmente em crianças, uma vez que antes dos 10 anos seu padrão varia constantemente, por estarem testando novas maneiras de reagir à gravidade. Portanto, é necessário conhecer as mudanças que ocorrem na infância para determinar como se encontra seu padrão postural. Após a adolescência, porém, já se pode falar, não sem as devidas considerações, de um padrão de postura, uma vez que há uma crescente estabilização do crescimento, fazendo com que o corpo não tenha mais necessidade de estar frequentemente se ajustando às modificações, tão constantes até esse período.

A cabeça do respirador bucal geralmente está em protrusão (mal posicionada em relação ao pescoço acarretando em alterações para a coluna), olheiras com assimetria de posicionamento dos olhos, olhar cansado; alterações da membrana timpânica, diminuição da audição; assimetria facial visível, principalmente em bucinador; ombros acompanhando a posição anteriorizada, clavículas ressaltadas, tórax deprimido com dificuldade de expansão pulmonar pelo encurtamento da musculatura intercostal, deformidades torácicas, musculatura abdominal flácida ou distendida, braços a frente do corpo, glúteos arrebitados (hiperlordose lombar), hiperextensão de joelhos, base alargada (pernas abertas), pé chato (desabamento do arco plantar), indivíduo muito magro, às vezes obeso e sem cor (Marchesan).

Com todas estas alterações posturais que podem ocorrer no respirador bucal, a coluna vertebral como um eixo de sustentação também poderá apresentar adaptações morfológicas, sendo a cifose, a escoliose e a lordose as alterações mais frequentes. Como resultado destas posturas anormais, os joelhos também se adaptarão, apresentando-se em semiflexão e os pés apresentarão diminuição do arco plantar, pois, com toda esta desorganização corporal, o centro de gravidade ficará mais anteriorizado e o apoio dos pés ficará mais frontal para manter o equilíbrio. Com isso, a marcha também poderá apresentar-se alterada.

Costa J.R. *et al.*, 2005, analisaram as apresentações mais frequentes de postura da cabeça e coluna cervical e sua relação com o tipo de má-oclusão dentária no plano sagital em crianças respiradoras bucais. Foram avaliadas 177 crianças, com faixa etária entre 5 e 12 anos, sendo 95 do sexo masculino e 82 do feminino. Todas as crianças foram submetidas à avaliação otorrinolaringológica, alergo-imunológica, ortodôntica e fisioterápica.

Os dados obtidos mostraram 41% de pacientes com má-oclusão classe II, 37% com má-oclusão classe I, e 7% com má-oclusão classe III. Em todos os tipos de má-oclusão no plano sagital, a postura protrusa de cabeça foi predominante, independentemente da faixa etária e do sexo. A coluna cervical apresentou curvatura normal, retificada ou com hiperlordose, nos pacientes portadores de má-oclusão classe I e II. Naqueles com má-oclusão classe III, a coluna cervical mostrou-se com curvatura normal ou retificada. Concluíram que a posição de protrusão da cabeça é predominante no respirador bucal, sem depender do tipo de má-oclusão dentária no plano sagital, faixa etária e sexo.

Pode-se citar algumas alterações que podem acompanhar este paciente pelas descompensações posturais, que às vezes mais preocupantes que a própria má postura (Carvalho):

Alterações pulmonares pela diminuição da mobilidade da caixa torácica levando a uma diminuição do volume de corrente de ar, diminuindo as trocas gasosas, reduzindo assim a oxigenação.

Alterações cardiopulmonares pela compressão do tórax sobre a área cardíaca alterando o mecanismo do bombeamento circulatório.

Alterações viscerais, como a ptose de vísceras causadas nos pacientes respiradores bucais promovendo problemas de digestão, fígado, incontinência urinária dentre outras alterações nas vísceras abdominopélvicas. Isto se dá por não conseguir contrair a musculatura que ajudaria a sustentar vísceras em seus devidos lugares provocando assim a compressão da bexiga e a eliminação do jato de urina involuntária associada a uma fraqueza dos músculos do períneo (músculos estes que sustentam o assoalho pélvico).

Alteração ao nível psicossocial: os pacientes respiradores bucais, que na sua maioria das vezes são crianças, podem apresentar alguns distúrbios comportamentais, tornando difícil seus vínculos sociais, familiares afetivos e cognitivos. Pode-se encontrar alterados: percepção da realidade e cotidiano, problemas no desenvolvimento da linguagem, baixo rendimento escolar, sono agitado e sonolência diurna (olheiras), alimentação em pequena quantidade e pastosa, com auxílio de líquidos e produzindo ruídos desagradáveis (usam o mesmo local anatômico para respirar, mastigar e deglutir, muitas horas à frente da TV e vídeo-games, pouca atividade física.

Outras alterações possíveis: sinusites frequentes, otites de respiração; aumento das amígdalas faríngea e palatinas; halitose e diminuição da percepção do paladar e olfato; maior incidência de cáries.

Observar figuras 41 a 47.

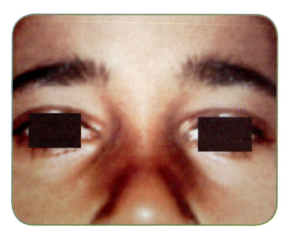

Fig. 41: Olhar cansado do respirador bucal (Lima F. G., 2003).

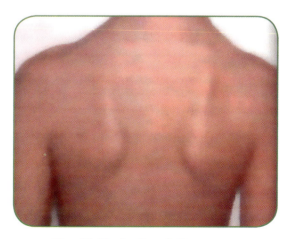

Fig. 42: Escápulas aladas em um paciente respirador bucal. (Carvalho)

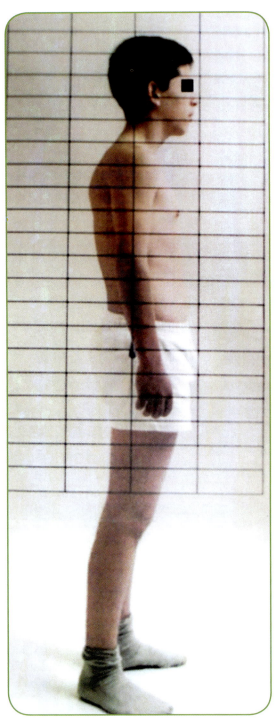

Fig. 43: Ombro girado comprimindo o tórax (Sosa E.G.).

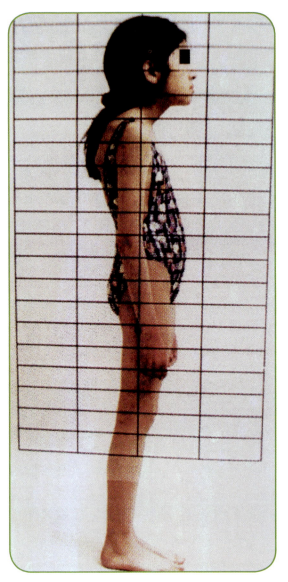

Fig. 44: Anteriorização da cabeça. (Sosa E.G.)

CAPÍTULO 4

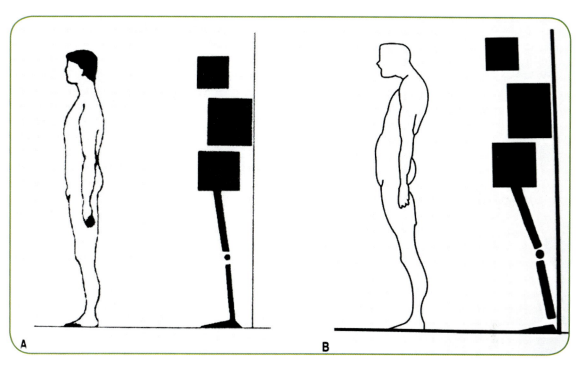

Fig. 45: Postura corporal em pé (A) e postura compensatória ao deslocamento anterior da cabeça (B).

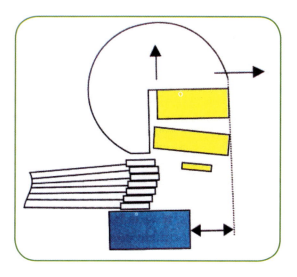

Fig. 46: Esquema estrutural do equilíbrio cefálico com planos verticais e horizontais bem posicionados.

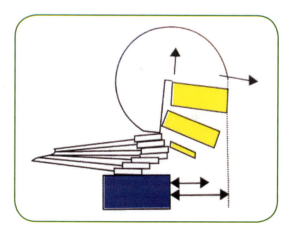

Fig. 47: Esquema estrutural do posicionamento da cabeça de um respirador bucal com rotação mandibular.

73

CAPÍTULO 5

OBSTRUÇÃO NASAL NA CRIANÇA E DESENVOLVIMENTO FACIAL

NELSON E. P. COLOMBINI

Durante o seu desenvolvimento, a criança pode apresentar obstrução nasal decorrente de vários motivos, que se manifestam de formas diversas. A obstrução nasal dos resfriados, por exemplo, muito comuns na infância, é de manifestação aguda, enquanto que as rinites a obstrução nasal costuma ser prolongada e crônica. Em algumas situações, pode significar um risco de vida, como na atresia coanal ou, então, pode ser decorrente apenas de uma situação fisiológica.

A avaliação clínica de qualquer obstrução nasal persistente na criança deve sempre incluir anamnese completa e exame físico geral. O exame da região nasal deve ser sempre realizado com a utilização de instrumentos adequados, como por exemplo, os nasofibroscópios pois, dessa forma, o profissional médico terá melhores condições de determinar se a causa da obstrução nasal é local ou sistêmica, se é patológica ou fisiológica.

As causas da obstrução nasal na infância, de uma forma geral, podem ser divididas em seis categorias principais:

OBSTRUÇÃO NASAL FISIOLÓGICA

Acredita-se que a grande variabilidade na resistência ao fluxo aéreo nasal no recém-nascido e lactente seja decorrente de uma imaturidade da reação vasomotora na mucosa nasal. Nas crianças menores, ao invés da habitual alternância da resistência ao ar de cada fossa nasal, como nos adultos, ambas as fossas nasais, como um todo, simultaneamente respondem com alterações de resistência, o que frequentemente ocasiona obstrução nasal.

Nestes casos, a conduta é apenas expectante, pois o quadro tende a se reverter espontaneamente com alguns meses de vida.

OBSTRUÇÃO NASAL CONGÊNITA

Uma grande variedade de alterações é incluída entre as obstruções nasais congênitas. Causas muito raras como a agenesia e carcinoma congênito de rinofaringe são algumas das alterações encontradas. As causas congênitas mais frequentes incluem atresia coanal, cisto dermóide, glioma nasal e meningoencefalocele.

ATRESIA COANAL

A incidência da atresia coanal varia de 1/5.000 a 1/8.000 nascimentos. Pode ser uni ou bilateral, e a placa atrésica pode ser óssea ou membranosa. A forma unilateral óssea é a do SNC, mais frequente. Outras malformações podem se acompanhar, sendo que as mais relatadas são colobama auris, doenças cardíacas, retardo do desenvolvimento do SNC, hipoplasia genital e malformações do aparelho auditivo (inclusive surdez).

Embora grande parte seja diagnosticada ao nascimento ainda na sala do parto, muitos casos bilaterais. Enquanto se aguarda o tratamento cirúrgico, o recém-nascido é mantido com a chupeta de Guedel ou ortodôntica (adaptação à respiração oral) às vezes com sonda orotraqueal. As técnicas cirúrgicas mais utilizadas são via endonasal endoscópicas ou microendoscópicas.

CISTO DERMÓIDE

O cisto dermóide é originário de tecido ectodérmico que adentra a fontanela nasofrontal, durante o desenvolvimento fetal. Pode-se estender desde a fossa craniana anterior até a ponta e dorso do nariz

GLIOMA NASAL E MENINGOENCEFALOCELE

A obstrução nasal no período neonatal pode ocorrer em decorrência de uma herniação cerebral congênita para o interior da cavidade nasal, dando origem à meningocele(meninge), meningoencefalocele (meninge e tecido cerebral) ou glioma ou encefalocele (tecido glial sem conexão). Ainda em relação às causas da obstrução nasal de origem congênitas, em 1986, Uscocwicz, *et al.*, relatam a presença de obstrução nasal e rinorreia em neonatos portadores de síndrome alcoólica fetal, decorrentes de hipoplasia nasal, estenose coanal e contraturas da musculatura nasofaríngeo.

OBSTRUÇÃO NASAL INFLAMATÓRIA

Esta é com certeza a causa mais comum de obstrução nasal em crianças. Particularmente nos recém-nascidos e lactentes, alguns processos devem ser lembrados: rinite por clamydia é geralmente adquirida através do canal de parto, sendo que as mães infectadas apresentam 50% de chance de transmissão. No diagnóstico diferencial deve ser incluída a Rinite gonocócica (*Neisseria gonorrhae*), que também é adquirida através do canal do parto e apresenta um quadro clínico semelhante. O diagnóstico etiológico é obtido com a cultura positiva para *Clamydia Trachomatis*. Os novos macrolídeos podem ser uma boa opção terapêutica. Sífilis congênita, cujos sintomas nasais geralmente ocorrem da segunda semana ao terceiro mês de vida. Usualmente, o recém-nascido desenvolve uma rinite com obstrução nasal e secreção mucopurulenta entremeada com secreção sanguinolenta. A rinorreia frequentemente ocasiona irritação local, levando à formação de escoriação e feridas no vestíbulo nasal e lábio superior. O diagnóstico é obtido pelos testes sorológicos para sífilis. O tratamento deve ser instituído com penicilina benzatina, uma vez descartado o envolvimento do SNC.

RINITE VIRAL

É a causa mais comum de obstrução nasal na infância, e pode ser causada por mais de 100 tipos diferentes de vírus.

No lactente, devido ao fato da cavidade do nariz apresentar dimensões consideravelmente menores que no adulto, as manifestações de uma rinite aguda viral podem ser muito mais preocupantes. A obstrução nasal é praticamente total, o que leva a um desconforto respiratório importante, às vezes com espasmos e respiração ruidosa. O sono e as mamadas são extremamente prejudicados. Perturbações gástricas como enterites e disfagia não são incomuns, decorrentes da ingestão maciça de secreção purulenta. O diagnóstico diferencial deve ser feito com rinite gonocócica, rinite por clamydia e rinite luética.

O tratamento da rinite aguda do lactente deve ser instituído em caráter de urgência. As medidas devem constar de desobstrução imediata das fossas nasais, muitas vezes com aspiração, medicação antitérmica e anti-infecciosa, evitando assim maiores repercussões no estado geral da criança.

REFLUXO NASOFARÍNGEO E/OU REFLUXO NASOGÁSTRICO

Em recém-nascidos e lactentes, especialmente podem ser secundárias a um processo inflamatório da mucosa da rinofaringe nasal em resposta ao estímulo irritante do conteúdo gástrico. A possibilidade de refluxo nasofaríngeo e nasogástrico deve ser lembrada.

A pesquisa etiológica inclui o deglutograma e pH-metria transesofágica. Muitas vezes, a simples orientação para a amamentação na posição supina com dorso elevado pode resolver o problema.

HIPERTROFIA DE ADENÓIDE

O crescimento do tecido adenoideano ocorre mais frequentemente a partir do primeiro e segundo anos de vida, em resposta aos estímulos antigênicos. É nesta fase que o sistema imunitário começa a se estabelecer. Alguns lactentes, por razões desconhecidas, entretanto, apresentam uma tendência ao crescimento do tecido linfóide da rinofaringe, vindo a manifestar precocemente desconforto respiratório decorrente desta situação. Nesta faixa etária, nem sempre a radiografia simples de cavum pode ser obtida da forma adequada, muitas vezes tornando o diagnóstico duvidoso. O exame direto com nasofibroscópio pode facilitar o diagnóstico.

Geralmente, é um quadro mais importante do que nas crianças maiores, o que obriga o profissional médico muitas vezes a optar pela curetagem cirúrgica.

OBSTRUÇÃO NASAL TRAUMÁTICA

A obstrução nasal por deformidades traumáticas pode ocorrer em qualquer idade, entretanto é geralmente assintomática no recém-nascido e lactente, a menos que seja muito importante. O trauma nasal pode ocorrer durante o parto, com ou sem fórceps.

Geralmente, a sintomatologia é notada ou acentuada na adolescência, quando a deformidade aumenta pelo crescimento nasal. Nos traumas nasais de qualquer natureza, é sempre importante se estar atento para o aparecimento de rinorreia unilateral pós-trauma: pode significar a presença de uma fístula liquórica.

OBSTRUÇÃO NASAL POR NEOPLASIAS

Tumores primários da cavidade do nariz são infrequentes, representando menos que 0,3% dos tumores que ocorrem no corpo humano. Alguns deles são mais frequentemente vistos na população pediátrica. Os tumores malignos são extremamente incomuns nesta faixa etária.

Os tumores nasossinusais podem ser de origem ectodérmica, mesodérmica, neurogênica ou odontogênica. De uma forma geral, a manifestação clínica inclui obstrução nasal, sangramento nasal e rinorreia sem intervalos de melhora. Dependendo do tipo e extensão do tumor, alguns sinais externos podem estar presentes, tais como aumento do espaço intercantal, epífora, expansão do dorso nasal, abaulamento na face e proptose.

TUMORES BENIGNOS

Nas crianças, a maioria dos tumores nasossinusais é benigno, e os mais frequentes são os hemangiomas, pólipos nasais e papilomas.

Hemangiomas

Os hemangiomas são classificados segundo o grau de envolvimento dos tecidos (cutâneo ou subcutâneo) e pelas características histológicas.

Os hemangiomas nasais geralmente têm aspecto bulboso, têm uma estrutura macia e compreensível. A pele apresenta uma coloração vinhosa e avermelhada.

O hemangioma cavernoso é caracterizado por uma invasão dos tecidos mais profundos, atingindo frequentemente camadas musculares e faciais.

Alguns autores têm preconizado a remoção com laser nas lesões menores. Para a maioria, entretanto, o melhor ainda é esperar pela regressão espontânea.

Pólipos nasais

Os pólipos nasais são herniações semitransparentes da mucosa respiratória, podendo se originar da mucosa nasal e dos seios paranasais.

Pólipo antrocoanal origina-se a partir da mucosa do seio maxilar, estendendo--se para a cavidade nasal posteriormente, através do meato médio. Geralmente é único e unilateral.

Os pólipos originários do seio etmoidal tendem a ser menores e múltiplos, sendo geralmente visualizados na região do meato médio. Existem algumas condições predisponentes para o desenvolvimento de pólipos; e na criança, especialmente, a mucoviscidose e alergia crônica devem ser sempre consideradas no diagnóstico.

A manifestação clínica mais importante é de obstrução nasal e rinorreia com quadros repetidos de infecção sinusal. Na avaliação diagnóstica, além do exame da cavidade nasal, deve sempre constar a tomografia computadorizada de seios paranasais.

O tratamento consiste na remoção cirúrgica dos pólipos. As formas mais conservadoras de abordagem são sempre preferidas, com o uso de endoscópios e microscópios cirúrgicos.

Papiloma nasal

Os papilomas nasais são tumores relacionados com o papiloma vírus humano, de aspecto verrucoso exofítico, frequentemente vistos no vestíbulo nasal em crianças. O tratamento consiste na exérese total da lesão, com bisturi cirúrgico ou laser de CO^2.

Papiloma invertido: é tipicamente intranasal e, geralmente, unilateral. Apresenta um aspecto verrucoso, avermelhado, frequentemente lobulado, envolvendo a parede lateral da cavidade nasal. Tem uma característica altamente recorrente, independente do tipo de excisão cirúrgica. O diagnóstico é realizado pela biópsia e, apesar das características histológicas benignas, é um tumor com propensão a invadir as cavidades vizinhas. Nos adultos, a malignização não é incomum.

GLIOMA NASAL E ENCEFALOCELE

Gliomas nasais e encefaloceles representam anomalias do desenvolvimento nasofrontal, especialmente do forame ceco durante o período fetal. O tecido neural evagina-se por uma falha no fechamento do forame, dando origem à encefalocele (tecido cerebral com conexão Subaracnóidea). Esses tumores podem ser extra ou intranasais ou uma combinação das duas formas.

A encefalocele geralmente se manifesta como uma massa compreensível, macia, transiluminável e apresenta um aumento quando a criança chora. O glioma nasal é de consistência firme, possui alguma mobilidade e não se distende com o choro. O diagnóstico deve ser sempre confirmado pela tomografia computadorizada ou ressonância magnética, e a biópsia estará autorizada somente depois de se destacar a possibilidade de uma conexão com o SNC. O tratamento destes tumores é cirúrgico. Dependendo da localização e extensão, os acessos podem ser extensos, nasolabiais e/ou combinados com cirurgias microendoscópicas endonasais.

TUMORES DERMÓIDES

Os tumores dermóides nasais ocorrem a partir de tecido ectodérmico que se invagina pela fontanela nasofrontal no período de desenvolvimento fetal. O nariz e o osso frontal se desenvolvendo ao redor desse tecido que, sendo originário de ectoderme, muitas vezes apresenta após o nascimento produção de secreções sebácea e pelos. As fístulas podem se exteriorizar no dorso e teto do nariz, na ponta do nariz ou na columela. Frequentemente estas fístulas se infectam dando lugar a grandes cistos e abscessos no dorso nasal. Acredita-se que em cerca de 26% dos casos ocorra envolvimento da base anterior do crânio e da placa cibriforme.

A tomografia computadorizada de alta resolução e/ou ressonância magnética são essenciais para se determinar a extensão da lesão e o planejamento cirúrgico. O tratamento cirúrgico consiste na exérese do tumor, que, dependendo da extensão, pode variar desde uma incisão externa simples, até acessos combinados com uma craniotomia frontal.

RINOLITO

Os rinolitos são formações calcáreas intranasais decorrentes da longa permanência de corpos estranhos na cavidade do nariz.

Clinicamente, a criança com um corpo estranho nasal apresenta obstrução nasal e rinorreia fétida unilateral. Nos casos mais antigos, que passam despercebidos, sinusites recorrentes unilateral com secreção fétida devem chamar a atenção do profissional médico.

A resolução do processo é obtida com remoção do rinolito ou corpo estranho nasal. Algumas vezes, como este se encontra aderido à mucosa nasal, o procedimento deve ser cirúrgico, com anestesia geral.

NASOANGIOFIBROMA JUVENIL

Embora seja um tumor que se expande para a nasofaringe, seios paranasais, fossas pterigiopalatina e zigomática, costuma ser originário da parede póstero-lateral da cavidade do nariz e se manisfestar com sinais e sintomas nasais.

Histologicamente, a angiofibroma consiste de tecido conectivo colágeno e angiomatoso.

São tumores nasofaríngeos benignos mais frequentes na criança. Ocorrem predominantemente em pré-adolescentes do sexo masculino.

O diagnóstico se faz essencialmente pelo quadro clínico e exame da cavidade nasal associados ao estudo por imagens.

Estes pacientes frequentemente se apresentam com obstrução nasal e epistaxe, rinorreia serossanguinolenta, perda auditiva unilateral, proptose e abaulamento do palato. O exame da cavidade do nariz mostra um tumor de aspecto liso, consistente, de coloração vermelho-azulada, geralmente envolto por secreção fibrinosa.

A tomografia computadorizada de alta resolução nos cortes coronal e axial e a ressonância do tumor, particularmente delineando a localização.

A angiografia fornece a imagem característica, determinando os vasos que nutrem, esclarecendo as vascularizações uni ou bilateral.

O tratamento de eleição do angiofibroma é a ressecção cirúrgica, através do acesso médio-facial, com utilização do microscópio operatório. A embolização prévia está indicada nos tumores grandes, que comprometem o seio cavernoso e a artéria carótida interna.

MENINGIOMA

Meningiomas da cavidade do nariz e seios paranasais são extremamente raros. Meningioma intracraniano com extensão para a cavidade do nariz também não é muito comum.

Os meningiomas originam-se dos meningócitos (células da aracnóide) que revestem as vilosidades da araccnóide. Os meningiomas da cavidade do nariz e seios paranasais, comportam-se como outros tumores benignos dessa região. O quadro mais comum é o da obstrução nasal, exoftalmo, deformidade facial, epistase e dificuldade visual. O exame da cavidade nasal revela uma massa tumoral, geralmente de localização média alta. A tomografia computorizada de alta resolução auxilia a determinar a extensão do tumor e é útil no planejamento operatório. A cirurgia visa sempre à exérese total da lesão, entretanto, quando esta ocupa áreas nobres como cavidade orbitária, fossa craniana média e anterior, o tratamento pode ser apenas o esvaziamento do tumor, com remoção parcial, pois o seu crescimento é bastante lento.

DISPLASIA FIBROSA

O conceito de displasia fibrosa é amplo e envolve vários aspectos da doença, baseados em achados histológicos e clínicos. Quando as lesões ósseas estão associadas à pigmentação de pele, distúrbio de crescimento ósseo e a puberdade, caracteriza-se a síndrome de Albright. Qualquer que seja a origem ou forma de displasia fibrosa, o que ocorre é uma substituição do tecido ósseo que é absorvido por tecido fibroso, podendo parecer trabéculas ósseas pobremente formadas e dispersas em meio a esse tecido.

Embora presentes desde a infância, as manifestações da displasia fibrosa do nariz e seios paranasais geralmente se acentuam na segunda década de vida. Na adolescência, a velocidade de crescimento pode aumentar levando à manifestação clínica. Os sinais e sintomas seguem o padrão geral dos tumores benignos do nariz e cavidades paranasais. Pode haver exoftalmia e deformidade facial. Dor e crescimento rápido são sugestivos de malignização.

Radiologicamente, há três tipos de displasia: esclerótica, que segue o contorno ósseo; lítica, e a terceira forma é a unilocular. A tomografia computadorizada é importante no pré e pós-operatório, na avaliação da extensão do tumor e controle de cura.

A presença de displasia fibrosa craniofacial não é indicativa de tratamento imediato. Se há manisfestação clínica, a terapêutica instituída, deve ser de preferência cirúrgica. Nos casos benignos, a cirurgia pode ser mais econômica, já que a remoção total, muitas vezes, implica um grande prejuízo estético.

TUMORES MALIGNOS

Estaticamente, os tumores malignos de cavidade nasal em criança são extremamente raros. O tumor maligno nasal mais comum na infância é o rabdomiossarcoma. Quase sempre são lesões congênitas que crescem rapidamente no primeiro ano de vida. Usualmente, uma massa friável e ulcerada pode ser observada na cavidade nasal. Edema facial e paralisia dos nervos cranianos são sinais desfavoráveis, indicando invasão e destruição das estruturas contíguas.

O diagnóstico é feito pela biópsia da lesão, com encontro de rabdomiócitos. A extensão do tumor é determinada pela tomografia computadorizada e ressonância nuclear magnética.

O tratamento consiste na excisão local ampla e quimioterapia com múltiplas drogas. A radioterapia tem sido útil em alguns casos.

LINFOMAS E LEUCEMIA

Vários casos de crianças com linfoma não-Hodgkin de nasofaringe e intranasal têm sido reportados. O linfoma não-Hodgkin extranodal é originário do linfoma Hodgkin originário da rinofaringe.

Ao se retirar o tecido para biópsia, este deve ser envolvido em gaze umedecida com solução fisiológica, uma vez que para se caracterizar o tumor, há necessidade de estudos imuno-histoquímicos, estudo das células B e T, cultura de células e estudos em microscópio comum e eletrônico.

A avaliação destes pacientes inclui tomografia computadorizada de crânio, tórax e abdome, linfangiogramas, biópsia de medula óssea e exames radiográficos do trato gastrintestinal. O tratamento geralmente combina radioterapia e quimioterapia.

OUTROS TUMORES MALIGNOS

Outros tumores malignos incluem teratoma, histiocitose maligna e neuroblastoma.

OBSTRUÇÃO NASAL METABÓLICA

Mucoviscidose

A obstrução nasal e rinorreia podem ser importantes no diagnóstico precoce da fibrose cística ou mucoviscidose.

Histologicamente as glândulas nasais sub-mucosas se encontram hipoplásticas e aparecem dilatadas e eosinofílicas.

A secreção nasal é extremamente aderente e viscosa.

Pólipos nasais não são comuns acompanhando este quadro após o primeiro ano de vida. Em toda criança que apresenta obstrução nasal com secreção viscosa com forte odor, purulenta e bilateral associada à presença de pólipos nasais, a mucoviscidose deve ser sempre considerada. O diagnóstico confirmatório pode ser obtido pelo exame de cloro no suor.

O tratamento da obstrução nasal, neste caso, consiste na higienização da cavidade nasal e fluidificação da secreção, que pode ser feita com soro fisiológico morno e aspirações frequentes. Na presença de pólipos e infecções sinusais de repetição, o tratamento cirúrgico pode ser benéfico.

Hipotireoidismo

Os baixos níveis de cálcio iônico podem modificar a resposta vasomotora da mucosa nasal, produzindo sintomas de rinite vasomotora, principalmente obstrução nasal.

Imunodeficiência

Nos quadros de imunodeficiência em geral, ocorre um aumento da incidência de infecções. Na deficiência de IgA isoladamente, estas infecções tendem a se instalar no trato respiratório superior, provocando uma reação vasomotora intensa e prolongada, gerando obstrução nasal. O processo de infecções geralmente tem um caráter crônico com episódios recorrentes de agudização.

Os germes responsáveis pelas infecções nasossinusais costumam ser os mesmos que são encontradas nas crianças não imunodeficientes, ou seja, *Moraxella catarrhalis, Haemphilus influenza e Streptococcus pneumoniae.*

Outras causas de obstrução nasal

As discinesias ciliares, algumas de causa genética, são também sabidamente causas de obstrução nasal.

Geralmente são de difícil diagnóstico, uma vez que para isso são necessários estudos dos tecidos à microscopia eletrônica.

CAPÍTULO 6

ATENDIMENTO INTERDISCIPLINAR AO RESPIRADOR BUCAL

NELSON E. P. COLOMBINI

O termo interdisciplinar pode ser aplicado a um grupo de profissionais que trabalham em conjunto já que a interdisciplinaridade estabelece relações entre disciplinas ou ramos de conhecimento. Neste caso é necessário que todos da equipe tenham um bom repertório de informações sobre as possíveis alterações do respirador bucal.

O termo multidisciplinar também pode ser aplicado a uma equipe, cujo objetivo é o de transformar diferentes disciplinas, às vezes sem aparente relação entre elas, portanto, o respirador bucal seria trabalhado por diferentes profissionais segundo o ponto de vista de cada um, não havendo de fato a possibilidade de trocas reais, pois o limite de cada um seria onde começava o trabalho do outro. MARCHESAN *et al.*, 2003.

Portanto, o tratamento do respirador oral deve ser multidisciplinar, tendo em vista a diversidade de sinais e sintomas presentes nestes indivíduos.

Considerado um hábito bucal deletério, a respiração bucal patológica torna-se um problema em potencial ao paciente, no que diz respeito ao comprometimento do seu crescimento e desenvolvimento craniofacial, além de sua importância na repercussão psicológica e social do indivíduo em questão.

A Síndrome do Respirador Bucal (SRB) por todas as alterações funcionais, estruturais, patológicas, posturais, oclusais e de comportamento que apresenta, necessita de atendimento de diferentes profissionais. Uma avaliação básica deve ser feita inicial e indistintamente por três profissionais: médico pediatra, odontopediatra e fonoaudiólogo. Ao grupo deverão ainda ser inseridos outros profissionais: otorrinolaringologista, ortopedista funcional e/ou ortodontista, fisioterapeuta, psicólogo e, muitas vezes, nutricionista.

O fonoaudiólogo é o profissional que atua com o paciente respirador oral para reeducar a respiração nasal e demais funções estomatognáticas, quando necessário (JUNQUEIRA, 2002). Mediante a autora citada, a terapia miofuncional consta basicamente de quatro etapas: conscientização, restabelecimento da respiração nasal, adequação do tônus muscular e postura dos órgãos fonoarticulatórios e adequação das demais funções estomatognáticas.

Esses profissionais devem estar trabalhando juntos e fazer a hierarquização do atendimento segundo a urgência de adequação ou tratamento para cada caso. Passada a urgência, serão feitas avaliações e possível tratamento de outras alterações. O tratamento otorrinolaringológico, bucomaxilofacial e ortodôntico resume-se nos quadros abaixo relacionados. A figura 49 demonstra a precocidade de desenvolvimento das meninas em relação aos meninos.

PROTOCOLOS DE TRATAMENTO DO RESPIRADOR BUCAL

Até 6 anos:
- Desobstrução das VAS
- Tratamento clínico
- Tratamento cirúrgico (amígdala e adenóide)
- Fonoterapia
- Controle de hábitos parafuncionais
- Segmento cefalométrico anual

De 7 a 12 anos (face com poucas alterações):
- Cirurgia ORL/VAS
- Ortopedia maxilar
- Fonoterapia
- Segmento cefalométrico

CAPÍTULO 6

Mulheres pós-menarca: se a deformidade facial estiver instalada com sinais clínicos e cefalométricos conclusivos de excesso vertical maxilar:
• Cirurgia ORL: septo, cornetos, adenóide e amígdalas • Cirurgia maxilofacial: osteotomia ou corticotomia Le Fort I, ortopedia e ortodontia

Homens dos 12 aos 16 anos: se a deformidade facial estiver instalada com sinais clínicos e cefalométricos conclusivos de excesso vertical maxilar:
• Cirurgia ORL: septo, cornetos, adenóide e amígdalas • Cirurgia maxilofacial: osteotomia ou corticotomia Le Fort I, ortopedia e ortodontia

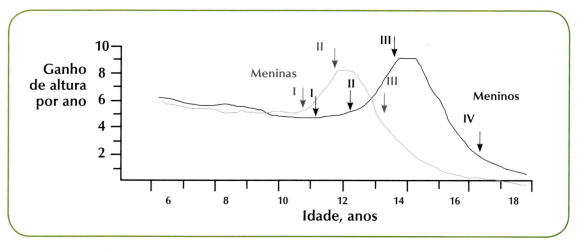

Fig. 49: Curvas de crescimento: meninas mais precoces que meninos. (Colombini)

CAPÍTULO 7

DIAGNÓSTICO

Nelson E. P. Colombini/ Mônica M. C. Macedo

A existência de um relacionamento entre a postura da cabeça, padrão de respiração e morfologia dentofacial tem sido avaliada por meio de diferentes metodologias, tais como: estudos em animais, análise cefalométrica e, mais recentemente, testes rimanométricos de respiração.

Desde 1931 a Cefalometria vem desencadeando uma série de pesquisas que tem permitido melhor conhecimento dos componentes esqueléticos das maloclusões. Dessa forma, pode-se estabelecer planos de tratamento que contemplem tanto a área dentoalveolar, como também as relações esqueléticas. A Cefalometria ainda é um exame complementar importante para o diagnóstico do respirador bucal. Em casos de assimetrias, além da cefalometria lateral, é necessário a cefalometria frontal.

Em 1962, SHELTON e BOSMA observaram que existe um aumento da dimensão faríngea, para a passagem de ar, como reação ao ato de se levar a cabeça para uma posição mais estendida. Mais tarde, em 1980, VIG *et al.* demonstraram em um estudo experimental, que a postura da cabeça é dependente do padrão respiratório. Para tanto, eles selecionaram 30 pessoas e induziram a respiração bucal, usando um tipo de grampo nasal para nadadores, durante 2 horas. Depois do encaixe do grampo no nariz, a ausência de respiração nasal foi confirmada pela aplicação de um espelho frio sob as narinas obstruídas durante a respiração forçada e repouso. Outros 31 voluntários foram submetidos à deprivação visual, com uma máscara de gaze e fita adesiva, para verificar seu efeito na postura da cabeça por 1 ½ horas. Dez destes voluntários tiveram grampo nasal e a máscara conjuntamente durante a fase experimental (1 ½ horas). Eles observaram que há extensão progressiva da cabeça acompanhada geralmente por uma separação entre a maxila e a mandíbula, alcançando um pico em aproximadamente 1 a ½ horas após a introdução do estímulo. Não se pode ao certo afirmar se esta adaptação postural persistiria indefinidamente no evento da obstrução nasal se prolongar, por uma limitação ética da pesquisa. HELLSING em 1989, confirmou o relacionamento positivo entre a obstrução nasal e extensão da cabeça.

A obstrução nasal pode ser resultado de adenóides hipertróficas, rinites alérgicas e/ou de um desvio anatômico, atresia de coanas e um desvio anatômico que causa obstrução praticamente total do fluxo de ar pelo nariz. FRENG E KVAM (1979) analisando cefalometrias de 51 pacientes com atresia de coanas, encontraram uma tendência para deficiência maxilar sagital associada a deficiência mandibular quando a estenose tinha estado presente durante todo o período de crescimento facial. Crianças que sofrem de adenóide hipertrófica e de rinite alérgica crônica mantêm a cabeça numa posição mais elevada, no entanto, observando que esta situação é revertida após adenoidectomia e administração intranasal de corticosteróide. (LINDER-ARONSON, 1975)

Existem diversos métodos de avaliação de obstrução nasal, os mais acurados e recentes são: rinometria acústica, para avaliação da geometria da cavidade nasal (medidas de área e volume) e rinometria de pressão e fluxo, para análise do fluxo e resistência do ar nas vias aéreas superiores. Ambos são testes não invasivos e de curta duração, aproximadamente 25 minutos, que, quando conjugados, geram um bom diagnóstico das condições gerais de morfologia e função da cavidade nasal. Embora exista correlação positiva entre fluxo de ar e as medidas anatômicas das vias aéreas superiores obtidas por meio de análise cefalométrica, a validez deste estudo bidimensional numa projeção radiográfica para medir uma estrutura tridimensional é questionável (VIG e HALL, 1980). Sabe-se, entretanto, que estes testes respiratórios também têm limitações, pois não geram informações suficientes para se afirmar que o paciente é um respirador bucal, havendo a necessidade de se comprovar a hipótese diagnóstica com exames clínicos e anamnese (WARREN et al., 1986). A verdadeira função destes testes é a de indicar, quantitativamente, o grau de obstrução nasal.

FIEDS et al., (1991) estudaram o padrão respiratório por outro meio bastante acurado, a pletismografia (análise dos movimentos do abdômen e caixa torácica durante a respiração). Dezesseis pacientes com dimensões faciais normais e 32 com faces longas foram submetidos ao teste. Os autores concluíram que a porcentagem de respiração nasal no grupo de dolicocéfalos era reduzida, quando comparada aos pacientes de dimensões faciais normais. Entretanto, os autores ressalvam que as diferenças significativas no padrão respiratório, embora associadas ao tipo facial neste trabalho, não devem ser puramente associadas ao padrão facial, pois há que se salientar o componente comportamental que também influencia no padrão de respiração. Eles reafirmaram a necessidade de testes respiratórios associados a um exame físico e anamnese completos para se fechar o diagnóstico.

Ainda se tratando de padrões faciais que sugerem respiração bucal, em 1958, BALLARD e GWYNNE-EVANS relataram que a incompetência labial não deve ser necessariamente associada a respiradores bucais. Pessoas com incompetência labial muitas vezes atingiam um selamento faríngeo, permitindo que o nariz desenvolva a função respiratória quando os lábios se encontram fechados (VIG, 1998). Muitos dados indicam que é raro uma pessoa ter 100% de respiração bucal ou nasal, sendo a combinação das duas modalidades, com predomínio da segunda em situação de respouso, o padrão considerado "normal" (KEALL e VIG, 1986).

Um estudo animal bem conhecido de HARVOLD *et al.*, (1973), pode ser extrapolado para explicar a condição respiratória humana. Macacos rhesus foram submetidos à obstrução nasal total (condição rara em humanos, como mencionado anteriormente) e como mecanismo autônomo de adaptação eles aumentaram o fluxo respiratório bucal posicionando a língua para frente, sobre a borda incisal dos incisivos inferiores. Com o tempo, a língua tornou-se longa e mais delgada, e uma mordida aberta anterior foi desenvolvida. A rotação descendente da mandíbula foi seguida por um deslocamento descendente da maxila. Os efeitos oclusais variaram entre os animais, alguns desenvolveram má-oclusão de classe II, enquanto outros de classe III. Verificou-se que, não somente a mudança no padrão respiratório causou a má-oclusão, mas também que o desenvolvimento de uma respiração predominantemente bucal alterou a função neuromuscular da face. Crianças com obstrução nasal não tratada experimentam uma rotação descendente e inversa da mandíbula, assim como estes animais, e com o sub-sequente crescimento facial, estas alterações morfológicas temporárias passam a ser perenes, resultando em adolescentes e adultos com faces longas e demais problemas oclusais mencionados (LINDER-ARONSON, 1979; MC NAMARA, 1981; QUINN, 1981).

Um padrão "normal" de respiração, predominantemente nasal, é considerado importante para um ótimo desenvolvimento dentofacial. Além dos efeitos prejudiciais à saúde geral, respirar pela boca causa mudanças na postura da cabeça (para uma posição distendida) e modifica o tônus muscular nos músculos faciais, permitindo uma rotação mandibular descendente e interposição anterior da língua. Evidências circunstanciais sugerem a seguinte sequência de eventos biológicos: obstrução nasal suficiente para induzir adaptações fisiológicas, adaptações posturais crânio-cervicais para facilitar a respiração, adaptação postural mandibular, modificação esquelética do crescimento, compensação e modificação dentoalveolar.

Quando a porcentagem de respiração nasal é pobre comparada à bucal, algumas características dentofaciais são encontradas: dimensão longa da face; posicionamento da língua numa posição anterior; dimensão craniofacial ântero-posterior diminuída; retrognatismo facial; aumento da angulação craniana inferior; arco maxilar estreito; arco maxilar em forma de "V"; palato mais profundo; incisivos superiores mais proclinados; e geralmente, incompetência labial; base alar estreita, auto relato de "respirador bucal" e mordida cruzada posterior associada a maloclusão de Classe II ou III. (FIELDS *et al.*, 1991; LINDER-ARONSON, 1979; Mc NAMARA, 1981; QUIM, 1981; SOLOW e TALLGREN, 1976 e VIG, 1998).

Porque existe uma correlação entre respiração bucal e modificação no crescimento facial, há que se identificar as "crianças de risco", através de um exame completo, incluindo de preferência testes rimanométricos, e propor aos pais e responsáveis terapia ortodôntica o mais rápido possível. O tratamento apropriado é geralmente a expansão rápida de maxila (que pode ser efetuado até mesmo da dentição decídua) conjuntamente ou seguida de intervenção fonaudiológica. O conceito de intervenção precoce elimina o fator de risco para o crescimento facial e melhora, a longo prazo, a estabilidade da morfologia facial, o que é muito atrativo. (VIG, 1998)

NASOFIBROSCOPIA

O método semiológico mais eficiente é a endoscopia nasal. É realizada sob anestesia tópica, nem sempre necessária inicialmente sem drogas vasoconstritoras e, posteriormente, com vasoconstrição, avaliando-se a capacidade de retração dos cornetos inferiores e do corneto médio relacionado intimamente com a drenagem dos seios maxilares, etmoidais e frontal. São utilizadas ópticas rígidas de 4 mm em 0° e 30°, que permitem uma ótima visualização das estruturas nasais examinadas. Pode também ser realizado com fibra óptica flexível, apesar de sua preferência para o exame da faringe.

Inicialmente pedimos para o paciente indicar qual a narina mais obstruída e procedemos o teste de Cottle, que consiste em tração nasogeniana da pele com abertura da asa narinária. Alguns pacientes relatam melhora significativa, presumindo-se problemas valvulares externos.

O próximo passo é observar a conformação narinária, a válvula externa e a válvula interna representada pelo septo nasal e cabeça do corneto inferior. Percorre-se então todo meato inferior com atenção ao terço anterior deste, onde em alguns casos poderemos observar o óstio do ducto nasolacrimal.

São observados desvios septais posteriores e o tipo de mucosa que reveste o corneto inferior e que interfere ao profissional dados conclusivos sobre degeneração mucosa.

Muitos processos infecciosos crônicos dos seios da face despejam sua secreção pelo meato médio e esta escorre pela cauda do corneto inferior até a rinofaringe.

Quando prosseguimos a introdução do endoscópio flexível ou rígido, avaliaremos a nasofaringe e as tubas auditivas e, se estivermos utilizando o endoscópio rígido de 30°, poderemos observar o óstio da tuba auditiva contralateral.

Nesta região, de maneira geral, observaremos a presença de secreções, aumentos de volume, pólipos, úlceras e principalmente a persistência da adenóide, que não raramente constitui um dos mais frequentes fatores obstrutivos nas crianças e até mesmo em pacientes adultos jovens.

Em seguida, se estivermos com fibra óptica rígida, voltaremos pelo mesmo caminho percorrido, reobservando as características deste espaço, e passaremos a estudar o meato médio e o corneto médio. Para isso, é utilizada a fibra óptica rígida de 30°, que nos permite visualização dos desvios septais altos e sua relação com a cabeça do corneto ou corpo do corneto médio, importante fator relacionado com a dor craniofacial e alterações da drenagem da unidade ostiomeatal. À frente do corneto médio, um pouco superiormente, observamos o agger-nasi e um pouco abaixo e posterior a este, o apêndice unciforme; este último com dimensões variáveis que podem até mesmo impedir a visualização do meato médio.

Se acompanharmos a cabeça do corneto médio superior a anteriormente, poderemos visualizar o óstio do seio frontal, nesta manobra podemos utilizar uma óptica mais fina de 2,7 mm e 30°. Quando penetramos entre o corneto médio e parede lateral do nariz, ultrapassando a apófise unciforme, observaremos à nossa frente a bula etmoidal, protuberância que constitui parte do etmóide anterior.

Se girarmos a fibra óptica no sentido horário, poderemos examinar o infundíbulo, com presença do óstio maxilar acessório de Giraldes ântero-inferiormente. O óstio principal do seio maxilar é de difícil observação pela direção posteriorizada que esta assume. No meato médio além das características anatômicas dos seus componentes, observaremos a presença de secreção, seu aspecto, pólipos, massas etc. Continuando, passamos à exploração do teto da cavidade nasal, iniciando pela relação superior do corneto médio, septo e rebordo superior da coana, que nos levará diretamente ao óstio do seio esfenoidal.

Concluída a inspeção nasal, passamos a fibra óptica flexível e observamos a faringe em seus três níveis anatômicos, a nasofaringe, a orofaringe, e hipofaringe com atenção à base da língua, epiglote, supraglote, seios piriformes e laringe. Com relação ao fator dor oriunda da mucosa nasal, é tipicamente do tipo visceral, com frequentes manifestações secundárias ou referidas associadas a sintomas autônomos.

Os impulsos dolorosos aferentes são transportados por fibras das divisões oftálmica, maxilar e mandibular do nervo trigêmeo, cujos corpos celulares estão localizados no gânglio de Gasser.

Os receptores nociceptivos periféricos estão situados imediatamente abaixo do epitélio com algumas terminações nervosas no tecido conjuntivo mais profundo e nas paredes vasculares. A parte posterior da língua, que não possui mucosa, tem seus impulsos dolorosos conduzidos pelo tronco glossofaríngeo (Beel).

Desvios septais com esporões que tocam o corneto inferior ou posterior, inflamatórios como a rinite alérgica e outros tipos de rinites podem desencadear dor referida nos dentes maxilares, dor zigomático-articular, otalgia ou até mesmo dor região orbitonasal.

Os desvios septais constituem uma das principais causas de obstrução nasal, sendo explicada pelo contínuo crescimento da cartilagem septal, que possui informação de crescimento genética e que, por sua vez está fixada a estruturas fixas submetidas a leis de crescimento funcionais baseadas na teoria de Moss. O fator traumático também não pode deixar de ser considerado.

As áreas septais, segundo Cottle, estão distribuídas em cinco porções, que por sua vez podem dar origem a problemas obstrutivos em diversas áreas da fossa nasal. Ainda existem outros fatores obstrutivos não menos importantes, como as vestibulites e rinites.

Se o desvio septal pressiona o corneto médio e angustia o meato médio, pode dar origem a dor craniofacial. Esse estreitamento patológico do meato médio, quando induzido pelo septo, doenças intrínsecas dos cornetos ou malformações, podem ser a origem de sinusopatias, lembrando-se a relação deste meato com a drenagem dos seios maxilar, etmoidal e frontal. De maneira geral, a dor originada no meato médio pode ser referida como cefaleia ou dor, nos molares superiores, região zigomaticotemporal, nasogeniana e orbitofrontonasal. Observar figuras 48 a 59.

A hiperalgesia secundária é traduzida por dor à palpação do terço médio da face, algia mucogengival e aparecimento de áreas superficiais hiperestésicas na face.

O concurso do sistema nervoso autônomo no processo doloroso pode dar origem ao lacrimejamento, secreção nasal e congestionamento nasal.

Para Bee, a chamada dor do sinus paranasal é de difícil interpretação. No entanto, sabe-se que a mucosa dos seios da face não é tão sensível à dor como se imagina; e, na verdade, os sintomas indicativos de sinusite são atribuídos a efeitos secundários autônomos e sensoriais, induzidos pela dor primária de origem na mucosa nasal, que é a estrutura mais sensível à dor. Wolf, em 1948, já demonstrou ocorrência de dor craniofacial ao contato anormal de estruturas ricamente inervadas das fossas nasais. Vários autores, segundo Stamm, e este em sua própria experiência tem observado que o tratamento de dismorfias do septo e parede lateral do nariz tem resultado positivamente quanto a queixas de dor craniofacial, mesmo na ausência de doença nasosinusal.

As alterações anatômicas e patológicas das fossas nasais têm ganho cada vez mais valor na compreensão de dor craniofacial inclusive na enxaqueca e outras cefaleias neurovasculares. Em decorrência destas alterações funcionais outros autores justificam até mesmo as auras e sintomas clássicos da enxaqueca através das conexões dos feixes vásculo-nervosos etmoidas e circulação cerebral através da veia oftálmica.

Sem dúvida, uma das causas de dor fácil bem reconhecida por clínicos é aquela proveniente das sinusites. Cedion e Fairbanks enfatizam que, ao lado de fatores de ordem geral, o comprometimento dos óstios de drenagem dos seios da face são o principal fator etiológico.

Assim, alterações obstrutivas do complexo ostiomeatal levariam à sinusopatia dos seios etmoidais anteriores, frontal e maxilares, enquanto fatores obstrutivos relacionados com o meato superior e o recesso esfenoetmoidal levariam potencialmente à sinusopatia etmoidal e esfenoidal respectivamente.

Dentro da interpretação de fatores obstrutivos destacam-se os desvios septais, distorções do corneto médio como a concha bolhosa, dimensões exageradas da bula etmoidal e de algumas células etmoidais (células de Haller) e pneumatização ou curvatura anormal da apófise unciforme. As células do agger-nasi quando excessivamente aumentadas podem comprometer a drenagem do seio frontal.

Ao lado destes fatores obstrutivos anatômicos, poderiam ser citados outros patológicos inflamatórios como a alergia, infecciosos como os virais bacterianos e micóticos e ainda as massas representadas pelos tumores benignos e malignos do nariz e seios da face, que no curso de seu desenvolvimento, obstruem óstios de drenagem e levam às chamadas sinusites secundárias.

Doenças sistêmicas podem comprometer não só as sentinelas imunológicas locais, mas também manifestarem-se no nariz levando a condições predisponentes à sinusopatia.

O trauma craniofacial pode também levar tardiamente a condições de perturbação da drenagem sinusal, com sinusopatia secundária.

Definem-se classicamente dois tipos básicos de sinusite: a aguda e a crônica. As sinusites agudas possuem instalação abrupta com duração variável de uma a três semanas, inicia-se geralmente a partir de infecções virais do trato respiratório complicadas com infecção secundária.

As bactérias mais comumente relacionadas são o *Haemophilus influenza* e *Streptococcus pneumoniae* em 74% dos adultos, o *Staphylococcus aureus*, participa em 15% dos casos.

De maneira não habitual, mas podendo ser encontradas nas sinusopatias agudas estão:
- *Anaeróbios*
- *Branhamella pyogenes*
- *Streptococcus pyogenes*
- *Streptococcus hemolitico*

Os fungos do gênero mucor são os agentes etiológicos comumente observados em diabéticos e imunodeprimidos. Apesar de menos agressivas as espécies de *Aspergillus* também estão associadas. Os vírus do tipo adenovírus e rinovírus podem estar associadas ao comprometimento bacteriano.

Nas sinusites agudas prevalece a cefaleia geralmente de maior intensidade no período da manhã, possui característica de peso que piora com o posicionamento da cabeça e descarga nasal desde pouco significativas à intensa.

A febre elevada pode ser observada ao lado de edema facial. Os seios mais acometidos por ordem de frequência são os etmoidais anteriores (78%), maxilares (66%), frontais (34%), etmoidais posteriores (31%) e esfenoidais (16%).

Pelo exposto, deduz-se que a disfunção ciliar é um importante fator de estagnação de secreção; e pode também ser observado em doenças sistêmicas como a fibrose cística ou mucoviscidose que constitui doença genética autossômica recessiva, que compromete as glândulas exócrinas, condicionando produção de muco viscoso e discinesias ciliares. Manifestam-se desde cedo em crianças com sinusite de repetição, obstrução pulmonar crônica, insuficiência pancreática, infertilidade, sendo relacionadas, a polipose nasosinusal. Do ponto de vista microbiológico, apresentam prevalência de *P. aeruginosa ou S. aureus*.

Com relação à sinusite maxilar aguda não poderíamos deixar de lembrar a forma odontogênica da doença, a qual observa-se abscesso periapiacal geralmente de pré-molares e molares, do ponto de vista microbiológico a presença de germes anaeróbios como o *Bacteroides fragilis e o Fusibacterium sp.*

O tratamento das sinusites agudas geralmente é clínico, podendo ser cirúrgico na vigência de complicações. Devemos lembrar que em lactentes a primeira manifestação de sinusite aguda pode ser a celulite orbitária ou até mesmo o abscesso cerebral. Mas, via de regra, a sinusite aguda evolui bem com o tratamento clínico bem conduzido com associação de antibioticoterapia, descongestionantes nasais, anti-histamínicos e anti-inflamatórios.

As complicações das sinusites agudas são principalmente orbitais, intracranianas podendo comprometer a vida do paciente. As sinusites crônicas possuem especial significado no diagnóstico diferencial da dor craniofacial e são definidas como evolução que transcende três meses com ou sem episódios de agudização. Do ponto de vista microbiológico, observamos em ordem de frequência: *Haemophilus influenza, Streptococcus pneumoniae,* e o *Staphylococcus aureus* e anaeróbios mais associados aos quadros de osteomielite sinusal. Clinicamente, a dor crônica e secreção em rinofaringe são achados constantes.

O tratamento da sinusite crônica do adulto é clínico e em muitos casos opta-se pela associação cirúrgica dirigida aos fatores obstrutivos.

Dentre as patologias nasosinusais que desencadeiam sintomas craniofaciais álgicos a serem descartados pelo profissional que trabalha com dor, incluem-se os tumores nasosinusais. Estes podem ser benignos, intermediários e malignos. A classificação aqui exposta é a proposta por Bortnick:

NEOPLASIAS DE ORIGEM ECTODÉRMICA

Benignos: papiloma vestibular
– papiloma epitelial
– papiloma invertido
– adenomas

Neoplasias malignas
– carcinoma de célula epidermóides ou de células transicionais
– carcinoma adenocístico
– adenocarcinoma

NEOPLASIAS DE ORIGEM NEUROGÊNICA

Benignos: neurofibroma
– neurinoma

Malignos: melanoma maligno
– estesioneuroblastoma ou neuroma olfatório
– malformações congênitas

- encefalocele
- glioma nasal
- cisto dermóide

NEOPLASIA DE ORIGEM MESODÉRMICA

Benignos: fibroma
- osteoma
- condroma
- telangiectasia múltipla
- hereditária
- angiofibroma juvenil nasofaríngeo
- sarcomas: linfosarcoma
- fibrossarcoma
- condrossarcoma
- mixossarcoma
- rabdomiossarcoma
- sarcoma osteogênico

Tumores derivados do sistema hematopoiético
- invasão leucêmica
- plasmocitoma extramedular
- hemangiopericitoma

NEOPLASIAS DE ORIGEM DENTAL

Tumores epiteliais
- Ameloblastoma
- Tumor odontogênico escamoso
- Tumor epitelial odontogênico calcificante
- Tumor odontogênico de células claras
- Tumor odontogênico adenomatóide

Tumores mesenquimais
- mixoma odontogênico
- fibroma odontogênico lateral
- fibroma cementificante
- cementoblastoma
- displasia cementária periapical

Tumores mistos
- odontoma
- fibroma ameloblástico
- fibrodontoma ameloblástico

Capítulo 7

TUMORES ÓSSEOS MAXILARES

Tumores malignos esqueletogênicos maxilares
– osteossarcomas
– sarcoma de Ewing
– linfoma de Burkitt
– carcinoma metastático
– mieloma múltiplo
– plasmocitoma solitário do osso

Tumores benignos esqueletogênicos
– fibroma ossificante
– displasia fibrosa
– osteoblastoma
– osteoma osteóide
– granuloma central de células gigantes
– hemangioma ósseo
– histiocitose idiopática
– exostoses

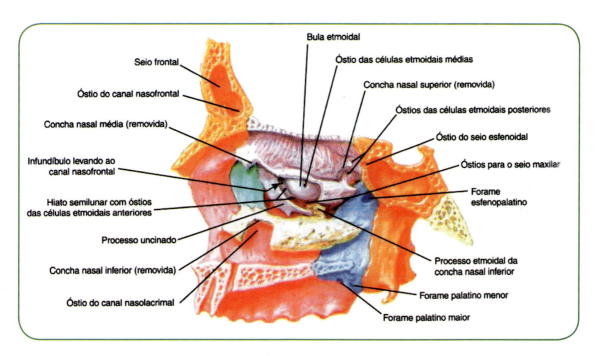

Fig. 48: Descrição anatômica (região nasal) - (Colombini).

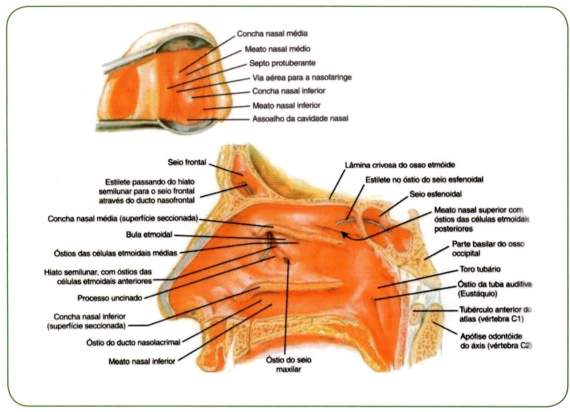

Fig. 49: Visão especular (Colombini)

A seguir, seguem ilustrações da Nasofibroscopia (Colombini)

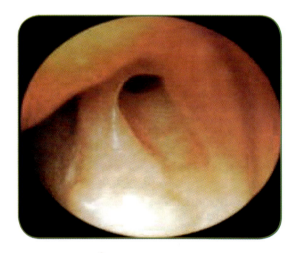

Fig. 50: Óstio do duto nasolacrimal.

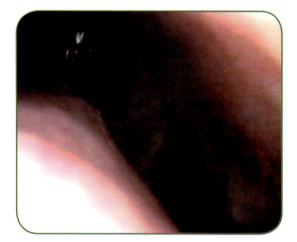

Fig. 51: Cauda do corneto inferior e sua relação com a coana no meato inferior.

CAPÍTULO 7

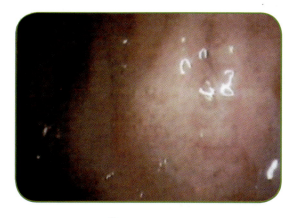

Fig. 52: Óstio da tuba auditiva.

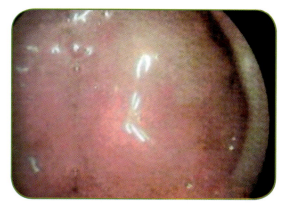

Fig. 53: Adenóides.

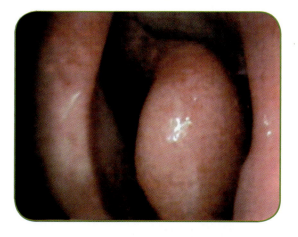

Fig. 54: Meato e corneto médio.

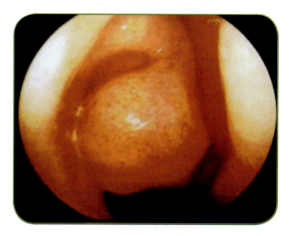

Fig. 55: Agger-nasi.

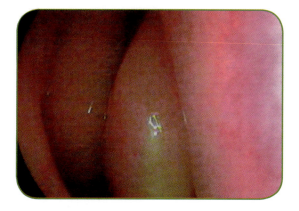

Fig. 56: Apêndice unciforme.

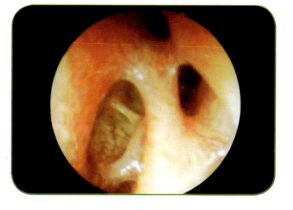

Fig. 57: Óstio do seio frontal.

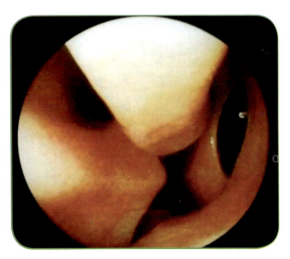

Fig. 58: Infundíbulo com o óstio maxilar acessório de Giraldes

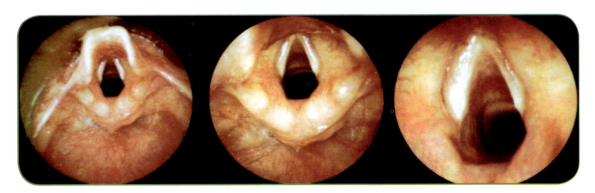

Fig. 59: Hipofaringe e laringe

CAPÍTULO 8

TRATAMENTO ORTODÔNTICO DO RESPIRADOR BUCAL

MÔNICA M. C. MACEDO

Para Enlow (1993), o tratamento ortodôntico incluindo o equilíbrio oclusal, condiciona os reflexos da deglutição que, por sua vez, ajudam a estabilizar o resultado ortodôntico oclusal. Há participação, neste processo, de uma adequada postura labial, lingual e mandibular, uma correta maneira de respirar e uma adequada potência mastigatória.

Sabe-se que as principais alterações craniofaciais e dentárias do paciente respirador bucal são: crescimento craniofaciais predominantemente vertical, ângulo goníaco aumentado, face longa, palato ogival, dimensões faciais estreitas, hipodesenvolvimento dos maxilares, narinas estreitas ou inclinadas, microrrinia com menor espaço na cavidade nasal, desvio de septo, classe II, overjet, mordida cruzada ou aberta, protrusão dos incisivos superiores (Marchesan).

FELÍCIO, 1999, referiu em relação a face, que o predomínio de crescimento vertical não necessariamente é a consequência de um padrão de respiração bucal. Quando se focaliza os casos de respiradores bucais, deve-se pensar na conjunção de fatores hereditários, ambientais e funcionais. Deve-se considerar que para ser um respirador bucal, este pode apresentar obstrução de vias aéreas superiores, portanto, não consegue manter a sua boca ocupada pelos alimentos por muito tempo, pois esta precisa ser utilizada para a passagem do ar.

Rodrigues HOSN *et al.*, pesquisaram a ocorrência da respiração oral em sujeitos em tratamento ortodôntico, e descreveram as alterações miofuncionais orofaciais presentes nos 31 respiradores orais com idade entre 7 e 36 anos. Como resultados obtiveram que 22 (70,97%) avaliados apresentaram respiração oral/oronasal. Sinais importantes de respiração oral foram verificados: 23 (74,20%) indivíduos apresentaram postura de lábios entreabertos, 20(64,52%) língua alargada, 23 (74,19%) palato ogival e estreito, 20 (64,52%) lábios flácidos, 22 (70,97%) língua flácida, 20 (64,52%) bochechas flácidas, 15 (48,39%) mentual rígido, 22 (70,97%) mastigação alterada e 24 (77,42%) deglutição alterada. Houve correlação estatística entre as variáveis modo respiratório oral/oronasal e presença de lábios entreabertos/abertos, língua alargada, flacidez de lábios e flacidez de língua. Concluíram que grande parte da amostra apresentou respiração bucal, além de sinais e sintomas importantes indicativos desta alteração, como presença de lábios entreabertos/abertos, língua alargada, flacidez de lábios e flacidez de língua.

Vantine F.F., 2007 avaliaram cefalometricamente a posição mandibular no respirador bucal e observaram que houve diferença estatisticamente significante em relação à rotação mandibular no sentido horário nos indivíduos estudados.

Existem evidências bastante consistentes de que quando prontos e precocemente tratados, muitos desses distúrbios da SRB são interceptados e possibilitam a retomada do crescimento e do desenvolvimento dentro da normalidade.

Eles apresentam displasias esqueléticas e a prioridade deve ser dada à respiração. A remoção dos fatores etiológicos primários da dimensão estreita da maxila (estreitamento da base nasal e palato ogival) deve ser o objetivo mais lógico da precocidade do atendimento na SRB.

Na fisiologia normal o deslocamento maxilar ocorre pelo fechamento e tonicidade do esfíncter nasopalatal. Ocorre reabsorção e aposição no pterigóide e deslocamento maxilar para frente. No respirador bucal a base da língua e o palato irão constituir o esfíncter secundário. Quando a língua habita o assoalho bucal, há crescimento vertical maxilar com flutuação dos dentes posteriores, há rotação horária da mandíbula e rebaixamento e posteriorização do hióide. Para cada 10 mm de abertura bucal, ocorre 10 mm de fechamento faríngeo. (Colombini)

Considerando que até os 7 anos de idade, 90% do crescimento facial já está completo, o diagnóstico e o tratamento precoce das alterações das estruturas e das funções orais, são de fundamental importância, não só na prevenção dos desvios de desenvolvimento do sistema estomatognático, mas também zelando por uma melhor qualidade de vida.

RIAR (1970) orienta a respeito do tratamento:
- Correção da obstrução nasal e
- Correção da respiração bucal como um hábito durante a retomada do enfoque oclusal da correção.

Capítulo **8**

A participação do ortodontista ou do ortopedista facial garante a remoção dos obstáculos mecânicos que impedem ou dificultam a cura dos problemas respiratórios, a recuperação da oclusão e a correta direção do crescimento e desenvolvimento craniofacial com a recuperação das funções orais que darão equilíbrio e segurança aos resultados conquistados.

Angle em 1899 publicou um artigo onde se propôs a classificar as más-oclusões. O autor pressupôs que o primeiro molar permanente ocupava uma posição estável no esqueleto craniofacial, e que as desarmonias decorriam de alterações ântero- -posteriores da arcada inferior em relação a ele. Dividiu as más-oclusões em três categorias básicas, que se distinguem da oclusão normal. As classes de má-oclusão foram divididas em I, II e III:

- **Classe I:** estão incluídas neste grupo as más-oclusões onde há relação ântero- -posterior normal entre os arcos superior e inferior, evidenciada pela "chave molar". O autor denominou chave molar a oclusão correta entre os molares permanentes superior e inferior, na qual a cúspide mesiovestibular do primeiro molar superior oclui no sulco mesiovestibular do primeiro molar inferior. Esqueleticamente, pode ocorrer mordida aberta, mordida profunda, cruzamento de mordida e biprotrusão. O perfil geralmente é reto ou convexo.
- **Classe II:** são as más-oclusões onde o primeiro molar permanente inferior situa-se distalmente ao primeiro molar superior. Sua característica determinante é que o sulco mesiovestibular do primeiro molar permanente inferior encontra-se distalizado em relação à cúspide mesiovestibular do primeiro molar superior. Em geral, os pacientes classificados neste grupo apresentam perfil facial convexo. Pode estar associada à mordida profunda, mordida aberta, cruzamento de mordida e problemas verticais. Esqueleticamente ocorre por excesso maxilar horizontal, por deficiência mandibular ou uma combinação de ambos. O perfil geralmente é convexo.
- **Classe III:** são as más-oclusões onde o primeiro molar permanente inferior situa-se mesialmente ao primeiro molar superior. Sua característica determinante é que o sulco mesiovestibular do primeiro molar permanente inferior encontra-se mesializado em relação à cúspide mesiovestibular do primeiro molar superior. Pode estar associada à mordida aberta, profunda e problemas verticais. Esqueleticamente ocorre por excesso mandibular, hipoplasia maxilar ou uma combinação de ambos. Provavelmente houve a perda da relação dos primeiros molares permanentes e estímulo ao crescimento mandibular. O perfil geralmente é côncavo. Observar figuras 60 a 65.

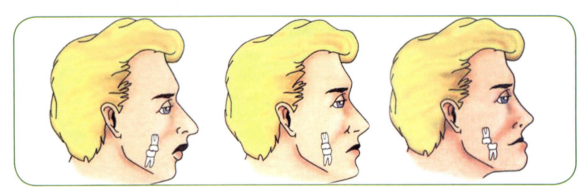

Fig. 60: Classes I, II e III (Vellini).

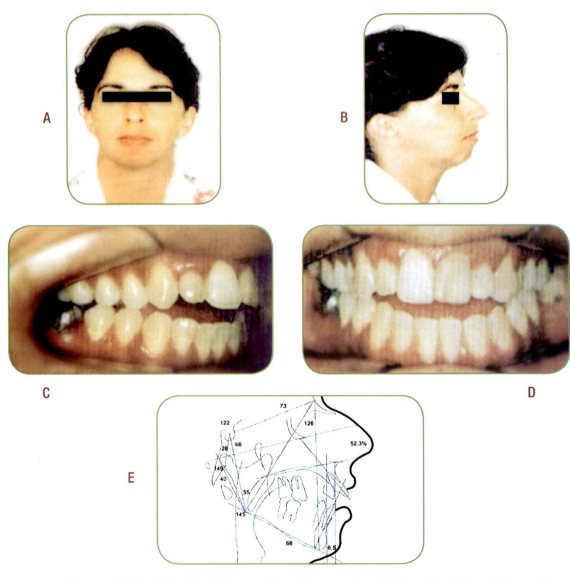

Figuras 61 A a E: Paciente Classe II (perfil convexo) e Cefalometria. Colombini

CAPÍTULO 8

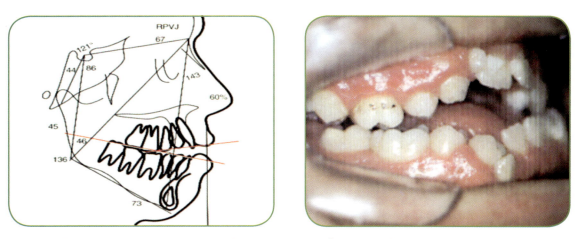

Figuras 62 A e 62 B: Paciente Classe III (perfil côncavo) e Cefalometria. Colombini

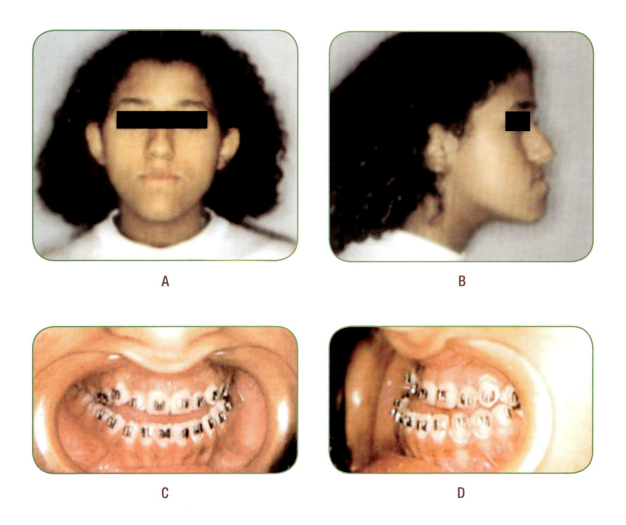

Figuras 63 de A a D: Paciente Classe III em fase pré-operatória (Colombini)

109

Do Respirador Bucal à Apneia Obstrutiva do Sono: Enfoque Multidisciplinar

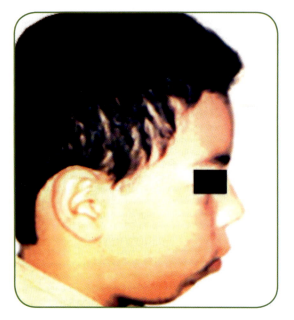
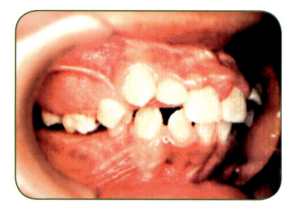
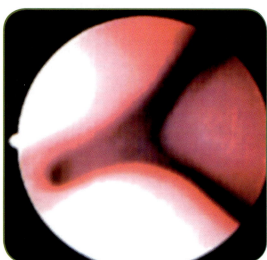
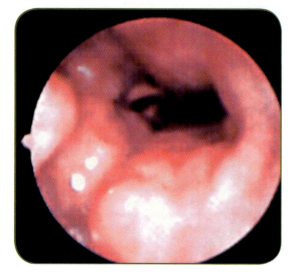

Fig. 64: Paciente Classe II, respirador bucal, oclusão dentária com apinhamentos e mordida cruzada total posterior, hipertrofia adenoamigdaliana e região velo-faríngea com desvio septal. (Colombini)

Sendo a oclusão fundamental para a estabilização de um tratamento ortodôntico, bem como para o equilíbrio do sistema estomatognático, é indispensável que haja uma oclusão orgânica, ou seja, forma e função bem orientadas mantendo os dentes em equilíbrio, funções estomatognáticas atuantes e uma ATM saudável. Isto se traduz em equilíbrio estético da face de aspiração universal, uma vez que a beleza e a harmonia da face trazem vantagens sociais. Há uma interrelação entre hábitos orais X crescimento facial e desenvolvimento da dentição, com repercussões sobre toda a estética, harmonia e plasticidade externa da face. (Monego M.T., 1999)

Capítulo 8

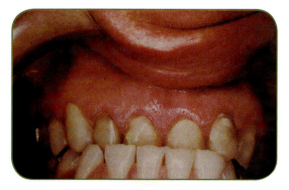 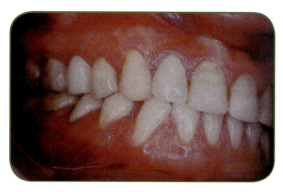

Fig. 65 A e B: Tratamento ortodôntico compensatório do respirador bucal com a palatinização dos incisivos superiores e vestibularização dos incisivos inferiores (Classe II).

EXPANSÃO DA MAXILA

A expansão ortopédica da maxila representa uma conduta terapêutica inserida com coerência na prática ortodôntica, independentemente do estágio do desenvolvimento oclusal, desde que a atresia maxilar faça parte do desvio morfológico. O reposicionamento lateral dos maxilares, com aumento da massa óssea, é um fato, com mudanças marcantes na morfologia do arco dentário superior, trazendo vantagens indiscutíveis na mecanoterapia para as deficiências maxilares. (Capelloza Filho; Silva Filho)

Os aparelhos conhecidos como disjuntores são utilizados para esta finalidade e sua citação na literatura data de 1860. São fixados e cimentados com cimentos específicos aos dentes envolvidos no procedimento por meio de bandas ortodônticas. (Mc Namara Jr)

O disjuntor bandado do tipo Hyrax consiste em um parafuso expansor e uma armação metálica que conecta os primeiros molares permanentes e primeiros pré-molares por meio de bandas ortodônticas. Extensões de fio por vestibular e por palatino são frequentemente usadas para aumentar o suporte do aparelho. ISACSON & INGRAM (1982) verificaram que esses aparelhos liberam aproximadamente 10 libras de força nos dentes de apoio.

Outro dispositivo utilizado para esta finalidade, é o expansor ou disjuntor de Haas (1961) com ancoragem muco-dento-suportada. Constitui-se por uma estrutura metálica rígida, construída com fio 1,2 mm de espessura, e apoio de resina acrílica justaposto à mucosa palatina. O procedimento clínico da expansão rápida da maxila inclui uma fase ativa, que libera forças laterais excessivas, e outra passiva, de contenção. A fase ativa tem início 24 horas após a instalação do aparelho e implica em acionar o parafuso uma volta completa por dia, até a obtenção da morfologia adequada do arco dentário superior. (Capelozza Filho; Silva Filho)

Os expansores colados apresentam inúmeras vantagens; entre elas o fato de que é um aparelho ideal para uso na dentição mista. Nestes casos, o expansor bandado não pode contar com os pré-molares que ainda não irromperam e as coroas clínicas dos molares não estão totalmente expostas para proporcionar adequada retenção.

Nos casos de dentição, decídua, sem dúvida os expansores colados devem ser preferidos, bem como quanto for necessária uma significativa quantidade de expansão de osso basal. O uso do aparelho bandado é mais restrito à dentição permanente e é mais facilmente removido.

O paciente orientado a ativar o aparelho duas vezes por dia (a cada 12 horas, um quarto de volta e, na primeira ativação iniciamos com uma volta). A ativação varia conforme a necessidade de aumento da base nasal. Obtida a expansão necessária, o aparelho não é mais ativado e um pouco de resina pode ser usado para estabilizar o parafuso expansor. Geralmente, o aparelho é mantido em posição por um período de 3 a 4 meses, controlado radiograficamente. Após a consolidação óssea o aparelho é removido. Como contenção, usamos uma placa superior, o que pode causar alguma verticalização dos dentes inferiores. Isso provavelmente acontece em virtude de forças de intercuspidação durante a mastigação e demais movimentos da musculatura oral. A sobrecorreção sempre deve acontecer de 2 a 4 mm (MC NAMARA JR.), pois é o relato na literatura que até 30% da expansão obtida é sempre recidiva.

MC NAMARA JR. descreveu um splint expansor, fazendo uma abordagem sobre certos casos de classe III em pacientes jovens. Se os segundos molares estiverem presentes, deve-se fazer uma extensão protetora da face oclusal para evitar extrusão desses dentes. Às vezes essa extrusão é desejada, mas nunca pode acontecer sem ter sido avaliada. Dois ganchos para a inserção de elásticos são soldados na armação metálica que possibilitarão a instalação de máscaras de tração reversa. A maior resistência à expansão não está na sutura, mas sim nos ossos pilares.

EFEITOS PROVOCADOS PELA EXPANSÃO DA MAXILA

O aumento das dimensões transversais da arcada superior, após a expansão rápida, deve-se principalmente ao efeito ortopédico, o que implica ganho real da massa óssea e do perímetro da arcada. Além do esperado aumento na largura da arcada dentária, o aparelho propicia a expansão transversal na região profunda do palato (aumentando a base nasal). (CARVALHO)

O diagnóstico clínico da disjunção é a radiografia oclusal total da maxila. Observa-se nela uma área triangular, radiolúcida, com base maior voltada para a espinha nasal anterior, região onde a resistência óssea é menor.

A melhor indicação para a Expansão Rápida da maxila está nos casos nos quais a respiração bucal apresenta falta de base nasal. A capacidade de expansão dentro da cavidade nasal deve ser atribuída à separação das apófises palatinas dos ossos maxilares, gerando um aumento intranasal pelo afastamento de suas paredes inferior e lateral. Esse aumento pode ser até de 45%.

Segundo CAMARGO FILHO GP em 2002, a atresia das maxilas é um tipo de deformidade dento-facial em que observa-se uma discrepância das maxilas em relação à mandíbula no sentido transversal, podendo se apresentar clinicamente como mordida cruzada posterior bilateral ou unilateral, estreitamento da arcada superior, palato ogival profundo e associada, muitas vezes, a dificuldade de respiração nasal. O tratamento desta deformidade depende, principalmente, da época quando é diagnosticada e tratada: em pacientes jovens, o tratamento ortopédico-ortodôntico pela utilização de aparelhos disjuntores à maxila é o mais indicado e em pacientes adultos, a complementação cirúrgica desta técnica com a fragilização das zonas de resistência óssea contrária à disjunção. O tipo e a quantidade desta fragilização, realizada por osteotomias, bem como a técnica operatória como um todo, são motivos de divergências entre vários autores. O autor deste trabalho, concluiu que para o tratamento das atresias das maxilas em pacientes adultos, a disjunção ortodôntica assistida cirurgicamente é a técnica mais adequada. Com o aumento do conhecimento específico sobre as discrepâncias transversais das maxilas e os avanços das técnicas cirúrgicas, os procedimentos para a fragilização do esqueleto facial estão se reduzindo ao longo dos anos, minimizando o trauma cirúrgico. A melhora da respiração nasal é uma constante no pós-operatório de pacientes submetidos à disjunção ortodôntica das maxilas assistida cirurgicamente. A correção das atresias das maxilas em adultos pela disjunção ortodôntica assistida cirurgicamente das maxilas, tornou-se um procedimento possível de ser realizado ambulatorialmente, com acidentes e complicações mínimos e viável economicamente para um maior número de pacientes (figuras 71 A, B e 72).

Existem ainda muitas diferenças entre tipos, condutas de adaptações e ativações, tempo de manutenção dos aparelhos disjuntores, que necessitam estudos posteriores.

Deon *et al.* (1998) avaliaram o efeito da expansão rápida da maxila (ERM) na resistência nasal por meio da rinomanometria ativa anterior em crianças. Concluíram que a ERM pode produzir um efeito significativo na redução da resistência nasal.

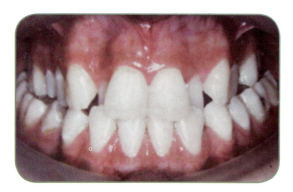 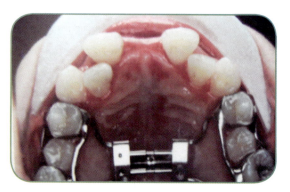

Fig. 71 (A,B): Expansão rápida da maxila assistida cirurgicamente (ERMAC) com disjuntor Hyrax (Macedo M.M.C.)

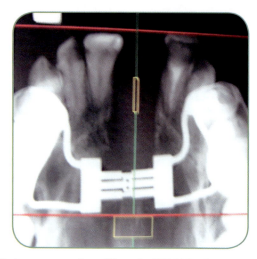

Fig. 72: Imagem radiográfica da ERMAC. (Macedo M.M.C)

PISTAS DIRETAS PLANAS

O crescimento facial é resultado de um somatório de fenômenos morfológicos, bioquímicos, biofísicos e hereditários que pode ser muito modificado por fatores ambientais.

Esses desvios de desenvolvimento do sistema estomatognático podem instalar-se desde a época de bebê. Com o aparecimento dos dentes será feita a troca gradual de alimento líquido por alimentos pastosos e, posteriormente, cada vez mais sólidos, estimulando o trabalho muscular e a articulação, entre os dentes superiores e inferiores. A hiperfunção, a hipofunção ou um funcionamento anormal contribuem para a desarmonia de bases ósseas, resultando em graves deformações nas estruturas esqueléticas e dentoalveolares.

As Pistas Diretas Planas é um recurso insuperável para o atendimento interdisciplinar da SRB, após a remoção do disjuntor de Mc Namara Jr., quando o fonoaudiólogo solicita espaço para a postura da língua e quando o pediatra necessita prescrever alimentação mais sólida para que a criança melhore a sua condição alimentar, sem a qual não será possível encerrar, satisfatoriamente, qualquer caso.

As pistas diretas Planas (PDP) transformam-se em um precioso recurso para redirecionar o crescimento mandibular, garantir ganhos de espaços conquistados pela disjunção maxilar e dar à fonoaudiologia possibilidade de trabalho com tonicidade e postura lingual. Na figura 73 observa-se a PDP nos dentes decíduos com

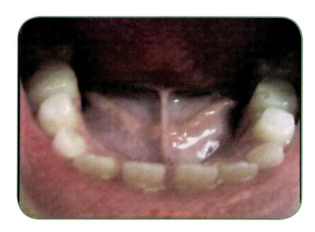

Fig. 73: PDP realizada pela Dra. Maria Regina Brandão.

o intuito de levantar a mordida e avançar a mandíbula.

PEDRO PLANAS - NEUROCLUSÃO

Planas demonstrou leis naturais do desenvolvimento craniofacial que foram denominadas por ele Leis Planas de Desenvolvimento. Desta forma, criou uma filosofia de tratamento, crescimento e maturação da oclusão. Essa nova escola é hoje chamada de Reabilitação Neuroclusal (RNO). A RNO concorda com a literatura ortodôntica sobre a possibilidade da eliminação do desvio mandibular funcional e das diversas alterações oclusais, ainda na dentição decídua, antes da possibilidade de aparatologias. Neste ponto, as pistas diretas planas constituem um precioso instrumento, apresentando, muitas vezes, resultados imediatos.

Também é uma alternativa para o atendimento precoce da mordida cruzada posterior unilateral funcional e as mordidas profundas.

A amamentação sendo a primeira mastigação, utiliza os mesmos músculos que serão usados na mastigação, preparando-os para essa função. Na amamentação também ocorre a coordenação dos reflexos de deglutição e a respiração.

RECURSOS ORTOPÉDICOS E ORTODÔNTICOS DE AVANÇO MANDIBULAR

São soltos na cavidade bucal que necessitam de um fechamento mandibular para poderem se manter junto à maxila. Este fato nos lembra que o paciente respirador bucal não deve iniciar seu tratamento com esse tipo de aparelho, pois não podendo respirar pelo nariz, não consegue manter o aparelho contra a maxila e respirar pela boca. Este motivo leva ao insucesso algumas indicações por falta de observação de caso e não por impotência aparatológica. Mesmo quando a respiração bucal for habitual, sendo mantidos o vedamento labial diurno e a boca aberta ao dormir (por falta de automatização), o aparelho só trará resposta se for usado 10 a 12 horas durante o dia, quando é possível, sob o controle, o paciente manter-se com a boca fechada.

Usados em ratos jovens durante 10 a 12 horas por dia, promovem um avanço mandibular em razão da atividade de contração do músculo pterigóideo lateral e, em consequência, um aumento suplementar do comprimento mandibular pelo aumento da taxa de crescimento da cartilagem condilar. (CARVALHO)

São exemplos de hiperpropulsores posturais os aparelhos de Planas, que permitem uma movimentação mandibular quando em protrusão (figuras 66 a 69 - Colombini).

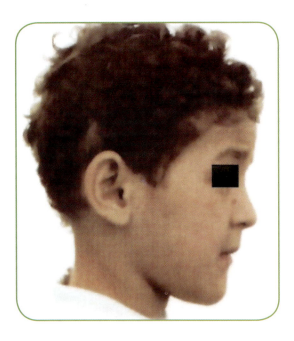

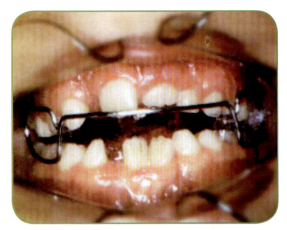

Fig. 66: Tratamento ortopédico para o respirador bucal: avanço mandibular. (Colombini)

CAPÍTULO **8**

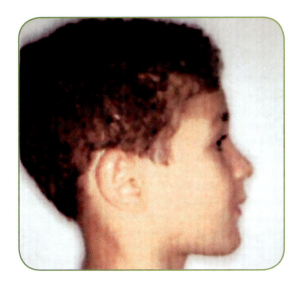

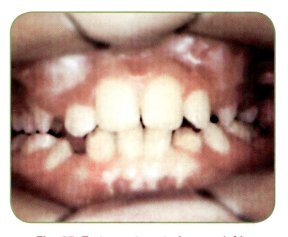

Fig. 67: Tratamento anterior concluído com o avanço mandibular.

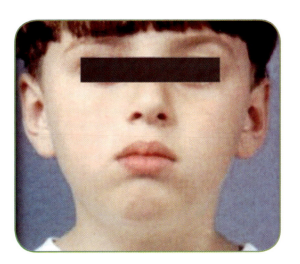

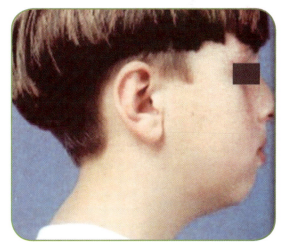

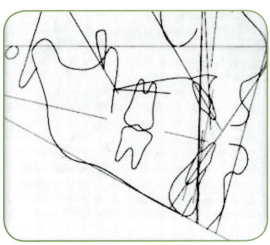

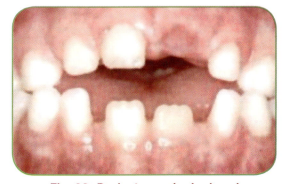

Fig. 68: Paciente respirador bucal (Classe II). Cefalometria. (Colombini)

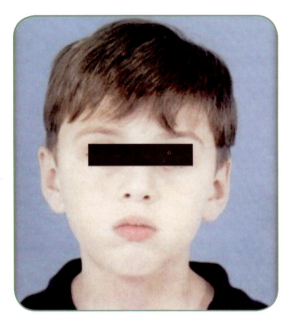
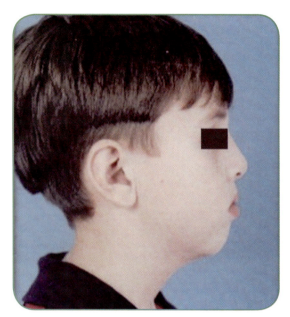
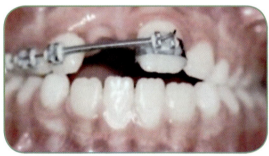
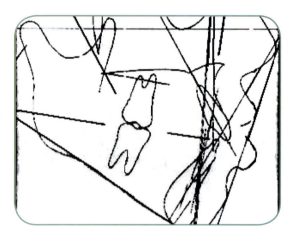

Fig. 69: Tratamento anterior ortodôntico-
-ortopédico e retificação da coluna
cervical. Cefalometria. (Colombini)

ELÁSTICOS DE CLASSE II

Os elásticos intra-orais e intermaxilares usados durante 14 horas, diariamente, são aparelhos ortodônticos potentes para movimentação dentária, assim como um aparelho ortopédico de estímulo da cartilagem condilar.

Estudos eletromiográficos conseguiram mostrar que não existe aumento da atividade do músculo pterigóideo durante o uso dos elásticos, mas o estiramento do ligamento menisco-temporocondilar incrementa a maturação de pré-condroblastos e a taxa de crescimento condilar.

Os elásticos de classe II mantêm a mandíbula livre na posição anterior, mas isso não acontece com os elásticos extraorais que avançam a mandíbula, mantendo-se fixa na posição anterior (figura 70). (CARVALHO)

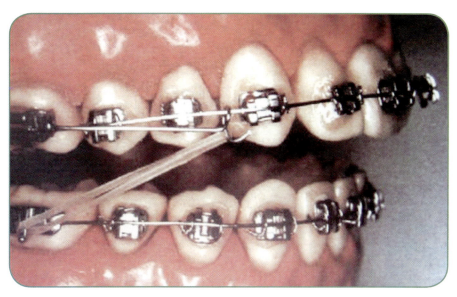

Fig. 70: Elástico de Classe II (avanço mandibular-Langlade, M.)

TRAÇÃO REVERSA DA MAXILA

A máscara de tração reversa promove uma força sobre a mandíbula para a posição posterior e os elásticos protraem a maxila. As máscaras de Delaire ou a de Petit se apoiam na testa e no mento do paciente, promovendo uma força sobre a mandíbula para a posição posterior (figuras 71 e 72).

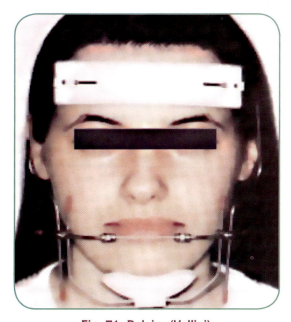

Fig. 71: Delaire (Vellini)

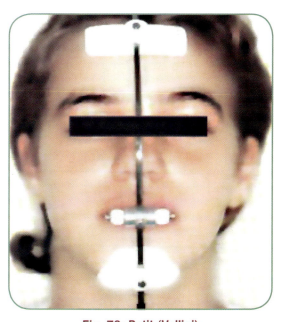

Fig. 72: Petit (Vellini)

REGULADORES DE FUNÇÃO DE FRANKEL

Estes aparelhos, afastando a musculatura e modificando a postura mandibular, atuam no comparador central.

Ao removerem a pressão da musculatura sobre os ossos maxilares (com seus escudos labiais e os vestibulares laterais), liberam a sutura palatina mediana para se expandir (figura 73). (CARVALHO)

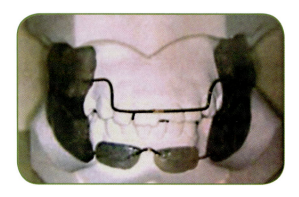

Fig. 73: Regulador de Frankel (Bahia V. C.; Faria M.)

BIONATOR

Não sendo fixado na maxila, avança a mandíbula para a sua sustentação junto ao palato, atuando diretamente sobre o comparador central, mudando a sua postura de repouso e gerando um novo engrama sensorial. Deve ser usado para conseguir aumento do espaço intrabucal, em pacientes de classe I ou de classe Angle. Tem expressiva função sobre a musculatura lingual e os músculos peribucais (figura 74).

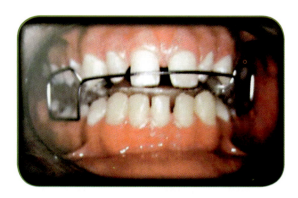

Fig. 74: Bionator

CAPÍTULO 8

ALTERAÇÕES CEFALOMÉTRICAS E A OBSTRUÇÃO ADENOIDEANA

Segundo FUJIKI T.; ROSSATO C. os profissionais da área ortodôntica, além de se preocuparem constantemente com a interceptação e correção das anomalias dentofaciais, dedicam-se, da mesma forma, à sua prevenção através da pesquisa de fatores etiológicos intrínsecos e extrínsecos capazes de conduzirem a uma má-oclusão.

Com referência a este último aspecto, tem sido relatado que uma alteração funcional pode conduzir a modificações na forma das estruturas envolvidas e vice-versa. Assim, a grande maioria dos autores constata uma provável existência de relação entre as adenóides, o tipo respiratório e a morfologia dentofacial. Por conseguinte, consideram a respiração nasal como estímulo primário para o desenvolvimento dos espaços funcionais nasal, bucal e faringeano, ressaltando que os fatores genéticos são secundários aos fatores ambientais. Contudo, existem outras opiniões que não sustentam esta hipótese, alegando que a utilização de metodologia imprecisa, por alguns autores, compromete a interpretação dos resultados obtidos.

Assim em virtude da controvérsia existente sobre a relação entre a função nasorespiratória e o crescimento e desenvolvimento craniodentofacial, realizou-se este estudo com a finalidade de averiguar a existência ou não de tal associação. Em caso assertivo, procurou-se reconhecer as características peculiares aos portadores de hipertrofia adenoideana obstrutiva.

Segundo O'RYAN *et al.* existe uma complexa interrelação de fatores genéticos e ambientais. Por conseguinte, as influências externas podem interferir no padrão de crescimento determinado hereditariamente. SUBTENLY, por sua vez, afirma que em indivíduos geneticamente mais susceptíveis a uma morfologia dentoesquelética desfavorável, a respiração bucal pode ser o fator agravante no desenvolvimento da má-oclusão. Contudo, TRASK; SHAPIRO; SHAPIRO verificaram que os efeitos da respiração bucal se expressam, com maior severidade, no sentido vertical, enquanto que o relacionamento ântero-posterior parece estar controlado, principalmente pelo fator hereditário.

Os que defendem a relação direta de causa e efeito entre a respiração e o crescimento craniodentofacial, afirmam que a obstrução das passagens aéreas, causadas pelo volume excessivo de tecido linfóide, conduz ao estabelecimento de uma via bucal de passagem do ar. Assim, diversas características peculiares da denominada "Síndrome da Face Longa" ou "Face Adenoideana" tornam-se evidentes, embora possam ser decorrentes, também, de distúrbio no sistema nervoso central e de hábitos posturais.

Da revisão da literatura pertinente, foi observado por ADAMIDIS; SPYROPOULOS, CHENG *et al.*, HARVOLD *et al.*, KLEIN, LINDER-ARONSON, LINDER ARONSON; WOODSIDE; LUNDSTROM, MARTINS *et al.*, Mc. NAMARA JR., RUBIN, SANTOS-PINTO, SUBTELNY, que a altura facial anterior se apresentou aumentada nos portadores de obstrução nasal. Além desta medida, BRESOLIN *et al.*, LINDER-ARONSON, TOURNE e TRASK, SHAPIRO; SHAPIRO verificaram incremento da altura facial inferior. Contudo, SANTOS-PINTO *et al.* , concluíram que a presença de adenóides obstrutivas resultava em menor crescimento vertical da região posterior da face. Embora sustentada por diversos autores, as alegações referentes à altura facial foram contestadas pelos trabalhos de HARTGERINK; VIG, JONAS; MANN e VIG *et al.*, os quais não constataram uma relação entre o padrão vertical de crescimento craniofacial e o tipo de respiração. Ainda em relação, ao padrão facial, HEALY e QUICK; GUNDLACH observaram que os indivíduos dolicocefálicos apresentaram maiores evidências de respiração bucal, causadas por obstrução nasal crônica, com manifestação das alterações dentofaciais características.

Embora contestado por TARVONEN; KOSKI o aumento da massa adenoideana tem sido considerado como um dos mais importantes responsáveis pela obstrução da nasofaringe, tendo como consequência a respiração bucal. Já CHENG *et al.*, NEIVERT RUBIN, SANCHEZ *et al.* e SCHULHOF também atribuem o bloqueio da passagem respiratória a processos alérgicos, enquanto NOVAES; VIGORITO e STEELE acrescentam a estes as deformidades nasais obstrutivas adquiridas. Mc NAMARA JR. e RICKETS adicionam, também, as correções cirúrgicas das fissuras palatinas.

Em um estudo cefalométrico sobre o desenvolvimento do espaço aéreo, SUBTENLY enfatizou que para que a respiração bucal se tornasse uma necessidade, o volume de tecido linfóide deveria ocupar a maior parte da nasofaringe. Valores do espaço nasofaringeano iguais ou menores a 4 mm causaram alterações dentoesqueléticas importantes nos jovens em crescimento. Segundo o estudo de FÊO *et al.* as áreas nasal e nasofaringeana apresentaram semelhança na configuração esquelética, tanto em respiradores nasais como em respiradores bucais. Discordam, assim, de QUIRÓS; LANDIM que constataram uma diminuição de crescimento na cavidade nasal dos respiradores bucais. Em relação ao espaço bucofaringeano, a hipertrofia de amígdalas pode provocar a sua obstrução, segundo afirmam MARTINS *et al.*, NOVAES; VIGORITO e SUBTENLY forçando, consequentemente a projeção da língua, resultando num aumento da profundidade do mesmo. De um modo geral, as alterações provocadas por esta condição são similares àquelas resultantes da hipertrofia de adenóides.

De acordo com SARMENTO, quanto mais jovem for o indivíduo por ocasião da instalação do hábito de respiração bucal, maiores serão as alterações anatomofisiológicas nos maxilares e nas partes moles relacionadas. Mc NAMARA JR. verificou alterações na articulação temporomandibular de macacos jovens, forçados experimentalmente à respiração bucal, enquanto que nos animais adultos a mesma permaneceu estável e resistente às alterações funcionais. Contrariam, assim, as informações fornecidas por CHENG *et al.* que constataram que os indivíduos mais jovens demonstravam

CAPÍTULO **8**

menor expressão das características craniofaciais e oclusais. BRESOLIN *et al.*, por sua vez, não encontraram diferenças significantes nas alterações esqueléticas, com relação a idade, entre os respiradores bucais e nasais. Por outro lado, SUBTENLY afirma que conforme se processa a atrofia do tecido linfóide, seguindo o seu ciclo evolutivo normal, as alterações craniodentofaciais ocorridas podem sofrer reversão.

A opinião de que a respiração bucal, bem como a ausência de selamento labial, estão associadas a uma posição mais inferior da língua é compartilhada por vários autores, enquanto outros verificaram um deslocamento ântero-inferior da mesma para permitir a passagem do ar. Entretanto, após uma revisão crítica dos estudos mais frequentemente citados, O' RYAN *et al.* não encontraram subsídios que comprovassem tal relação.

Os trabalhos de ADAMIDIS; SPYROPOULOS, HARVOLD *et al.*, KLEIN, KOSKI; LAHDEMAKI, LINDER-ARONSON, MARTINS *et al.*, Mc NAMARA JR., MILLER; VARGERVIK; CHIERICI; NOVAES; VIGORITO, RUBIN; SANTOS-PINTO, SOLOW; SIERSBAEK-NIELSEN; GREVE, SUBTENLY, TIMMS; TRENOUTH e VOSS relatam a existência de rotação mandibular no sentido horário em portadores de nasofaringes obstruídas, estabelecendo uma via bucal de passagem do ar. A alteração postural da mandíbula foi evidenciada pelo posicionamento mais posterior da mesma em relação à base do crânio, comprovada através de valores menores do ângulo SN, GoMe. Características similares foram evidenciadas em macacos submetidos experimentalmente à respiração bucal.

O aumento do ângulo goníaco foi uma característica marcadamente observada nos estudos de BRESOLIN *et al.*, DUNN; GREEN; CUNAT, HARVORLD *et al.*, MARTINS *et al.*, NOVAES; VIGORITO, SANCHES e SUBTENLY. Discordam, entretanto, de HANDELMANN; OSBORNE que não observaram alteração do plano mandibular, de SANTOS-PINTO que não constatou diferenças significativas do ângulo goníaco em jovens portadores de hipertrofia adenoideana quando comparados com jovens com volume normal de adenóides e de TARVONEN; KOSKI que verificaram menores valores desta medida na presença de obstrução nasofaringeana. KOSK; LAHDEMAKI alegaram que a rotação horária do plano mandibular, em relação ao palato, caracterizava os portadores de hipertrofia de adenóides. TARVONEN; KOSKI , por sua vez, oferecerem sustentação a estes autores após verificarem que as relações angulares do ramo mandibular com base craniana se correlacionaram positivamente com um volume adenoideano excessivo.

Acompanhando o incremento do plano mandibular, foi observada a rotação horária do plano oclusal em relação à base craniana, conforme concluíram as pesquisas de SANTOS PINTO E SANTOS-PINTO *et al.*. Similarmente, o plano palatino sofreu aumento, segundo os estudos de BRESOLIN *et al.* e TRASK;

SHAPIRO; SHAPIRO, enquanto SANTOS-PINTO *et al.*, não verificaram alterações significativas desta medida em relação à linha S-N, sugerindo que a hipertrofia de adenóides não influencia o desenvolvimento do terço médio da face.

Nos respiradores bucais o osso hióide parece seguir alteração postural da língua e da mandíbula. Considerando que este osso age como plataforma para a complexa ação dos músculos que nele se inserem, a alteração prolongada em sua posição, que ocorre em indivíduos com obstrução nasal, pode interferir na ação muscular. Assim, ADAMIDIS; SPYROPOULOS verificaram incrementos nos ângulos formados entre o longo eixo do osso hióide com o plano palatino e a linha Ba-N. Ainda, a posição mais anterior e inferior do osso hióide esteve sempre associada com as alterações dentárias causadas por obstrução nasorespiratória decorrentes da hipertrofia de adenóides ou amígdalas.

Por sua vez, a base do crânio provou ser uma região de considerável estabilidade, visto que não sofreu deflexão, conforme os achados de MARTINS *et al.*, e SANTOS-PINTO. Em contrapartida, NOVAES; VIGORITO não sustentaram esta afirmação, constatando uma base craniana mais obtusa na presença de um volume excessivo de massa adenoideana. Em concordância com os últimos. RICKETTS e SOLOW; SIERSBAEK-NIELSEN; GREVE alegaram que, com o objetivo de manter o espaço nasofaringeano adequado à respiração, ocorre uma alteração compensatória na postura cefálica, comprovada pelo aumento da angulação craniocervical. Estes achados corroboram com os de BEHLFELT e de TOURNE, para quem uma obstrução nasal pode, a longo prazo, resultar num padrão de crescimento vertical da face.

A hipertrofia destes tecidos linfóides tem sido considerada como uma importante causa das deformidades dentárias e palatinas. Assim, o aumento na altura do palato duro foi verificado por BRESOLIN *et al.*, CHENG *et al.*, LINDER-ARONSON, QUIRÓS; LANDIN, RUBIN, SANCHES, SANCHEZ *et al.* e WEIMERT. Entretanto, este resultado encontrou oposição nos trabalhos realizados por PAUL; NANDA, que constataram valores inversos na altura do palato, alegando que o aspecto elevado do mesmo era, provavelmente, uma ilusão ótica resultante da contração do arco superior. Além destes pesquisadores já citados, BRODSKY; KOCH, LINDER-ARONSON, e MILLER observaram a inalteração desta medida quando comparados com os respiradores nasais. Ainda com referência ao palato, QUICK; GUNDLACH verificaram a presença de maior largura palatina nos indivíduos com plano mandibular baixo (braquicéfalos), enquanto para TIMMS; TRENOUTH esta medida demonstrou correlação negativa com obstrução nasal.

O posicionamento mais inferior da língua nos respiradores bucais, deixando de apoiar o palato duro e os dentes superiores, promove um desequilíbrio muscular fazendo com que a pressão exercida pelo músculo bucinador dê origem ao estreitamento do arco superior, de acordo com as observações de ADAMIDIS; SPYROPOULOS,

DUNN; GREEN; CUNAT, PAUL; NANDA QUICK; GUNDLACH, SANCHEZ *et al.*, SANTOS-PINTO *et al.*, SARMENTO, SUBTENLY e VOSS, resultando em mordida cruzada posterior. OULIS *et al.* constataram a mordida cruzada posterior tanto na dentadura decídua quanto na permanente de jovens portadores de adenóides hipertrofiadas. Contudo, TRASK; SHAPIRO; SHAPIRO, após avaliarem clínica e radiograficamente irmãos respiradores bucais e nasais, verificaram a inexistência de diferenças, estatisticamente significantes, entre os dois grupos, quanto ao relacionamento transversal dos arcos.

A relação entre adenóides hipertrofiadas e má-oclusão tem sido tema de exaustivo debate. MILLER observou o dobro de incidência de má-oclusão de Classe II, divisão 1 de Angle em jovens respiradores nasais quando comparados a jovens com sintomas de obstrução respiratória. Esta característica se contrapõe àquela verificada por PAUL; NANDA, SANCHEZ *et al.* e SUBTENLY, que verificaram maior frequência deste tipo de má-oclusão nos portadores de hipertrofia adenoideana. Por outro lado, RUBIN, SANCHES e SCHULHOF, também verificaram maior incidência de má-oclusão de Classe II, sem contudo especificar se as características representavam a divisão 1 ou 2 da classificação de Angle. Em contrapartida, SOSA; GRABER; MULLER alegaram que o espaço nasofaringeano não sofreu variações, com significância estatística, de acordo com o tipo de má-oclusão, achado que foi compartilhado por BRESOLIN *et al.*, HARVOLD *et al.* e TRASK; SHAPIRO; SHAPIRO. Similarmente, MARTINS *et al.* encontraram os mesmos resultados nos casos de hipertrofia amigdaliana.

O relacionamento ântero-posterior das bases ósseas apresentou evidências de alteração na presença de vegetações adenóides. BRESOLIN *et al.*, SANTOS-PINTO e SUBTENLY verificaram a retrusão maxilomandibular. Para outros autores houve retrusão mandibular acompanhada de protrusão maxilar com incremento do ângulo SNA. Por outro lado, SANTOS PINTO *et al.*, não constataram alterações com significância estatística, deste ângulo nos portadores de adenóides hipertrofiadas. Contrariamente, segundo CHENG *et al.*, nos portadores de obstrução nasal, o ponto B esteve posicionado mais anteriormente do que o ponto A, quando medido perpendicularmente em relação ao plano oclusal, observando-se em alguns casos a mordida cruzada anterior.

As alterações na direção e quantidade de crescimento mandibular ocorreram em macacos Rhesus jovens, submetidos experimentalmente à respiração bucal, conforme indicou o estudo de Mc NAMARA JR. Um aumento do crescimento mandibular, em humanos portadores de obstrução nasofaringeana, foi constatado por CHENG *et al.* Em relação à base óssea superior, Mc NAMARA JR., verificou que o deslocamento vertical da maxila sofreu um decréscimo em macacos forçados à respiração bucal.

Com referência aos incisivos inferiores, observou-se, frequentemente, nos portadores de obstrução da nasofaringe, a retroinclinação em relação à linha A-Pg, segundo os achados de BEHLFELT *et al.* e ao plano mandibular, devido à pressão do músculo orbicular dos lábios quando se estabelece a abertura bucal a fim de permitir a passagem do ar. De igual maneira, a retroinclinação dos incisivos superiores em relação à linha SN foi verificada em alguns trabalhos. No entanto, foi observado por outros autores uma vez maior verticalização dos incisivos na presença de obstrução respiratória.

Associada à retroinclinação dos incisivos inferiores, a diminuição do comprimento do arco inferior foi relatada por BEHLFELT *et al.* e LINDER-ARONSON, embora constatada por CHENG *et al.* Por outro lado, em relação ao arco superior, PAUL; NANDA verificaram um valor aumentado nos respiradores bucais, que pode ser explicado pela contração de sua largura devido à pressão excessiva causada pelo músculo bucinador. Contudo, BRESOLIN *et al.* não evidenciaram alterações significativas no comprimento dos arcos inferior e superior nos respiradores bucais.

A sobressaliência aumentada, aliada à protrusão progressiva dos incisivos superiores, foi também uma característica bastante presente nas investigações realizadas por BEHLFELT *et al.*, BRESOLIN *et al.*, Mc NAMARA JR., NOVAES; VIGORITO, PAUL; NANDA, SANCHEZ *et al.*, SARMENTO e SUBTENLY. Esta característica é devida à hipotonicidade do lábio superior e à hipertonicidade do lábio inferior que se interpõe entre os incisivos inferiores e superiores, provocando a vestibuloversão dos últimos que deixa de ser restringida pela musculatura labial. Nos portadores de obstrução respiratória observou-se, também, uma diminuição da sobremordida com tendência a mordida aberta. Já PAUL; NANDA encontraram valores maiores para esta medida, em decorrência da extrusão dos incisivos inferiores e à falta de crescimento vertical nas regiões de molares e pré-molares dos respiradores bucais. Entretanto, JONAS; MANN contestaram este achado, alegando que em seu estudo ortodôntico e otorrinológico combinado, as relações intermaxilares verticais foram independentes do desenvolvimento da massa adenoideana, em concordância com BRESOLIN *et al.* e MILLER.

Para RUBIN e SUBTENLY a falta de contato maxilomandibular durante a mastigação pode permitir que, em portadores de adenóides obstrutivas, ocorra um crescimento alveolar vertical excessivo e maior erupção do segmento dentário posterior. No entanto esta evidência tornou-se possível nos respiradores bucais que mantiveram a posição mandibular constantemente abaixada, propiciando o desenvolvimento vertical da região posterior dos arcos. SANTOS-PINTO, no entanto, não verificou, nos portadores de hipertrofia adenoideana, diferença no nível de erupção de molares inferiores e superiores em relação às suas respectivas bases ósseas, quando comparados com jovens isentos desta condição.

Com base nos tópicos discutidos, verificam-se fortes evidências da interrelação entre a hipertrofia adenoideana e o desenvolvimento do crânio e da face, comprovadas através da reversão das alterações dentofaciais ocorridas após a realização de adenoidectomias. Observou-se uma redução do padrão dolicocefálico com diminuição da inclinação dos planos mandibular e oclusal e um decréscimo significativo da altura facial anterior inferior, com direção de crescimento mais horizontais da mandíbula em jovens que restabeleceram a respiração nasal após as cirurgias. Com referência à maxila, WOODSIDE *et al.* constataram, após a remoção de adenóides obstrutivas, maior tendência de crescimento da face média, com maior intensidade no sexo masculino.

Com o restabelecimento da respiração nasal, obtido após as adenoidectomias, KERR; McWILLIAN; LINDER-ARONSON, LINDER-ARONSON, LINDER--ARONSON *et al.*, e LINDER-ARONSON; WOODSIDE; LUNDSTROM relataram uma diminuição significativa na retroinclinação dos incisivos. Assim, verificou-se o consequente incremento no ângulo interincisivos, devido à redução da tensão do músculo orbicular dos lábios, ocorrida com o selamento labial normal. LINDER--ARONSON e Mc NAMARA JR. também verificaram o aumento na distância intermolares e intercaninos, decorrente do posicionamento mais elevado da língua, restaurando o apoio ao arco superior. Em contrapartida, os achados de LINDER--ARONSON *et al.*, se opõem a estes dados, alegando que as dimensões transversais do arco superior não mudaram de maneira significativa após as adenoidectomias, contestando os resultados obtidos por BRODSKY; KOCH. Em relação à nasofaringe LINDER-ARONSON E LINDER-ARONSON *et al.* constataram incrementos em profundidade, após a remoção de adenóides hipertrofiadas. As alterações dentárias, que apresentaram maior significância estatística, foram evidentes no primeiro ano após as intervenções cirúrgicas.

Muito embora o padrão genético seja considerado por alguns pesquisadores, acredita-se que o impacto crônico das influências ambientais sobre o sistema estomatognático seja o fator determinante para o crescimento da face.

Com base na literatura compulsada, os autores concluíram que:

a) apesar de refutado por alguns pesquisadores, a maioria relata a existência de uma estreita relação entre a função nasorespiratória e o crescimento e desenvolvimento craniodentofacial, demonstrando, assim, uma fonte de influência dos fatores ambientais sobre o padrão hereditário implícito nos genes;

b) dentre as características mais comumente observadas, nos portadores de hipertrofia adenoideana, destacam-se:

- a face longa, com incremento na altura facial anterior inferior e na altura facial anterior total;
- a ausência de selamento labial, devido à necessidade de se estabelecer uma via bucal de passagem do ar;
- maior expressão dos efeitos craniodentofaciais nos indivíduos mais jovens;
- um posicionamento mais anterior e inferior da língua, associado à rotação horária da mandíbula e do plano oclusal;
- um posicionamento mais posterior da mandíbula, em relação à base craniana, com tendência a um padrão dolicocefálico, confirmado pelo incremento no valor do ângulo SN, GoMe e diminuição no valor do ângulo SNB;
- um posicionamento mais anterior e inferior do osso hióide, acompanhando a alteração postural da língua e da mandíbula, por agir como plataforma para a complexa ação de alguns músculos mastigadores;
- um incremento na angulação craniocervical, demonstrando que na presença de hipertrofia adenoideana obstrutiva ocorre uma adaptação postural da cabeça, para manter o espaço aéreo nasofaringeano adequado à respiração;
- um incremento na altura do palato duro;
- um estreitamento do arco superior, resultando geralmente em mordida cruzada posterior, evidenciando que a falta de suporte lingual, nos portadores de adenóides volumosas, provoca um desequilíbrio no sistema de forças que atuam sobre o arco superior;
- uma maior incidência de má-oclusão de Classe II, divisão 1 de Angle;
- uma retroinclinação dos incisivos inferiores, em relação ao plano mandibular, indicando que quando as adenóides assumem um volume excessivo, causam um desequilíbrio muscular, fazendo com que a pressão exercida pelo músculo orbicular dos lábios sobre os incisivos seja aumentada;
- um aumento da sobressaliência, associada à protrusão progressiva dos incisivos superiores, sugerindo que a hipotonicidade do lábio superior nos respiradores bucais, não permite restringir a força do lábio inferior que se interpõe entre os incisivos de ambos os arcos;
- um crescimento alveolar excessivo do segmento dentário posterior, propiciado pela falta de contato maxilomandibular em decorrência da respiração bucal;
- nos indivíduos em crescimento, submetidos a adenoidectomias, as alterações dentofaciais decorrentes da obstrução nasal se autocorrigem nos anos seguintes às cirurgias, quando ocorre o restabelecimento da respiração nasal e do consequente padrão de crescimento normal.

CAPÍTULO 9

SEPTOPLASTIA NA CRIANÇA

NELSON E. P. COLOMBINI

Quelmatz, em 1757, intentou o primeiro tratamento relatado para correção do desvio septal, com compressão digital diária. Adams, em 1875, indicou a fratura do septo nasal seguido de tamponamento. Freer em 1902 e Killian em 1904 iniciaram as ressecções submucosas, marco na cirurgia septal moderna. Metzembaum descreveu em 1929 sua técnica de correção dos desvios septais de ponta nasal, ainda hoje extremamente útil, e Cottle, em 1947, descreve pela primeira vez seu estudo sobre as vantagens da septoplastia e as desvantagens da ressecção submucosa, com ênfase no estudo da fisiopatologia de formação dos desvios e esporões. No entanto, até a década de 1970, persistiu o conceito de que as cirurgias na região septal, deveriam ser adiadas até a idade de 16 a 17 anos. Isto aconteceu devido às técnicas cirúrgicas não adaptadas causarem alterações do desenvolvimento facial no seu terço médio e no nariz.

Partindo de trabalhos experimentais, ficou demonstrada a importância do septo nasal para o desenvolvimento do nariz, indicando que o desenvolvimento facial pode ser alterado por trauma acidental ou cirúrgico e por má função. Além disso, houve comprovação repetida de consequências intelectuais e psicológicas na criança. Concluiu-se então que o desvio septal que ocasione distúrbios na função respiratória, com sinais e sintomas de síndrome de obstrução das vias aéreas superiores deve ser corrigido, não importando a idade do paciente.

A maioria dos desvios septais é de causa traumática, no desenvolvimento intra-uterino, no parto ou na infância.

Hinderer, em 1971, o septo nasal passa por três períodos de crescimento mais definido;

1. Fase de crescimento rápido, nos primeiros 5 anos de vida.
2. Fase de aquiescência, nos segundos 5 anos de vida.
3. Fase de aceleração, dos 10 aos 15 anos.

Vetter, em 1984, demonstrou que a região caudal da cartilagem septal possui uma alta densidade de células e uma alta capacidade proliferativa. A área central apresenta uma densidade de células e elevado índice de crescimento nas fases de crescimento rápido e de aceleração. Isto explica o contínuo crescimento da cartilagem septal, mesmo em adultos, as recorrências dos desvios após cirurgias em crianças, o crescimento da ponta nasal, o potencial de regeneração da cartilagem e a importância da área central no crescimento e na cirurgia septal. A borda livre anterior do septo possui baixo grau de regeneração, e deve ser cuidadosamente manipulada e preservada, principalmente em crianças.

A indicação cirúrgica é independente da idade do paciente, caso os sintomas de obstrução nasal sejam devidos ao desvio septal. A concomitância de hipertrofia adenoideana e/ou rinite alérgica deve ser avaliada, e o seu tratamento preceder o do desvio, nesses casos. Nos casos de hipertrofia dos cornetos inferiores que não melhoram com o tratamento clínico, realiza-se a turbinoplastia junto à septoplastia e adenoidectomia associada, caso necessário. O objetivo é restabelecer a respiração nasal e proporcionar um desenvolvimento normal do nariz e da face, assim como o desenvolvimento intelectual.

A septoplastia infantil deve ser necessariamente conservadora, preservando as áreas de crescimento cartilaginosa, e indicada somente nas crianças com Síndrome do Respirador Bucal, com obstrução nasal completa.

Devemos esclarecer aos pais, antes da cirurgia, que esta criança deverá ter seguimento até os 18 anos e que poderá ser necessário um segundo procedimento, após a puberdade, quando terminado o crescimento do nariz.

Portanto, na criança, os seguintes pré-requisitos devem ser observados:

- A indicação deve ser conservadora, observando antes a abordagem da rinite, alérgica ou não, e a hipertrofia adenoideana.
- A cirurgia deve ser indicada somente após exaustivo exame e tratamento clínico, ou quando procedimentos cirúrgicos menos agressivos foram realizados anteriormente.

É desnecessário ressaltar que o desvio septal deve ser realmente a causa da obstrução, pois é extremamente desagradável realizar a cirurgia e não solucionar o quadro, e ainda, pode haver alteração do desenvolvimento nasal.

Gibson e Davis (1976), Fry (1973) e Murakami (1982) demonstraram que o estresse da cartilagem se faz a nível celular ou molecular, e para se corrigir o desvio, devemos retirar fitas de cartilagem septal para destruir a sua memória.

A rinoplastia externa, defendida por Jugo (1987) para correção das deformidades severas septais ventrocranianas ou ventrocaudais é uma opção que deve ser considerada, não como primeira escolha, sabendo que Bejar (1996) concluiu que a septoplastia externa, apesar de não afetar a maioria dos aspectos do nariz e do crescimento facial, pode influenciar negativamente o desenvolvimento do dorso nasal.

Para correção dos desvios septais durante a infância, utilizamos adaptações das técnicas de Metzembaum (1929) e Fomom (1948) com algumas modificações próprias.

TÉCNICA CIRÚRGICA

Nas crianças, a septoplastia deve ser realizada somente com anestesia geral. Antes da anti-sepsia, fazemos a infiltração de bupivacaína 0.5% e adrenalina 1:80.000, com seringa de 5 ml e agulha de insulina na região da columela e submucopericôndrio, na concavidade do desvio. Aguardamos o efeito vasoconstritor e anestésico por 7 a 10 minutos, que é aproximadamente o tempo necessário para paramentação, anti-sepsia e aposição dos campos cirúrgicos.

Iniciamos com incisão hemitransfixante, com lâmina nº 15, na porção caudal do septo, do lado côncavo, e inferiormente, até o assoalho ósseo do nariz, para obtermos visão das uniões osteocartilaginosas. A dissecção no plano submucopericondral direciona-se ântero-posteriormente e do dorso para a crista maxilar.

Retiramos quatro fitas de cartilagem, com 2 mm de espessura:

Primeira - no ângulo máximo do desvio, sentido vertical do dorso para o assoalho.

Segunda e terceira - retiramos mais duas fitas separando a cartilagem quadrangular dos ossos da lâmina perpendicular do etmóide e do vômer.

Quarta - retirada de modo horizontal e superior, 2 cm abaixo do dorso, unindo os espaços deixados pela retirada das duas fitas verticais. Desse modo, deixamos uma imagem de "A" invertido, nos espaços sem cartilagem.

Executamos o descolamento submucopericondral contralateral da cartilagem remanescente central, deixando-a presa apenas em uma pequena porção de mucosa superiormente. Devemos traumatizar o pericôndrio igualmente de ambos os lados para estimular os condrócitos e o crescimento igualmente de cada lado.

Os esporões ósseos deverão sofrer ressecção econômica, com cinzel, lateralmente.

A incisão deve ser fechada com fio absorvível e o tamponamento nasal anterior, caso necessário, pode ser mantido por até 48 horas.

CAPÍTULO 10

TRATAMENTO CIRÚRGICO APLICADO ÀS OSTEOTOMIAS DO TERÇO MÉDIO DA FACE E MANDÍBULA

NELSON E. P. COLOMBINI/ EMANUEL ARAUJO NOGUEIRA (*"IN MEMORIAM"*)

Introdução

Os avanços técnicos observados nos últimos 15 anos permitem hoje a correção esquelética de toda a estrutura craniofacial, desde a correção de malformações congênitas até correções das discrepâncias maxilo-mandibulares.

Com interesse na cirurgia ortognática, dois são os objetivos principais de tratamento: a correção da oclusão dentária e o reposicionamento estético dos tecidos moles que se apoiam sobre o arcabouço ósseo.

No entanto, podemos observar a função da articulação temporomandibular e a respiratória estão invariavelmente relacionadas com os fatores etiológicos, podendo até mesmo sofrer alterações decorrentes dos métodos de tratamento; alterações estas positivas ou negativas.

É por este motivo que preferimos a nômina de cirurgia estético-funcional, que por si só expressa a complexidade dos procedimentos que deverão objetivar a correção da oclusão com os devidos cuidados às estruturas de suporte dentário, a ATM, a função respiratória e adequada drenagem dos seios paranasais, a musculatura funcional bucofacial, a musculatura mímica com especial interesse ao grupo de orbiculares do lábio, depressores e elevadores dos lábios e asa do nariz, bem com os músculos zigomáticos maiores e menores.

O balanço e contorno facial são objetivos estéticos deste tipo de cirurgia e englobam o posicionamento mandibular e do mento, eminências zigomáticas, sulcos nasogenianos, filtro labial e relação dos lábios superior e inferior, sulco mento labial, ângulo mento cervical e projeção do nariz esquelético-cartilaginoso.

As técnicas básicas aplicadas à cirurgia ortognática estético funcional são representadas principalmente pela osteotomia tipo Le Fort I, osteotomia sagital mandibular e osteotomia vertical acompanhadas ou não da genioplastia. Por outro lado, procedimentos segmentares alveolares têm sua indicação na obtenção da oclusão planejada, podendo ser realizados como intervenção pré-ortodôntica, principal ou combinada com os procedimentos maiores.

Apesar da notável melhora estética que as osteotomias Le Fort I e ramo-mandibular proporcionam, vários outros procedimentos podem ser a estes conjugados em primeiro tempo ou em segundo tempo visando a melhora da estética e do contorno facial. Estes são representados pela rinoplastia, zigomaticoplastia, ressecção da bola adiposa de Bichat, mentoplastia, inclusões do sulco nasogeniano, ângulo de mandíbula e lipectomia submental e, mais raramente, a queiloplastia e otoplastia.

O planejamento cirúrgico envolve o reposicionamento superior da maxila com recuo maxilar, osteotomia de avanço do mento e rinoplastia associada.

A cirurgia Le Fort I foi realizada através de via endonasal endoscópica com rinosseptoplastia e turbinoplastia associada.

O resultado pós-operatório evidencia o balanço facial obtido com detalhe da rinoplastia realizada. Apesar da cirurgia estético-funcional ser procurada basicamente por indivíduos jovens, a indicação destes procedimentos tem estendido à idade adulta. Nestes a associação de procedimentos sobre o tecido mole podem estar indicados.

Assim a blefaroplastia a ritidoplastia, a frontoplastia e a cervicoplastia são as principais técnicas associadas geralmente em segundo tempo, melhorando resultados quanto ao rejuvenescimento facial.

Destacam-se ainda a indicação secundária das dermoabrasões mecânicas, químicas e a laser como complementos valiosos na obtenção de bons resultados cosméticos.

As técnicas cirúrgicas aplicadas usualmente em cirurgia estético funcional maxilo-mandibular podem ser assim classificadas.

Osteotomias totais

Terço Médio
1. Osteotomia Le Fort I e modificação técnica.
2. Osteotomia quadrangular Le Fort I.
3. Osteotomia Le Fort II.
4. Osteotomia Le Fort III e modificações.

Mandíbula
1. Osteotomia vertical do ramo recuo.
2. Osteotomia em C e em L invertido.
3. Osteotomia sagital do ramo avanço.
4. Osteotomia do corpo mandibular.
5. Osteotomia sagital subapical total.
6. Osteotomias para genioplastia.

Osteotomias segmentares
Maxila
1. Osteotomia de Wassmund: osteotomia segmentar maxilar anterior.
2. Osteotomia de Schuchardt: osteotomia segmentar maxilar posterior.
3. Osteotomia disjuncionais da maxila.
Mandíbula
1. Osteotomia segmentar subapical de Köle.
2. Osteotomia segmentar subapical posterior.
3. Osteotomias segmentares associadas à disjunção mediana mandibular.
4. Osteotomias totais do terço médio

Osteotomia tipo Le Fort I
A osteotomia de Le Fort I representa o procedimento mais comumente utilizado em cirurgia ortognática, dentro da variedade de indicações ao seu uso como insuficiência da maxila ântero-posterior, verticalmente, bem como o excesso maxilar vertical e horizontal.

Foi primeiramente descrita por Langenbeck, em 1859, para remoção de doença polipóide massiva do nariz. Cheever, em 1867, também a utilizou para tratamento de epistaxe recorrente.

Outros cirurgiões foram aperfeiçoando seu uso e técnica, tendo como embaraço a disjunção maxilar do esqueleto fixo da face e o problema de sangramento importante que acompanhava o procedimento. Por este fato, o principal problema enfrentado por estes autores foi a estabilidade de manutenção do posicionamento maxilar, evitando a recidiva.

Em 1965, Obwegeser enfatiza a mobilização maxilar total sem tensão, e vários autores advogam enxerto ósseo para melhorar a estabilidade. Quanto à segmentação maxilar anterior destacam-se os trabalhos de Cohn-Stock, Wassmund, Spanier, Köle e outros. A segmentação maxilar posterior foi descrita por Schuchardt.

Bell, a partir de 1975, descreve a osteotomia de Le Fort I em monobloco com importante estudo de sua estabilidade de segmentação maxilar em dois blocos e três blocos associados ao Le Fort I, aperfeiçoando os resultados quanto à oclusão. Em 1980, Luhr e outros autores introduziram a fixação interna rígida à maxila, que para nós foi o grande marco de avanço cirúrgico e da estabilidade do procedimento.

Varias técnicas utilizando placas mais rígidas e mais flexíveis foram propostas neste período evolutivo, visando proporcionar certa ajustabilidade da oclusão no pós-operatório. Apesar de pouco utilizada em nosso meio, a fixação rígida chamada RAP (Rigid Ajustable Pin System) foi muito preconizada nos EUA.

Em nossa prática atual, após 15 anos de utilização da fixação rígida, utilizamos algumas associações, como a classicamente descrita sobre os pilares naso-maxilares (abertura piriforme) e zigomático-maxilares. Em alguns casos de excesso maxilar vertical, temos utilizado a fixação rígida com placas sobre o pilar naso-maxilar e a fio de maneira ajustável ao pilar zigomático-maxilar (posterior).

No tocante à estabilidade, ressalta-se a importância da cirurgia de modelos e a transposição dos dados do articulador quanto à altura e posicionamento látero-lateral ao ato cirúrgico propriamente dito. Nas cirurgias em que utilizamos a osteotomia de Le Fort I como único procedimento, a estabilização torna-se mais fácil. A partir da cirurgia de modelos, podemos determinar a quantidade de avanço e altura maxilar que serão transpostos ao ato cirúrgico através de referências maxilares e naso-maxilares. A referência oclusal, se confiável, é de grande ajuda.

As referências do posicionamento maxilares irão ajudar no julgamento do reposicionamento ântero-posterior e vertical do complexo dentoalveolar.

Atualmente nos utilizamos de referências maxilares intra-orais e extra-orais. As intra-orais são obtidas tomando-se marcas sobre o pilar zigomático-maxilar e cúspide do primeiro molar bilateralmente. Anteriormente, a referência é tomada a partir do canino em direção ao pilar naso-maxilar bilateralmente.

A altura maxilar obtida na cirurgia de modelos é então, mensurada das referências colocadas superiormente no corpo do osso zigomático com atenção à altura destas referências ao fio ortodôntico. Com o avanço maxilar, objetiva-se reproduzir o mesmo movimento da cirurgia de modelos, isto é, diferença ântero-posterior da referência dos primeiros molares e caninos bilateralmente. A oclusão mandibular, quando estamos somente operando a maxila, complementa o reposicionamento horizontal.

No entanto, levando-se em conta o reposicionamento tridimensional da maxila, erros de paralelismo podem ocorrer com discrepâncias sutis de reposicionamento direito e esquerdo, e também quando a possibilidade de movimentos transversos ocorrerem, sem serem percebidos pelo cirurgião.

Assim, dois métodos podem ser utilizados: o primeiro através de um fio Kirschner colocado no násion como referência externa, com mensuração da altura facial em relação ao plano de Frankfort e o incisivo central (borda incisal), ou fio ortodôntico. Chega-se a altura facial pré-operatória com a haste do articulador pré-cirurgia de modelos e diferença ou não obtida pós-cirurgia de modelos, atendendo-se às exigências do caso em tratamento.

Estas referências são então chegadas no intra-operatório, antes da fixação rígida naso-maxilar do conjunto maxilo-mandibular rigidamente estabelecido pelo bloqueio maxilo-mandibular.

O segundo método pode ser realizado através de referências intra-orais através de colocação de pinos de Steinmann nas bordas piriformes, que nos servem para ajustar a altura em relação à borda incisal ou fio ortodôntico.

Nas cirurgias combinadas, o problema de reposicionamento maxilar torna-se mais complexo; pela ausência de reparo rígido mandibular é imprescindível, e a maxila deve ser relacionada preferivelmente no articulador através do uso da mesa de Erikson. Esta sequência mostra a confecção de splint intermediário de um caso de excesso vertical maxilar associado à deficiência mandibular e mordida aberta. As mesmas relações de segurança com marcas intra-orais e extra-orais devem ser seguidas.

Como conduta de exceção, temos realizado, em alguns casos, a associação de placas de Paulus na cirurgia de modelo com adequada mensuração e adaptação da mesma ao movimento do modelo de gesso maxilar, quanto ao seu posicionamento horizontal e vertical. Estes dados são então marcados nas placas destinadas ao pilar zigomático-maxilar e naso-maxilar.

No intra-operatório, iniciamos a cirurgia pela fixação das placas às zonas que não serão osteotomizadas, guardando a referência vertical e horizontal obtida na cirurgia de modelos.

Após a fixação destas referências, osteotomizamos a maxila, realizamos o bloqueio maxilo-mandibular e procedemos à fixação do segmento maxilar osteotomizado (figuras 75 A a D). Esta técnica pode ser aplicada aos avanços simples da maxila com bons resultados. Pelo alto índice de erro que observamos em nossas tentativas, não a realizamos nas cirurgias combinadas de maxila e mandíbula.

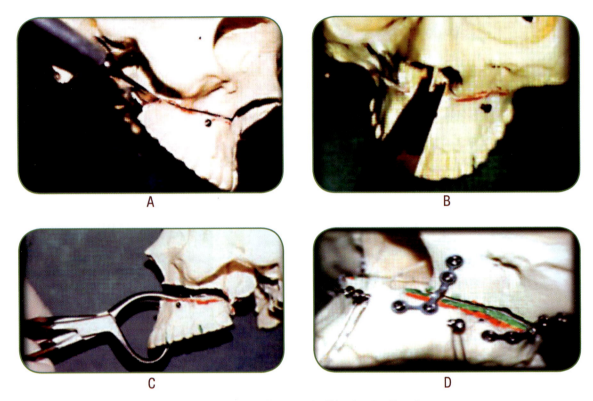

Fig. 75 (A a D): Passos da Técnica Le Fort I

OSTEOTOMIA LEFORT I – TÉCNICA

O ato cirúrgico propriamente dito na osteotomia Le Fort I é relativamente simples, em nosso serviço a realizamos por via bucal clássica e por via endonasal endoscópica (técnica pessoal). A entubação endonasal é a preferivelmente indicada com tubos pré-moldados que não deformam e nem alteram as características nasais e labiais, e ainda permitem a aplicação de referência extra-orais de reposicionamento vertical maxilar.

Quando objetivamos associação da rinoplastia ao Le Fort I ou tratamento nasossinusal endoscópico, podemos realizar a derivação do tubo ao soalho bucal e sua exteriorização submandibular. A incisão é colocada no sulco gengivo-labial, evitando-se a junção muco-gengival que determinará alterações na altura do vermelhão labial e dificuldade de fechamento, assim a incisão deve ser alta com a possibilidade de composição de dois planos.

A primeira incisão interessa à mucosa estendendo-se do primeiro molar direito ao contralateral. Após sua suave retração com afastadores especializados a Segunda incisão perpendicular interessará à porção músculo-perióstica.

Os reparos a serem evidenciados no deslocamento subperiostal são abertura piriforme, espinha nasal anterior, parede anterior da maxilar, pilares zigomáticos maxilares até a raiz do corpo do osso malar nas osteotomias Le Fort I baixas. O principal reparo anatômico nobre neste tempo cirúrgico é representado pelo nervo intra-orbitário e seu respectivo forame.

O próximo passo é a dissecção tunelizada realizada na parede póstero-lateral, que deverá ter direção inferior em direção ao túber da maxila. As dissecções superiores e posteriores são acompanhadas de sangramento e exposição da bola adiposa de Bichat.

Em seguida, voltamos ao seio piriforme e procedemos ao deslocamento do soalho nasal até a coana, com cuidado de mantermos a integridade do forramento perióstico.

Lateralmente, na abertura piriforme, procedemos ao deslocamento cuidadoso com cuidados voltados à integridade da válvula de Halher (nasolacrimal).

Após este passo, separamos a borda caudal do septo à espinha nasal e pré-maxila respectivamente. O primeiro passo, se não objetivamos tratar o septo, é a osteotomia vomeriana com cinzel de dupla proteção.

A seguir, tomamos a serra recíproca e, após a determinação dos pontos de orientação já mencionados, iniciamos a osteotomia da abertura piriforme a mais ou menos 5 mm desta e seguimos em direção ao pilar zigomático maxilar.

Neste momento, podemos osteotomizar a parede póstero-lateral de duas maneiras: na realizada em nosso serviço, confeccionamos a broca uma pequena janela na parede anterior junto do pilar zigomático maxilar e, em seguida, procedemos à osteotomia da parede póstero-lateral de maneira endo-sinusal em direção inferior até o túber da maxila. Este método evita afastamentos rigorosos do túnel mucoso realizada nesta região.

A seguir, a maneira clássica é afastando-se o túnel mucoso posterior e osteotomizando-se diretamente a parede póstero-lateral até o túber.

Após o procedimento ser repetido contra-lateralmente, realizamos a cinzel a disjunção pterigomaxilar em direção ínfero-medial com completa disjunção maxilar, *down fracture* e liberação total da maxila.

Neste momento, checam-se as integridades das artérias palatinas descendentes, pedículos dominantes deste tipo de osteotomia. Obtém-se, assim, o segmento maxilar pediculado em duas artérias. Obviamente, o suprimento sanguíneo para os dentes maxilares e periodonto foi interrompido, sendo a revascularização e a perfusão são determinadas por circulação colateral. No entanto, a exata natureza deste fenômeno não está bem determinada na literatura.

Bell foi quem publicou os trabalhos mais consistentes a este respeito, utilizando-se de estudos micro-angiográficos com macacos. Visando à segurança no procedimento, alguns autores propuseram técnicas de tunelização das incisões, que pessoalmente já utilizamos e hoje indicamos seu uso nos casos de reoperação ou de cirurgia por via palatina prévia.

As variantes técnicas endonasal por nós propostas mantêm pedículos arteriais provenientes da infra-orbitária e facial. A osteotomia de Le Fort I clássica também pode ser realizada em associação à segmentação em duas peças, três peças e quatro peças.

O preparo ortodôntico adequado com separação das raízes dentárias na interface da osteotomia é procedimento obrigatório e que determina a redução das complicações alvéolo-dentárias que acompanham este tipo de procedimento.

Assim, a maxila poderá sofrer osteotomias medianas visando aumentar ou diminuir sua amplitude transversal. Este tipo de procedimento é seguro e pode ser associado ao emprego de expansores ou, até mesmo, fixado rigidamente através de placas colocadas no lado do soalho nasal quando a oclusão obtida for estável.

A disjunção mediana da maxila associada ao Le Fort I pode ser ainda complementada por segmentação anterior no nível de caninos e pré-molares ou do bloco incisivo, isto é da região entre laterais e caninos como proposto por Bell.

Este último procedimento recebe nossa preferência e, geralmente, atende aos casos de excesso vertical maxilar associados à atresia maxilar e mordida aberta.

A segmentação posterior associada à disjunção mediana também é possível com obtenção de resultados estáveis e com baixo índice de complicação.

A confecção de splints apropriados, com base na cirurgia de modelos, constitui-se em conduta obrigatória na prevenção de complicações.

Pessoalmente achamos que quanto menos segmentarmos a maxila, melhores os resultados e menor a morbidade do procedimento. É preferível dar tempo às mecânicas ortodônticas que poderão, em grande parte das vezes, evitar segmentações ousadas e que abrem possibilidades e complicações, como perda dental, recessão gengival, pseudo-artrose e outras. Um exemplo disso é a extração dentária dos primeiros pré-molares e associação da osteotomia anterior da maxila de Wassmund ao Le Fort I.

Preferimos a extração dentária na face pré-ortodôntica, pois essa conduta minimiza as complicações de realizá-la em conjunção ao Le Fort I.

Temos observado que em mãos experientes a ortodontia poderá até obter posicionamento anterior adequado, evitando a indicação de tais procedimentos.

O mesmo pensamos a respeito das correções transversais da maxila. Em nossa experiência, a realizamos fora do tempo principal ortognático.

A maioria desses pacientes possui fatores obstrutivos nasais importantes, que são tratados por cirurgia endonasal como septoplastia e turbinoplastias na face pré-ortodôntica. Neste momento realizamos as disjunções maxilares mediana por via endonasal. Nos casos superiores a 5 mm de atresia maxilar, associamos ao procedimento a interrupção dos pilares zigomático-maxilares por via bucal e até mesmo a disjunção pterigomaxilar.

A este procedimento associamos a colocação de expansores e o ortodontista coordenará os arcos com mais facilidade, tornando o tempo principal mais simples e seguro, pois este dependerá apenas da osteotomia Le Fort I em uma só peça.

Assim, um dos principais fatores etiológicos da atresia maxilar, geralmente associada com excesso vertical maxilar que é representado pela respiração bucal, se vê atendido já na fase pré-ortodôntica aumentando a estabilidade do resultado final.

Ainda com base no tratamento do excesso vertical maxilar, o tempo principal merece algumas outras considerações não menos importantes.

O fundamental é a permeabilização da respiração nasal que poderá ser comprometida no momento do reposicionamento superior da maxila, por indução e desvio septal posterior (junção condro-etmóido-vomeriana) ou atresia da válvula interna nasal (relação do septo cartilaginoso com a cabeça do corneto inferior). Com o movimento ascendente da maxila posteriormente, o desvio septal posterior e a hipertrofia da causa do corneto inferior (área 5 de Cottle) podem ser invariavelmente comprometidos impondo obstrução nasal pós-respiratória, que por sua vez determinará o mesmo mecanismo etiológico de formação de face longa.

O doente para respirar terá que abrir a boca, o palato mole se tornará ou continuará hipotônico, a língua habitará o soalho da boca anteriormente e tocará o palato posteriormente, na tentativa de construir um esfíncter que promova fluxo laminar para os pulmões. Complementando estas alterações, a mandíbula rodará para trás concomitante alongamento do terço inferior da face e hipertonia dos supra-hióideos com instabilidade do resultado final ortognático.

Nos casos de intrusão maxilar posterior e anterior importantes, ou seja, de intrusões além de 4 mm, o nariz poderá ser tratado através da própria osteotomia de Le Fort I com abertura do soalho nasal, confecção da turbinoplastia de cabeça, corpo e cauda do corneto inferior ou até mesmo turbinectomia nas intrusões superiores a 6mm, mais ou menos.

A porção caudal da cartilagem quadrangular é ressecada, bem como abordada a junção condro-etmóido-vomeriana que geralmente apresenta desvios significativos. Se indicado, pode ser realizada a desobstrução da unidade ostiomeatal do seio maxilar, etmoidectomia anterior, posterior e esfenoidotomia com controle endoscópico ou microscópico, evitando a ocorrência de doença sinusal recorrente, de observação comum neste tipo de paciente. Alguns dados pré-operatórios dos quais nos utilizamos de rotina apóiam a conduta por nós utilizada. Todos nossos doentes são submetidos à endoscopia nasal pré-operatória registrada em vídeo, bem como tomografia computadorizada do nariz e seios da face com janela óssea.

O índice de reconhecimento de patologias obstrutivas nasais com esta conduta aumentou significativamente: podemos enumerar nossos principais achados desta forma:

1. Desvio septal anterior (área 4 de Cottle) com hipertrofia da cabeça do corneto inferior.
2. Desvio septal posterior em conjunção com hipertrofia da cauda do corneto inferior (área 5 de Cottle).
3. Presença de concha bolhosa média, associada a desvio septal alto, com drenagem ostiomeatal ipsilateral prejudicada e sinusopatia associada.
4. Presença de hipertrofia adenoideana em pacientes adultos jovens e maduros.
5. Presença de hipertrofia amigdaliana obstrutiva.
6. Atresia da área vestibular (válvula anterior ou área 1 de Cottle) que é automaticamente corrigida pela osteotomia de Le Fort I, que promove abertura de asa nasal.

A compreensão e interpretação destes achados nos levaram a dirigir nossa atenção aos mesmos e foi o ponto de partida da elaboração técnica da osteotomia de Le Fort I via endonasal endoscópica, melhorando nossos resultados.

A execução da osteotomia Le Fort I através de endoscopia nasal oferece algumas vantagens:

É realizada através de acesso natural, pertinente a técnica clássica de septoplastia, permitindo procedimentos naso-sinusais complementares; a inserção dos músculos faciais não é desfeita, bem como a mucosa jugo labial; ao pedículo da maxila, a artéria palatina descendente do ramo maxilar interno soma-se à integridade dos ramos da artéria infra-orbital e facial, o que confere maior garantia de irrigação do segmento osteotomizado; permite tratamento integral da oclusão e da função nasal, chave do sucesso terapêutico principalmente nas faces longas e naquelas com deficiência vertical e horizontal da maxila.

Não observa-se no pós-operatório praticamente nenhuma hipoestesia labial, ou disfunção muscular do grupo de músculos mímicos que representam o envelope do lábio superior e asa do nariz, articuladores dos lábios zigomático maiores e menores.

A disfunção deste envelope muscular que é observada, geralmente, na abordagem via bucal não é observada na abordagem endonasal. A possibilidade de fixação interna rígida é facilmente exequível sobre o pilar naso-maxilar ou piriforme.

A fixação do pilar zigomático-maxilar é realizada através de fios de aço, tornando-a ajustável. Este fato, a princípio reconhecido como desvantagem do procedimento, pode ser muito bem contornado com fixações ajustáveis ao fio de aço, principalmente nos casos de indicação de intrusão maxilar posterior ou até mesmo de recuo maxilar, julgando-se os vetores de força exercidos pelas suspensões com fio de aço e a possibilidade de ajuste pós-operatório.

Outra desvantagem relativa é a impossibilidade de intubação nasotraqueal, exigindo intubação orotraqueal, que impediria a obtenção de relação oclusal prefixação rígida. Para isto, temos nos utilizado de dois artifícios:

1. Primeiro é realizado através do espaço retromolar que é aumentado por desgaste da linha oblíqua superior mandibular, através de incisão retromolar para osteotomia sagital de ramo, quando a mesma está integrada ao plano de tratamento.

2. A segunda maneira é representada pela derivação do tubo endotraqueal ao soalho da boca e região submandibular, procedimento este praticamente destituído de complicações em mãos experientes.

Estes métodos são rotineiramente utilizados, quando o caso exige rinoplastia associada ao Le Fort I.

A rinoplastia clássica de Joseph, executando-se o tratamento da ponta nasal, pode ser realizada em conjunção com a osteotomia Le Fort I, melhorando os resultados estético-funcionais da cirurgia.

A cirurgia da ponta nasal em conjunção com a osteotomia Le Fort I por via bucal está contra-indicada pelo alto índice de complicações, problema este não observado na realização da osteotomia de maneira endonasal.

Outra vantagem do procedimento é o absoluto controle do sangramento, pois a via nasal permite amplo acesso à fossa pterigóide e a disjunção maxilo-palatina é realizada integralmente sob controle endoscópico.

OSTEOTOMIA LE FORT I POR VIA ENDONASAL ENDOSCÓPICA

NELSON COLOMBINI

Passos técnicos

1. Infiltração de solução vasoconstrictora no septo nasal, paredes jugo-maxilares e fossas pterigóides na concentração de 1:100.000.
2. Confecção da clássica incisão transfixante para septoplastia que será estendida em direção à base da pré-maxila bilateralmente.
3. Descolamento subperióstico com exposição da pré-maxila e bases do seio piriforme.
4. Deslocamento subpericondral com confecção do túnel inferior de Cottle e túnel septal do lado côncavo do desvio septal.

5. Identificação e exposição da abertura piriforme, com descolamento de toda a parede anterior maxilar até o pilar zigomático maxilar.
6. Identificação do feixe vásculo-nervoso infra-orbitário.
7. A porção lateral do pilar zigomático é abordada e dissecada subperiostalmente com dissector curvo.
8. Realização da septoplastia clássica e osteotomia vomeriana sob controle endoscópico. A condrotomia da cartilagem quadrangular pode ser realizada neste tempo cirúrgico.
9. Osteotomia com microsserra recíproca sobre o pilar naso-maxilar ou piriforme, que se estende da parede anterior da maxila até o pilar zigomático-maxilar, construindo uma pequena janela que permitira realizar a osteotomia da parede póstero-lateral até o túber por via sinusal, sob controle endoscópico.
10. Complementação da osteotomia através de cinzéis sobre a abertura piriforme e disjunção pterigo-túber da maxila por via endosinusal, sob controle endoscópico com revisão da hemostasia.
11. O mesmo procedimento é realizado contra-lateralmente.
12. Down-Fracture.
13. Mobilização maxilar e remoção de interferência óssea nas paredes mediais, soalho nasal e paredes laterais com pinça micro-Citelli.
14. Bloqueio maxilo-mandibular na oclusão planejada.
15. Manobra de reposicionamento maxilar com interesse ao posicionamento condilar.
16. Fixação rígida do pilar naso-maxilar por via basal.
17. Fixação ajustável a fio de aço da porção posterior da maxila, através de suspensão zigomática.
18. Reinserção septal e, se necessário, turbinoplastia ou qualquer outro tratamento naso-sinusal.
19. Sutura da incisão transfixante e colocação de splints nasais.
20. Não é necessário tamponamento nasal.
21. Pré-operatório de paciente face longa.
22. Pós-operatório, com reposicionamento superior e posterior da maxila, rinosseptoplastia e mentoplastia (figuras 76 A a L- Colombini).

Retornando ao estudo geral da osteotomia de Le Fort I, após sua confecção o operador deverá reposicionar o complexo maxilo-mandibular interligado pela fixação inter-maxilar com atenção ao posicionamento condilar.

Nos casos de osteotomia maxilar não combinada à mandibular, a manobra de posicionamento condilar é realizada tomando-se a mandíbula e retroposicionando-a gentilmente póstero-superiormente através de manobra bidigital exercida sobre os ângulos mandibulares.

Principal erro de reposicionamento é aquele no qual o operador exerce pressão anterior sobre a sínfise, no anseio de buscar contato ósseo anterior da maxila. Isto pode levar a obtenção de mordida aberta após a fixação rígida e liberação do bloqueio maxilo-mandibular.

Com base no tipo de discrepância que estamos tratando, a indicação da osteotomia de Le Fort I, apesar de comum a estas condições, exige marcantes diferenças quanto ao seu reposicionamento. Quanto ao tipo de reposicionamento maxilar requerido, podemos assim distribuí-los:

Reposicionamento anterior

Reposicionamento anterior da maxila, quando realizado através da osteotomia de Le Fort I clássica, determina uma fenda que poderá, dependendo da quantidade de avanço desejado, exigir enxerto ósseo (figura 77).

Isto na verdade não constitui um grande problema, mas vale lembrar que algumas modificações no deserto da osteotomia poderão ser úteis no sentido de facilitar o reposicionamento e melhorar a estabilidade.

A osteotomia escalonada proposta por Kaminishi, e advogada também por outros autores, facilita o reposicionamento anterior com obtenção de alimento dos cortes ósseos paralelos ao plano de Frankfort.

Na região do pilar zigomático-maxilar, realiza-se um corte vertical, seguido de um recorte mais inferior em forma de degrau na parede póstero-lateral.

Com o avanço, obtém-se a segurança de paralelismo do reposicionamento anterior. O autor indica a colocação de enxerto ósseo no gap resultante para aumentar estabilidade. Em nossa experiência, não temos utilizado enxertos ósseos sem prejuízo do resultado. Os casos pertinentes a esta modificação técnica são aqueles representados por hipoplasia ou deficiência horizontal maxilar pura sem alterações verticais.

Reposicionamento maxilar inferior

Nestas situações podemos realizar a osteotomia maxilar de Le Fort I, que condiciona um efeito de deslocamento em rampa somada a adição de enxerto ósseo nos casos que o infra-posicionamento exceda 5 mm. Estes casos são representados pelas deficiências verticais puras da maxila ou aquelas associadas à deficiência horizontal que, geralmente, condicionam relação oclusal de classe III, verdadeira ou até mesmo falsa como observado nos casos sutis acompanhados de rotação mandibular de rotação para frente.

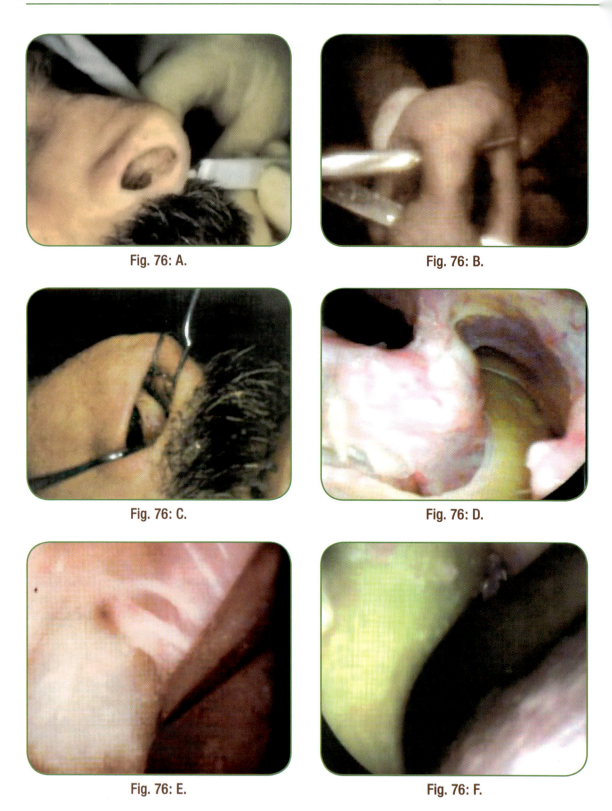

Fig. 76: A.

Fig. 76: B.

Fig. 76: C.

Fig. 76: D.

Fig. 76: E.

Fig. 76: F.

Fig. 76 (A a L): Le Fort I endoscópica (Colombini)

CAPÍTULO **10**

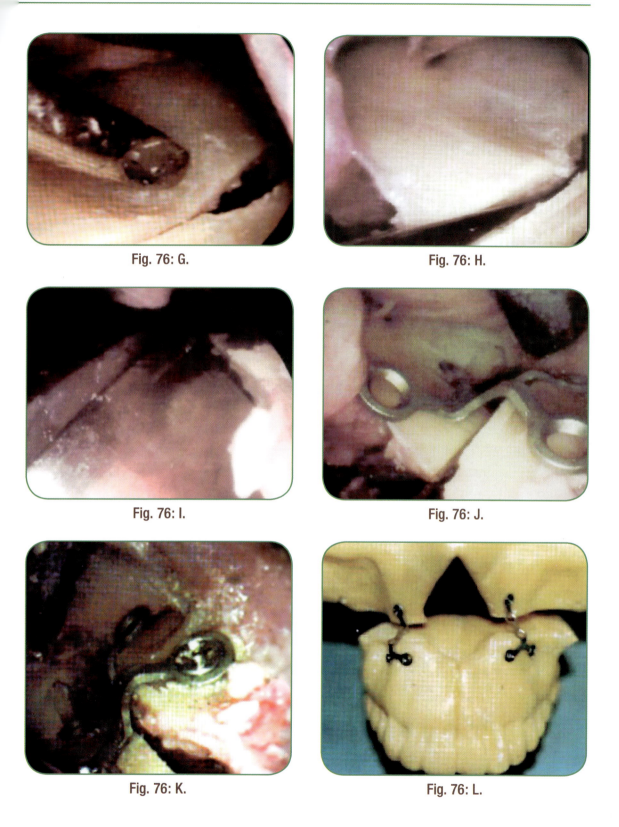

Fig. 76: G.

Fig. 76: H.

Fig. 76: I.

Fig. 76: J.

Fig. 76: K.

Fig. 76: L.

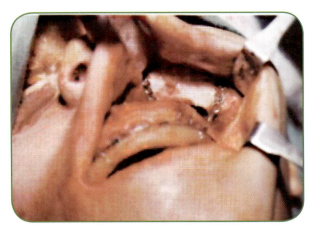

Fig. 77: Notar a falta de contato posterior da maxila avançada. (Colombini)

Advento da fixação interna rígida dispensa, em muitos casos, a utilização de enxertos ósseos, principalmente quando o infra-posicionamento requerido está em torno de 3 mm. No entanto, a proposta de Reyneke, de modificação do desenho da osteotomia de Le Fort I, condiciona contato ósseo não requerendo enxertos ósseos.

A osteotomia proposta possui um desenho em "Z" e dependendo da inclinação das osteotomias anterior e posterior, a maxila pode ser reposicionada mais anterior ou mais posteriormente. Esta osteotomia também exerce efeito no aumento de altura facial posterior quando utilizamos o duplo "Z".

Nos reposicionamentos maxilares em que somente o aumento da dimensão vertical anterior é suficiente, a realização do recorte em "Z" único e anterior é suficiente. Destaca-se também que a técnica melhora o contorno do sulco nasogeniano e pode propiciar em alguns casos apagamento dada falsa rinomegalia, se porventura, esta estiver presente (figuras 78 e 79).

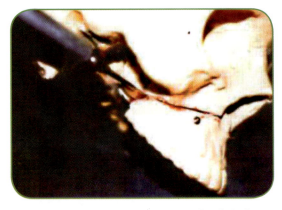

Fig. 78: Reposicionamento maxilar inferior.

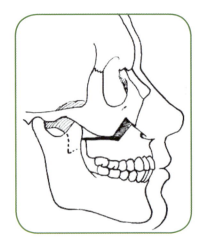

Fig. 79: Osteotomia em "Z" único anterior (Colombini).

Reposicionamento posterior ou impactação da maxila

Os casos que requisitam tal reposicionamento maxilar são representados geralmente pelos excessos maxilares verticais e horizontais. O aspecto clínico é de uma face longa acompanhada de protrusão maxilar.

Tecnicamente, o reposicionamento posterior seguido de intrusão posterior quando da presença de excesso vertical é algo mais difícil. Requerem osteotomias no nível dos processos verticais palatinos e do túber.

Alguns casos podem até mesmo requisitar remoções parcimoniosas do processo pterigóide. Mas são muito bem exequíveis por cirurgiões que tenham experiências no tratamento dos tumores maxilares e trauma.

Retro-posicionamentos da ordem de 5 a 6 mm são obtidos facilmente, atuando-se na remoção do túber da maxila. Retro-posicionamentos maiores exigem ressecção parcial das lâminas pterigóides, realizados com microsserra sem grande dificuldade. A obtenção de fissuras nas paredes ósseas, à semelhança de encaixes macho-fêmea na fixação interna rígida, propõe estabilidade absoluta.

Este reposicionamento substitui com vantagens casos selecionados nos quais teríamos a obrigatoriedade de realizar a osteotomia de Le Fort I associada à osteotomia de pré-maxila, procedimento este acompanhado de maior morbidade.

Cabe ressaltar que, frente a protrusões da pré-maxila significativas, a realização da extração do primeiro pré-molar na fase pré-ortodôntica recebe nossa preferência, minimizando a morbidade da associação da osteotomia Le Fort I com a pré-maxilar de Wassmund, que invariavelmente estará indicada. Outro ponto de significativa importância e que deve ser lembrado é a possibilidade de osteotomia Le Fort I associada à segmentação anterior do bloco incisivo proposta por Bell. Esta conduta evita a extração dos pré-molares e atua muito bem na protrusão da pré-maxila.

A lembrança de sua existência deve estar sempre viva na mente do cirurgião, que deverá testar esta possibilidade na fase do set-up pré-ortodôntico e da cirurgia de modelos. Muitos dos casos que inicialmente prevíamos a associação da osteotomia Le Fort I com a de Wassmund requisitando extração do primeiro pré-molar, foram tratados mais conservadoramente com a associação ou não ao retro-posicionamento maxilar, com ótimos resultados.

Reposicionamento superior

Apesar de já comentado, destacam-se no reposicionamento superior da maxila cuidados com o posicionamento condilar, cavidade nasal e insuficiência transversal maxilar. Muitas vezes preferimos realizar a osteotomia de Le Fort I mais alta, com remoção de uma fita óssea que se estende da parede anterior da maxila até a parede póstero-lateral da mesma.

Após a mobilização para baixo da maxila osteotomizada, realizamos a fixação intermaxilar com *splints* planejados na cirurgia de modelo. O próximo passo é testarmos a altura maxilar com a referência extra-oral dada pela colocação de um tipo de Kirschner no násion e checarmos a altura objetivada.

Com esta manobra de pontos de contato não desejáveis, serão observados anteriormente junto ao septo nasal, crista pré-maxilar, paredes laterais do nariz e, posteriormente, junto das lâminas verticais do palatino e parede póstero-lateral da maxila. Estas interferências serão então removidas, testando-se a adaptação da interface dos cotos osteotomizados. Esta manobra é realizada em conjunção com o reposicionamento maxilar e condilar, elevando-se a mandíbula na região goníaca e objetivando o posicionamento condilar passivo.

Quando as interferências foram removidas procede-se à fixação rígida com placas, inicialmente colocadas sobre a abertura piriforme bilateralmente e sobre os pilares zigomático-maxilares posteriormente.

Em nossa prática, não realizamos a FIR definitiva neste tempo, optamos por desfazer o bloqueio maxilo-mandibular e testar a estabilidade oclusal, sendo prontamente corrigida a fixação, caso ainda haja erro de reposicionamento da maxila.

Nos casos de cirurgia combinada maxilo-mandibular, o correto posicionamento pode ser estabelecido em relação ao *splint* intermediário.

Outro costume de nosso serviço é chegar endoscopicamente a permeabilidade nasal. Tal conduta orienta-nos quanto à necessidade de procedimento sobre o septo nasal e cornetos inferiores. No lado que contém o tubo nasotraqueal, a utilização de espéculo nasal longo e fino facilita a visualização das estruturas mencionadas. As intrusões maxilares superiores a 5 ou 6 mm podem requisitar turbinoplastia ou até mesmo turbinectomias inferiores.

Existem na literatura descrições de osteotomias de intrusão maxilar que poupam o soalho nasal. Apesar da nossa pouca experiência com seu uso, estas somente estão indicadas quando o excesso vertical é superior a 5 ou 6 mm. A técnica enfatiza a possibilidade de remoção de uma fita óssea de 6 mm mais ou menos, conservando o soalho nasal e as raízes dentárias. No entanto, a fixação rígida irá se sobrepor sobre os ápices dos dentes.

Assim em nossa prática, não temos indicado, pois damos importância ao tratamento dos fatores obstrutivos nasais, que geralmente já estavam associados ao tipo facial de face longa, como já foi comentado.

CAPÍTULO **10**

OSTEOTOMIA LE FORT I NA FASE DE CRESCIMENTO

Tratamento do excesso vertical maxilar no adulto já possui suas bases bem definidas com resultados estáveis estéticos e funcionais.

A deformidade imposta pelo excesso maxilar vertical possui um amplo espectro. Usualmente os pacientes se representam com face longa associada à deficiência mandibular com consequente classe II, com ou sem mordida aberta. No entanto, excessos maxilares verticais podem ser observados em associação à protrusão maxilar com participação mandibular importante (classe II ou III) ou pouco importante (classes I ou II *borderline*). Por outro lado, excessos verticais maxilares podem estar associados a excessos mandibulares condicionando oclusão de classe III com ou sem mordida aberta.

Este grande espectro de discrepâncias maxilo-mandibulares pode ser explicado, somente em parte, pela presença de fatores de mudança de crescimento como: respiração bucal, interposição lingual, erupção dentária do primeiro molar e outras. A face dita adenoideana confere o estigma mais observado da face longa (figura 80).

Tratamento da obstrução nasal da criança a partir dos 3 anos de idade já está bem documentado, sendo indicado corriqueiramente em nosso serviço.

As crianças de 7 a 10 anos, portadoras de sinais de obstrução nasofaríngea e com tendência a excesso vertical maxilar, são muito bem conduzidas com a associação de cirurgia nasofaríngea a pequenos procedimentos esqueléticos como a disjunção palatal (endonasal) em conjunção com a ortopedia funcional dos maxilares.

Este grupo etário geralmente responde bem a estas normas de tratamento. Crianças na fase de puberdade e adolescência já possuem o estigma estético funcional da doença. Com presença de excesso vertical maxilar instalado e rebelde a terapia conservadora.

As perguntas que nós cirurgiões nos fazemos são:
1. Devemos operar uma criança de 13 anos de idade, portadora de excesso vertical maxilar?
2. A cirurgia maxilar na fase de crescimento provocará alterações significativas no crescimento?
3. Se operarmos, devemos fixar a maxila com fios ou placas?
4. Qual a estabilidade do procedimento após a conclusão do crescimento?

Mogavero, em 1990, publicou estudo a respeito da osteotomia Le Fort I em crianças na fase de crescimento. Seus resultados são entusiasmantes com a cirurgia do tipo Le Fort I em crianças de ambos os sexos, na faixa de 12 a 14 anos.

Os fatores que reforçam a conduta cirúrgica nesta faixa etária em homens e mulheres são:
1. Benefício estético-funcional na fase de formação da personalidade (impedindo a ocorrência precoce de erros de auto-estima).
2. Pobres resultados de condutas ortodônticas e/ou ortopédicas neste tipo de deformidade a partir da puberdade.
3. Em suas observações, o crescimento horizontal e vertical maxilar não foi prejudicado de modo importante pela osteotomia.
4. Após o reposicionamento maxilar superiormente em conjunção com avanço ou recuo da maxila, utilizando-se fixação rígida, foi observado estabilidade de resultados superiores ao uso de fio de aço.

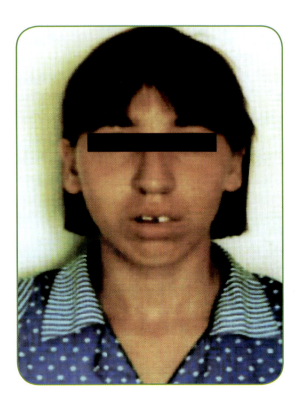

Fig. 80 : Face adenoideana clássica. (Colombini)

Com o advento das placas reabsorvíveis, temos dado preferência ao seu uso com relação às placas de titânio. Com base neste trabalho e de outros vários autores, a conduta de nosso serviço tem sido cirúrgica na faixa etária pós-puberdade, considerando-se que a maior parte do crescimento horizontal da maxila ocorre na puberdade.

Devemos considerar as diferenças sexuais e a conclusão do ciclo de puberdade, respectivamente, na indicação do ato cirúrgico. Assim a síndrome de face longa é possível de ser tratada na fase pós-púbere com vantagens psicológicas, estéticas e funcionais.

Resposta do tecido mole à osteotomia Le Fort I

A osteotomia Le Fort I condiciona alterações dos tecidos moles da região nasal e labial. Estas alterações variam com o tipo de movimento maxilar e seu reposicionamento.

Algumas alterações são positivas e outras negativas, sendo as últimas possíveis de serem amenizadas através de adequados cuidados.

EFEITOS NASAIS E LABIAIS

Reposicionamento superior

Eleva o dorso cartilaginoso do nariz.
Alarga as bases alares (2 a 4 mm).
Diminui o ângulo nasolabial.
Diminui a projeção do lábio e do vermelhão.
Posicionamento do lábio sofrerá influência da inclinação incisiva.

Reposicionamento inferior

Perda do suporte cartilaginoso do dorso nasal.
Infra-posicionamento da columela.
Infra-posicionamento das bases alares.
Aumento do ângulo nasolabial.
Alongamento do lábio superior.
Estreitamento do vermelhão.

Reposicionamento anterior (avanço)

Alarga as bases alares.
Aumenta a deformidade de dorso nasal denominada *supratip*.
Avança o lábio superior.
Encurta e estreita o vermelhão do lábio (2 mm).
Diminui o ângulo nasolabial.

Reposicionamento posterior

Perda de suporte do dorso cartilaginoso nasal.
Rotação posterior e superior do lábio superior.
Discreto engrossamento do vermelhão labial.
Aumento do ângulo nasolabial.

As alterações estéticas labiais e nasais oriundas de movimentos combinados da maxila são de difícil predição, havendo preponderância do vetor de força resultante do tipo de reposicionamento e seu respectivo efeito sobre os tecidos moles.

Algumas técnicas cirúrgicas foram propostas para controlar os efeitos negativos dos tecidos moles em resposta a osteotomia Le Fort I, estas são:

Fechamento da incisão em técnica V-Y

Deve ser utilizada nas condições de estreitamento labial com diminuição do vermelhão aparente, principalmente nos avanços maxilares e no reposicionamento superior da maxila.

Sutura aproximativa das bases alares

Várias técnicas foram propostas visando controlar o alargamento das bases alares. Suturas simples das duas alares, sutura em oito (8) e sutura individual da base alar D e F, com ancoragem na espinha nasal anterior.

Além das técnicas, temos utilizado a sutura individual no ponto mais inferior da margem lateral da abertura piriforme, a qual é posteriormente ligada à espinha nasal medialmente. Isto é, realizado bilateralmente.

O vetor de força leva a base alar para baixo e a medializa.

Como a nossa prática inclui a rinologia, avaliamos os problemas nasais caso a caso e procuramos indicar a técnica mais adequada ao tipo de nariz observado.

Combinação do fechamento V – Y com sutura inter-alar

Vários autores advogam esta associação no controle das bases alares decorrentes do reposicionamento superior ou anterior com impactação da maxila.

A reconstrução do orbicular dos lábios juntamente com o periósteo por sutura V-Y (1,0 cm) previne o encurtamento labial e promove uma protrusão do arco de cupido e filtro labial. Lassus propõe o duplo fechamento em V-Y na preservação do vermelho labial.

Redução da espinha nasal e anterior

Está indicada em pacientes submetidos a grandes avanços maxilares ou impactação e contra-indicado nos pacientes com pobre projeção nasal pré-operatoriamente, bem como nos casos de retro-posicionamento maxilar.

A OSTEOTOMIA DE LEFORT I NA CIRURGIA COMBINADA COM MANDÍBULA

Quando osteotomias maxilar e mandibular são realizadas conjuntamente, alguns fatores de reposicionamento maxilar devem ser considerados.

Primeiramente, a cirurgia de modelos com base no uso da mesa de Erikson deve ser utilizada. O *splint* intermediário deve ser mais exato possível, pois dele depende o adequado posicionamento maxilar.

Mesmo assim, problemas intra-operatórios são observados, principalmente quando utilizamos fixação rígida na mandíbula.

A cirurgia bimaxilar está indicada em várias situações como:

- Avanço maxilar horizontal, associando o recuo mandibular.
- Face longa classe II com ou sem mordida aberta.
- Face longa classe III com ou sem mordida aberta.
- Assimetrias maxilo-mandibulares.
- Avanço maxilo-mandibular para tratamento da apneia obstrutiva do sono.
- Avanço maxilar horizontal com reposicionamento inferior vertical associada à osteotomia mandibular.

As bases da cirurgia combinada estão descritas em capítulo específico.

Osteotomia Le Fort I alta

Os casos de hipoplasia maxilar em sua maioria, ou seja, deficiências horizontais, associadas ou não à deficiência vertical, são acompanhadas de deficiência da projeção zigomática, da região infra-orbital e da região paranasal.

A osteotomia Le Fort I alta provê naturalmente compensação destas áreas, além de passar zonas de maior espessura óssea nos pilares nasomaxilares e zigomático maxilares respectivamente, o que determina excelente área de implantação e placas e parafusos na fixação rígida. Alguns autores preconizam o uso de parafuso solitário na região do osso malar.

A posição e angulação da osteotomia Le Fort I alta estão baseadas na correlação do exame clínico, objetivos estéticos do tratamento, planejamento cefalométrico e modelos de estudo.

Esta osteotomia é realizada a partir da abertura piriforme em nível inferior ao do feixe vásculo-nervoso infra-orbital e segue em direção ao corpo do osso zigomático, que é incluído em sua porção inferior adjacente à formação do pilar zigomático-maxilar. Esta conformação da osteotomia provê uma maior estabilidade da porção póstero-lateral da maxila, reposicionada anteriormente, evitando a telescopagem posterior observada na variante baixa.

As regiões zigomáticas, infra-orbitais e paranasais ganham projeção e naturalidade do ponto de vista estético.

As desvantagens observadas com sua indicação são:

- Aumento do tempo operatório.
- Tecnicamente a osteotomia é mais difícil.
- Existe certa potencialidade de fratura do zigomático.
- Movimentos assimétricos maxilares podem resultar em defeitos cosméticos marcantes.

- O reposicionamento posterior e superior da maxila é problemático pela interferência das margens da osteotomia.
- Podem advir indesejáveis alterações na dimensão vertical.

Nos avanços maxilares, o desenho da osteotomia é horizontal a partir da piriforme em um nível logo inferior ao buraco infra-orbitário e ao nível do corpo zigomático, realiza-se uma osteotomia vertical incluindo parte do corpo zigomático.

A partir deste ponto, a osteotomia assume trajeto descendente em direção à junção túber-pterigóide, que é desfeita de maneira clássica.

Nos casos que requerem reposicionamento anterior e inferior da maxila, podemos iniciar a osteotomia mais baixa na piriforme, ascendendo sua delimitação em direção ao corpo zigomático. Esta técnica é chamada *downsliding*.

O gap determinado pelo reposicionamento inferior da maxila é preenchido com enxerto ósseo ou osso de banco (figura 81 A a C).

Fig. 81 A.

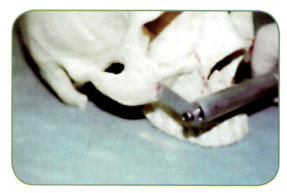

Fig. 81 B.

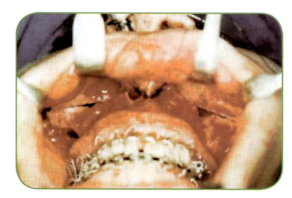

Fig. 81 C.

Fig. 81 (A a C): Osteotomia Le Fort I alta (Colombini)

Osteotomia quadrangular Le Fort I e II

A osteotomia quadrangular Le Fort I possui praticamente as mesmas características e indicações da osteotomia Le Fort I alta.

É realizada por via intra-oral e estabilizada através de enxertos ósseos e fios de aço em sua descrição original, exigindo bloqueio maxilo-mandibular por três ou quatro semanas. Algumas modificações técnicas podem propiciar condições de fixação rígida ou semi-rígida. A osteotomia quadrangular de Le Fort II foi descrita originalmente por Kufner, em 1971.

Está indicada aos casos de deficiência do terço médio facial que possuam nariz bem posicionado e aparentem insuficiência zigomático-maxilar com relação protrusiva do olho com relação ao rebordo orbitário inferior. Na verdade, esta protrusão do olho é falsa e ocorre somente por deficiência do rebordo orbitário inferior, devido à marcante hipoplasia maxilar.

Pode ser realizada por via intra-oral a partir da publicação de Keller e Sather (1990), em contraste com o autor original que a realizava com associação de incisões subciliares e abordagem intra-oral.

O pedículo infra-orbitário é incorporado à osteotomia, melhorando a viabilidade de perfusão do terço médio osteotomizado (figura 82 A e B)

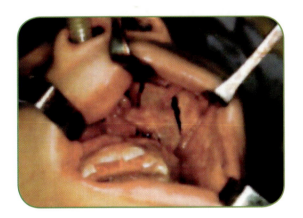 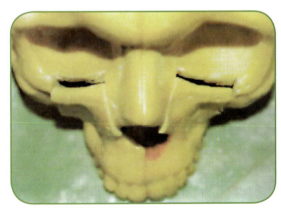

Fig. 82 (A e B): Osteotomia quadrangular Le Fort I (Colombini)

Osteotomia Le Fort II clássica

Dentro do arsenal cirúrgico existente para o tratamento das hipoplasias do terço médio da face, a opção de uso da osteotomia Le Fort II está restrita às hipoplasias nasomaxilares. É a menos indicada em cirurgia craniofacial, sendo utilizada na hipoplasia nasomaxilar com severa dificiência horizontal maxilar, bem como vertical acompanhada de microrrinia.

Osteotomia Le Fort III e variações

A osteotomia Le Fort III clássica está indicada nas severas hipoplasias do terço médio facial que objetivam avanço das regiões nasais, zigomáticas e maxilares. Mais raramente, é realizada por meio da via bicoronal ou da associação de incisões cutâneas.

A situação mais comumente observada não requer o avanço nasal, exigindo somente avanço das regiões zigomáticas e maxilares. A estes casos, que são mais frequentes, destinamos as osteotomias do nível Le Fort III modificadas, podendo ser realizadas por meio da incisão intra-oral associada à incisão subciliar com menos invasividade. Outra possibilidade é realizar o tempo orbitário por meio de incisão conjuntival pré-tarsal.

Quanto ao recorte orbitozigomático, vários desenhos da osteotomia foram propostos àqueles que incluem parte da parede lateral orbitária e que dão acesso à junção pterigóide pela própria fossa infratemporal quando da abordagem bicoronal. Avanços expressivos do terço médio podem ser obtidos com estas técnicas (figura 83 A e B).

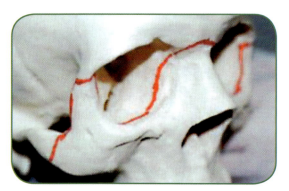 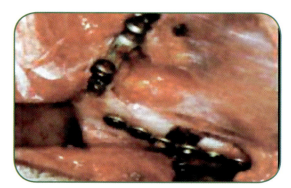

Fig. 83 (A e B): Osteotomia Le Fort III clássica. (Colombini)

COMPLICAÇÕES DA OSTEOTOMIA LE FORT I

Complicações vasculares

Hemorragia aguda – este tipo de hemorragia pode advir das artérias alveolar posterior superior, palatina descendente, maxilar, havendo relatos em literatura de hemorragia massiva da artéria carótida interna e da veia jugular interna, por extensão da fratura à base do crânio. Pessoalmente a utilizamos em somente dois casos de nossa experiência, com bons resultados. O pedículo infra-orbitário é incorporado à osteotomia, melhorando a viabilidade de perfusão do terço médio osteotomizado. Tal evento merece atenção principalmente frente a pacientes portadores de fissura palatina e outras síndromes craniofaciais.

A hemorragia da artéria maxilar interna se deve às disjunções altas e incorretas da maxila. A distância média desta artéria à função túber-pterigóide é da ordem de 25 mm, o que torna sua lesão bastante difícil.

No entanto, frente à lesão com hemorragia massiva, abaixe a maxila e remova a parede posterior com acesso direto à artéria próxima da fossa infratemporal.

Caso não haja tempo ou as condições de visibilidade não sejam adequadas, tampone energicamente, e passe a ligadura da artéria carótida externa superiormente à emergência da artéria lingual. Esta ligadura com fita cardíaca pode ser provisória, dando tempo para adequada visibilidade intra-oral e ligadura da artéria maxilar interna.

A hemorragia da artéria palatina é mais frequente e ocorre no *down fracture* ou no momento de se removerem as interferências ósseas junto à lâmina vertical do palatino. Sua ligadura não trará grandes prejuízos à perfusão maxilar.

As hemorragias tardias costumam instalar-se de 5 a 10 dias no pós-operatório. Os vasos mais frequentemente comprometidos são as artérias palatinas, artéria maxilar e plexo venoso pterigóideo. Geralmente não são massivas e podem ser feitas tentativas reais conservadoras, como colocação de balões infláveis na fossa nasal ou até mesmo na fossa pterigopalatina.

Atitudes como embolização e balões intra-arteriais constituem-se em soluções reservadas aos de sangramento persistente.

Cabe ao cirurgião ter sempre em mente a necessidade de investigação quanto à ingestão de aspirina prévia à cirurgia ou qualquer outro antiagregante plaquetário. Tal fato é importante porque o coagulograma não traduz a verdadeira situação da curva de agregação plaquetária do paciente.

Alterações do tempo de protrombina podem estar associadas à patologia hepática prévia, e deveriam ser observadas na fase do pré-operatório.

Plaquetopenias podem ser o motivo de hemorragia, mas geralmente são preexistentes e passíveis de controle no pré-operatório.

Alguns autores enfatizam a rotina de preparo para autotransfusão. Pessoalmente só transfundimos em nossa experiência dois pacientes de um total de, aproximadamente, 800 osteotomias maxilares realizadas.

Perda da vascularização

Esta complicação é extremamente rara na osteotomia de Le Fort I de uma peça, a incidência de necrose asséptica é proporcional à segmentação maxilar, mais propriamente com relação ao número de segmentações. Esta grave complicação é mais observada nas osteotomias segmentares anteriores associadas ao Le Fort I. Pode ser local a um dente ou dois, ou regional difusa, comprometendo todo o segmento osteotomizado. O tratamento inclui terapia com câmara hiperbárica, transferências de tecidos irrigados para prover adequado aporte sanguíneo e nas perdas dentárias, implantes dentários, quando isto for possível.

Complicações ósseo reparativas

Podem ser não união retardada. Também ocorrem raramente, podendo advir de fatores locais ou sistêmicos. A causa mais frequente é iatrogênica com compromisso do aporte vascular ou sobre reoperações, principalmente em pacientes fissurados. Pacientes portadores de atividade para-funcional também são mais susceptíveis a esta complicação. Osteotomias que deixam *gap* importante, não preenchido por tecido ósseo ou de banco, são causas frequentemente observadas.

O sinal clínico mais característico de tal condição clínica é a mobilidade da maxila, quando da oclusão.

O tratamento é a reoperação com adequada enxertia óssea e refixação rígida. O bloqueio maxilo-mandibular por três semanas pode estar indicado.

A terapêutica hiperbárica, em nossa experiência, constitui-se um excelente auxiliar terapêutico.

Fístulas

As fístulas oronasais são mais frequentes e estão associadas à segmentação maxilar anterior em associação com a osteotomia Le Fort I.

Ocorrem por lesão da fibromucosa palatina no momento da osteotomia ou reposicionamento do bloco osteotomizado.

Geralmente fecham espontaneamente se bem conduzidas desde seu reconhecimento no intra-operatório e adequada proteção com *splints*.

As fístulas já estabelecidas requerem fechamento cirúrgico. As oroantrais são raras, exigindo reparo cirúrgico imediato.

Aquelas já estabelecidas geralmente associam-se a sinusopatia maxilar, que deve ser tratada previamente ou no momento do fechamento cirúrgico da fístula.

Oclusais

As complicações oclusais têm sua origem no planejamento incorreto ou complicações maiores que o planejado, como escape da fixação. Requerem reoperação.

Nervosas

As dentárias por infarto pulpar são, na verdade, complicações vásculo-nervosas. O tratamento endodôntico está indicado. Aquelas oriundas do nervo infra-orbitário são extremamente raras.

CAPÍTULO **10**

Geralmente, a hipoestesia no território de inervação referida é esperada no período de dois a quatro meses pós-operatórios.

No entanto, a evolução normal mostra sinais de melhora já a partir dos 60 dias, o que diferencia dos casos de potencial lesão direta do nervo, os quais não mostrarão sinais de recuperação.

Infecciosas

As complicações infecciosas podem ser locais, sinusais e osteomielite.

As locais instalam-se precocemente no período pós-operatório de cinco a dez dias. São manejadas através de drenagem e antibioticoterapia.

Uma outra forma de infecção local é aquela oriunda de corpos estranhos, geralmente gazes deixadas próximas à região pterigóide.

A supuração é crônica, iniciando-se mais tardiamente que as agudas. Seu tratamento é a remoção do corpo estranho, limpeza cirúrgica e antibioticoterapia.

Enxertos ósseos, não adequadamente estabilizados, podem promover infecção crônica, obrigando à reexploração e limpeza cirúrgica.

As sinusopatias maxilares são complicações que podem ser agudas ou tardias. Estão invariavelmente associadas a corpos estranhos ou doença ostiomeatal, induzida por desvio septal secundário a osteotomia. Requerem tratamento nasal endoscópico, com permeabilização da unidade ostiomeatal e meatotomia média endonasal.

O adequado estudo naso-sinusal pré-operatório e transoperatório geralmente evita tal complicação.

A osteomielite é a mais terrível complicação, felizmente extremamente rara. Requer tratamento cirúrgico medicamentoso que pode ser melhorado pela associação à terapia hiperbárica.

OSTEOTOMIAS TOTAIS DA MANDÍBULA

De maneira geral, as osteotomias mandibulares que têm aplicação em cirurgia estético-funcional podem ser divididas em dois grandes grupos:

Osteotomias do corpo mandibular.

Osteotomias do ramo mandibular.

Existe na literatura uma série infindável de osteotomias propostas para recuo e avanço mandibular, contudo na atualidade são pouco indicadas no tratamento de excesso ou deficiência mandibular.

Osteotomias do corpo mandibular

Estas osteotomias estão raramente na atualidade, aplicam-se a casos individualizados de ausência dentária bilateral posterior no tratamento do excesso mandibular.

Requerem dissecção e/ou derivação do nervo mandibular, o que as tornam mórbidas no sentido de hipoestesia pós-operatória.

Podem ser realizadas verticalmente ou em forma escalonada, sendo preferível esta última na prevenção da má união ou pseudoartrose.

Osteotomias do ramo mandibular

A popularidade das técnicas operatórias sobre o ramo mandibular na atualidade faz com que este grupo de osteotomias seja aplicado à imensa maioria dos casos de excesso mandibular, bem como recuo mandibular.

Desta maneira, podemos dividir este grupo de osteotomias em recuo mandibular e avanço mandibular.

Osteotomias de recuo mandibular
Osteotomia vertical do ramo

É a osteotomia mais indicada atualmente no tratamento do excesso mandibular horizontal, podendo também ser indicada no tratamento das assimetrias mandibulares. Originalmente foi descrita através de abordagem cutânea extra-oral e com o desenvolvimento tecnológico das microsserras e retratores especialmente desenhados, hoje é preferivelmente realizada por via intra-oral.

Sua vantagem está focada nos baixos índices de hipoestesia pós-operatória, se comparada com a osteotomia sagital de ramo, também indicada no recuo mandibular.

A abordagem extra-oral, apesar de aparentemente desvantajosa quanto a relação do ramo mandibular do facial e cicatriz externa, torna a osteotomia mais fácil de ser realizada.

A fixação rígida que hoje realizamos é feita de forma semirrígida, somente assegurando contato dos cotos osteotomizados. Esta osteotomia também foi descrita por Bell, para o tratamento da desordem interna da articulação têmporo-mandibular de grau leve ou moderado. A osteotomia não recebe qualquer tipo de fixação, a não ser bloqueio maxilo-mandibular elástico. As forças musculares determinam reposicionamento inferior e medial do côndilo com restabelecimento da relação côndilo-disco articular.

A osteotomia vertical do ramo via intra-oral no tratamento do prognatismo é a técnica preferida no momento pela maioria dos cirurgiões norte-americanos.

Inicialmente, a avaliação da espessura do ramo é realizada pela associação dos raios-X panorâmico mandibular e axial de Hirtz.

A quantificação do recuo tem base no planejamento cefalométrico (VTO) e cirurgia de modelos, que conjuntamente irão ditar a necessidade de coronoidectomia, caso a dimensão do recuo mandibular a indique (>1 cm).

A osteotomia em L invertido evita a coronoidectomia nestes casos. Outra indicação para coronoidectomia estaria apoiada no nosso objetivo de melhorar a estabilidade do procedimento. Estudos recentes apontam a melhor estabilidade da osteotomia vertical do ramo em relação à osteotomia sagital.

Originalmente a técnica é descrita sem a utilização de fixação rígida, exigindo bloqueio maxilo-mandibular por três a cinco semanas.

Este fato minimiza as complicações condilares quando utilizamos a fixação através de *lag screw* ou parafuso interfragmentário. A fixação através de parafusos interfragmentários pode ser aplicada em casos de recuos mandibulares na ordem de 5 ou 6 mm, na forma não compressiva, ou seja, como parafusos de posicionamento.

Outras situações em que a fixação interna rígida estaria indicada seriam nas cirurgias em mandíbulas edêntulas e nas cirurgias combinadas maxilo-mandibulares. Nestas últimas as forças musculares exercidas sobre as osteotomias recairiam sobre o bloqueio maxilo-mandibular, acarretando instabilidade ortodôntica dos incisivos, quando a maxila recebe fixação rígida. As pequenas alterações no posicionamento condilar seriam compensadas pela maxila.

Nossa conduta nas cirurgias combinadas é a utilização de fixação semirrígida, buscando contato ósseo. A maxila é fixada rigidamente e o bloqueio maxilo--mandibular é semirrígido, realizado através de parafusos ósseos na maxila e mandíbula, excluindo assim forças perniciosas sobre os arcos ortodônticos superiores e inferiores. Utilizamo-nos nestes casos de placas em "T" maleáveis para parafusos de 2.0 mm.

A **técnica cirúrgica** propriamente dita é extremamente simples:

– Incisamos o sulco vestíbulo-bucal sobre a linha oblíqua externa mandibular em mais ou menos 3 a 4 cm. Após a colocação de retratores, incisamos e descolamos o periósteo e a cinta muscular massetérica até a borda posterior do ramo.

– A chanfradura sigmóide é obrigatoriamente identificada para inserção do retrator de Bauer, específico para osteotomia vertical intra-oral.

– Outro retrator, o de Bauer invertido, é então colocado na região artegonial na borda posterior da mandíbula.

– A serra utilizada é a do tipo oscilatório angulado, que quando apoiada no retrator posterior, praticamente nos orienta o nível da osteotomia.

– Nos recuos até 5 a 6 mm, a osteotomia desce verticalmente até o ângulo mandibular, e nos casos de recuo de 10 mm ou mais, preferimos curvá-la anterior e inferiormente, procedendo também a coronoidectomia.

– Após a osteotomia, o segmento proximal é deslocado lateralmente e a inserção do músculo pterigóideo medial é desfeita parcialmente, evitando a desinserção total por motivos mecânicos de estabilidade e, também, por motivos de irrigação sanguínea do coto proximal.

– O segmento posterior ou proximal é então cavalgado na mandíbula distalmente, acompanhando o movimento de recuo mandibular.

– Tamponamos em seguida o lado operado e procedemos ao mesmo procedimento contralateralmente (figura 84 A a D).

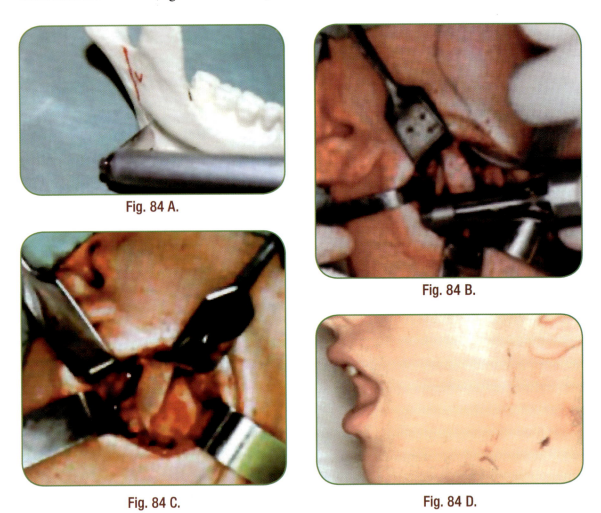

Fig. 84 A.

Fig. 84 B.

Fig. 84 C.

Fig. 84 D.

Fig. 84 (A a D): Técnica de osteotomia vertical do ramo extra-oral. (Colombini)

Osteotomia em "L" Invertido

A osteotomia em "L" invertido constitui-se na alternativa de indicações restritas a grandes recuos(figura 85).

O procedimento praticamente é o mesmo da osteotomia vertical de ramo com as seguintes diferenças:

– Iniciamos a osteotomia pelo corte horizontal acima da protuberância óssea que equivale à espinha de Spix e, consequentemente, à entrada do feixe vásculo-nervoso na mandíbula medialmente.

– Este corte é interrompido e unido posteriormente com a osteotomia vertical propriamente dita.

Pessoalmente, indicamos pouco esta osteotomia, pois quando estamos operando casos que exigem grande recuo optamos pela osteotomia sagital do ramo, bem como procuramos diminuir a quantidade de recuo mandibular avançando a maxila. Esta conduta torna o resultado mais estável e com pouca morbidade.

Osteotomia sagital do ramo no Recuo Mandibular

A despeito dos altos índices de distúrbio sensitivo do nervo mandibular descritos na literatura, esta osteotomia possui alto índice de indicação em cirurgia ortognática.

Dentre os fatores que reforçam sua indicação, destacam-se:

– Abordagem intra-oral.

– Zonas de contato ósseo ótimas para a reparação.

– Possibilidade de fixação interna estável.

– Facilidade do procedimento em mãos treinadas.

– Técnica de escolha na assimetria mandibular.

Quanto aos distúrbios sensitivos observados, ressaltam-se alguns pontos de interesse:

– As hipoestesias são mais frequentes em adultos e pacientes idosos, devido a menor capacidade de reparação nervosa.

– Fatores inerentes à osteotomia, principalmente nas regiões 2d e 2c (esquema de Spiessl).

– Fatores inerentes à fixação rígida realizada com *lag screw* ou parafuso de compressão interfragmentária, que hoje praticamente abolidos de nossa prática, foram substituídos por parafusos de posição ou de fixação semirrígida com placas maleáveis.

– As hipoestesias são mais observadas nos casos de ramos curtos e finos da classe II, face longa com classe II ou classe III.

– O cuidado na confecção da osteotomia com adequada dissecção do nervo mandibular é nossa conduta atual, minimizando as disfunções com origem no ato cirúrgico propriamente dito.

A indicação de fixação semirrígida com placas, mesmo que imposta fixação intermaxilar, é preferível no sentido de evitar-se a compressão nervosa. A utilização de parafusos de posição, sem ação compressiva, também tem sido indicada.

Raveh propõe no recuo mandibular utilizarmos a porção cortical ressecada na obtenção de adaptação dos cotos proximal e distal, interpondo-a nos cotos osteotomizados, mais propriamente na linha oblíqua externa.

Segue-se então a fixação com parafusos, evitando-se a compressão nervosa, sem riscos de instabilidade.

O posicionamento condilar é outro fator de morbidade na osteotomia, impondo cuidados especiais como marcação da posição condilar (técnicas de Setos e de Luhr), paralelismo das linhas de osteotomia prévia à fixação e, mais raramente, a utilização de marcadores externos (côndilo-mastóideos).

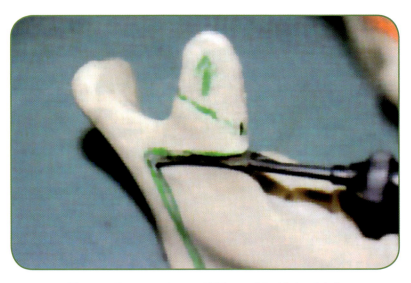

Fig. 85: Osteotomia em "L" invertido (Colombini)

Mesmo com esses cuidados, pequenas alterações de posicionamento dos côndilos podem ocorrer. Pequenos desvios podem ser perfeitamente tolerados funcionalmente, observando-se remodelações sutis do côndilo e cavidade glenóide em longo prazo.

A própria ação do músculo temporal determina alterações de posicionamento condilar, tardiamente. Essas alterações são minimizadas com a utilização de fixação rígida.

Originalmente, os pacientes portadores de oclusão classe III possuem baixo índice de desarranjo interno das ATMs: neste grupo o índice de complicações pós-operatórias articulares é sensivelmente menor que aqueles observados nos pacientes classe II.

Quanto às indicações do recuo mandibular na fase de crescimento, parece haver concordância na literatura que o mesmo pode ser realizado a partir dos 16 anos, em mulheres e 18 anos nos homens.

A osteotomia sagital do ramo não exerce influência no crescimento mandibular, e cirurgias precoces podem ser acompanhadas de recidiva na classe III.

Tecnicamente duas são as situações de emprego da osteotomia sagital do ramo na classe III. A primeira restringe-se à cirurgia mandibular isolada, e a segunda, à cirurgia combinada de maxila e mandíbula.

Passos técnicos

A incisão é a mesma descrita para a realização da osteotomia vertical do ramo, sendo levemente ampliada anteriormente para acesso ao corpo mandibular no nível de primeiro molar.

A osteotomia sagital do ramo que praticamos é aquela preconizada pela modificação de Dal Pont à clássica abordagem de Obwegeser.

O deslocamento periosteal medial é realizado após a colocação de retrator sobre a apófise coronóide ou pinça tipo Kocher curva.

Este deslocamento deve ser cuidadoso e é minimamente necessária a visualização da entrada de feixe vásculo-nervoso na mandíbula.A deflexão do descolador de periósteo geralmente é suficiente ao início da osteotomia horizontal sobre a entrada do nervo.

Em seguida, a osteotomia assume trajeto descendente tendo como guia a linha oblíqua externa, e no nível do primeiro molar esta se torna vertical em direção basal mandibular. É interessante que delimitemos a retirada cortical vestibular na região do corpo mandibular.

A serra ou broca de Obwegeser não deve ultrapassar 8 mm a 10 mm em profundidade devido à probabilidade de lesão direta do nervo.

Após o desenho da osteotomia estar completado, continua-se osteotomizando a cinzel para complementação da mesma.

Desta maneira, iniciamos pelo corpo mandibular, onde o nervo apresenta-se mais medial. É importante que o recorte seja completo até a porção basal.

A partir daí, a associação de dois cinzéis tipo Epker é utilizado alternadamente, um no sentido de báscula delicada e outro no sentido de corte.

A progressão da osteotomia se dá frente para trás, sempre procurando aspirar e descolar com microdescolador as aderências do feixe vásculo-nervoso nas regiões pré-angulares, angulares e pós-angulares.

A visualização do nervo guia a osteotomia até que haja a separação dos cotos proximal e distal.

A utilização de fórceps disjuntor tem sido preconizada por vários autores. Repete-se o procedimento contralateralmente.

Após a conclusão da osteotomia, checam-se integridade do nervo, o côndilo mandibular e seu reposicionamento quanto à oclusão planejada.

O coto proximal é deslocado póstero-superiormente, guardando-se o paralelismo das linhas de osteotomia.

A fixação rígida ou semirrígida pode ser então, realizado por via bucal ou transcutânea. Nos casos de cirurgia combinada, as osteotomias mandibulares não são completadas. Após a osteotomia Le Fort I, interpõe-se o *splint* intermediário e procede-se a fixação maxilar.

Volta-se a liberar o bloqueio maxilo-mandibular, completando-se as osteotomias e novamente obtendo-se a relação oclusal do *splint* final ou a própria oclusão do dente. Procede-se a fixação intermaxilar, passando-se ao tempo cirúrgico de fixação da osteotomia (figura 86 A a S-Colombini).

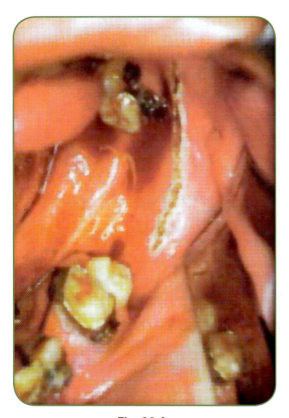

Fig. 86 A.

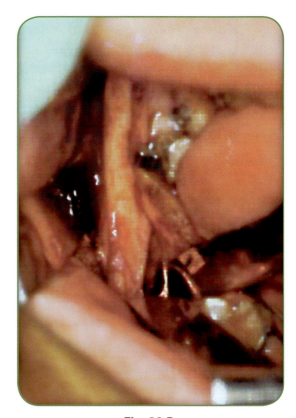

Fig. 86 B.

CAPÍTULO **10**

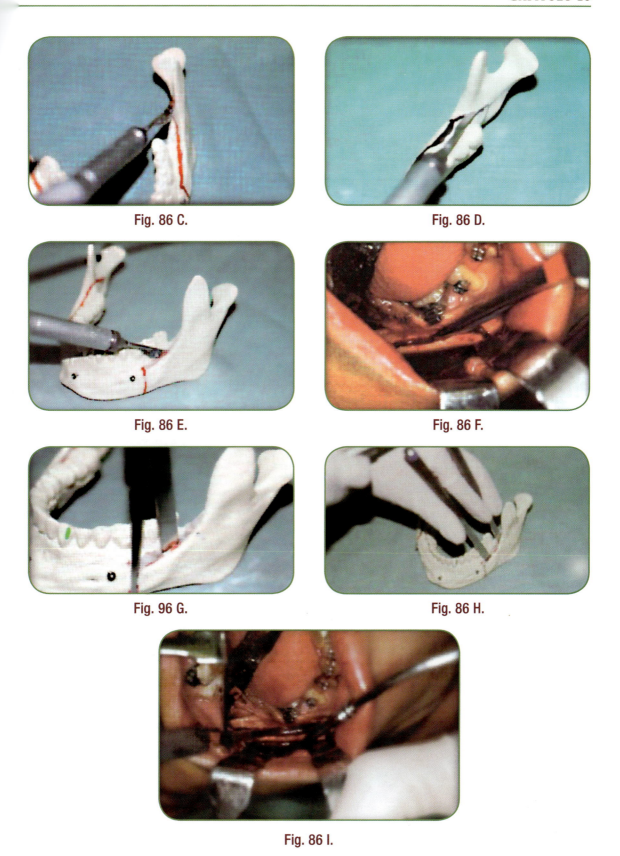

Fig. 86 C.

Fig. 86 D.

Fig. 86 E.

Fig. 86 F.

Fig. 96 G.

Fig. 86 H.

Fig. 86 I.

169

Do Respirador Bucal à Apneia Obstrutiva do Sono: Enfoque Multidisciplinar

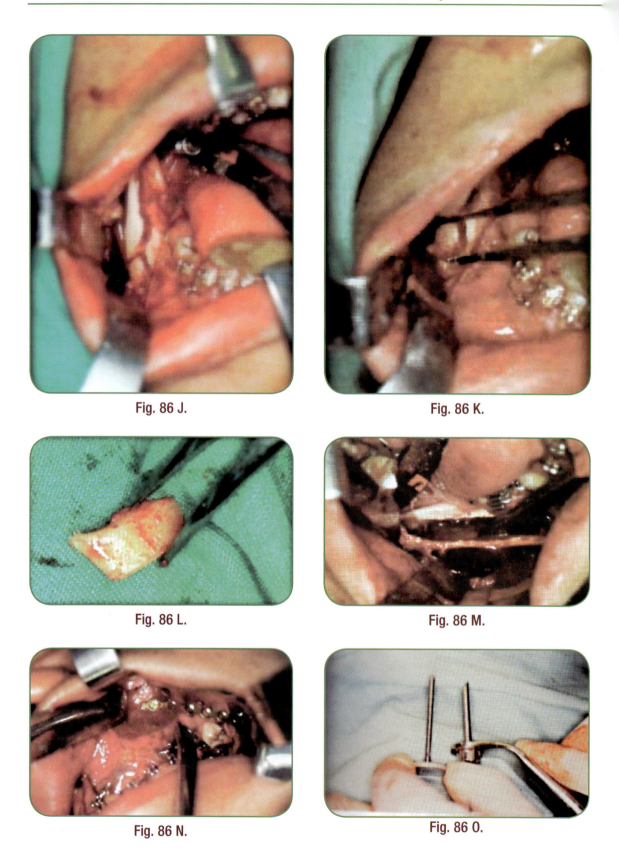

Fig. 86 J.

Fig. 86 K.

Fig. 86 L.

Fig. 86 M.

Fig. 86 N.

Fig. 86 O.

CAPÍTULO **10**

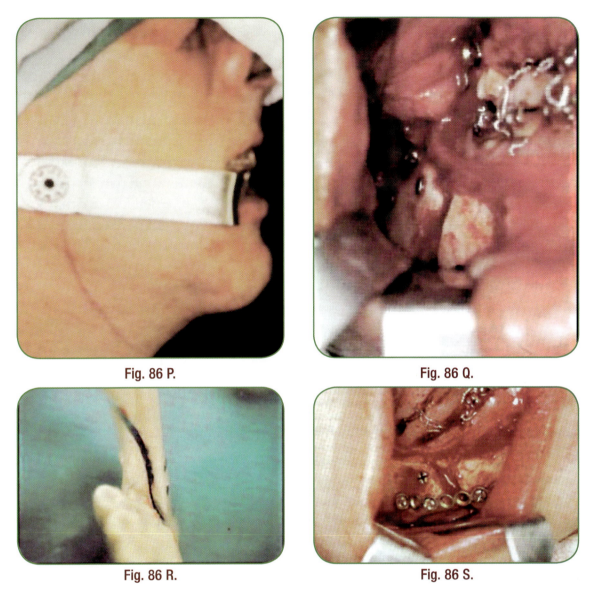

Fig. 86 P.

Fig. 86 Q.

Fig. 86 R.

Fig. 86 S.

Fig. 86 (A a S): Osteotomia sagital do ramo no recuo mandibular. (Colombini)

Osteotomias Mandibulares de Avanço

Osteotomia sagital do ramo

A osteotomia sagital do ramo representa a osteotomia mais utilizada para o avanço mandibular e correção da deficiência horizontal mandibular, bem como aquelas associadas ao excesso vertical maxilar da face longa.

A técnica cirúrgica é semelhante àquela descrita para o recuo mandibular, com diferenças sutis no manuseio do nervo mandibular, cuja atenção tem que ser redobrada, principalmente nos casos de ramo curto, característico da mordida aberta.

Muitos pacientes portadores de deficiência mandibular possuem abertura de boca mais limitada, o que dificulta a osteotomia. Esta conduta minimiza o trauma sobre o nervo mandibular, mesmo que a fixação definitiva da osteotomia mandibular seja realizada posteriormente à fixação da osteotomia sagital.

Como a literatura enfatiza certa instabilidade nos avanços mandibulares, achamos conveniente enfatizar a necessidade de bloqueio maxilo-mandibular esquelético e não dentário. Outro ponto de importância recai na observação de casos com extrema hipertonia supra-hióidea que poderão ser tratados com miotomia parcial da cinta digástrica, diminuindo assim as forças negativas sobre o coto distal. Esta situação é comumente observada na micrognatia oriunda da anquilose têmporo-mandibular.

A fixação rígida atualmente utilizada por nós é semirrígida com parafusos de 2,0 mm através de placa osteossíntese.

Ao mesmo tempo de mantermos o paralelismo dos cotos osteotomizados, este tipo de fixação provê o controle do posicionamento condilar através da mensuração intra-operatória na quantidade do avanço necessário.

O reposicionamento condilar deve considerar que o côndilo desvia-se medialmente no avanço mandibular, contrariamente ao que ocorre com o recuo mandibular, onde o côndilo desvia-se lateralmente.

A osteossíntese com parafusos auto-rosqueantes de posicionamento é preferível nos casos de assimetria mandibular, contrariamente ao que ocorre com o recuo mandibular associada.

Em ramos curtos, preferimos utilizar a modificação de Hunsuck (1968) que preconiza o recorte medial logo que o nervo adentra a mandíbula. Esta conduta salvaguarda as complicações de fratura do coto medial ou inclusão do côndilo no coto medial, sendo esta última mais rara. Outro ponto de atenção recai sobre os grandes avanços, nos quais realizamos o desgaste da linha oblíqua externa, evitando que esta possa impactar no túber (figura 87 A a D).

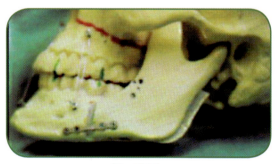

Fig. 87 A.

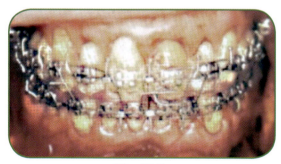

Fig. 87 B.

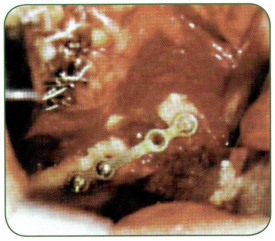
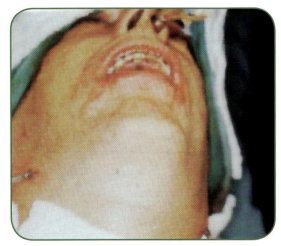

Fig. 87 C.   Fig. 87 D.

Fig. 87 (A a D): Osteotomia sagital do ramo no avanço mandibular. (Colombini)

Osteotomia em "L invertido e C"

Casos extremamente graves podem requerer cobertura muscular mentoniana, devido à ausência de tecido mole suficiente para cobertura adequada quando dos avanços horizontais e verticais do mento. Nestes casos, retalhos musculares podem estar indicados. Quando o avanço requerido ultrapassa 10 mm, a osteotomia sagital do ramo torna-se muito instável. Como estas situações estão frequentemente associadas a uma deficiência de altura e espessura do ramo mandibular, a osteotomia e "L invertido" está, a nosso ver, mais indicada.

Nestes casos, preferimos realizá-la de maneira extra-oral com interposições de enxerto ósseo do ilíaco e fixação rígida absoluta através de placas de reconstrução na zona de pressão mandibular ou basal.

Uma segunda placa pode ser colocada anteriormente junto a apófise coronóide, otimizando a fixação do enxerto horizontalmente.

Com a fixação absoluta, a manipulação e função pós-operatórias são facilitadas, julgando-se que estes pacientes constituem o grupo de maior incidência de desarranjo interno das ATMs.

Via de regra, estes casos requerem genioplastia de avanço horizontal e, em determinadas situações, aumento vertical com interposição de enxerto ósseo.

Outra vantagem do procedimento é a adequada manipulação do nervo mandibular, que é extremamente difícil nos ramos curtos e estreitos, quando realizamos a osteotomia sagital do ramo.

A osteotomia "C" obedece aos mesmos princípios da "L invertido" com vantagens na rotação do corpo mandibular em sentido oclusal. (figura 88 A a D; figura 89 A a C).

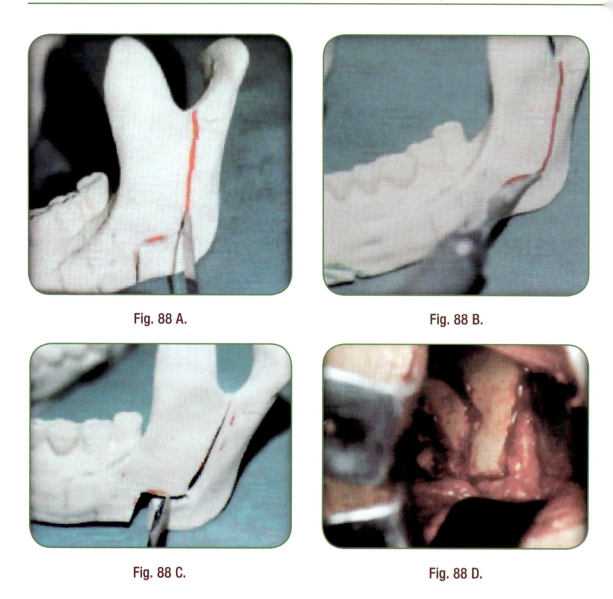

Fig. 88 A.

Fig. 88 B.

Fig. 88 C.

Fig. 88 D.

Fig. 88 (A a D): Osteotomia em "C" invertido (Colomobini)

CAPÍTULO 10

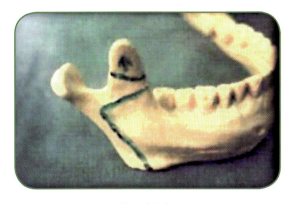

Fig. 89 A.

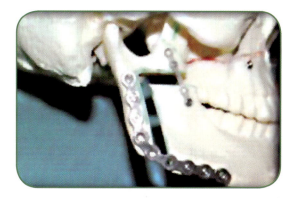

Fig. 89 B.

Fig. 89 C.

Fig. 89 (A a C): Osteotomia em "L" invertido (Colombini)

175

Osteotomia sagital subapical total

Este procedimento a nosso ver é o mais mórbido para o nervo mandibular de todos os propostos em cirurgia ortognática. Está indicado quando a deformidade está confinada ao complexo dentoalveolar mandibular, por exemplo, um paciente portador de classe II e mordida profunda, com seu mento bem posicionado vertical e horizontalmente.

Pensamos que talvez seja mais vantajoso o avanço mandibular tradicional através de osteotomia sagital e reposicionamento posterior do mento na genioplastia.

A técnica cirúrgica da osteotomia subapical total sagital exige abordagem mandibular total intra-oral, com dissecção do nervo mandibular e sua derivação com o cuidado de não desnudar as raízes dentárias (figura 90 A e B).

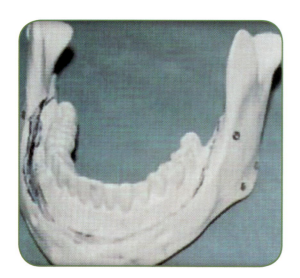 

Fig. 90 (A e B): Osteotomia sagital subapical total. (Colombini)

Osteotomia mediana da sínfise

Esta osteotomia está indicada nos casos de deficiência transversal mandibular, isolada ou em associação com a maxila. Representam um procedimento versátil e de fácil execução. Discrepâncias transversais da mandíbula podem ser observadas em pacientes com a oclusão de classe II ou III na deficiência mandibular. Eventualmente a expansão mandibular pode ser utilizada na compressão do excesso transversal maxilar.

A síndrome de Brody associa deficiência mentoniana à mordida profunda unilateral. A maxila ipsilateral apresenta excesso vertical e a hemimandíbula correspondente deficiência transversal.

Esta situação pode exigir correção do excesso maxilar pela osteotomia de Schuchardt associada com osteotomia parassinfisária. Na verdade, estas condutas são de exceção e de aplicação individualizada. Outra indicação para o seu uso é aquela da deficiência transversal mandibular na fase de crescimento, quando é chamada de expansão mandibular ortodonticamente assistida.

Duas situações de interesse cirúrgico se apresentam: na primeira há necessidade de extração dentária e a segunda o preparo ortodôntico com afastamento das raízes é suficiente.

A técnica cirúrgica envolve *deglowing* mandibular sinfisário e osteotomia vertical do mento ou em escada facilitando à osteossíntese, realizada com duas miniplacas.

Quando o arco mandibular apresenta-se com apinhamento dentário e com acentuada discrepância de Bolton, a extração de um dente pode ser indicada, com redistribuição do apinhamento no arco mandibular.

Outra consideração importante recai sobre o posicionamento condilar, que, se submetido a forças rotacionais nas disjunções transversais significativas, podem requerer osteotomia sagital ou vertical bilateral em combinação com a osteotomia sinfisária.

Esta combinação pode ter indicação nas sequelas de anquilose temporomandibular acompanhadas de severa deficiência transversal e horizontal. A mentoplastia apesar de aumentar a morbidade pode ser associada ao mesmo.

COMPLICAÇÕES MAIS FREQUENTES DAS OSTEOTOMIAS MANDIBULARES

Dentre a infinidade de complicações possíveis nas osteotomias da mandíbula, desde aquelas relativas à abordagem extra-oral e intra-oral, do sangramento, da fixação rígida, infecciosas nervosas e outras, destacam-se as fraturas indesejáveis, principalmente as observadas na osteotomia sagital do ramo.

Desta maneira, nos ocuparemos um pouco mais do assunto. As fraturas indesejáveis na osteotomia sagital do ramo perfazem uma média de 3% nos serviços norte-americanos. Representam situação extremamente problemática no intra-operatório, que, se não adequadamente contornadas, levarão ao mau posicionamento condilar e oclusal. A longo termo, problemas articulares e de estabilidade no resultado podem ser observados.

A grande maioria destes problemas pode ser resolvida de maneira intra-oral; no entanto, alguns em especial requerem abordagem extra-oral.

FRATURA DO COTO PROXIMAL DA REGIÃO DISTAL

Esta fratura é passível de correção intra-oral juntando-a novamente ao coto proximal através de miniplacas, tornando novamente o coto proximal confiável à fixação rígida, que poderá ser realizada com parafusos de posição ou, preferivelmente, com placa de osteossíntese maleável.

FRATURA DO COTO PROXIMAL DA REGIÃO PROXIMAL (RAMO MANDIBULAR)

Esta fratura simula a osteotomia horizontal do ramo ou a modificação sagital proposta por Perthes (1924), sendo altamente instável.

Seu tratamento pode ser bem sucedido por via intra-oral, com a colocação de placa na região anterior do ramo.

Caso ainda haja instabilidade, a abordagem extra-oral e fixação adequada do ramo com reposicionamento condilar pode ser a única solução.

Fratura condilar

Extremamente rara, felizmente obriga abordagem extra-oral ou percutânea na dependência da experiência do cirurgião. A instabilidade resultante é extremamente significativa.

Fratura medial

Uma das fraturas menos frequentes pode ser evitada com a modificação proposta por Hunsuck (1968). Quando ocorre, a osteossíntese do fragmento lingual a fio tornando-o novamente um bloco, orienta o cirurgião à fixação rígida que irá complementar a fixação do coto fraturado.

Temos observado tal desastre frente a terceiros molares retidos.

RESPOSTA DOS TECIDOS MOLES ÀS OSTEOTOMIAS SAGITAL E VERTICAL DO RAMO

Avanço por osteotomia sagital

A resposta tecidual ao avanço mandibular pela osteotomia sagital guarda estreita relação com o lábio inferior e queixo, com sutis alterações do lábio superior.

No avanço mandibular de genioplastia, após o preparo ortodôntico, ou seja, com inclinação incisiva em torno de 90 graus, o lábio inferior alonga-se e projeta-se na proporção de 0,75: 1 e o queixo de 1:1.

Recuo pela osteotomia sagital ou vertical de ramo

Ocorre discreto deslocamento posterior do lábio superior na proporção nasolabial. O sulco mento-labial acentua-se e o lábio inferior se mostra encurtado.

No reposicionamento posterior e superior, o lábio inferior apresenta-se encurtado e protrusivo.

A relação do tecido mole com o movimento do tecido ósseo por Epker é a seguinte: Mento: 1:1. Lábio inferior: 0,8: 1.

Genioplastia

O mento e o nariz possuem reconhecida importância na avaliação e obtenção do perfil harmônico. A mentoplastia representa cirurgia de requinte estético e, muitas vezes, o resultado de tão simples procedimento é o fator diferencial do resultado final.

A versatilidade do reposicionamento do mento permite atender casos de deficiência mandibular como procedimento único ou associado a osteotomia sagital do ramo. É a chamada osteotomia de avanço.

Os tipos de genioplastia são indicados caso a caso, com base no planejamento da estética facial e cefalometria.

A osteotomia horizontal permite vários movimentos e tipos de reposicionamento do mento. A altura do mento excessiva, observadas em situações como excesso e deficiência mandibular horizontal pura, ou associada a face longa classe III e classe II, pode ser corrigida ao mesmo tempo com o reposicionamento posterior ou anterior que o caso exija, ou através de ressecções centrais associadas à genioplastia.

Associações com enxerto ósseo podem ser utilizadas no tratamento do mento verticalmente deficiente ou na assimetria.

Esta cirurgia também se aplica à deficiência mandibular da face curta, na qual sua associação com o avanço mandibular provê ótimos resultados estéticos. É a cirurgia mais frequentemente requerida.

O reposicionamento do mento, obtido com cirurgia do excesso vertical maxilar isolada, pode ser suficiente na correção da projeção mentual do perfil.

Alterações transversais de deficiência ou excesso do mento podem ser corrigidas com a ressecção central do segmento osteotomizado ou condição de enxerto ósseo na osteotomia de divisão do mento, respectivamente.

A previsibilidade da maioria dos procedimentos da genioplastia torna um procedimento de acabamento e refinamento estético.

Finalmente, a genioplastia pode ser utilizada como cirurgia de camuflagem nos casos de deficiência mandibular não submetidos à correção da discrepância esquelética.

O uso da genioplastia ampliada à região goníaca bilateralmente representa uma excelente proposta à correção estética nas deficiências genianas, podendo também ser realizada em associação com procedimentos de plicatura do platisma, lipectomia submentoniana e ritidoplastia.

O uso de material aloplástico na mentoplastia de inclusão possui indicação reservada a casos individualizados (figura 91 A a C)

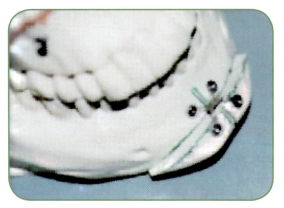

Fig. 91 A.

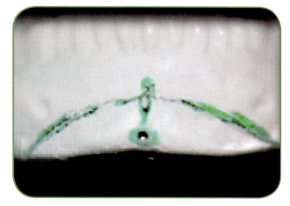

Fig. 91 B.

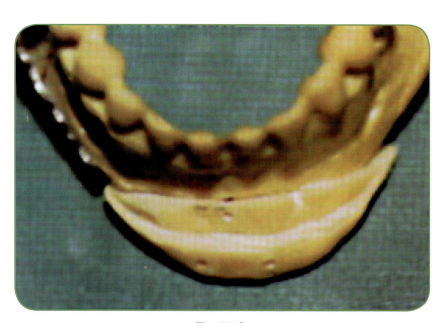

Fig. 91 C.

Fig. 91 (A): Reposicionamento anterior com deslocamento horizontal simples; (B) reposicionamento anterior com cavalgamento; (C) reposicionamento anterior escalonado. (Colombini)

Vascularização do Mento Ósseo

O conhecimento da vascularização do mento ósseo pelo cirurgião contribui na escolha da técnica a ser utilizada em cada caso e ajuda a evitar algumas complicações pós-operatória possíveis.

O aporte arterial é de responsabilidade das seguintes artérias dominantes:

1. Artéria Dentária Inferior: Após seu trajeto no canal mandibular posteriormente se divide em dois ramos no nível dos pré-molares.

Com interesse na irrigação do mento ósseo propriamente destacam-se:

- Um ramo mentoniano passando por trás do nervo mentoniano e dirigindo-se aos tecidos moles do mento.
- Um ramo incisivo intra-ósseo destinado à irrigação medular do bloco incisivo.

2. Artéria Sublingual: Seu ramo terminal penetra nas fibras do músculo genioglosso, próximo à inserção óssea e assume trajeto ascendente em direção à mucosa gengival do lado lingual. Esta artéria possui capital importância na cirurgia do mento pela topografia de seus dois ramos terminais principais: um situado entre as duas apófises genis inferiormente e localizadas a mais ou menos 8 mm da porção basal lingual.

3. Artéria Ranina: Seus ramos terminais são muito delgados e se distribuem na mucosa retroalveolar da região parassinfisária.

4. Artéria Facial: De importância relativa na irrigação do mento ósseo, destaca-se seu ramo coronário inferior que se distribui ao longo do queixo.

Participam da irrigação o rebordo mandibular e o nível sinfisário, anastomosando--se com ramos da sublingual.

A irrigação gengivaperiótica é dependente das artérias sublingual e ranina posteriormente, e da artéria facial e ramos mentonianos da artéria dentária inferior anteriormente.

Conclusões importantes

A desperiotização anterior ou vestibular do mento não representa comprometimento significativo do aporte arterial do mento ósseo.

As ressecções ditas desvascularizantes são consideradas aquelas de dimensão superior a 11 mm do plano basal e dirigida horizontalmente ao lado lingual.

A drenagem linfática do mento é dupla: pelos gânglios submentonianos à cadeia jugular anterior e como escala as cadeias submandibulares e daí as cadeias jugulares internas. A drenagem venosa do mento ósseo é constituída de três vias principais: medular, gengivaperióstica e musculoperióstica.

Os troncos principais desta drenagem são representados pelas veias linguais e raninas ao tronco tireolinguofacial, e daí a veia jugular interna.

A técnica cirúrgica é extremamente simples, realizada através de incisão colocada na região mais labial do sulco gengivolabial.

Esta manobra provê condições de fechamento em dois planos e adequado reposicionamento da borda do mento evitando-se o queixo duplo pós-operatório.

A dissecção expõe os nervos mentonianos e a basal sinfísária. A osteotomia então realizada, segundo a intenção de avanço, avanço com redução da altura, recuo, aumento de altura ou diminuição da mesma.

A fixação rígida pode ser realizada através de placas ou parafusos solitários. O fechamento da incisão é realizado em dois planos e o curativo compressivo, na forma de cinta, encerra o procedimento.

RESPOSTA DO TECIDO MOLE À GENIOPLASTIA

Genioplastia de avanço

Segundo Bell (1993), a relação das alterações dos tecidos moles com o avanço é simples: 0,81: 1,0. Segundo os estudos de Epker, a mesma relação é de 0,7: 1,0 no avanço escalonado. Mc Donnel, em 1997, publica seus achados cefalométricos na relação de tecido mole de 0,75:1 de avanço ósseo escalonado. As associações de osteotomia vertical do ramo e avanço do mento mudam esta relação, tornado-a 1:1. Na utilização de implantes aloplásticos tipo Medpore, Epker (1980) observa relação de 1:1 na resposta do tecido mole.

Genioplastia de redução

A resposta do tecido mole aos procedimentos de redução horizontal do mento, segundo Bell (1981), é de 0,58: 1,0.

Genioplastia de aumento vertical com interposição de enxerto ósseo

Nos estudos de Wessber (1980), a relação do tecido mole e ósseo mantém-se 1:1.

Genioplastia de redução vertical clássica

Os estudos de Epker (1976) e Ellis (1989) são praticamente concordantes com relação de 0,25: 1,0 na relação entre tecido mole e movimento ósseo.

CAPÍTULO **10**

OSTEOTOMIA SEGMENTAR DA MAXILA

Expansão maxilar ortodonticamente assistida

A expansão maxilar ortodonticamente assistida tem sido cada vez mais indicada em nosso meio no tratamento das discrepâncias transversais maxilares, em todas as faixas etárias.

A expansão ortodôntica tem sido muito criticada. Moss e Hass demonstraram que as forças exigidas para obter disjunção palatal podem promover compressão na membrana periodontal com consequente reabsorção de osso alveolar, extrusão e deslocamentos dentários.

O procedimento é mais efetivo em crianças, perdendo resolução nos jovens e adultos que apresentam alto índice de recidivas. Os procedimentos de preparo ortodôntico pré-cirúrgico em adolescentes, principalmente nos casos de excesso vertical maxilar, são problemáticos.

Ocorre frequentemente expansão transversal maxilar à custa de lateralização.

Após o tratamento cirúrgico clássico de reposicionamento, a recidiva da atresia maxilar volta a aumentar a altura posterior maxilar, condicionando mordida aberta pós-operatória.

Epker demonstrou que a resistência à expansão maxilar é proporcionada por várias estruturas craniofaciais como o pilar zigomático-maxilar, zigomático-frontal, zigomático-temporal e pterigóideo, principalmente em adolescentes e adultos jovens.

Os objetivos ortodônticos do procedimento recaem sobre a forma do arco maxilar.

Os casos de deficiência transversal da maxila mostram-se na maioria, estreitados na região intercanino.

Quando as extrações dentárias não estão indicadas (relação de Bolton), a expansão cirúrgica é a opção de escolha.

Se a discrepância é mínima e pode ser compensada com extração dos primeiros pré-molares, a segmentação maxilar de três peças em conjunto à osteotomia de Le Fort I pode ser indicada, quando e após o movimento ortodôntico posicionar os caninos distalmente, condicionando aumento transversal.

A expansão rápida ortodôntica pode ser útil quando o comprimento do arco maxilar é insuficiente, principalmente do ponto de vista anterior, provendo espaço para alinhamento do arco maxilar pré-operatório.

A técnica cirúrgica clássica de expansão palatal ortodonticamente assistida é muito variável e aplicada a cada caso individualmente.

As disjunções palatinas em crianças na faixa etária de 9 anos, aproximadamente, podem ser realizadas em conjunção de procedimentos desobstrutivos nasofaríngeos em combinação com aparatologia ortopédica. Quanto à técnica cirúrgica, podem ser realizados por via bucal, mais difícil e mórbida pela presença de germes dentários, ou de maneira endonasal endoscópica, como preferimos em nosso serviço. Crianças pós-puberdade podem ser tratadas por via bucal quando preferimos incisões verticais vestibulares colocadas anteriores e posteriores, bilateralmente.

A osteotomia interincisiva deve ter o cuidado de preservação da integridade da mucosa palatina, já que esses pacientes são futuros candidatos a reposicionamento superior da maxila quando portadores de excesso vertical maxilar.

A interrupção do pilar zigomático-maxilar é útil nas atresias maxilares posteriores.

A incorporação da disjunção pterigóide-túber ao procedimento cirúrgico é aplicada nas discrepâncias transversais superiores a 5 mm.

REFERÊNCIAS BIBLIOGRÁFICAS

1. ARAGÃO, W. *Respirador bucal. Jornal de pediatria.* 64:349, 1988.

2. BARBOSA, F. S. S. *Disfunção craniomandibular (DCM): Uma visão cinesiológica e biomecânica.* Fisio & Terapia, São Paulo, v. 5, n. 22, p. 13, fev. 2003.

3. BARROSO, BEATRIZ GUALBERTO. *Diagnóstico e Prevenção dos Distúrbios Miofuncionais.* 1997.

4. BELL, W. H. *Le Fort I osteotomy for correction of maxillary deformities.* J. Oral Surg.1975; 33:412.

5. BLACK B; KOVESI E; CHUSID I. J. *Hábitos bucais nocivos.* Ortodontia 1990; 2:40-4.26. Silva Filho O.G,. Okada T., Santos S.D. Sucção.

6. BIANCHINI, E.M.G. *A Cefalometria nas Alterações Miofuncionais orais no Diagnóstico e Tratamento Fonoaudiológico.* 3ª ed. São Paulo: Pró-Fono, 1995a. 79p.

7. BIANQUINI, E. M. G. *Mastigação e ATM – Avaliação e Terapia. In: Fundamentos em Fonoaudiologia – Aspectos clínicos da Motricidade Oral.* Rio de Janeiro: Guanabara Koogan, 1998a. pp.37-49.

8. BREUER, J. *El paciente respirador bucal.* Revista da Asociacion Odontologica Argentina, Buenos Aires, v. 77, n. 3, pp. 102-106, 1989.

9. CAPELOZZA FILHO, L.; SILVA FILHO O. M. *Expansão rápida da maxila: considerações gerais e aplicação clínica. Parte I* Revista Dental Press de Ortodontia e Ortopedia maxilar. v. 2, n. 3, 1997.

10. CARVALHO, F. M. *A postura típica do respirador oral – www.respiremelhor. com.br*

11. CARVALHO, G.D. *SOS Respirador Bucal.* São Paulo: Lovise; 2003.

12. CHEEVER, D. W. *Naso-pharyngeal polypus, attached to the basilar process of occipital and body of the sphenoid bone successfully removed by a section, displacement, and subsequent replacement and reunion of the superior maxillary bone.* Med. Surg. J. (Boston) 1867;8:162.

13. CISTULLI, P.A.; PALMISANO R.G.; POOLE M.D. *Tratamento de Síndrome de Apneia de Sono Obstrutivo pela expansão maxilar rápida* – Centro de Desordem do Sono e Falha Respiratória.

14. COLOMBINI, N. E. P. *Embriologia e crescimento craniofacial. In: Cirurgia da Face.* 1ª ed. Rio de Janeiro: Revinter; v. III, cap.39, pp. 726-742, 2002.

15. COLOMBINI, N. E. P.; D'AZEVEDO W. B. *Técnica cirúrgica aplicada às osteotomias do terço médio da face e mandíbula,* v. III, cap. 52, pp. 1061-1123, 2002.

16. COLOMBINI, N. E. P. *Dor de origem no trato aerodigestivo superior,* v. I, cap. 11, pp. 98-153, 2002.

17. COOPER, B. C.. *Nasorespiratory function and orofacial development.* Otolaryngologic Clinic of North America, 22 (2): 413-41, 1989.

18. COSTA J.R. *et al. Relação da oclusão dentária com a postura de cabeça e coluna cervical em crianças respiradoras orais* – Ver Paul Pediatria 2005; 23(2);88-93.

19. CUNHA, S. R. T. *et al. Hábitos bucais.* In: CORREA. M. S. N. P. *Odontopediatria na primeira infância.* São Paulo: Santos, 2001.

20. DEON R. S. *et al. Avaliação do efeito da expansão rápida da maxila na resistência nasal por rinomanometria ativa anterior em crianças.* Revista Ortodontia Gaúcha 2(2):79-93, 1998.

21. ENLOW, D. H. *Manual sobre crescimento facial.* Buenos Aires: Inter-Médica; 1982. pp. 349-52.

22. ENLOW, D. H. *Crescimento Facial.* 3ª ed. Porto Alegre: Artes Médicas, 1993a. 553p.

23. FELÍCIO, CLÁUDIA MARIA DE. *Fonoaudiologia Aplicada a Casos Odontológicos: Motricidade oral e audiologia.* São Paulo: Pancast, 1999.

24. FERNANDES, J. J.; TEODOROSKI R. C. C. *Evidências de disfunção craniomandibular em pacientes com Síndrome do Respirador bucal,* 2004.

25. FERRAZ, MARIA JÚLIA P. COELHO e col. *Uma Visão Multidisciplinar* – São Paulo: Ed. Lovise, 2005.

26. FILHO, G. P. C. *Disjunção das maxilas cirurgicamente assistida* [Dissertação de Mestrado]. São Paulo: Faculdade de Odontologia da USP, 2002.

27. FUJIKI, P. D. T.; ROSSATO C. *Influência da hipertrofia adenoideana no crescimento e desenvolvimento craniodentofacial Ortodontia* v. 32, n. 01, pp. 70-77, 1999.

28. JUNQUEIRA, PATRÍCIA e cols. *Aspectos atuais em Terapia Fonoaudiológica – Volume II* – São Paulo: Pancast, 2002.

29. JUNQUEIRA, P. *A postura em repouso dos órgãos fonoarticulatórios frente aos limites anatômicos do paciente na terapia miofuncional*. Pró-Fono Rev Atualiz Cient., 9:59-61, 1997.

30. JUSTINIANO, J. R. Respirador bucal. J Bras Ortod Orto Maxilar 1996; 1:44-6.

31. HAAS, A. J. *Palatal expansion: just the beginning of dentofacial orthopedics*. Am. J. orthod.; 57:219, 1970.

32. HANSON, MARVIN L. E BARRET, RICHARD H. *Fundamentos da Miologia Orofacial*. Rio de Janeiro: Enelivros Editora, 1995.

33. JARDINI, R. S. R. *Uso do exercitador facial: um estudo preliminar para fortalecer os músculos faciais*. Pró-Fono R. Atual. Cient., Barueri, v. 13, n. 1, pp. 83-89, abr.-jun. 2001.

34. JARDINI, R. S. R. *Avaliação eletromiográfica do músculo bucinador flácido usando o exercitador facial*. Pró-Fono R. Atual. Cient., Barueri, v. 14, n. 3, pp. 331-342, set.-dez. 2002.

35. JARDINI, R. S. R.; RUIZ, L. S. R.; MOYSÉS, M. A. A. *Electromyographic analysis of the masseter and buccinator muscles with the Pró-fono facial exerciser use in bruxers*. J. Craniomandib. Pract., Chattanooga, v. 24, n. 1, pp. 29-37, jan.-mar. 2006.

36. KIMMELMAN, C. P. *The systemic effects of nasal obstruction. In: Nasal Obstruction – The Otolaryngologic Clinics of North America vol. 22*;461--466,1989.

37. KRAKAUER, L. R. H. *Relação entre respiração bucal e alterações posturais em crianças: uma análise descritiva*. [Dissertação de Mestrado]. São Paulo: PUCSP, 1997.

38. LANGENBECK, B. *Beitrage zur osteoplastik-Die osteoplastische resection des oberkiefers*. In: GOSHEN A. ed. Deutsche Klinik. Berlin: Reimer, 1859.

39. LINO, AP. *Introdução ao problema da deglutição atípica. In: Interlandi S. Ortodontia: bases para a iniciação*. São Paulo: Artes Médicas; 1977. pp. 231--50.

40. LIMA, J. G. *Síndrome do Respirador bucal: abordagem fisioterapêutica-*Cascavel, 2003.

41. LOPES, L. *Tipologia facial*. In: GONZÁLEZ, N. Z. T.; LOPES, L. D. *Fonoaudiologia e ortopedia maxilar na reabilitação orofacial: Tratamento precoce e preventivo terapia miofuncional*. São Paulo: Santos, 2000.

42. MACIEL, R. N. Oclusão e ATM: *Procedimentos clínicos*. São Paulo: Santos, 1996.

43. MADEIRA, M. C. *Anatomia da face: bases anátomo-funcionais para a prática odontológica*. 4ªed. São Paulo: Sarvier, 2003. 236 p.

44. MARCHESAN, IRENE QUEIROZ e cols. *A equipe de trabalho no respirador oral*. In: Krakauer HL, Francesco R, Marchesan IQ (Org.). *Respiração Oral*. Coleção CEFAC. São José dos Campos. Ed. Pulso. 2003 pp. 163-7.

45. MARCHESAN, IRENE QUEIROZ e cols. *Tópicos em Fonoaudiologia.* 1ª ed., São Paulo: Ed. Lovise, 1994.

46. MARCHESAN, IRENE QUEIROZ. *Fundamentos em Fonoaudiologia: aspectos clínicos da motricidade orofacial.* Rio de Janeiro: Guanabara-Koogan, 1998.

47. MARCHESAN, I. Q. & KRAKAUER, L. R. *A Importância do trabalho respiratório na terapia miofuncional.* In: MARCHESAN, I. Q.; BOLAFFI, C.; GOMES, I. C.; ZORZI, J. L. (org.) *Tópicos em Fonoaudiologia.* 1995. Volume II. São Paulo: Lovise. 1997. pp.155-60.

48. MC NAMARA, JR. A. *Influence of respiratory pattern on cranofacial growth.* Angle Orthod., 51(4):269-300,1981.

49. MELSEN B.; ATTINA L.; SANTUARI M.; ATTINA A. *Relationships between swallowing pattern, mode of respiration, and development of malocclusion.* Angle Orthod 1987; 57(2):113-20.

50. MÉNDEZ, M. F.; HERNÁNDEZ, I.; ROSSAND, G. *Estructuración y estandarización de la antropometría facial em función de proporciones.* Intern. J. Cosmetic Med. Surg., Toronto, v. 6, n. 3, pp. 10-14, abr. 2004.

51. MITRE, E. I. *Otorrinolaringologia e fonoaudiologia.*São Paulo: Pulso, 2003.

52. MOLINA O. F. *Fisiopatologia craniomandibular oclusão e ATM.* São Paulo: Pancast; 1989. pp.58-63.

53. MONEGO, M. T. *Postura corporal X distúrbio miofuncional- Relações de implicações no prognóstico terapêutico fonoaudiológico*(monografia), Porto Alegre, 1999.

54. MORAES M., E. F., FELÍCIO C. M. *Avaliação do sistema estomatognático: síntese de algumas propostas.* Parte II. J. Bras. Fonoaudiol. 2004;5(18):53-9.

55. MOSS, M. L. *The primacy of the functional matrices in orofacial growth.* Dent. Pract. 19:65-73,1968.

56. NAKAJIMA, K.; OHI, G. *Aerophagia induced by the nasal obstruction on experimental animals. Exp. Anim.* 26:149-159, 1977.

57. OBWEGESER, H. *Eingriffe na oberkiefer zur korrektur des progenen.* Zanheilk.;75:356, 1695.

58. OGURA, J. H. *Fundamental understanding of nasal obstruction.* Laryngoscope. 87:1225-1232, 1977.

59. OGURA, J. H.; NELSON, J. R.; DAMMKOEHLER R. *et al. Experimental observation on the relashionship between upper airway obstruction and pulmonary function.* Ann. Otol. Rhinol. Laryngol. 73:381-403,1964.

60. OLIVEIRA, N. *Respiração bucal e suas consequências* – www.ortodontiaemrevista.com.br- pp. 1-7, 2005.

61. OLIVEIRA, M. O.; VIEIRA, M. M. *Influência da respiração bucal sobre a profundidade do palato.* Pró-Fono R. Atual. Cient., Barueri, v. 1, n. 1, pp. 13-20, jan.-mar. 1999.

62. OLIVEIRA, A. C. *et al. Aspectos indicativos de envelhecimento facial precoce em respiradores bucais adultos* Pró- Fono. Revista de Atualização científica, v. 19, n 3, 2007.

63. PATROCÍNIO, J. A. *Septoplastia na criança.* In: Cirurgia da Face. 1ª ed. Rio de Janeiro: Revinter; v. III, cap. 55, pp. 1159-1161, 2002.

64. PIEROTTI, S. *Atuação fonoaudiológica na estética facial.* In: *Comitê de Motricidade Orofacial da Soc. bras. fonoaudiol. Motricidade orofacial: como atuam os especialistas.* São Paulo: Pulso, 2004. cap. 35, pp. 281-287.

65. PIGNATARI, S. S. N.; STAMM, A. C. *Obstrução nasal na criança e desenvolvimento facial.* In: Cirurgia da Face. 1ª ed. Rio de Janeiro: Revinter;. v. III, cap. 54, pp. 1154-1158, 2002.

66. RIBEIRO, F. *et al. Respiração oral: alterações oclusais e hábitos orais.* Rev. CEFAC 2002;4:187-190.

67. RICKETTS, R. M. *Respiratory obstruction syndrome.* Amer. J. Orthod. 54(7):495-507, 1968.

68. RODRIGUES, H. O. S. N. *et al. Ocorrência de respiração oral e alterações miofuncionais orofaciais em sujeitos em tratamento ortodôntico.* Motta Rev. CEFAC, São Paulo, v.7, n.3, 356-62, jul-set, 2005.

69. SAFFER, M. Mouth Breather. In: SIH T.; CHINSKI A.; ROLAND E. II *Manual of Pediatric Otorhinolaryngoloy.* IAPO/IFOS. Ed. LIS graf. Ed., Guarulhos. Cap. 17:170-181.2001.

70. SCARAMELLA, F.; QUARANTA, M.; *Influenza del tessuto adenoideo ipertrofico sulle structure maxilofacciali.* Dental Cadmos, 36 (6): 1501-13, 1984.

71. SPANIER, F. *Progathie-operationen.* Z. zahnarytl. Orthop. Munchen.; 24:76, 1932.

72. TASCA, S. M. T. *Programa de aprimoramento muscular em fonoaudiologia estética facial (PAMFEF).* Barueri: Pró-Fono, 2002. 186 p.

73. TOGAWA, K.; OGURA, J. H. *Physiologic relations between nasal breathing and pulmonary function. Laryngoscope.* 76:30-63, 1966.

74. VANTINE, F. F. *Avaliação cefalométrica do posicionamento e crescimento da mandíbula em respiradores bucais e nasais-* Sotau – Revista virtual de Odontologia, v.3 ano 1, 2007.

75. VARGEVIK, K.; HARVOLD, E. P. *Experiments on the interaction between orofacial function and morphology.* Ear, nose and Troath Journal. v. 66:26--39, 1987.

76. VIEIRA, L. H. *Respirador bucal: uma abordagem multidisciplinar* – Instituto Brasileiro de Ensino e Pesquisa em Medicina e Odontologia Legal, 2001.

77. WASSMUND M. *Frakturen und lurationem des gesichtsschasdels.* Berlin, 1927.

78. WHICKER J. H.; KERN E. B.; HYATT R. E. *Nasopulmonary reflex – evaluation in the non-paralyzed and paralysed anesthetized dog.* Ann. Otol. Rhinol. Laryngol. 87:91-98,1978.

CAPÍTULO 11

SÍNDROME DA APNEIA OBSTRUTIVA DO SONO (SAOS) E OUTROS DISTÚRBIOS RESPIRATÓRIOS: ENFOQUE CRANIOMAXILOFACIAL

MÔNICA M. C. MACEDO - NELSON E. P. COLOMBINI - JOSÉ ANTÔNIO PINTO

Introdução

Conhecida desde o século passado, nas descrições clássicas de Charles Dickens em sua obra *The Pickwick Papers*, a figura do menino gordo e preguiçoso ganhou na medicina o nome de Síndrome de Pickwick para descrever a entidade clínica caracterizada por obesidade e sonolência excessiva. William Osler no início deste século, já ressaltou a existência desta síndrome.

Estes quadros clínicos estavam intrinsicamente relacionados com a obesidade como o fator dominante. Somente da metade do século XX para frente, principalmente após a descoberta da fase REM (Rapid eyes moviment) do sono pela escola de Chicago, em 1953 mesmo ano da descoberta do DNA, esclareceu-se com mais detalhes os mecanismos fisiopatológicos dos distúrbios do sono. Em 1965, Gastaut, H., Tassinari, C.A., Duron, B., descreveram as pausas respiratórias durante o sono, conhecidas como apneias do sono, sendo o ano de 1972 um grande marco no desenvolvimento dos estudos dos distúrbios respiratório sono-dependentes com o simpósio organizado por Sadout e Lugaresi, focado na "hipersomnia com respiração periódica" e nos "aspectos poligráficos da Síndrome pickwickiana". Neste mesmo evento, Guilleminault apresentou os estudos do grupo de Stanford em pacientes normais e não-obesos com apneia do sono, descrevendo a Síndrome da apneia obstrutiva do sono.

O sono deve ser encarado como um tempo produtivo da vida que nos prepara para as atividades de trabalho e eficácia operacional.

Por outro lado, o ronco, até pouco tempo atrás constituía somente um incômodo social e familiar.

No entanto, atualmente, sabe-se que o ronco intenso geralmente está associado à apneia obstrutiva do sono, que por sua vez condiciona significativas anormalidades fisiológicas cardiovasculares, pulmonares e cerebrovasculares.

A ineficiência e a fragmentação do sono desencadeiam o sintoma dominante representado pela sonolência diurna incontrolável. Este sintoma pode ser associado a uma série de outros que variam em sua frequência de manifestação listado por Fairbanks *et al.* (1994):
- Atividade motora anormal durante o sono.
- Obesidade (frequente mas não necessária).
- Alterações da personalidade e depressão.
- Deficiência na performance intelectual.
- Hipertensão arterial sistêmica (frequente).
- Arritmias cardíacas noturnas (frequente).
- Cor pulmonale (nos casos avançados).
- Cefaleia matinal.
- Impotência sexual.
- Nas crianças: hiperatividade e comportamento anti-social.

Guimarães K, 1999 descreveu as alterações encontradas em 20 pacientes avaliados, sendo 15 do sexo masculino e 5 do sexo feminino, que apresentavam ronco e sonolência diurna há mais de 3 anos. Ao serem submetidos aos exames polissonográficos, foi comprovado apresentarem apneia, ou seja, um período de ausência de respiração de 10 a 60 segundos, entretanto, sem qualquer alteração quanto aos exames de tomografia computadorizada, ressonância magnética e eletromiografia genioglossal.

Observou-se que 12 dos 15 homens e 2 das 5 mulheres comiam rápido demais, sem apresentarem quaisquer movimentos mandibulares verticais e horizontais. Foi ressaltado pela maioria que a preferência era por alimentos bem cozidos e ou pastosos (exemplo: purê de batata). Alegavam apresentar desconforto mandibular e dor constante na região da ATM, assim como aparentavam muita ansiedade para melhorar o ronco, a principal queixa relatada por todos.

Observou-se também alterações na mastigação, sendo a maioria unilateral, e o restante em charneira, usando líquidos para deglutir o bolo alimentar, apresentando

CAPÍTULO **11**

uma ineficiência muscular de bucinador. Alguns apresentavam deglutição com pressionamento da musculatura peri-oral, e outros com interposição lingual. Ainda em avaliação, observou-se um aumento da musculatura lingual apresentando hipofunção; flacidez da musculatura palatal e da mímica facial. Todos os indivíduos apresentavam respiração nasal, portanto, sem nenhuma intercorrência nas VAS.

Assim o ronco e a apneia obstrutiva do sono devem ser encarados como um sério problema médico, pois estima-se que 20% de homens dos 35 a 40 anos e 5% das mulheres nesta mesma faixa etária são roncadores, e ainda a partir dos 60 anos, 60% dos homens e 40% das mulheres serão.

Mas, propriamente com relação à apneia obstrutiva da apneia do sono, sabe-se que esta atinge 2% das mulheres adultas e 4% dos homens na população mundial. Pelo exposto denota-se que o ronco e a apneia obstrutiva do sono constituem patologias que não devem ser encarados de maneira simplista pelos especialistas responsáveis pelo seu tratamento.

Para os neurologistas-neurofisiologistas, especialistas em sono, o estudo de tal patologia é na verdade em continuísmo do seu cotidiano com o tratamento das diversas dissonias, parassonias e outras patologias correlatas.

Os pneumologistas e cardiologistas da mesma forma foram impelidos ao estudo da apneia do sono pelas consequências pulmonares e cardiovasculares que a doença determina, bem como pela já conhecida hipoventilação pulmonar primária e a consequência fragmentação do sono.

No entanto, nos últimos 10 anos, otorrinolaringologistas, cirurgiões de cabeça e pescoço, craniomaxilofaciais, cirurgiões orais e ortodontistas foram surpreendidos com tal problema médico, tendo em suas mãos uma das armas terapêuticas principais no controle da doença.

Assim, muitos dos conceitos da neurofisiologia do sono tiveram que ser incorporados ao conhecimento destes especialistas, para uma adequada compreensão do problema.

Outro ponto importante foi a obrigatoriedade do reestudo de toda dinâmica respiratória desde a fossa nasal até as trocas gasosas e metabólicas, conceitos estes por muitos esquecidos dos bancos da universidade, já que a superespecialidade que hoje assistimos na medicina afasta o especialista do convívio diário dos problemas clínicos da Medicina Interna, que por si, é outra especialidade médica.

Sem dúvida o paciente portador de apneia obstrutiva (SAOS) percorre uma série de especialistas desde neurologistas, pneumologistas, cardiologistas, endocrinologistas e outros; vindo ter parte principal de seu tratamento em mãos de especialidades cirúrgicas de vias aéreas superiores, que só há poucos anos se dedicam a tão complexo tratamento.

Desta forma, temos assistido no âmbito nacional a uma real confusão na interpretação e diferenciação do paciente roncador puro e daquele roncador portador da síndrome de apneia obstrutiva do sono e da recentemente reconhecida, síndrome de hiper-resistência de vias aéreas superiores.

Temos assistido no mundo a uma preocupação de se estabelecer protocolos para tratamento. Esta é uma tarefa difícil, já que o paciente portador da doença possui várias facetas que realçam ora a função nasal, ora o posicionamento esquelético maxilar e sua repercussão nos espaços faríngeos e base da língua, a qual está comprometida em uma frequência significativa dos casos, nas séries de vários autores do mundo.

Com relação à cirurgia ortognática, vários autores, entre eles Powell, Rively e Peter White, demonstram estatísticas animadoras no tratamento de seus pacientes, deslocando uma cirurgia reconhecidamente estético-funcional para um patamar muito diferente: o da resolução de um problema médico-sistemático sério.

Por outro lado, a glossoplastia mediana associada a outros procedimentos tem mostrado ótimos resultados na série de Tucker.

SÍNDROME DA APNEIA OBSTRUTIVA DO SONO

De grande interesse para a odontologia, visto que sua causa pode se localizar em estruturas do complexo craniofacial, a apneia obstrutiva constitui um distúrbio respiratório que pode afetar em todas as etapas da vida, seu portador pode apresentar respiração deficiente até mesmo em vigília. Contudo é caracterizada pela interrupção temporária da função respiratória basicamente durante um período do sono e desta forma interfere objetivamente na sua quantidade e qualidade, sendo, portanto, também agrupada como um evento dos distúrbios do sono. Pode ser ainda do tipo central, derivada da inibição do centro respiratório, e mista nos casos de alternância de ambas.

A apneia em níveis severos é um distúrbio de múltiplas repercussões, sejam orgânicas, que incluem desde a hipertensão arterial clínica e arritmias cardíacas, até repercussões comportamentais e emocionais. Isquemia cerebral e parada cardiorrespiratória têm sido associadas a níveis graves de apneia obstrutiva do sono (Sarna, Koskenovuo & Partinen, 1985, Guilleminaut *et al.*, 1986; Hung *et al.*; 1990; Schimidth & Nowara, 1990; Carlsson, 1994; Maciel, 2002).

A apneia obstrutiva é decorrente de fatores que obstruem a passagem do ar em algum ponto no trajeto das vias aéreas superiores. Na maioria dos casos essa obstrução ocorre por fatores anatômicos locais, entretanto a estes fatores somam-se o colapso das paredes laterais da orofaringe, a queda da língua sobre o véu palatino e a faringe, e o fechamento concêntrico da hipofaringe durante o sono, diminuindo ainda mais a luz do espaço aéreo (Rajewski & Schuller 1982; Averbuch, 1996; Levy *et al.*; 1996; Maciel, 2002).

A obstrução à entrada de ar pode ser total (apneia), com uma parada na ventilação igual a ou maior que 10 segundos, ou ainda parcial, (hipopneia) com duração de até 5 segundos. Ambas as condições são acompanhadas de dessaturação de oxigênio e, em geral culminam com um microdespertar definido como despertar breve (Remmers, 1978; Gold whyte & Rhind, 1988; Pack ,1994; Averbuch, 1996, Maciel, 2002).

Os critérios para diagnóstico de apneia requerem o mínimo de cinco episódios apnéicos por hora e uma queda na saturação da oxi-hemoglobina superior a 4%. O número de apneias adicionado às hipopneias, por hora, no polissonograma denominado "índice de distúrbio respiratório", é um indicativo da severidade do quadro. Acima de 30 apneias por hora, considera-se grave (Remmers, 1978; Chaudhery & Speir, 1982; Maciel, 2002).

Fisiopatologia

A apneia obstrutiva configura objetivamente o fechamento temporário total ou parcial das vias aéreas. Pode resultar de uma má coordenação entre os grupos musculares responsáveis pela contração do diafragma, que gera o esforço respiratório aos pulmões e o grupo de músculos que mantém as vias respiratórias superiores abertas – os delatores orofaríngeos. O fechamento à passagem de ar ocorre quando as forças tendentes ao colapso das vias aéreas superiores, ou seja, a pressão negativa produzida pela contração diafragmática supera a dos músculos dilatadores orofaríngeos. O esforço respiratório realizado para vencer a obstrução somente consegue agravar o fechamento, ao aumentar a pressão de sucção. O colapso pode acontecer desde a região glótica até as coanas (Glombini & Pinto, 1996; Maciel, 1996; Meyr & Knudson, 1989; Sgarbi, 1988).

A seguir, outros fatores que causam ou contribuem para o fechamento das vias aéreas:
- Tônus incompetente do palato e língua, cuja musculatura falha na sua função de manter as vias aéreas dilatadas durante a inspiração.
- Massas que ocupam espaço na faringe, como: cistos, tumores, hiperplasias das amígdalas, abscessos, acúmulo de tecido adiposo submucoso (obesidade).
- Alterações no tamanho, no posicionamento e na função da língua, como macroglossias, língua hipofuncionante e acúmulo de gordura na língua.
- Atresias maxilomandibulares, principalmente o retrognatismo, que apresenta espaço aéreo diminuído em função do deslocamento posterior da mandíbula.

- Comprimento por pressão negativa aumentada durante a inspiração nos casos de obstrução nasal de várias causas, como rinites, desvios de septo, hipertrofia de cornetos, etc.

Portanto, a síndrome da apneia obstrutiva do sono (SAOS) é uma condição que se caracteriza por apneias múltiplas, obstrutivas ou mistas, associadas a fases de roncar alto à noite e sonolência acentuada durante o dia. O roncar é a característica mais comum nesses pacientes, adultos e crianças, sendo constatado em 60% dos casos.

Sempre presente, o ronco na SAOS decorre em consequência da vibração do palato mole e da úvula. Essas estruturas estão alongadas e hipotônicas, impedindo a livre passagem de ar pelas fossas nasais e orofaringe. O ronco pode adquirir no adulto a intensidade de 80 decibéis.

Os ciclos de sono são alternados por dois estados fisiológicos o sono REM (rapid eye movements) com surtos de movimentos oculares rápidos e o sono não-REM (NREM), que pode ser dividido em quatro estágios de acordo com a sua profundidade. Inicialmente, tem-se o estágio 1, superficial, seguido pelos estágios 2, 3 e 4 progressivamente.

O ronco surge no período de máximo relaxamento muscular, durante o sono profundo, quando ocorrem os movimentos rápidos dos olhos (REM), e é nessa fase que acontecem as mais prolongadas pausas respiratórias – apneias.

Quando ocorrem na fase REM do sono, as apneias acontecem até 30 vezes ou mais, por hora, com duração de 25 a 30 segundos ou mais. São casos graves em que encontramos asfixia progressiva até o paciente despertar e recuperar a respiração. Quando acontecem no sono NREM, estabelecem-se os casos mais leves, as apneias duram 10 segundos e são repetidas 7 a 10 vezes por hora. É muito grande a incidência de Apneia Obstrutiva do Sono em pacientes respiradores bucais. Esses pacientes apresentam um grande número de sintomas e sinais encontrados em combinações variadas e diferentes manifestações clínicas. A avaliação dos padrões e também dos desvios do sono deve fazer parte da anamnese de todos os que se envolvem no atendimento de respiradores bucais e, de um modo geral, no atendimento de crianças. Para essa avaliação, é necessário o acompanhamento dos estágios do sono.

A etiologia da SAOS é variada: bloqueio acentuado das fossas nasais em consequência de desvio de septo, hipertrofia de cornetos, polipose nasal alérgica ou infecciosa, hipertrofia de adenóides, alongamento do palato mole, comprimento excessivo da úvula, hipertrofia das amígdalas palatinas, malformações congênitas, atresia de coana ou de narina, cisto volumoso de epiglote, infiltração de gordura das partes moles da faringe, macroglossia e retrognatismo.

Capítulo **11**

O papel preciso da constrição maxilar na patofisiologia da apneia obstrutiva do sono (SAOS) não é claro. Contudo, é sabido que os indivíduos com constrição têm aumentado a resistência nasal e resultado em respiração bucal, traços típicos visto em pacientes portadores da SAOS. A constrição maxilar é também associada com alterações na postura da língua a qual pode resultar em estreitamento da rota aérea retroglossal, ou em outro tipo de SAOS. A expansão maxilar rápida é um tratamento ortodôntico para constrição maxilar, o qual aumenta a largura da maxila e reduz a resistência nasal.

RONCO, SÍNDROME DE HIPER-RESISTÊNCIA DE VIAS AÉREAS E SÍNDROME OBSTRUTIVA DO SONO

A diferenciação do ronco, síndrome de hiper-resistência de vias aéreas superiores e a SAOS podem nem sempre ser de fácil definição para o clínico, pois o ronco está presente nas duas outras condições que incorporam formas de tratamento menos agressivo.

O impacto social do ronco é bem conhecido e explorado na literatura ORL, sendo responsável por problemas pessoais, sociais e conjugais. No entanto, a correlação do ronco e problemas sistêmicos, tornando-se este um problema médico, só foi há pouco tempo reconhecido pela comunidade médica de nosso país.

A incidência do ronco aumenta com a idade em ambos os sexos, iniciando em homens após 20 anos de idade e nas mulheres após os 40 anos.

Sabe-se que os indivíduos que roncam apresentam um estreitamento da via orofaríngea com alongamento do palato e da úvula sendo comum os achados de pilares amigdalianos posteriores alongados e redundância mucosa da faringe que se evidencia ao exame pela presença de sulcos verticais.

Outro problema associado é a obstrução nasal, que inicialmente foi sobre-valorizada e hoje trabalhos relatam obstrução nasal importante em 40% a 50% dos casos.

No entanto, para alguns a distorção da anatomia nasal é observada significativa dos casos (Fairbanks/Fujita, 1993). Em sua descrição da fisiologia do ronco, são enunciados quatro fatores anatômicos básicos, que isoladamente ou mais comumente associados levariam ao ronco. Estes são:

1. Incompetência muscular do palatofaringe e da língua, em manter a via aérea aberta durante a fase inspiratória do ciclo respiratório.
2. Espaço faríngeo diminuído pela presença de patologias, amígdalas, adenóides, cistos, tumores, amígdala lingual, hiperplasia linfóide, etc.

3. Excessiva altura do palato mole e úvula com diminuição ântero-posterior da dimensão da nasofaringe.
4. Obstrução nasal criando excessiva pressão negativa e colapsando a faringe no ato inspiratório.

Assim, fica claro que mesmo na fisiologia do ronco existe o compromisso da via aérea faríngea e base da língua, fatores estes também observados na síndrome de hiper-resistência de vias aéreas superiores (SHRVAS) e SAOS. Este fator chama a atenção e nos intui a concluir que passa a existir um caminho evolutivo desde o ronco até o SAOS com a presença da SHRVAS no meio deste.

Lugaresi *et al.*, reportam que muitos pacientes com SAOS foram roncadores por décadas antes da instalação da doença. A colaboração de outros fatores intrínsecos à formatação da faringe e esqueleto craniomaxilofacial são pouco explorados na literatura em associação à apneia obstrutiva, bem como aqueles relacionados com a hereditariedade e doenças intrínsecas neuromusculares.

SÍNDROME DE HIPER-RESISTÊNCIA DE VIAS AÉREAS SUPERIORES

Dentro da fisiopatologia, muitos são os fatores que apresentam relação com o número de eventos apnéicos obstrutivos.

Estes são sumariados abaixo:
• Desequilíbrio das forças e colapso e abertura da faringe.
• Posição do paciente.
• Posição da cabeça.
• Posição da mandíbula.
• Presença de tecido gorduroso infiltrando a faringe.
• Relação maxilomandibular.
• Diminuição da tonicidade muscular após 45 anos.
• Irritação crônica da mucosa, infecções crônicas, processos polimitóticos.
• Fatores obstrutivos pulmonares.
• Fatores que dificultem a expansão diafragmática e intercostal no ciclo respiratório.

Se pudermos simplificar nosso entendimento da hiper-resistência, poderíamos dizer que as vias aéreas superiores constituem em tubo de duas extremidades rígidas: a primeira representada pela nasofaringe e a segunda pela traqueia e laringe, estruturas estas duras e não colapsáveis.

Estas estruturas não colapsáveis dão suporte às paredes da faringe nos seus três níveis principais: nasofaringe, orofaringe, e hipofaringe que são constituídas de tecido mole e, portanto, são colapsáveis.

Fica fácil compreender que todos os fatores que possam criar dificuldade à inspiração vão exercer resistência à passagem do ar, criando um efeito de aumento da pressão negativa inspiratória que fará com que forças de colabamento comecem a ser observados nas estruturas colapsáveis da faringe.

O exposto define o início da fisiopatologia na apneia do sono obstrutiva, tendo como pedra fundamental a resistência das vias aéreas e oclusão das mesmas no sono, fato este bem conhecido de todos nós.

Assim, na Síndrome de hiper-resistência de vias aéreas (SHRVAS), poderá observar os mesmos fatores precipitantes da doença obstrutiva instalada. Guilleminault *et al.* definem as características clínicas desta nova entidade como:

- Presenças de pressão esofagiana aumentada coincidente com despertares noturnos.
- Presença de onda alfa no EEG é um indicador fisiológico de hiper-resistência de VAS.
- No sono REM o aumento da resistência respiratória precede o aumento da frequência respiratória.
- Despertares noturnos.
- Aumento de pressão arterial coincidente com despertares noturnos.
- Saturação de oxigênio mantida nos níveis normais na maior parte do sono com menos de dois minutos por noite de saturação abaixo de 90%.
- Nenhum momento de saturação menor que 85%.
- Roncos presentes em 90% dos pacientes.
- Queixa de hipersonolência.

Após esta breve definição fica claro que o indivíduo roncador possui três patologias a serem descartadas antes da indicação de tratamento para o ronco: o ronco social, a síndrome de hiper-resistência de vias aéreas e a apneia do sono.

Podemos deduzir que pela história médica será muito difícil obtermos certeza do diferencial entre SHRVAS e apneia obstrutiva.

Além da polissonografia deve-se dar valor ao Holter para hipertensão arterial somado aos achados cefalométricos, nasofibroscópicos, e tomografias com mensuração em milímetros dos níveis I (nasofaringe e palato mole), nível II (orofaringe) e nível III (hipofaringe).

Com relação ao tratamento, pacientes nos quais foram estabelecidos diagnósticos de SHRVAS foram submetidos ao tratamento da válvula nasal, septoplastia e cornetos com piriformeplastia e a UPFP clássica. Naqueles em que a cefalometria indicou comprometimento da base da língua foi realizado em adição aos procedimentos citados, avanço de genioglosso.

A osteotomia sagital de ramo foi realizada em um caso de nossa série intitulado como SHRVAS, no qual o paciente era portador de classe II (hipoplasia mandibular).

A mentoplastia foi indicada como procedimento coadjuvante em outro caso de hipomentonismo, associada a UPFP e septoplastia cartilaginosa.

A diferenciação dos casos que iremos tratar e que têm como pano de fundo o indivíduo roncador, é extremamente difícil. O grupo de pacientes que terão seu tratamento restrito ao ronco e que, portanto, apresentam ao exame físico evidências de franco comprometimento da nasofaringe, estes serão submetidos a uvulopala-faringoplastia (UPFP) isolada ou outras formas como a LAUP.

Simmons *et al.* revisaram 30 pacientes portadores do ronco social que foram submetidos à "cirurgia do ronco" e que não apresentavam nenhuma sintonia correlacionando-se a SAOS. Dois terços tiveram subsequentemente diagnóstico de SAOS, dez eram SAOS leve, seis moderada e três de moderada para grave.

O ronco social apenas fica estabelecido em 11 destes pacientes. Riley e Powel enfatizam que a remoção parcial do ronco primário por UPFP ou LAUP elimina o principal alarme que leva o paciente a procurar o tratamento, principalmente naqueles em que existe a participação da base da língua, os quais poderão desenvolver apneia severa.

Assim, a indicação para o tratamento isolado do ronco deve receber nossa atenção no sentido de afastarmos a hipótese diagnóstica de SHRVAS e da SAOS.

Esta tarefa nem sempre é fácil, mas a realização de um completo interrogatório médico, com atenção à presença de sintomas sistêmicos sutis, pode nos orientar na realização de minuciosa investigação endoscópica de vias aéreas superiores, correlação de achados cefalométricos e tomografia computadorizada, ressonância nuclear magnética, polissonografia, etc., diferenciando assim os roncadores sociais daqueles que merecerão outro tipo de atenção.

Mesmo tratando-se de roncadores puros, a avaliação do esqueleto maxilofacial deve ser incorporada à propedêutica, pois alterações hipoplásicas maxilares, verticais, horizontais ou mistas reconhecidamente participam da fisiopatologia da obstrução nasal (figuras 1 a 5, Colombini).

CAPÍTULO 11

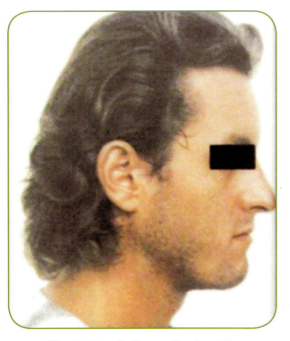

Fig. 1: Hipoplasia maxilar (perfil).

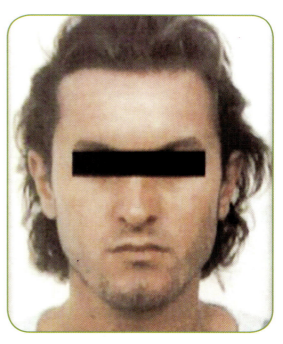

Fig. 2: Hipoplasia maxilar (frontal).

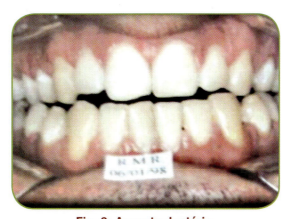

Fig. 3: Aspecto dentário.

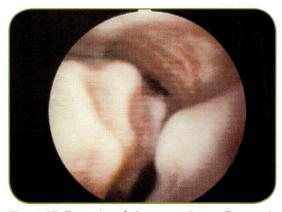

Fig. 4: Visão endoscópica com obstrução nasal.

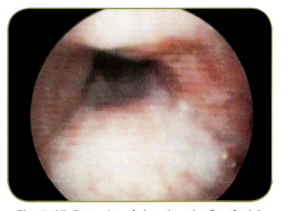

Fig. 5: Visão endoscópica da relação nível 2.

Nesses pacientes, comumente observamos estreitamento das aberturas piriformes, deficiência horizontal da fossa nasal com estreitamento nasofaríngeo e alteração da unidade ostiomeatal com aumento da incidência de doença rinossinusal.

A ocorrência de ronco ou qualquer queixa respiratória, geralmente posicional e há muito tempo reconhecida nas deficiências mandibulares horizontais e na face longa (classe II de Angle – figuras 6 a 8, Colombini).

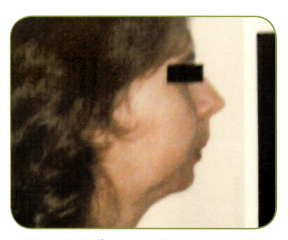

Fig. 6: Deficiência mandibular (classe II).

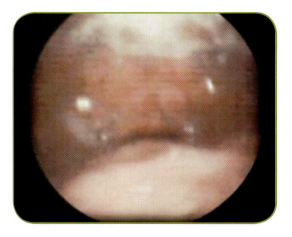

Fig. 7: Visão endoscópica da base da língua sem Muller.

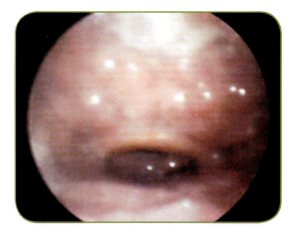

Fig. 8: Com a manobra de Muller.

Pacientes submetidos ao avanço mandibular por aspectos estético-funcionais, não relacionados, portanto, com queixas respiratórias ou ronco, que manifestam no pós-operatório melhora significativa da respiração e secundariamente do ronco.

Por outro lado, pacientes portadores de prognatismo mandibular com pequena participação de hipoplasia maxilar ou de terço médio da face e que não tinham queixas respiratórias, após a correção do prognatismo mandibular com recuo mandibular, passaram a se queixar de distúrbios respiratórios (figuras 9 e 10, Colombini).

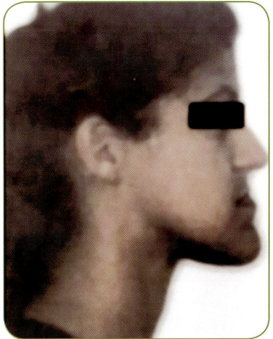

Fig. 9 A.

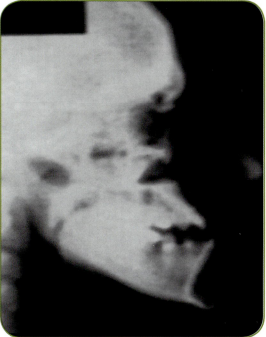

Fig. 9 B.

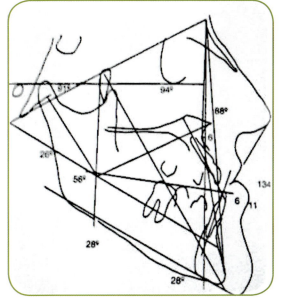

Fig. 9 C.

Fig. 9: A, B e C: Paciente classe III submetido a recuo mandibular que no pós-operatório passou a ter queixa de ronco. (A: Pré-operatório; B: telerradiografia lateral; C: cefalometria.

Do Respirador Bucal à Apneia Obstrutiva do Sono: Enfoque Multidisciplinar

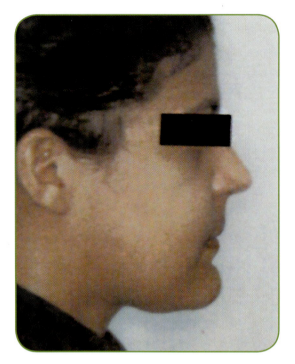

Fig. 10 A.

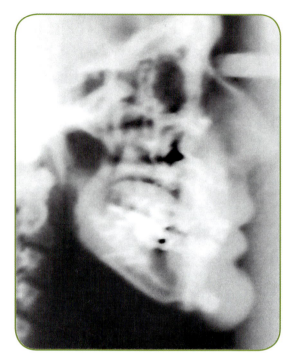

Fig. 10 B.

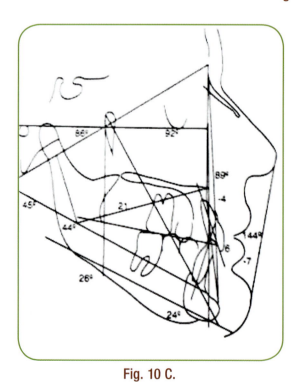

Fig. 10 C.

Fig. 10: (D, E, F) Pós-operatório (aspecto facial e cefalometria).

Estes consistentes achados enfatizam a relação do esqueleto craniomaxilofacial e a faringe com sua distribuição desde a nasofaringe até a hipofaringe.

Desta maneira, o estudo embriológico e do crescimento craniofacial poderá surgir algumas bases de compreensão da susceptibilidade de obstrução das vias aéreas superiores.

Por outro lado, pacientes mesofaciais com faces ortognáticas representam uma significativa porcentagem das queixas de ronco e SAOS. Nestes, a participação de fatores obstrutivos locais, somados ou não a fatores sistêmicos como a obesidade, tem sido frequentemente observada.

A fisiopatologia que se instala é reativa à obstrução nasal que por si deflagra oscilação palatal e ronco, que são acompanhados da abertura bucal, relaxamento do genioglosso e genio-hióideo, diminuição do tônus do músculo pterigóideo medial (músculo respiratório) com aumento da pressão negativa e oscilação do palato e estreitamento da luz faríngea com ronco.

Paralelamente, em adição ao exposto, ocorrem diminuições do espaço faríngeo por rotação anti-horária da mandíbula. Sabe-se que uma abertura de boca de 17 mm determina diminuição do espaço faríngeo em 10 mm.

Outra observação associada deriva da inserção da face bucinatofaríngea que na condição de obstrução nasal instalada levará secundariamente à hipotonia dos constritores superiores e médios da faringe, resultando em perda da luz faríngea no sentido látero-lateral.

No sentido ântero-posterior observam-se retroposicionamento da base da língua e elevação desta base, que tende a tocar o palato mole na tentativa de constituir um esfíncter respiratório, o qual por sua vez, é o ponto de partida do evento respiratório.

Como na obstrução nasal ocorre hipotonia dos músculos tensores do palato e constritores superiores, este palato será mais baixo e hipotônico.

RELAÇÃO FARINGE E BASE DO CRÂNIO

No desenvolvimento da face humana, mais propriamente no terço médio e superior da face, o complexo nasomaxilar diz respeito especificamente à fossa craniana anterior.

O limite posterior da fossa craniana anterior determina o correspondente limite posterior do complexo nasomaxilar (esta é uma regra-chave anatômica e funcional). A configuração e as proporções gerais do palato duro são uma projeção da fossa craniana anterior e inter-relacionadas ao tamanho do crânio e ao tipo facial do indivíduo.

A faringe refere-se especificamente à fossa craniana média, devido à flexura do soalho craniano, o tamanho da fossa craniana média determina a dimensão horizontal do espaço faríngeo. A dimensão da fossa craniana média deve ser equivalente à largura do arco mandibular.

O comprimento do corpo mandibular também deve alcançar o tamanho do arco maxilar ósseo. Entretanto, o complexo nasomaxilar está intimamente regido pela fossa anterior e crescimento do lobo frontocerebral. Assim, poderíamos concluir que o tipo facial em relação ao complexo nasomaxilar e tamanho, bem como posicionamento do ramo estão indiretamente relacionados com a dimensão faríngea ântero-posterior e lateral, a qual por sua vez, determina a largura, ou melhor, a distância entre os ramos mandibulares.

FARINGE NO DOLICOCÉFALO E NO BRAQUICÉFALO

Assim, poderemos distinguir tipos de crânio associados a tipos faciais. O mesocéfalo possui estrutura proporcional da base craniana e face.

A forma dolicocéfalo (longa e estreita), que tem uma face proporcionalmente, é mais estreita e longa. A forma braquicéfala, que tem o cérebro mais largo (sem diferença no volume total), terá uma face larga e curta.

A flexura da base do crânio é mais aberta do dolicocéfalo, estabelece uma face superior mais protrusiva e uma face inferior retrusiva.

Todo complexo nasomaxilar está anteriorizado e mais baixo que o côndilo mandibular com consequente tendência de rotação para trás do ramo mandibular.

A dimensão póstero-anterior da faringe é relativamente grande, devido à fossa craniana média longa e mais horizontalmente orientada. No entanto, devido à fossa craniana anterior ser longa e estreita, existe uma tendência para a classe II de Angle e perfil retrognata que tenderão a estreitar ântero-posteriormente a faringe à custa da base da língua (comprometimento nível II). Para compensar esta deficiência poderá haver alargamento entre os ramos mandibulares com finalidade de manter patente o diâmetro látero-lateral ou transversal da faringe.

Se no desenvolvimento da criança houver obstrução nasal, anatômica ou patológica, a estrutura facial do adulto poderá apresentar-se com palato estreito, mordida aberta, retroposicionamento lingual compensatório e ramos mandibulares curtos (diminuição ântero-posterior da faringe), com distância látero-lateral diminuída (diminuição transversal da faringe). Há, então, comprometimento dos níveis II e III.

No braquicéfalo, a flexura de crânio é mais fechada e vertical.

A fossa craniana anterior é mais curta, levando a uma fase mais larga, porém ântero-posteriormente mais curta. Os palatos e arcos maxilares visualmente são mais largos. A fossa craniana média é mais vertical e, portanto, a faringe é horizontalmente mais curta pela mesma razão.

Apesar das vias aéreas faríngeas e nasal mais largas e curtas, apresentam-se com certa equivalência a outros tipos faciais, há uma tendência a classe I (ortognata) ou classe III prognata sendo pouco comum a classe II retrognata. A faringe apresentará maior dimensão látero-lateral do que ântero-posterior. Dentre os fatores atuantes do desenvolvimento, a obstrução nasal instalada na infância poderá determinar hipoplasia da maxila com consequente redução ântero-posterior da nasofaringe. Nesta situação poderíamos deduzir uma incidência potencial maior de comprometimento do nível I nas faces hipoplásicas maxilares associadas à prognatismo mandibular.

Se, no entanto, estes pacientes evoluem para face curta, verticalmente associada à hipoplasia maxilar, poderíamos ter a participação dos níveis I e II conjuntamente, devido à relação conteúdo – continente da língua dentro da cavidade oral. Nesta condição observaremos a base de língua posteriorizada para orofaringe com estreitamento estrutural do nível II.

TIPOS FACIAIS – RELAÇÕES MAXILOMANDIBULARES E SÍNDROME DA APNEIA DO SONO

Dentro de uma definição básica dos tipos faciais podemos dizer que a face pode ser classificada com parâmetros ântero-posteriores e verticais.

Verticais

- Face longa
- Face curta

Horizontais

- Deficiência mandibular
- Deficiência maxilar
- Excesso mandibular
- Excesso maxilar

As diversas associações destes padrões faciais básicos são encontradas na clínica diariamente. Para reconhecimento das alterações esqueléticas é necessário que o otorrinolaringologista se familiarize com alguns parâmetros diagnósticos e de conceituação dos problemas de má-oclusão dentária.

DISGNATIAS E TIPOS FACIAIS

Podemos dividir as disgnatias em horizontais, verticais e transversais. Cada uma delas condicionará um tipo facial correspondente.

Kole (1968) propõe o estudo das dimensões verticais da face, dividindo-a em três segmentos quando o esqueleto está orientado no plano de Frankfurt.

Estes três segmentos são tomados com base em quatro pontos cardeais:
1. O tríquio: linha de implantação do cabelo.
2. A glabela.
3. Ponto Nasolabial.
4. Mental. (ou Mentual)

Destes quatro pontos surgem quatro linhas que irão dividir a face em três segmentos distintos e de igual dimensão:
1. **Segmento superior:** frontal (1-2)
2. **Segmento médio:** nasal ou nasomaxilar (2-3)
3. **Segmento inferior:** mandibular (3-4) (figura 11, Colombini)

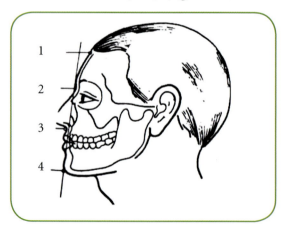

Fig. 11: Perfil facial proporcional com relação ortognática ideal.

Os desvios deste padrão ideal foram avaliados por Kole, que nos sugere o tipo de discrepâncias existentes (figuras 12 a 15, Colombini).

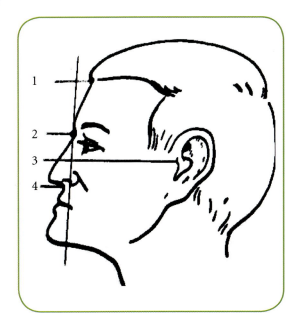

Fig. 12: Face característica de sub-
-desenvolvimento do terço inferior.

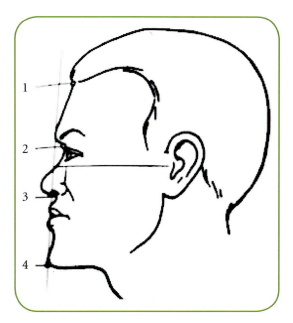

Fig. 13: Face característica de
desenvolvimento deficiente do terço médio.

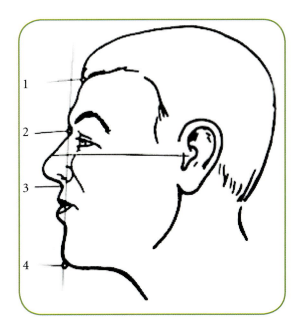

Fig. 14: Terço inferior com excesso de altura.

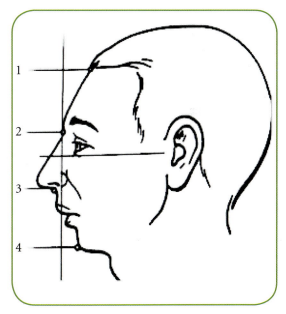

Fig. 15: Terço médio da face
hipodesenvolvido.

Objetivamente, para melhor avaliação da altura do terço médio e inferior da face, segmentos estes revestidos de maior importância estética, utilizamos o ponto de referência násio de situação mais inferior ao ponto glabelar (ao ponto nasolabial). Desta maneira, o terço médio terá como norma 43% a 45% e o terço inferior 55% a 57% (figura 16, Colombini).

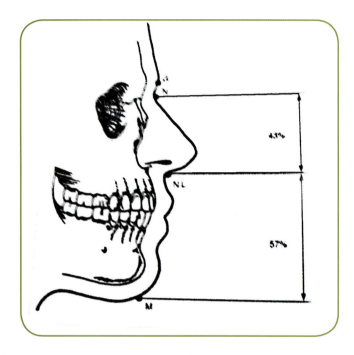

Fig. 16: Mensuração vertical da face ideal. Terço médio 43% a 45%. Terço inferior 55% a 57%.

Com base neste parâmetro, os tipos faciais são classificados principalmente em faces curtas e faces longas.

Na avaliação horizontal da face, utilizamos uma linha que deverá unir o násio ao mento. Esta deverá obrigatoriamente somar-se aos dados craniométricos correspondentes para obter o desvio de normalidade de maneira confiável. As discrepâncias horizontais determinam dois tipos faciais principais, o côncavo e o convexo.

Principais características da face longa

De maneira geral, na face longa poderemos observar qualquer um dos terços faciais demasiadamente altos. O terço inferior ou mandibular e/ou o médio podem ser responsáveis, coexistindo geralmente mordida aberta importante, promaxilismo ou retrognatismo, ou ainda retromaxilismo ou prognatismo.

CAPÍTULO 11

Principais características da face curta

Nas faces curtas, o terço médio e ou/ terço inferior podem estar com suas respectivas dimensões reduzidas. Ocorre por insuficiência de desenvolvimento das regiões anteriores da maxila e/ou da mandíbula. A face poderá ser convexa ou côncava. Nesta última, a mandíbula poderá ter o ângulo goníaco normal ou diminuído.

No plano horizontal poderemos observar retromaxilismo ou promaxilismo, ou ainda prognatismo ou retrognatismo.

O mento poderá ser o único responsável comprometendo secundariamente o eixo de orientação incisiva.

Por vezes, a inspeção do perfil facial é quase normal, porém sua proporção é perturbada pela dismorfose do esqueleto ósseo.

As disgnatias transversais representam o desvio do eixo de simetria facial em norma frontal. Geralmente, estão associadas a desoclusões do tipo oblíquo.

As disfomorfias relacionadas com hemi-atrofias do terço-médio e/ou inferior da face são acompanhadas de alterações morfológicas da ATM.

Completando este quadro podem apresentar-se faces longas e curtas.

Má-oclusão dentária

Os pacientes portadores de discrepância maxilomandibular apresentam quebra do seu sistema oclusal e gnatológico, uma vez que, devido ao desenvolvimento ósseo anormal, teremos uma posição dentária incorreta, levando geralmente a uma alteração dos movimentos mandibulares. De maneira geral, observamos alterações incisiva e canina em relação ao padrão ideal de Angle. Em portadores de mesioclusão classe III, existe anormalidade de um nível ósseo, geralmente devido a hipodesenvolvimento maxilar e/ou hiperdesenvolvimento mandibular.

RELAÇÃO ÂNTERO-POSTERIOR DOS MAXILARES

Classe III

Molares: cúspide mesiovestibular do primeiro molar superior ocluindo em distal da cúspide vestibular do molar inferior.

Caninos: canino superior ocluindo em distal da ameia do canino inferior e primeiro pré-molar.

Incisivos: *overjet* negativo.

As situações de mordida cruzada posterior apresentam perda de guia canina. Ao movimento de lateralidade a desoclusão do lado de trabalho acaba sendo realizada por uma cúspide lingual dos posteriores inferiores com cúspide vestibular dos pacientes superiores, observando-se vários contatos do lado do balanceio.

Pacientes portadores de distoclusão classe II, devido a uma alteração óssea por hipodesenvolvimento mandibular e/ou hiperdesenvolvimento maxilar, apresentam *overjet* acentuado salvo nos casos de classe II, divisão 2, onde teremos uma línguo versão dos incisivos superiores, porém, neste caso, encontraremos mordida profunda.

RELAÇÃO ÂNTERO-POSTERIOR DOS MAXILARES

Representação esquemática de classe II, divisão 1 e divisão 2.

Classe II

Molares: cúspide mesiovestibular do primeiro molar superior ocluindo sobre ou à frente da cúspide mesiovestibular do 1º molar inferior.

Caninos: canino superior ocluindo sobre ou à frente do canino inferior.

Incisivos: *overjet* acentuado (igual ou maior que 4 mm) classe II, divisão 1. *Overbite* acentuado (igual ou maior que 5 mm) classe II, divisão 2.

De interesse direto à síndrome de apneia obstrutiva do sono (SAOS) ou sua variante, as deficiências mandibulares (micrognatismo) e hipomentonismo de faces curtas, mesofaciais e longas, são mais evidentemente associadas à síndrome estudada e correlacionadas com o espaço nasofaringe ântero-posteriormente reduzido com o proporcional encurtamento da dimensão vertical da fossa nasal.

As faces longas que se expressam com classe II de Angle foram determinadas em seu crescimento pela patologia de fluxo nasal entre os fatores genéticos, congênitos e ambientais colaborativos na origem deste tipo facial.

De longa data a "face adenoidiana" é conhecida dos ORLs, ortodontistas e cirurgiões faciais como o estigma da respiração bucal.

Se recordarmos a fisiopatologia determinante da depressão hióidea, posteriorização da base lingual e diminuição do tônus dos músculos laterais da faringe, entenderemos o porquê da ocorrência do ronco, SHVAS e SAOS.

Outra condição que habitualmente não chama a atenção do cirurgião é a possibilidade do duplo retroposicionadas em relação à base de crânio ou até mesmo bem posicionada em relação à base do crânio. Esta última situação nos parece estar relacionada com pacientes braquicéfalos e braquifaciais.

No entanto, a ocorrência de SAOS não pode ser associada diretamente ao tipo facial, porque grande parte dos pacientes das séries de vários autores, são mesofaciais (normofaciais) o que atribui ao SAOS várias etiologias, contribuindo para o SAOS.

Em nossa experiência já pudemos observar pacientes classe III de Angle prognatas portadores de apneia, nos quais, quando estudados cefalometricamente, não se observa deficiência maxilar. Assim a determinação deve ser encarada como ponto único do diagnóstico presuntivo devendo-se assim correlacionar as patologias nasais, orofaríngeas, linguais, com fatores endócrinos, comportamentais, polissonográficos de tomografia computadorizada, da ressonância nuclear magnética etc. nem sempre suficientes, à luz atual, para podermos estabelecer uma conduta padronizada ao tratamento da SHRVAS e SAOS.

APNEIA EM CRIANÇAS

Todo o sono, na criança como o adulto, é normalmente entrecortado por períodos em que a respiração pára. Chamam-se a esses períodos, de apneia. É uma situação perfeitamente normal, quando não dura mais que 15 segundos por episódio. Por vezes, quer pela duração dos episódios, quer pela frequência dos mesmos, tornam-se causa de preocupação.

O primeiro sinal da doença é o ronco. Depois torna-se difícil respirar e, para facilitar a passagem do ar na garganta, é necessário se revirar na cama até encontrar uma posição um pouco mais favorável. Muitas vezes ocorrem engasgos e tosse. A doença pode levar à hipertensão pulmonar e, em casos graves, à morte. A doença atinge de 2% a 4% da população infantil (Reis B., 2007). As crianças com apneia devem dormir de barriga para cima, ao contrário dos adultos, para reduzir a quantidade de suspensões da respiração (Prado, L.C.,2007). Ainda, as crianças podem assumir uma posição de hiperextensão do pescoço durante o sono. A fragmentação do sono pode levar à sonolência diurna, manifestada com o aumento do número de cochilos ou pelo dormir na escola ou enquanto assiste TV. Alternativamente, as crianças podem mostrar mudanças do comportamento diurno, incluindo hiperatividade, distratibilidade e mudanças de humor.

Para Di Francesco R.C. *et al.* (2007), os distúrbios respiratórios são muito frequentes em crianças. Eles podem variar desde pequenos processos alérgicos até quadros mais exuberantes como a apneia do sono. Observaram que há um predomínio da apneia em meninos, bem como a respiração bucal e a hiperplasia amigdaliana. Ainda considerando-se as frequências de sonolência diurna e cefaleia, as crianças ao invés de frequentes períodos de apneia, o padrão de hipoventilação obstrutiva parcial caracterizado por roncos, movimentos paradoxais da caixa torácica, dessaturação física da oxi-hemoglobina e hipercapnia justificam a baixa incidência de sonolência diurna e cefaleia matinal nas crianças. O déficit de atenção e o mau desempenho escolar relaciona-se com a hiperplasia das tonsilas faríngea e palatina que estão associadas à apneia. A baixa do oxigênio sanguíneo durante o sono ocorre na fase de sono REM (fase de movimento rápido dos olhos), assim como o despertar. Esta fragmentação do sono é responsável por estes sintomas. Parece que isto impede a estimulação de centros cognitivos durante o crescimento cerebral. Deve-se ressaltar, entretanto que pacientes com rinopatia alérgica também podem apresentar déficits cognitivos. Nestes casos, isto é relacionado ao uso de anti-histamínicos clássicos por passarem a barreira hematoencefálica provocando sonolência. Ainda, em decorrência da apneia e da fragmentação do sono, os autores observaram que pacientes com hiperplasia adenoamigdaliana apresentaram maior agitação noturna, bruxismo e enurese. A enurese noturna melhora com a adenoamigdalectomia e esta ocorre em função da alteração da arquitetura do sono, pois há diminuição da secreção do hormônio antidiurético ou um aumento do peptídeo atrial natriurético, levando a um aumento do volume urinário.

As crianças apresentam significativa incidência de obstrução das vias aéreas seguida de apneia. Elas podem ser temporárias durante certos períodos de obstrução nasal como a constipação e/ou rinites alérgicas, mas podem também ser anatômicas e estruturais, como nas hipertrofias de amígdalas e adenóides, deformidades septais, dos cornetos, pólipos ou tumores nasais. Retro ou micrognatia posicionam a língua posteriormente, do mesmo modo que a macroglossia, como a Síndrome de Down e da acromegalia, que, medida que diminui a dimensão ântero-posterior da nasofaringe, provoca obstrução das vias aéreas e resulta em apneias. As crianças com apneia obstrutiva do sono tem aumento do risco e complicações respiratórias pós-operatórias. Portanto devem ser observadas e monitoradas internadas por pelo menos 24 horas após a tonsilectomia e/ou adenoidectomia. Isto é especialmente importante naquelas que tiverem menos de dois anos ou anormalidades craniofaciais, hipotonia, obesidade mórbida, cor pulmonale, resultados polissonográficos indicando índice de apneia-hipopneia acima de 40 eventos por hora ou um mínimo de saturação de oxigênio de 70% ou menos.

Contudo, a maior incidência de apneias nas crianças é derivada das atresias maxilomandibulares relacionadas às maloclusões, sobretudo casos de Classe II de Angle (Landay, 1985; Rubin, 1987; Cash 1988; Singer & Sanger, 1990; Santos-Pinto, 1993; Rodrigues, 1996; Maciel, 2002) (figuras 17 a 22, Colombini).

CAPÍTULO 11

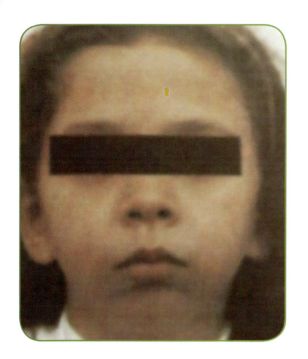
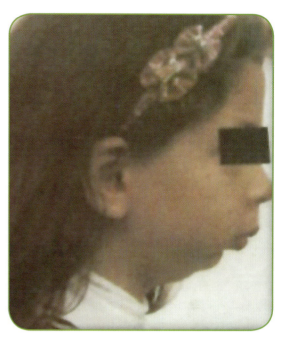

Fig. 17: Hipoplasia mandibular severa (vista frontal e lateral).

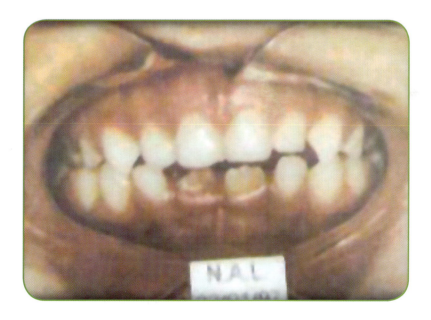

Fig. 18: Aspecto dentário.

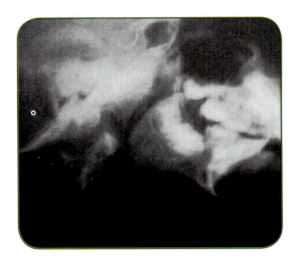

Fig. 19: Telerradiografia pré-operatória

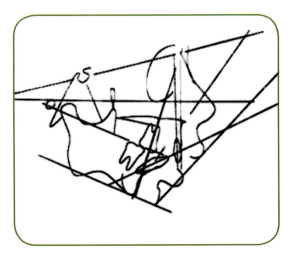

Fig. 20: Cefalometria pré-operatória

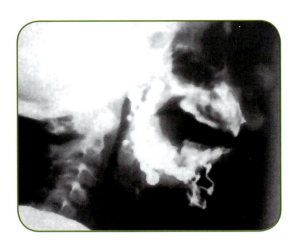

Fig. 21: Telerradiografia pós-operatória

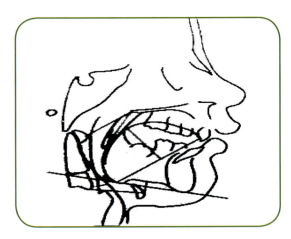

Fig. 22: Cefalometria pós-operatória

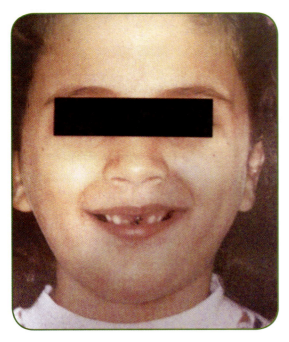 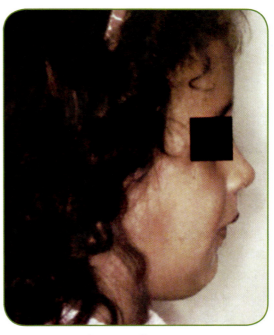

Fig. 23 (Pós-operatório: vista frontal).   Fig. 24 (Pós-operatório: vista lateral).

Tipos de apneia na infância

Apneia central: deve-se à alteração do controle cerebral sobre os mecanismos da respiração. O nervo frênico e o músculo diafragma, que são fundamentais para a respiração, são momentaneamente desativados por falência dos centros respiratórios do sistema nervoso central. É a mais rara das formas da apneia, exceto nos prematuros. A causa é geralmente neurológica.

Apneia obstrutiva: é causada por uma obstrução nas vias respiratórias. É a mais habitual forma de apneia na infância. As causas mais comuns neste período da vida, são o aumento de volume das amígdalas e das adenóides. O sintoma mais habitual é um sono agitado e intermitente, acompanhado de ressonar. A criança tem tendência para dormir em posições anormais a acordar frequentemente de noite. De dia anda agitada e pálida, mostra cansaço e falta de atenção. Por vezes tem fraco aproveitamento escolar. O tratamento pode passar pela adenoidectomia, amigdalectomia ou ambas. Se houver outras anomalias obstrutivas das VARS (desvios do septo nasal, malformações do palato, cistos, tumores e outros) deverão ser corrigidos.

Apneia mista: é a combinação da apneia central e obstrutiva. A criança apresenta episódios, quer esteja a dormir como acordada. Por vezes, será necessário o uso do aparelho de pressão aérea positiva contínua (CPAP).

Apneia da infância: esta designação reserva-se para os casos de apneia em crianças com menos de um ano de idade e cuja causa não pode ser determinada. São, muitas vezes crianças que nasceram depois do tempo normal de gravidez. É uma apneia que normalmente desaparece espontaneamente, e que não requer tratamento desde que não haja complicações.

Apneia dos prematuros: pode aparecer em crianças que nasceram com menos de 34 semanas de gestação, e é devido ao não amadurecimento dos centros nervosos da respiração. O tratamento inclui:

- Manter a cabeça e pescoço da criança endireitadas devendo mantê-los nas suas cadeiras para dormir.
- Estimulantes respiratórios.
- Dormir com CPAP, se necessário.
- Oxigênio.

SÍNDROME DA MORTE SÚBITA INFANTIL

De cada 1.000 crianças, três são acometidas pela Síndrome de Morte Súbita Infantil até os seis meses de idade. Depois a porcentagem diminui e, aos nove meses, a criança não corre mais riscos. Todos os casos são muito parecidos; a mãe coloca o filho absolutamente saudável no berço e, pela manhã o encontra morto. Mas ninguém sabe explicar o mecanismo dessas mortes prematuras. Existem apenas suspeitas. Uma delas é que as crianças sofriam de apneia – parada respiratória durante o sono. Estudos revelam que crianças que quase morreram por causa dessa síndrome foram encontradas quase roxas e sobreviveram com a reanimação. Nenhuma delas apresentava dificuldades respiratórias que os pais pudessem observar ou ronco, mas sofriam de apneia e/ou tinham irmãos com essa doença.

Em muitos países, estão realizadas pesquisas a respeito desta síndrome, mas não existem ainda maiores conclusões sobre sua fisiopatologia. A única medida preventiva de segurança que se deve tomar é deixar o bebê dormir de lado para evitar o regurgitamento e o sufocamento. A antiga teoria de colocar os bebês de bruços foi abandonada na medida em que se demonstrou que várias crianças acometidas pela síndrome foram encontradas nessa posição.

Uma medida interessante é a utilização de um monitor de apneia, pequeno aparelho ligado à criança para detectar apneia ou alterações cardíacas até os nove meses. Se a criança tiver uma crise de apneia, o aparelho tocará e os pais poderão ir ao quarto para salvá-la. Em termos de tratamento, consegue-se prescrever medicamentos que estimulem a respiração para as crianças que apresentem dificuldades respiratórias. (REIMÃO)

Exames complementares

Polissonografia

O exame complementar mais avançado e completo é a polissonografia. Além dos parâmetros poligráficos habituais, como eletroencefalograma, eletro-oculograma, eletrocardiograma e eletromiograma, deve-se incluir determinação do fluxo aéreo buconasal, cinturão toracicoabdominal, monitoração oximétrica e atividade eletromiográfica dos músculos da tíbia. A leitura do polissonograma permite avaliar:

- Tipo, frequência e duração das apneias.
- Características do ronco.
- Grau de dessaturação do oxigênio.
- Avaliação das arritmias cardíacas.
- Fragmentação do sono.
- Severidade do quadro.

As apneias são encontradas com maior frequência nos estágios 1 e 2 do sono NREM e durante o sono REM. Em alguns casos, irão se manifestar somente durante o sono REM, e é nesse estágio que as apneias obstrutivas são mais severas e a dessaturação de oxigênio chega a níveis mais perigosos. Esses pacientes dificilmente alcançam os estágios profundos de sono 3 e 4, em virtude dos numerosos despertares breves ou longos que, em geral, acompanham as apneias. (Reimão, 1996; Maciel, 2002)

Análise laboratorial

As apneias com baixa saturação de oxigênio provocam, frequentemente, aumento dos glóbulos vermelhos, da hemoglobina e do hematócrito, que podem ser detectados em análises laboratoriais (Caldas *et al.*, 1998; Maciel, 2002). Outros exames complementares como ressonância magnética, tomografia computadorizada, rinoscopia e videolaringoscopia podem ser utilizados.

CEFALOMETRIA

Introdução

A análise cefalométrica constitui um importante exame complementar dos padrões esqueléticos, bem como na definição das alternativas terapêuticas. O dado mais importante se refere às medidas do espaço aéreo superior (Lowe *et al.*, 1996). Mc Namara Jr. e Brudon descreveram duas medidas cefalométricas laterais, com a finalidade de analisar as vias aéreas e determinar se existe ou não obstrução. A primeira medida na faringe superior deve ser tomada a partir do ponto mais posterior da linha de contorno do palato mole até a parede posterior da faringe. Na tomada radiográfica, o paciente deverá estar respirando e não deglutindo, pois, se assim ocorrer, o palato mole será levado para cima e para trás, impedindo a avaliação dessa área. A medida da largura da nasofaringe é de 15 a 20 mm para pacientes adultos, enquanto para crianças um valor em torno de 12 mm pode ser considerado normal. Pode-se considerar uma provável obstrução na faringe superior quando essa medida for igual ou menor a 5 mm. A segunda medida pode ser obtida por meio da imagem do bordo posterior da língua com o bordo inferior da mandíbula até o ponto mais próximo na parede posterior da faringe. Mc Namara e Brudon observaram que para se obter um diagnóstico mais acurado, seria ideal que o exame fosse acompanhado por um otorrinolaringologista, pois a imagem da nasofaringe no filme radiográfico apresenta apenas duas dimensões, enquanto as estruturas anatômicas apresentam três dimensões (Mc Namara Jr., 1981; Mc Namara Jr., Brudon, 1995).

A cefalometria passou a ser utilizada frequentemente no estudo da SAOS a partir do início dos anos 80, na tentativa de identificar os determinantes anatômicos craniofaciais envolvidos no colapso faringeano durante o sono (Djupesland *et al.*, 1987). A grande variedade de anomalias craniofaciais e da anatomia dos tecidos moles do corredor aéreo superior, que podem entrar em colapso nos pacientes com SAOS, são demonstrados por meio da cefalometria (Zucconi *et al.*, 1992).

Características craniofaciais da saos (revisão da literatura)

RILEY, *et al.* (1983) analisaram um grupo de 10 pacientes com SAOS através da cefalometria, comparando-o a um grupo controle de 5 pacientes sem SAOS. O diagnóstico da SAOS foi confirmado por uma polissonografia. Os pacientes eram exclusivamente do sexo masculino, com idade variando de 18 a 65 anos. Os resultados obtidos por meio de análise cefalométrica empregada, demonstram que os pacientes com SAOS possuíam deficiência mandibular esqueletal, mas principalmente um aumento no comprimento do palato mole e o osso hióide localizado inferiormente. Um estudo cefalométrico de todos os pacientes com indicação de tratamento cirúrgico, em especial a uvulopalatofaringoplastia, é recomendado pelos autores.

LOWE *et al.* (1986) com o propósito de verificar as características nos pacientes com SAOS moderada a severa selecionaram 25 pacientes do sexo masculino, com idade média de 48 anos. Todos os pacientes submeteram-se a um exame polissonográfico de noite inteira e a uma telerradiografia cefalométrica lateral. A avaliação cefalométrica mostrou maxila e mandíbula retroposicionadas, um plano oclusal inclinado; dentes superiores e inferiores extruídos, incisivos vestibularizados, plano mandibular e ângulo goníaco abertos; altura facial superior e inferior aumentada; mordida aberta anterior associada com uma língua longa e uma parede faringeana localizada posteriormente. Os autores demonstraram várias alterações craniofaciais que podem reduzir as dimensões do espaço aéreo superior e consequentemente prejudicar sua estabilidade.

DJUPESLAND *et al.* (1987) realizaram um estudo através de análise cefalométrica em 25 pacientes do sexo masculino com Síndrome de Apneia Obstrutiva do Sono (SAOS) e 10 pacientes do sexo masculino no grupo de controle. Seus achados revelaram um comprimento de palato mole significativamente maior nos pacientes com SAOS (média de 48 mm) do que no grupo controle (média de 35 mm). A espessura do palato mole medida no plano sagital médio foi maior nos pacientes com SAOS (média de 14mm) do que no grupo controle (média de 11 mm). O osso hióide estava mais inferiormente posicionado nos pacientes com SAOS do que no grupo controle, aparentemente dando à língua uma posição mais vertical com a maioria dos tecidos linguais a nível de hipofaringe. Nos pacientes com o SAOS o espaço aéreo nasofaringeano e orofaringeano tinham uma redução significantes nas sua dimensões ântero-posteriores. As dimensões do espaço aéreo inferior (EAP) foram dependentes da posição mandibular no sentido que os pacientes com retrognatismo mandibular tinham constrições do espaço aéreo inferior.

DEBERRY- BOROWIECKI *et al.* (1988) investigaram 30 pacientes adultos entre 42 e 52 anos de idade com síndrome da apneia obstrutiva através de telerradiografia cefalométricas laterais. As características encontradas no grupo com SAOS foram as seguintes:

1. Língua e palato mole significantemente aumentados.
2. Osso hióide deslocado inferiormente.
3. Mandíbula normal em tamanho e posição, mas a face está alongada por um deslocamento inferior da mandíbula.
4. Maxila retroposicionada e o palato duro alongado.
5. Nasofaringe normal, mas a orofaringe e hipofaringe tinham suas áreas reduzidas em média 25%, fator que poderia produzir ou aumentar os sintomas da SAOS.
6. Estes dados sugerem que a avaliação cefalométrica pode ser usada em conjunto com exames de cabeça e pescoço, polissonográfico e endoscópico na avaliação de pacientes com SAOS. Auxiliando também no plano de tratamento para aumentar a potência do espaço aéreo superior.

PARTINEM *et al.* (1988) selecionaram 143 homens com idade variando de 21 a 74 anos e 14 mulheres de 32 a 68 anos de idade. Diferentes variáveis incluindo celafometria, índice de massa corpórea (IMC) e polissonografia (particularmente índice de saturação de oxi-hemoglobina e número de eventos respiratórios anormais) foram analisados estatisticamente. Os autores concluíram que:
1. A obesidade, indicada pelo índice de massa córporea (IMC), é fator mais importante para definir o índice de distúrbios respiratórios (números de apneias e hipopneias durante o sono) e o índice de saturação de oxi-hemoglobina (quantidade de oxigênio abaixo de 80% calculado por hora de sono).
2. Os pacientes com SAOS tinham anormalidades anatômicas no espaço aéreo superior e um elevado índice de massa corpórea. Aqueles com grande obesidade foram associados com pequenas anormalidades anatômicas, poucas interrupções do sono durante a noite e um tempo total de sono longo.
3. Pacientes com altos índices de distúrbios respiratórios têm anormalidades anatômicas do espaço aéreo superior, dormindo com tempo, com aumento do estágio 1 e diminuição dos estágios 3, 4 e REM do sono.
4. A distância entre o osso hióide e o plano mandibular (H-PM) aumentada e as dimensões do espaço aéreo posterior (EAP) diminuídas foram preditores estatisticamente significantes dos elevados índices de distúrbios respiratórios.
5. Radiografias cefalométricas podem ser usadas na determinação do tratamento apropriado dos pacientes com SAOS.

BACON *et al.* (1988) investigaram 32 pacientes adultos do sexo masculino (idade média de 55,2 anos) diagnosticados com o SAOS. O grupo controle utilizado

Capítulo **11**

constou de 40 pacientes também do sexo masculino (idade média de 22,6 anos) que não possuíam nenhum sintoma de SAOS, nem haviam sido submetidos a tratamento ortodôntico prévio. Quando comparados os dois grupos, os autores concluíram que:

1. Não houve diferença no prognatismo maxilar ou mandibular.
2. A dimensão sagital da base craniana foi significantemente reduzida nos pacientes com SAOS, assim como espaço ósseo faringeano e o comprimento maxilar.
3. A compressão facial posterior esteve sempre associada com o aumento da altura facial inferior.
4. Houve correlação significante entre o comprimento ou angulação da base craniana e o espaço faringeano em ambos os grupos.

BACON *et.al*, ainda em 1988, publicaram um trabalho de pesquisa utilizando telerradiografias cefalométricas laterais para estudar um grupo de 43 pacientes, todos do sexo masculino, com idade média de 42 anos e diagnóstico polissonográfico de SAOS. O grupo controle selecionado possuía 40 homens (idade média de 22,5 anos), com bom equilíbrio dento-maxilo-facial, sem nenhuma intervenção ortodôntica prévia e sem problemas respiratórios. Os autores encontraram que o grupo com SAOS apresentava o comprimento da base craniana anterior e as dimensões sagitais da face e da faringe diminuída. Ocorre uma diminuição da altura facial posterior associada a um aumento vertical da face inferior, com ângulos do plano mandibular e plano oclusal divergentes em relação a base craniana. O comprimento do palato mole estava aumentando nos apnéicos, sendo esta característica a principal diferença entre os grupos estudados.

SCHAFER *et al.* (1989) estudaram 11 pacientes roncadores crônicos e 12 pacientes com Síndrome da Apneia Obstrutiva procurando uma correlação entre o ronco e dados cefalométricos. Todos os pacientes mostraram desvios patológicos dos valores de normalidade em pelo menos um parâmetro cefalométrico. Não foi encontrada correlação significante entre a duração do ronco e uma medida cefalométrica específica, entretanto quando combinadas três medidas cefalométricas representativas do espaço aéreo inferior (EAP), do comprimento do palato mole (ENP-P) da posição do hióide (H-PM) mostrou uma correlação altamente significante com a duração do ronco. Estes achados indicaram que o ronco e a Síndrome da Apneia Obstrutiva não são causados somente por desregulação neurológica e que anomalias craniofaciais específicas são pré-requisitos para o desenvolvimento da doença.

LYBERGER *et al.* (1989) estudaram a morfologia esqueletal facial em 25 pacientes do sexo masculino (idade média de 51,3 anos) com diagnóstico polissonográfico de SAOS, história de ronco e sonolência diurna excessiva. O grupo controle contava com 10 pacientes do sexo masculino sem nenhum sintoma da SAOS e idade média de 23,6 anos. A análise cefalométrica revelou que o osso hióide estava mais inferiormente posicionado nos pacientes com SAOS (a nível das vértebras cervicais C4 e C6) do que no grupo controle (a nível de C3 e C4). A altura e o comprimento da cavidade nasal era normal, enquanto o comprimento ósseo da nasofaringe era moderadamente reduzido nos apnéicos. A inclinação do plano mandibular e a altura facial anterior estavam levemente aumentadas com retrognatia mandibular demonstrada em 24% dos pacientes com SAOS.

Dando continuidade ao seu estudo em pacientes com SAOS, LYBERGER *et al.*, ainda em 1989, analisaram cefalometricamente os tecidos moles orofaringeanos. O comprimento do palato mole foi significativamente maior nos pacientes apnéicos. O contorno inferior da língua, representado por uma linha entre a valécula epiglótica e o osso hióide, estava posicionado mais inferiormente nos apnéicos, dando à língua uma posição mais verticalizada com a maioria dos tecidos linguais a nível de hipofaringe, diferentemente dos pacientes normais. O espaço aéreo faringeano tinha suas dimensões ântero-posteriores significantemente reduzidas nos apnéicos tanto a nível de nasofaringe, como de velofaringe e hipofaringe. Análise cefalométrica é altamente recomendada como um meio de diagnóstico complementar para pacientes com SAOS, especialmente quando intervenções cirúrgicas são consideradas.

TRIPLETT *et al.* (1989) procuraram analisar o efeito das más-oclusões de classe II como um fator que contribui no desenvolvimento da síndrome da apneia do sono obstrutiva. Neste estudo foram selecionados 12 pacientes com má-oclusão de classe II que necessitavam de tratamento cirúrgico de avanço mandibular, possuindo o ângulo ANB de pelo menos 5,5 e idade superior a 12 anos. Nenhum dos pacientes apresentou síndrome de apneia do sono obstrutiva quando submetidos a polissonografia. Esta amostra populacional indica que a incidência da síndrome da apneia do sono obstrutiva está entre 0% a 26,5% na população de pacientes classe II cirúrgicos.

CROFT *et al.* (1990) selecionaram 50 crianças (22 do sexo feminino e 28 do sexo masculino) com idade variando entre 2 e 12 anos (média de 5 anos) e indicação de adenoamigdalectomia. A avaliação pré-operatória incluía um questionário dirigido aos pais, exame físico, cefalometria lateral e oximetria transcutânea. As crianças foram divididas em grupos, ficando assim distribuídas: 25 no grupo de não roncadores, 9 no grupo de roncadores com alguns episódios apnéicos, 3 no grupo de roncadores com padrão de sono alterado, 1 roncador com síndrome da apneia do sono e 12 no grupo de roncadores sem distúrbio de sono. A análise cefalométrica possibilitou que a graduação dos pacientes fosse feita pelo tamanho do espaço aéreo medido na telerradiografia lateral.

DAVIES; STRADLING (1990) verificaram a importância predictiva da obesidade, circunferência de pescoço e anatomia radiográfica faringeana sobre 66 pacientes com SAOS. Embora o índice de massa corpórea (IMC), a posição do hióide e o comprimento do palato mole apresentarem correlação com a gravidade da apneia, somente a circunferência de pescoço e o espaço retro-glossal mantiveram-se na equação que melhor explicou a gravidade da apneia. Os autores concluíram que a relação entre a obesidade, posição do hióide, comprimento do palato mole e SAOS eram secundários quando comparados à circunferência de pescoço que expressa o grau de deposição de gordura nesta região.

BACON et al. (1990), buscando características morfológicas específicas nos pacientes de SAOS, reuniram 43 pacientes do sexo masculino com diagnóstico de SAOS (idade média 50,5 anos) e compararam com 40 pacientes controle do sexo masculino (idade média: 23,4 anos). O grupo com SAOS apresentou palato mole alongado; dimensões sagitais da base craniana anterior e face superior reduzidas correlacionando-se com uma diminuição da abertura da faringe óssea; aumento da altura facial ântero-inferior associada com retroposição do queixo e língua, contribuindo para o estreitamento da faringe inferior. Os fatores anatômicos a serem considerados numa possível reabilitação anatômica da faringe são, em ordem de importância, os seguintes: comprimento do palato mole, posição maxilar, posição de queixo e língua. Considerando que o ronco intenso habitual pode ser considerado em estágio preliminar da síndrome da apneia do sono.

ANDERSON; BRATTSTROM (1991), investigaram a morfologia craniofacial de 51 pacientes roncadores intensos, com e sem apneia do sono obstrutiva e 28 pacientes controle saudáveis. O grupo com apneia mostrou uma redução do espaço aéreo posterior e uma rotação posterior da mandíbula; assim como uma redução da altura facial posterior tanto nos pacientes roncadores como nos apnéicos. Estes achados indicam uma disposição anatômica que caracteriza os pacientes roncadores e aqueles com apneia do sono obstrutiva, podendo ser evidenciados por telerradiografias cefalométricas em norma lateral.

COLMENERO *et al.*, (1991) selecionaram quatro casos com SAOS, os quais possuíam anormalidades anatômicas maxilo-faciais que indicavam correção cirúrgica. Dois casos mostravam anquilose da ATM com micrognatia, um caso com síndrome de Treacher Collins e um caso síndrome da face longa. Dois casos possuíam evidente micrognatia com um comprimento ósseo mandibular de 59 e 65 mm e SNB de 66 e 68 graus, respectivamente. A mandíbula pequena e retroposicionada levou a obstrução a nível de base de língua (espaço aéreo inferior de 6 mm). Os outros dois casos mostravam a maxila rotacionada posteriormente com obstrução a nível de nasofaringe e hipofaringe. Nos casos em que foi realizado o avanço mandibular, ocorreu um aumento do espaço aéreo inferior (EAP). Nos casos em que procedeu-se a osteotomia Le Fort houve um aumento do espaço aéreo a nível de nasofaringe e orofaringe. A correção cirúrgica de anomalias maxilo-faciais restabeleceram os padrões de sono normais prevenindo a SAOS.

MALTAIS *et al.* (1991) analisaram, por meio de radiografias cefalométricas, pacientes com apneia do sono obstrutiva comparando-os com pacientes roncadores sem apneia do sono e com aqueles não roncadores. Os 84 pacientes da amostra foram divididos em quatro grupos:

1. Aqueles com SAOS (índice de apneia e hipopneia> 10), constituído por 40 pacientes (idade média: 50 anos).
2. Roncadores sem SAOS (índice de apneia e hipopneia <10), composto por 12 pacientes (idade média: 50,6 anos).
3. Não roncadores com idade similar aos pacientes com SAOS, constituído por 17 pacientes (idade média: 50,6 anos).
4. Não roncadores jovens, composto por 15 pacientes (idade média: 25,4 anos).

Os autores concluíram que a distância do osso hióide ao plano mandibular (H-PM) e o comprimento do palato mole (ENP- P) é maior nos pacientes com SAOS (grupo 1) do que nos pacientes roncadores (grupo 2). Essa mesma distância H-PM é semelhante entre os grupos 2 e 3 e significativamente maior no grupo 3 em relação ao grupo 4. O comprimento do palato mole é maior nos pacientes com SAOS (grupo 1) e nos roncadores (grupo 2) do que nos grupos de não roncadores (grupos 3 e 4). Em relação a idade dos pacientes, notou-se uma correlação significante entre o aumento da distância H-PM, em todos os grupos estudados. Desta maneira este estudo mostrou que indivíduos roncadores sem SAOS apresentam alterações cefalométricas que diferem daqueles com SAOS.

LOWE; FLEETHAM (1991) buscaram através da cefalometria e da tomografia computadorizada avaliar de maneira bidimensional e tridimensional a língua, o palato mole e o espaço aéreo nos pacientes apnéicos. Foram incluídos neste estudo 73 pacientes com SAOS e 24 pacientes no grupo controle. Os autores acreditam que a cefalometria em norma lateral (exame bidimensional) pode ser usado para estimar o volume da língua, do palato mole e da nasofaringe, mas não o volume da orofaringe e hipofaringe, estas últimas estruturas seriam melhor avaliada por tomografia computadorizada ou imagens de ressonância magnética.

ZUCCONI *et al.* (1992) investigaram se as variáveis cefalométricas e otorrinola-ringológicas são capazes de predizer valores do índice de apneia e hipopneia (IAH) e da saturação mínima de oxigênio arterial. Foram estudados 100 pacientes roncadores habituais (84% homens) com idade média de 50,1 anos. Destes, 45 pacientes tinham IAH< 10 (grupo 1) e 55 pacientes apresentavam IAH > 10 (grupo 2). Os resultados demonstraram que algumas variáveis cefalométricas e otorrinolaringológicas, bem como o índice de massa corpórea (IMC) diferem significativamente entre grupos 1 e 2, em particular as variáveis ENP–P (comprimento do palato mole), H-PM (distância do osso hióide do plano mandibular), grau de estenose da orofaringe e tamanho da língua. As variáveis SNA, SNB, H-PM, EAP (espaço aéreo posterior), tamanho da língua e IMC contribuíram significativamente para a gravidade da SAOS, contudo estas variáveis juntas explicaram somente 33% da variação do índice de apneia e hipopneia em toda a amostra, sendo mais importante para pacientes com SAOS moderada a severa. A pouca associação entre variáveis cefalométricas e SAOS leve sugere que as diferenças nas variáveis envolvendo tecidos moles podem ser a consequência em vez da causa do ronco e da SAOS.

FLEETHAM (1992) revisou as técnicas de visualização usadas para avaliação do tamanho e função do espaço aéreo superior em pacientes com SAOS. Cada técnica tem suas vantagens e limitações. Imagens do espaço aéreo superior podem identi-ficar anormalidades que causam apneia do sono obstrutiva, estas imagens incluem cefalometria, tomografia computadorizada, ressonância magnética, fluoroscopia, reflexão acústica e nasofaringoscopia. A cefalometria tem demonstrado uma série de alterações craniofaciais e de tecidos moles faringeanos que podem predispor ao estreitamento do espaço aéreo superior e que estão relacionadas à gravidade da apneia. Estas alterações cefalométricas compreendem: mandíbula pequena e deslocada posteriormente; espaço aéreo posterior estreito; alargamento da língua e palato mole; e osso hióide posicionado inferiormente. A obesidade ocorre na maioria dos pacientes com SAOS e é considerada um fator de risco para o desenvolvimento desta patologia, neste sentido, a cefalometria pode contribuir bastante para elucidar a relação entre SAOS e obesidade.

Em 1994, PETRI *et al*.., acompanharam 30 pacientes com indicação cirúrgica de uvulopalatofaringoplastia e amigdalectomia (se necessário) para tratamento da SAOS. Avaliação cefalométrica e manobra de Muller (manobra feita durante a nasofibroscopia para identificar os locais de obstrução na faringe) foram utilizadas como fatores preditores do resultado cirúrgico. Controle polissonográfico 5 meses após a cirurgia mostrou que 63% dos pacientes tinham reduzido seu índice de apneia em pelo menos 50%. A amigdalectomia não teve influência sobre o resultado. A manobra da Muller não foi um fator predictor do resultado, entretanto a cefalometria provou ter um bom valor predictivo. Uma posição baixa do osso hióide, um aumento no ângulo crânio-cervical e um encurtamento do comprimento da maxila foram significativamente associados com resultados pobres na uvulopalatofaringoplastia, como também foram o excesso de peso, estreitamento da hipofaringe, a gravidade da apneia e a hipersonolência. Este trabalho indica a cefalometria como fundamental na seleção dos candidatos a uvulopalatofaringoplastia.

TANGUGSORN *et al.* (1995) realizaram um estudo sobre a morfologia esqueletal cérvico-craniofacial por meio de telerradiografias cefalométricas em norma lateral em 100 pacientes com apneia do sono obstrutiva evidenciada por polissonografia e 36 pacientes controle, todos do sexo masculino. As características mais significantes no grupo com apneia do sono obstrutiva foram as seguintes:
1. Base craniana encurtada com leve rotação horária.
2. Comprimento maxilar encurtado com altura normal.
3. Retrognatia maxilo-mandibular quando a referência foi o plano nasio--perpendicular.
4. Aumento da altura facial inferior e do ângulo do plano mandibular.
5. Reduzido tamanho da faringe óssea.
6. Hióide posicionado mais inferiormente.
7. 47% dos pacientes com SAOS tinha retrognatismo mandibular.
8. Postura da cabeça alterada com ângulo crânio-cervical aumentado.

Ainda em 1995, TANGUGSORN *et al.*, dando continuidade ao estudo das características morfológicas nos pacientes com SAOS avaliaram a área úvulo-glosso--faringeana e concluíram que:

1. Existe um aumento em comprimento, espessura da área sagital do palato mole com uma posição mais vertical do mesmo, ocupando uma área faringeana 15% maior.
2. A área de contato entre o palato mole e a língua dobrou.
3. A área sagital da língua foi 10% maior, apesar da altura e comprimento serem semelhantes à normalidade. Houve uma ocupação 3% maior da área oral por parte da língua.
4. A língua tinha um posicionamento mais vertical com uma maior extensão caudal.
5. Houve uma diminuição das dimensões sagitais na nasofaringe.
6. A área orofaringeana residual (área não ocupada por tecidos moles) foi 9% menor devido a língua e palato mole grandes.

Os autores destacaram que as análises cefalométricas são altamente recomendadas nos pacientes com SAOS como um dos instrumentos mais importantes no diagnóstico e plano de tratamento.

Analisando tomografias computadorizadas e radiografias cefalométricas laterais, LOWE *et al.*, em 1995, procuraram encontrar a possível interação entre estruturas craniofaciais, tamanho da língua, palato mole e espaço aéreo superior. As análises cefalométricas mostraram que pacientes com SAOS tinham mandíbulas retruídas com ângulo ANB alto, incisivos e molares e inferiores extruídos e altura facial anterior aumentada. A avaliação das tomografias computadorizadas revelaram que os pacientes com SAOS tinham volumes de língua, palato mole e espaço aéreo grandes. O índice de massa corpórea (IMC) teve correlação positiva com os volumes da língua e palato mole. Além disso, um índice de apneia elevado foi associado com retrognatismo mandibular, discrepância ântero-posterior entre a maxila e mandíbula, volumes grandes de língua e palato mole; uma tendência de mordida aberta anterior e obesidade.

CEYLAN *et al.* (1995) investigaram se as estruturas faringeanas de pacientes com respiração nasal normal poderiam ser afetadas pelo relacionamento entre os maxilares (baseado no ângulo ANB) e determinaram o efeito do tamanho faringeano sobre o desenvolvimento de maloclusões. Obstrução nasal secundária a hipertrofia adenoideana pode ser causa de respiração bucal crônica, ronco forte, apneia do sono, sonolência diurna excessiva. Neste estudo os autores dividiram pacientes de ambos os sexos de acordo com o ângulo ANB: menor que o 1, entre 1 e 5 e maior que 5. Os resultados demonstram que a medição da área orofaringeana

Do Respirador Bucal à Apneia Obstrutiva do Sono: Enfoque Multidisciplinar

é influenciada pelo ângulo ANB, ou seja, um aumento do ângulo ANB corresponde a uma diminuição da área orofaringeana.

Um estudo analisando o comportamento de alterações crânio-mandibulares que possam contribuir para o SAOS em três diferentes grupos étnicos foi realizado por WILL *et al.*, em 1995. Parâmetros cefalométricos e polissonográficos foram coletados de 48 pacientes com SAOS (20 caucasianos, 15 negros e 13 de origem hispânica). Cada variável cefalométrica estudada foi normatizada dividindo-se o valor observado nos apnéicos pelo valor médio de cada grupo étnico. A comparação dos resultados mostraram diferenças estatisticamente significantes entre as grandezas SNA e SNB no grupo de negros e hispânicos quando comparados ao grupo caucasiano. Ainda em relação às medidas SNA e SNB, verificou-se que a média destas no grupo de pacientes negros está aproximadamente 3,5% acima de sua média étnica e nos hispânicos de 1,8 a 2,8% abaixo de sua média étnica. Houve uma correlação estatisticamente significante entre a medida cefalométrica H-PM (distância do hióide ao plano mandibular) e a variável polissonográfica RDI (índice de distúrbios respiratórios), demonstrando que o aumento da distância entre o plano mandibular e o osso hióide correlaciona-se com uma piora do RDI, nos três grupos estudados. As diferenças cefalométricas encontradas nos três grupos sugerem que uma intervenção cirúrgica no tratamento da SAOS deve ser abordada diferentemente nos vários grupos étnicos.

Ainda em 1996, PRACHARKTAM *et al.*, desenvolveram um estudo para verificar se medidas antropométricas e cefalométricas, classificaram corretamente os pacientes com SAOS e os pacientes roncadores habituais. O grupo de pacientes com SAOS (IAH > 20) era constituído de 24 homens e 5 mulheres. Um modelo discriminante utilizando 13 medidas cefalométricas e 4 medidas antropométricas classificaram corretamente 82,1% dos pacientes do grupo com SAOS e 86,7% dos pacientes do grupo de roncadores habituais. As variáveis cefalométricas relacionadas aos tecidos moles faringeanos, a distância do osso hióide ao plano mandibular, o comprimento do palato mole e o índice de massa corpórea tiveram os mais altos valores predictivos nos dois grupos estudados.

Maniglia J.V.; Marques C.G. em 2006, revisaram dados da literatura sobre a importância de telerradiografias laterais, associando as características ósseas craniofaciais e de tecidos moles com os dados clínicos e polissonográficos, verificando as áreas anatômicas que mais contribuem para a obstrução das vias aéreas superiores nos pacientes com Síndrome da Apneia Obstrutiva do Sono (SAOS). Para verificar se existe um padrão cefalométrico previsível para a SAOS , foram comparadas as diferenças das médias das dimensões esqueléticas craniofaciais e dos tecidos moles da faringe, em norma lateral. Os autores concluíram que os pacientes apnéicos possuem alterações no posicionamento das estruturas anatômicas ósseas, principalmente um posicionamento inferior do osso hióide em relação às vértebras cervicais, retrognatismo e dimensões aumentadas dos tecidos moles faríngeos, aumento no comprimento e largura do palato mole, principalmente, com diminuição do espaço aéreo póstero-superior, quando comparados a pessoas normais. Acrescentam ainda que a cefalometria é fundamental para a identificação dos fatores ósseos craniofaciais e de tecidos moles que possam estar envolvidos no colapso faríngeo da SAOS. É de baixo custo, expõe o indivíduo a níveis mínimos de radiação e é de fácil análise.

Junior C.M.C. em 2009, avaliou 50 indivíduos com SAOS divididos em dois grupos (SAOS leve e moderada e SAOS grave). Foram avaliadas suas características antropométricas, polissonográficas e cefalométricas isoladamente e em conjunto, verificando-se possíveis associações entre as mesmas. O interrelacionamento das estruturas anatômicas do complexo crânio-facial foi analisado segundo o princípio das contra-partes de Enlow, utilizando-se pontos que correspondem às áreas de crescimento e remodelação óssea, avaliando o paciente de forma individual. O autor concluiu que comprometimentos dimensionais e rotacionais foram revelados pelas variáveis cefalométricas representativas da fossa craniana média e ramo mandibular, influenciando desfavoravelmente o espaço aéreo faringeano, do qual são contrapartes do crescimento, estabelecendo uma arquitetura crânio-facial que contribui para uma diminuição da dimensão ântero-posterior das vias aéreas. Os desequilíbrios crânio-faciais esqueléticos encontrados estavam presentes nos dois grupos, os quais compartilhavam as mesmas alterações intrínsecas.

OBTENÇÃO DO TRAÇADO CEFALOMÉTRICO MODIFICADO POR MACEDO

A análise cefalométrica modificada por Macedo, foi idealizada com o intuito de se observar simultaneamente as anormalidades em tecidos moles e/ou esqueléticos dos pacientes com suspeitas de serem portadores da SAOS. Portanto, o diagnóstico é mais rápido, pois ao invés de se analisar três traçados cefalométricos (Bell, Mc NAMARA e USP), estuda-se apenas um, com as medidas de interesse.

Para este estudo, foram diagnosticados cefalometricamente dezesseis pacientes com apneia grave e estes foram submetidos ao avanço maxilo-mandibular e procedimentos de tecidos moles em palato mole e/ou base de língua (glossectomia mediana com laser).

As radiografias utilizadas foram obtidas conforme a técnica convencional para telerradiografia lateral preconizada por Broadbent (1981). Em cada radiografia foi realizado o traçado cefalométrico manual das estruturas de interesse. Uma folha de papel Ultraphan medindo 20x20 cm foi colocada sobre cada uma das radiografias e fixadas às mesmas, nas extremidades, com fita adesiva. Os traçados cefalométricos foram efetuados com iluminação por negatoscópio (SPR), utilizando lapiseira Pentel P205 com grafite preta de 0,5 mm de espessura.

O traçado cefalométrico modificado por Macedo é constituído a partir de fatores obtidos a partir de três traçados cefalométricos a saber: Bell (avaliação das vias aéreas – figura 25), USP (figura 26) e Mc Namara (figura 27). Os pontos cefalométricos utilizados no traçado cefalométrico modificado por Macedo são:

- Násio (N): intersecção da sutura internasal com a sutura frontonasal.
- Sela turca (S): centro da concavidade óssea da sela turca.
- Pório (Po): ponto mais superior do meato acústico externo.
- Órbita (Or): ponto mais inferior da órbita.
- ANS: ponto mais anterior do palato duro; intersecção da parte ântero--superior da maxila com o assoalho da fossa nasal.
- PNS: ponto mais posterior do palato duro.
- Subespinhal (A): ponto mais profundo na concavidade do contorno anterior da maxila.
- Supramentoniano (B): ponto mais profundo da concavidade anterior da mandíbula.
- P: ponto mais inferior da imagem do palato mole.
- H: ponto mais ântero-superior do osso hióide.
- C3: ponto mais ântero-inferior da vértebra C3.
- T: ponto mais anterior da ponta da língua.
- AA: ponto anterior mais proeminente da vértebra atlas.
- MP: plano mandibular.
- Gônio (Go): ponto mais inferior e posterior do ângulo da mandíbula, determinado geometricamente pela intersecção da bissetriz do ângulo formado pela base da mandíbula e pelo ramo mandibular, com a mandíbula.
- Mentoniano (Me): ponto mais inferior do contorno da sínfise mentoniana.
- Pogônio (Pg): ponto mais proeminente (anterior) do mento ósseo.

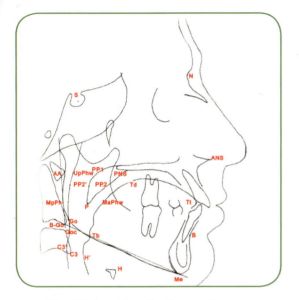

Fig. 25: Localização dos pontos que compõem a análise das vias aéreas. Face da amostra de Bell. (Colombini)

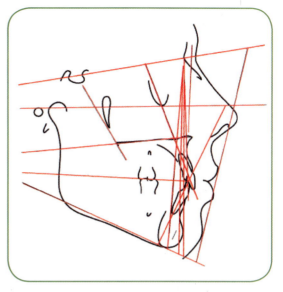

Fig. 26: Análise cefalométrica padrão USP. (Interlandi)

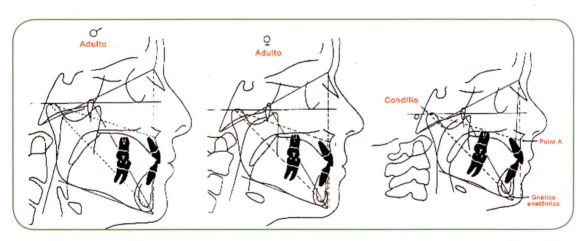

Fig. 27: Análise cefalométrica de Mc Namara. (Colombini)

Com esses pontos relacionados, obtém-se os seguintes planos e ângulos:
1. S-N: representa a base anterior do crânio.
2. SNA: representa uma posição ântero-posterior (horizontal) da base apical superior em relação à base anterior do crânio. Quando for maior que a norma, a maxila está protruída em relação à base anterior do crânio, e, quando menor que a norma, a maxila está retruída.
3. SNB: representa uma posição ântero-posterior da base apical inferior em relação à base anterior do crânio. Quando for maior que a norma, a man-

díbula está protruída em relação à base anterior do crânio e, quando menor que a norma, a mandíbula está retruída.

4. PNS-ANS: representa o comprimento maxilar.
5. PAS: extensão do espaço faríngeo posterior (desde a base da língua até a parede posterior da faringe).
6. Go-Me: representa o plano mandibular.
7. AA-PNS: é a distância linear entre a vértebra atlas e PNS.
8. MP-H: é a distância do hióide perpendicularmente ao plano mandibular.
9. N-perp ao ponto A: distância linear que traduz o posicionamento do ponto A em relação a uma vertical com origem em N.
10. N-perp ao ponto Pg: distância linear que traduz o posicionamento do ponto Pg em relação à uma vertical com origem em N.
11. PNS-P: comprimento do palato mole.
12. C3-H: é a distância linear entre a terceira vértebra e o corpo do hióide.
13. Linha TGL: expressa o comprimento da língua (desde sua ponta até o local onde a base da língua toca o contorno da base mandibular).
14. Upphw-PP1: espaço faríngeo superior: expressa o espaço faríngeo mais superior relacionado às fossas nasais, a partir da projeção da linha biespinhal.
15. PP2-PP2': espaço póstero-palatal mediano: expressa a distância do palato mole com relação à parede posterior da faringe.

A seguir, expressam-se valores médios das três análises utilizadas de acordo com os valores que cada uma possui originariamente:

- SNA: 82º
- SNB: 80º
- SN: homem: 80mm/mulher: 73mm
- PNS-ANS: homem: 62,5mm/mulher: 54mm
- PAS: homem: 15,5mm/mulher: 13mm
- Go-Me: homem: 84,5mm/mulher: 74mm
- AA-PNS: homem: 36mm/mulher: 36mm
- MP-H: homem: 19mm/mulher: 15mm
- PNS-P: homem: 34mm/mulher: 35mm
- C3-H: homem: 41mm/mulher: 36mm
- TGL: homem: 79mm/mulher: 72,5mm
- Upphw-PP1: homem: 26mm/mulher: 24mm
- PP2-PP2': homem: 12mm/mulher:14mm
- N-perp ao ponto A: dentição permanente (1mm à frente de N-perp)
- N-perp ao ponto Pg: dentição mista (Pg de −6 a −8mm atrás de N-perp);

homem adulto (Pg de –2 a +2 mm de N-perp); mulher adulta (Pg de –4 a 0mm atrás de N-perp).

Estes valores são utilizados como comparativos com a Análise cefalométrica modificada por Macedo (figura 28).

As figuras abaixo representam os traçados que foram utilizados para a análise cefalométrica em questão:

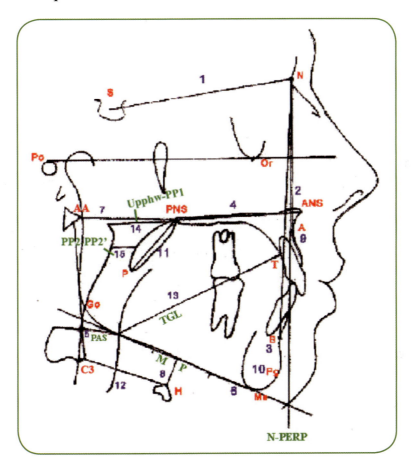

Fig. 28: Análise cefalométrica modificada por Macedo para apneia do sono.

CASOS CLÍNICOS E RESULTADOS

Paciente nº 1

Paciente ANCJ, 32 anos, leucoderma foi encaminhado para a clínica médica (otorrinolaringológica) e ortodôntica privada com queixa principal de falta de concentração devido ao sono interrompido e não reparador. Foram realizados os exames médicos de rotina em suspeita de SAOS. No exame clínico intra e extrabucal, constatou-se ser portador de classe II esquelética e dentária, com maxila e mandíbula retroposicionadas. A documentação ortodôntica também foi solicitada, contendo fotos intra e extra-orais, telerradiografia em norma lateral, radiografia panorâmica e modelos de gesso. A partir da telerradiografia em norma lateral foi realizada a Cefalometria modificada por Macedo (figuras. 29a, 29b, 29c, 29d e 29e).

O paciente foi submetido ao preparo ortodôntico-cirúrgico, onde foram instalados braquetes com ganchos especiais para o uso de elásticos intermaxilares, bem como a realização de cirurgia de modelos e *splints* cirúrgicos. A osteotomia maxilar utilizada foi Le Fort I e na mandíbula foi a osteotomia sagital.

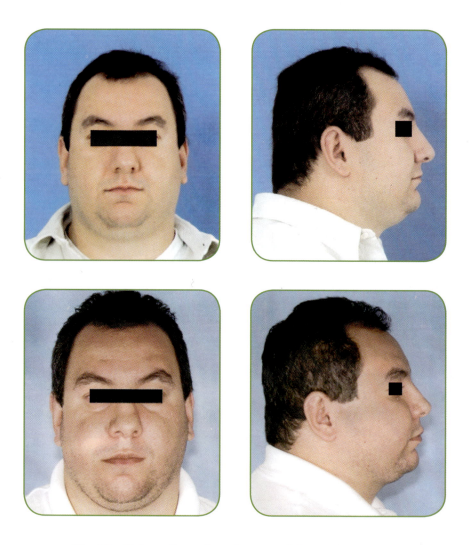

Fig. 29a: Fotografias pré e pós-operatória: paciente ANCJ

Capítulo 11

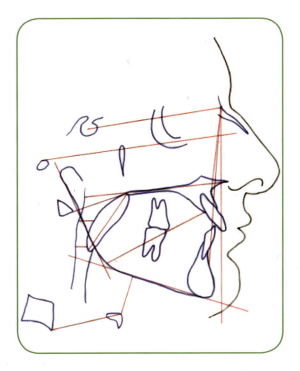

Fig. 29b: Traçado cefalométrico modificado por Macedo pré-operatória: paciente ANCJ.

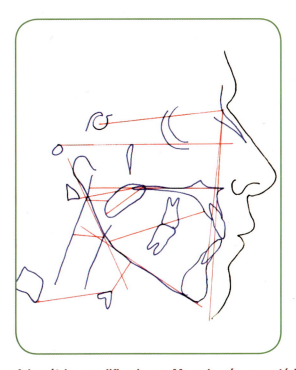

Fig. 29c: Traçado cefalométrico modificado por Macedo pós-operatório: paciente ANCJ.

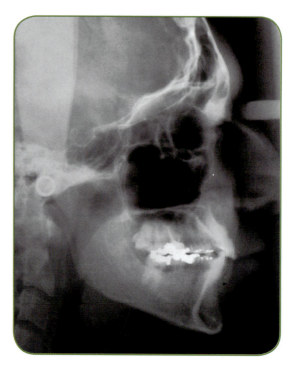

Fig. 29d: Telerradiografia pré-operatória: paciente ANCJ.

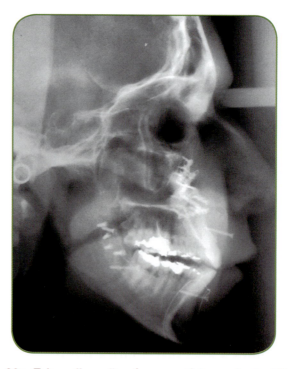

Fig. 29e: Telerradiografia pós-operatória: paciente ANCJ.

Abaixo verificamos os valores pré e pós-operatórios (figura 29a), bem como os valores obtidos. (Tabela 1).

Tabela 1: Valores pré e pós-operatório

Pré	Pós	Norma
SNA= 76°	81°	82°
SNB= 77°	80°	80°
Sn= 88	88°	80°
Pns-Ans= 66	66	62,5
Pas= 7	21	15,5
Go-Me= 68	74	84,5
AA-Pns= 36,5	39	36
MPH= 22	21	19
Pns-P= 45	33	34
C3-H= 46	53	41
TGL= 72	71,5	79
Upphw-PP1= 21,5	31	26
PP2-PP2'= 9	15	12
Nperp A= -6	1	1
Nperp Pg= -5	-3	(-2a+2)

Paciente nº 2

Paciente PJO, 50 anos, melanoderma foi encaminhado para a clínica médica (otorrinolaringológica) e ortodôntica privada com queixa principal de ronco noturno e sonolência diurna. Foram realizados os exames médicos pertinentes à doença, como a nasofibroscopia e a polissonografia. No exame clínico intra e extrabucal, constatou-se que o paciente era um caso de classe II dentária com maxila e mandíbula posicionadas anteriormente em relação à base anterior do crânio. Exames pertinentes à área ortodôntica também foram solicitados, como a documentação ortodôntica, contendo fotos intra e extra-orais, telerradiografia em norma lateral, radiografia panorâmica e modelos de gesso. A partir da telerradiografia em norma lateral foi realizada a Cefalometria modificada por Macedo (figuras 30a, 30b, 30c, 30d e 30e).

O paciente foi submetido ao preparo ortodôntico-cirúrgico semelhante ao caso anterior, com a instalação de braquetes com ganchos próprios para o uso de elásticos pós-cirúrgicos, bem como a realização de cirurgia de modelos e guias cirúrgicos. A osteotomia maxilar utilizada foi Le Fort I e na mandíbula foi a osteotomia sagital.

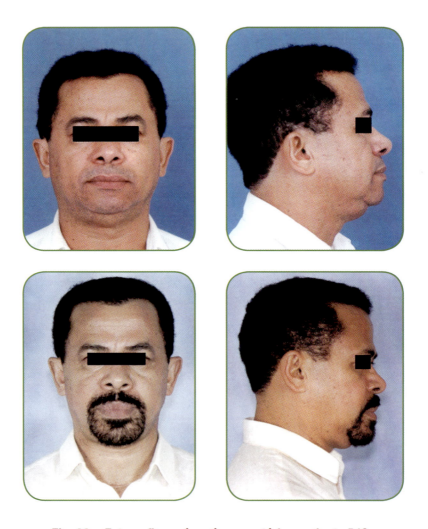

Fig. 30a: Fotografias pré e pós-operatória: paciente PJO.

CAPÍTULO 11

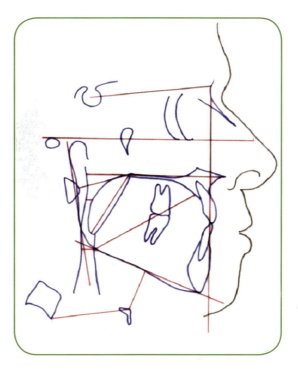

Fig. 30b: Traçado cefalométrico modificado por Macedo pré-operatório: paciente PJO.

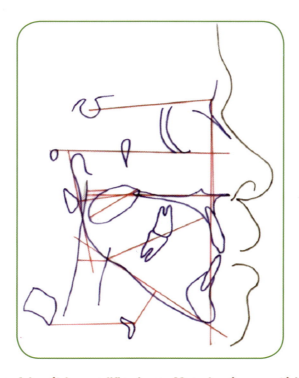

Fig. 30c: Traçado cefalométrico modificado por Macedo pós-operatório: paciente PJO.

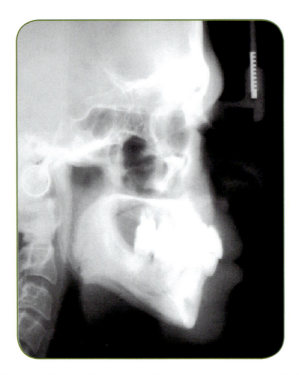

Fig. 30d: Telerradiografia pré-operatória: paciente PJO.

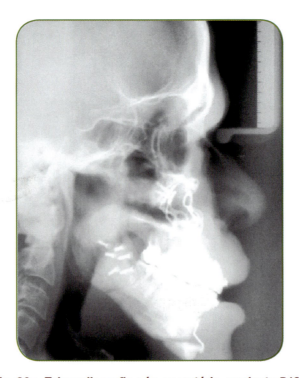

Fig. 30e: Telerradiografia pós-operatória: paciente PJO.

Abaixo verificamos os valores pré e pós-operatórios (figura 30a), bem como os valores obtidos. (Tabela 2).

Tabela 2: Valores pré e pós-operatório

Pré	Pós	Norma
SNA= 84°	87°	82°
SNB= 83°	86°	80°
Sn= 72	72	80°
Pns-Ans= 57	57	62,5
Pas= 8	16	15,5
Go-Me= 75,5	81	84,5
AA-Pns= 31	32	36
MPH= 24	23,5	19
Pns-P= 42	33	34
C3-H= 48	49,5	41
TGL= 69	60,5	79
Upphw-PP1= 24	26	26
PP2-PP2'= 3	3	12
Nperp A= 0	1	1
Nperp Pg= 0	1,5	(-2a+2)

DISCUSSÃO

A Apneia Obstrutiva do Sono, geralmente apresenta as características craniofaciais a saber: retrusão mandibular, micrognatia, macroglossia, amígdalas ou tonsilas hipertróficas, além dos fatores de risco como a obesidade, com consequente aumento da circunferência do pescoço, o aumento da idade, a ingestão de álcool e de medicamentos de efeito miorrelaxante e o fumo.

Os estudos cefalométricos têm demonstrado uma grande variedade de anomalias craniofaciais e, mais especificamente, na anatomia dos tecidos do espaço aéreo superior, que podem predispor ao colapso das vias aéreas em pacientes com SAOS. De acordo com Bacon *et al.*, a maxila dos pacientes apnéicos pode estar bem posicionada, mas seu comprimento reduzido.

Os Trabalhos de Deberry-Borowieckl *et al.* (1988) e Rintala *et al.* (1991), demonstraram que o comprimento mandibular está diminuído nos pacientes com SAOS. O comprimento da base craniana anterior apresenta-se reduzido, como demonstra grande parte dos trabalhos de pesquisa com pacientes apnéicos. O espaço póstero-palatal mediano é reduzido, coincidindo com o aumento do comprimento e largura do palato mole (PNS-P), o que favorece a obstrução na região, principalmente durante as fases do sono de maior hipotonia, onde estas estruturas anatômicas de volume aumentado vão de encontro à parede posterior da faringe, constituindo-se num sítio anatômico obstrutivo de grande importância (Riley *et al.*; Lowe *et al.*). O espaço faríngeo posterior pode estar diminuído devido a grandes retrognatias, sendo nestes casos indicado a cirurgia ortognática de avanço mandibular (Lowe *et al.*).

Para verificar a posição do osso hióide nos pacientes com SAOS, são utilizadas grandezas cefalométricas que o relacionam com a mandíbula (distância MP-H) e com a coluna cervical (C3-H), procurando desta forma, localizá-lo no sentido vertical e ântero-posterior. O aumento simultâneo dessas medidas indicam que o osso hióide está localizado inferiormente nos pacientes apnéicos (Riley *et al.*). Quando o osso hióide se encontra numa posição mais baixa que o normal, a maioria dos tecidos linguais estão localizados ao nível da hipofaringe, levando a base da língua para uma posição mais verticalizada, facilitando o colapso faringeano (orofaringe), como observado nos pacientes com SAOS (Djupesland,1987).

Neste trabalho, foram selecionados da Análise USP os valores de SNA e SNB por representarem respectivamente o posicionamento da maxila e mandíbula em relação à base do crânio, podendo desta forma avaliar seus posicionamentos. Da mesma análise, também foram extraídos os valores de SN que representa o comprimento da base craniana anterior e Go-Me que representa o comprimento mandibular. Sabe-se que o comprimento mandibular diminuído é sinal de alerta para o SAOS.

Da Análise de Bell foram selecionados os valores de: PNS-ANS (representa o comprimento maxilar, podendo-se observar a medida numericamente), PAS (representa o espaço aéreo posterior, sendo um sítio importante de observação, pois ocorrem obstruções importantes neste local), AA-PNS (representa o posicionamento da maxila em relação à vértebra atlas, podendo-se calcular a necessidade de avanço maxilar), MP-H (representa a posição do hióide súpero-inferiormente e quanto maior o valor, mais inferiorizado se encontra esse osso), C3-H (representa a posição do hióide no sentido ântero-posterior), PNS-P (quanto maior essa medida, maior também o comprimento do palato mole, favorecendo como sítio de obstrução), TGL (quanto maior o valor, maior o comprimento da língua que pode favorecer a obstrução em sua base), Upphw-PP1 (quanto menor o valor, maior o estreitamento do corredor aéreo na região das fossas nasais), PP2-PP2' (quanto menor o valor, maior a obstrução do palato mole em relação à parede posterior da faringe).

Já da Análise de Mc Namara, como N-perp A e N-perp Pg avalia-se e confirma-se a posição em milímetros da maxila e mandíbula respectivamente em relação à uma vertical que parte de N, podendo-se avaliar a retrognatia.

Em relação aos pacientes analisados, observou-se que em condições pré-operatórias as medidas do 1º paciente referentes ao PAS, Go-Me, TGL, Upphw-PP1, PP2-PP2', N-perp A e N-perp Pg estavam inferiores em relação à norma, enquanto que as medidas de AA-PNS, MP-H, PNS-P e C3-H estavam superiores em relação à mesma norma. Os valores de SNA e SNB estavam menores, confirmando um retrognatismo bimaxilar, bem como um menor comprimento mandibular e obstrução do corredor naso-faringeano. Ainda, as medidas referentes ao hióide deram aumentadas, confirmando a rotação para baixo desse osso e o comprimento do palato mole também aumentado em comprimento e largura, denotando outro sítio de obstrução respiratória. No pós-operatório, observou-se que as medidas de SNA, SNB, PAS, Go-Me, AA-PNS, PP2-PP2', aumentaram devido ao avanço bimaxilar. Notou-se ainda que houve diminuição das medidas de MP-H, PNS-P, N-perp A e N-perp Pg. A diminuição do comprimento do palato mole ocorreu devido à redução do palato mole, visto que no pré-operatório estava aumentado em comprimento e volume.

Em relação ao 2º paciente, observou-se que as medidas pré-operatórias de PNS-ANS, PAS, Go-Me, AA-PNS, TGL, Upphw-PP1, PP2-PP2' e N-perp A estavam inferiores em relação à norma. Já os valores de SNA, SNB, PNS-P, C3-H e MP-H estavam superiores em relação à norma. No pós-operatório, houve um aumento de SNA, SNB, N-perp A e N-perp Pg devido ao avanço bimaxilar, bem como as medidas de PAS, Go-Me, AA-PNS, C3-H, Upphw-PP1 e PP2-PP2', denotando uma melhora no corredor respiratório. A diminuição nos valores de PNS-P e TGL ocorreram devido à intervenção cirúrgica no palato mole e língua.

Em relação ao aspecto facial dos pacientes, notou-se que o paciente nº 1 obteve um melhor posicionamento maxilo-mandibular com a cirurgia de avanço, pois seu perfil era retrognata. O paciente nº 2 que já possuía a maxila e a mandíbula adiantadas em relação à base anterior do crânio, ficaram com seus valores ainda aumentados, mas não comprometendo o fator estético.

No paciente nº 2, pode-se observar que a maxila está levemente reduzida em comprimento, em concordância com Bacon *et al.* Os valores reduzidos de Go-Me e PP2-PP2' nos dois pacientes, estão em concordância com Deberry-Borowieckl *et al.* e Rintala *et al.*; já o valor de SN não apresentou-se diminuído conforme os seus achados. O comprimento do palato mole também apresentou-se aumentado, em concordância com Riley *et al.* e Lowe *et al.* nos dois pacientes. O espaço aéreo posterior apresentou-se diminuído nos dois casos, em concordância com os trabalhos de Lowe *et al.* Os valores que relacionam o osso hióide (C3-H e MP-H) apresentaram-se aumentados nos dois casos, em concordância com Riley *et al.*

Em relação às queixas iniciais dos pacientes em relação à sintomatologia da SAOS, estas foram sanadas, pois os mesmos revelaram um sono reparador, ausência da sonolência diurna, melhor concentração, ausência do ronco, levando a uma melhora da disposição geral e qualidade de vida.

O gráfico abaixo demonstra as alterações médias ocorridas nos valores cefalométricos envolvidos na Análise cefalométrica modificada por Macedo e os erros padrões entre o pré e pós-operatório.

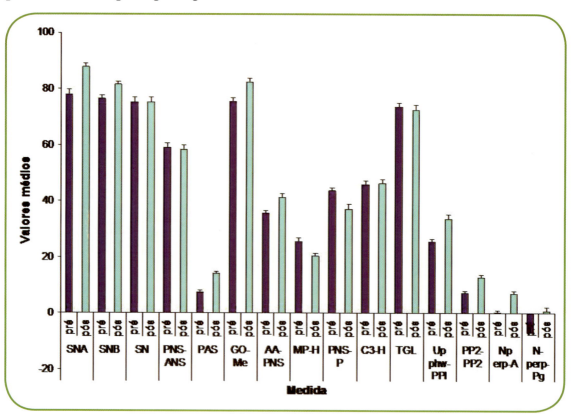

Gráfico 1: observar que as medidas SNA, SNB, PAS, Go-Me, AA-PNS, Upphw-PP1, PP2-PP2´, Nperp-A e N-perp-Pg aumentam no pós-tratamento e as medidas MP-H, PNS-P e TGL diminuem.

Os pacientes que seguem também foram selecionados para efeito de uma maior ilustração e fazem parte da amostra para a construção do Gráfico 1. Observar as alterações cefalométricas ocorridas (figuras 31 a 34).

Paciente nº 3

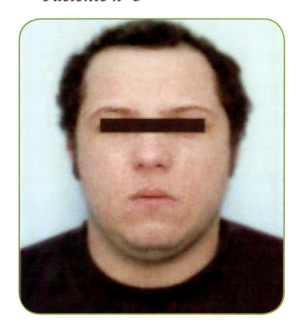
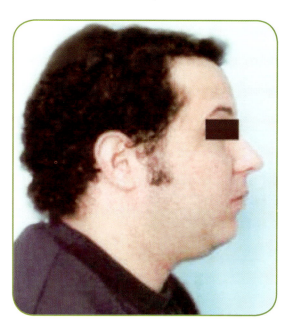

Fig. 31a: Fotos pré-operatória.

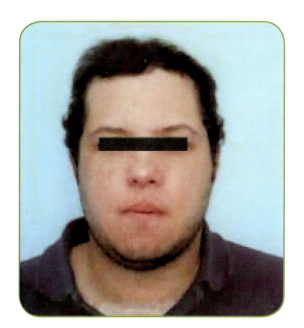
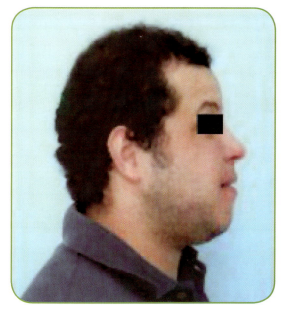

Fig. 31b: Fotos pós-operatória.

Do Respirador Bucal à Apneia Obstrutiva do Sono: Enfoque Multidisciplinar

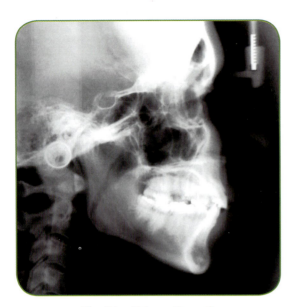

Fig. 31c: Telerradiografia lateral pré-operatória.

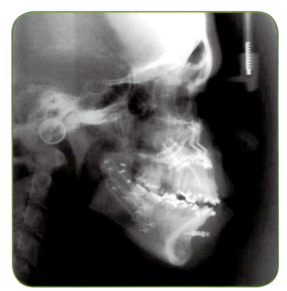

Fig. 31d: Telerradiografia lateral pós-operatória.

Tabela 3: Valores pré e pós-operatório

Pré	Pós	Norma
SNA= 83	88°	82°
SNB= 78	81°	80°
Sn= 79	79	80°
Pns-Ans= 72	72	62,5
Pas= 6	18	15,5
Go-Me= 84,5	86	84,5
AA-Pns= 39	49	36
MPH= 27	18	19
Pns-P= 43	22	34
C3-H= 48	52	41
TGL= 84	78,5	79
Upphw-PP1= 22	35	26
PP2-PP2'= 7	17	12
Nperp A= 0	7	1
Nperp Pg= -14	-5	(-2a+2)

Paciente n. 4

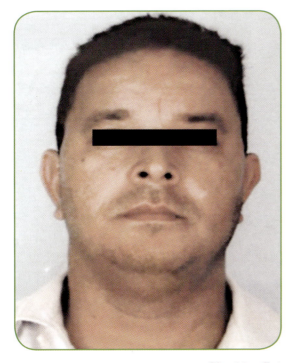
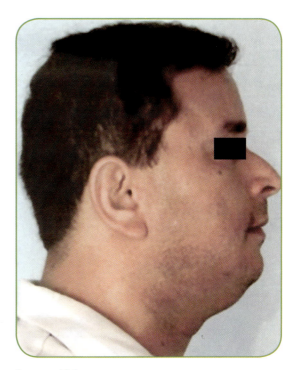

Fig. 32a: Fotos pré-operatória.

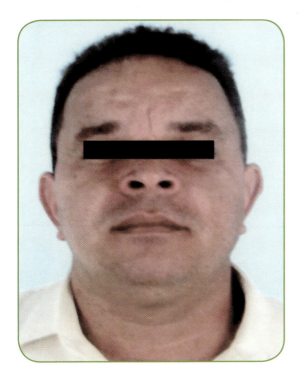

Fig. 32b: Fotos pós-operatória.

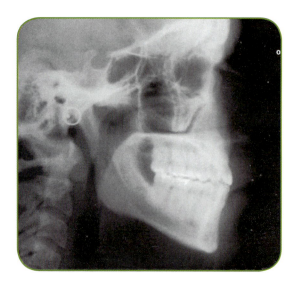
Fig. 32c: Telerradiografia pré-operatória.

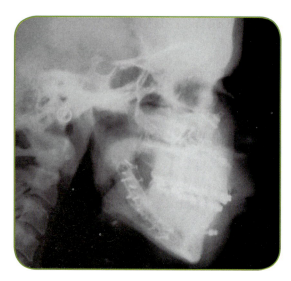
Fig. 32d: Telerradiografia pós-operatória.

Tabela 4: Valores pré e pós-operatório

Pré	Pós	Norma
SNA= 86	91,5°	82°
SNB= 82	84°	80°
Sn= 77	77	80°
Pns-Ans= 67	60	62,5
Pas= 8	18,5	15,5
Go-Me= 75	76	84,5
AA-Pns= 34	44	36
MPH= 36	24	19
Pns-P= 52	39	34
C3-H= 51	52	41
TGL= 71	71	79
Upphw-PP1= 21,5	35	26
PP2-PP2'= 10	13	12
Nperp A= 5	7,5	1
Nperp Pg= 1	3	(-2a+2)

Paciente nº 5

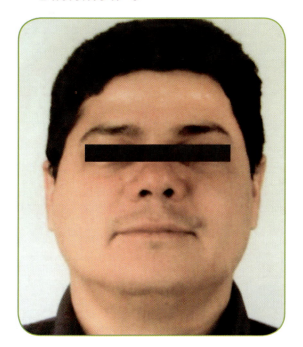
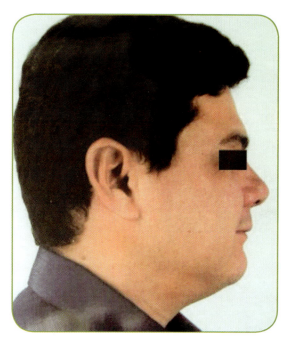

Fig. 33a: Fotos pré-operatória.

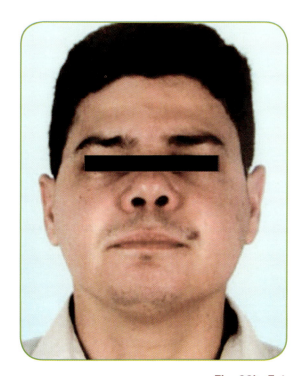
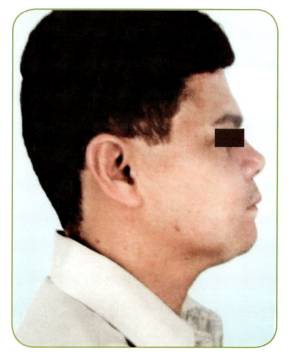

Fig. 33b: Fotos pós-operatória.

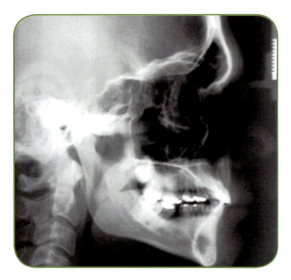
Fig. 33c: Telerradiografia pré-operatória.

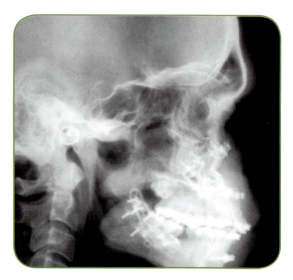
Fig. 33d: Telerradiografia pós-operatória.

Tabela 5: Valores pré e pós-operatório

Pré	Pós	Norma
SNA= 87	96	82°
SNB= 86	91°	80°
Sn= 78	78	80°
Pns-Ans= 61	61	62,5
Pas= 4	14	15,5
Go-Me= 80	85	84,5
AA-Pns= 32	42	36
MPH= 24	13	19
Pns-P= 36	34	34
C3-H= 47	48	41
TGL= 73	73	79
Upphw-PP1= 26	37	26
PP2-PP2'= 6	12	12
Nperp A= 3	7	1
Nperp Pg=3	5	(-2a+2)

Paciente nº 6

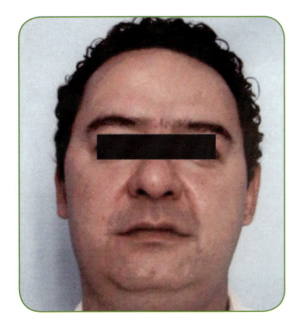
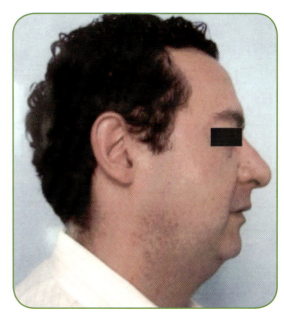

Fig. 34a: Fotos pré-operatória.

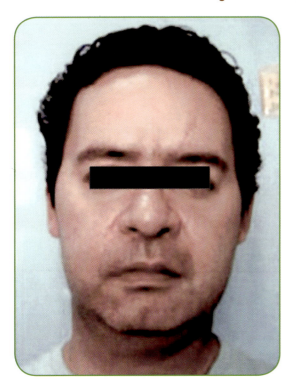
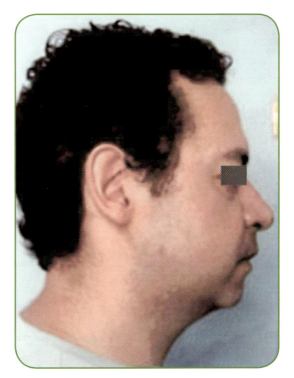

Fig. 34b: Fotos pós-operatória.

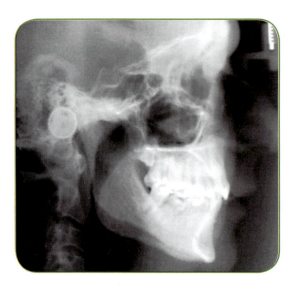
Fig. 34c: Telerradiografia pré-operatória.

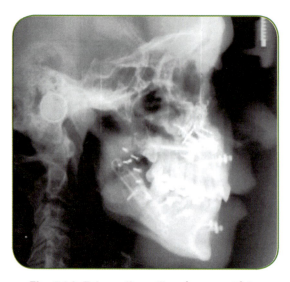
Fig. 34d: Telerradiografia pós-operatória.

Tabela 6: Valores pré e pós-operatório

Pré	Pós	Norma
SNA= 75,5	79	82°
SNB= 73	76,5	80°
Sn= 79	79	80°
Pns-Ans= 59	55	62,5
Pas= 5	10	15,5
Go-Me= 77	80	84,5
AA-Pns= 39	49	36
MPH= 23	17,5	19
Pns-P= 51	43	34
C3-H= 45	45	41
TGL= 77	77	79
Upphw-PP 31	42	26
PP2-PP2'= 10	16	12
Nperp A= 0	3	1
Nperp Pg -1	1	(-2a+2)

CAPÍTULO **11**

PREPARO DO PACIENTE CIRÚRGICO

Introdução

Alcançada a fase final de preparo ortodôntico pré-cirúrgico, aproximadamente duas semanas antes da intervenção, refinem-se os elementos para o planejamento final, pois a cirurgia ortognática deve ser realizada com precisão. Isto envolve vários procedimentos técnicos que devem seguir um protocolo particular para cada paciente, previamente ao procedimento cirúrgico propriamente dito. Dentre tais procedimentos destacam-se: análise facial precisa, análise radiográfica (radiografias panorâmica, telerradiografia cefalométrica de perfil e telerradiografia frontal), confecção de registros inter-arcos ou oclusais, confecção de modelos de gesso, planejamento preciso das movimentações ortodônticas, montagem dos modelos em articulador semi-ajustável e realização da cirurgia de modelos para a confecção dos splints ou guias cirúrgicos intermediário e/ou definitivo (Arnett G.W. et al, 2002).

O principal objetivo da cirurgia de modelos é a de simular cuidadosamente as estruturas faciais do paciente de maneira funcional e espacial. Os modelos montados em articulador devem predizer as alterações em tecidos duros em sintonia com o traçado predictivo. As vantagens em se realizar a previsão em modelos é que a proporção é de 1:1 em relação às estruturas faciais e de poder se trabalhar em 3D, já que a radiografia cefalométrica apresenta distorção de 10% (Erickson, K.L.; Bell W.H.; Goldsmith, G.H., 1992).

Para Medeiros & Medeiros, ainda que as projeções por computador sejam úteis para a visualização por parte do paciente, elas não fornecem medidas que possam ser utilizadas no ato cirúrgico. A quantificação dos movimentos maxilo--mandibulares ainda é rotineiramente feita por meio da cirurgia de modelos e do traçado cefalométrico.

Schroeder R.S.; Wagner J.C.; Klein R.F. 2005 verificaram que apesar das limitações da cefalometria que fornece uma avaliação bidimensional do paciente, podemos e devemos confiar no protocolo utilizado e desenvolvido por Bell et al, que preconiza estudo baseado no exame físico, no traçado cefalométrico e na cirurgia de modelos, que somados, nos dão uma visão tridimensional da face.

Alguns autores 6,7 já provaram que a cirurgia de modelos confeccionada com aferição de instrumentos digitais, sem dúvida é mais precisa, proporcionando maior fidelidade aos valores de referência obtidos em laboratório durante a cirurgia ortognática, propiciando um excelente pós-operatório e resultados condizentes com o planejamento inicial de cada paciente.

Planejamento

Se o paciente possuir assimetria facial será necessário a análise frontal a partir de uma radiografia cefalómetrica póstero-anterior. A radiografia panorâmica (fig.1) dá informações sobre a resposta periodontal à mecânica ortodôntica, sobre as condições dos seios maxilares e as posições dos côndilos mandibulares, detectando também a presença de lesões de cáries recentes. Também é possível visualizar o formato, a dimensão e as posições das raízes dos dentes envolvidos nas osteotomias interdentárias.

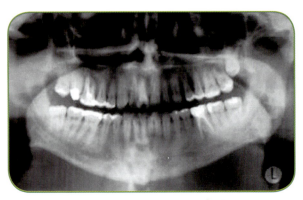

Fig. 1: Radiografia panorâmica

Os exames cefalométricos de frente (fig.2) e de perfil (fig.3) são utilizados para as previsões cirúrgicas e laboratoriais (sobre modelos). A previsão cefalométrica cirúrgica deve ser realizada antes da previsão sobre os modelos, uma vez que é necessário obter informações a partir dela para posicionar os modelos.

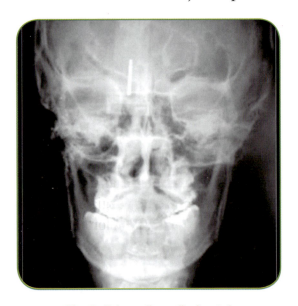

Fig. 2: Telerradiografia frontal

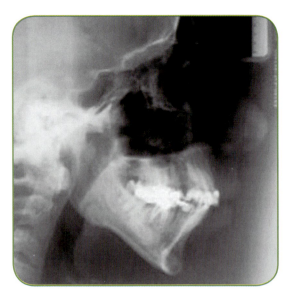

Fig. 3: Telerradiografia lateral

A decisão quanto ao procedimento adequado para a correção da deformidade dentofacial do paciente é fundamental na integração da observação clínica com a previsão cirúrgica feita a partir do traçado cefalométrico obtido ao término do preparo ortodôntico. Este preparo deve fornecer as posições ideais dos incisivos superiores e inferiores com suas devidas descompensações, bem como a eliminação de inclinações e rotações dentárias, nivelamento da curva de Spee e redução de diastemas (Fig. 4 A, B). Note bem, isto é realizado sempre que for possível aguardar esse tempo pré-operatório, caso contrário, se estivermos diante de uma apneia severa, com risco à saúde do paciente, essa fase é eliminada nesse momento, sendo realizada no pós-operatório.

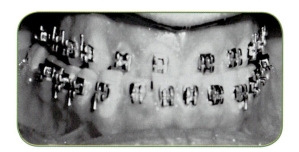 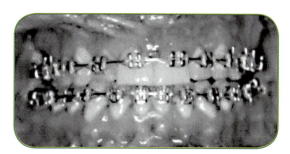

Fig.4: (A) Exemplo de preparo ortodôntico clássico com as descompensações, (B) Pós –operatório(correção da discrepância esquelética)

A finalidade da previsão nos modelos é verificar se é possível estabelecer entre eles a relação tridimensional adequada para uma oclusão satisfatória se possível em Classe I molar e canina com uma relação de protusão e sobremordida aceitáveis e uma coordenação correta das arcadas, que permita uma finalização ortodôntica sem complicações sendo estável e com harmonia estética e funcional.

A previsão dos modelos irá determinar a magnitude e a direção dos movimentos dentoesqueléticos e a dimensão e o formato das osteotomias/ostectomias, bem como a construção dos guias cirúrgicos usados durante a cirurgia para reproduzir estas novas relações oclusais.

Registro do arco facial/ Montagem dos modelos em articulador

O planejamento rigoroso encontra respaldo na previsão laboratorial, a qual recorre habitualmente a articuladores semi-ajustáveis. A fidelidade da cirurgia de modelos dependerá, em grande parte, da montagem adequada dos mesmos (Colombini, 2000). Os registros de mordida, o uso do arco facial (Fig. 5), a moldagem do paciente e a montagem dos modelos (Fig. 6) são semelhantes aos utilizados em clínica geral. O arco facial registra e transfere para o articulador a relação tridimensional dos maxilares com o crânio. Os modelos montados simulam a estrutura facial funcional no espaço.

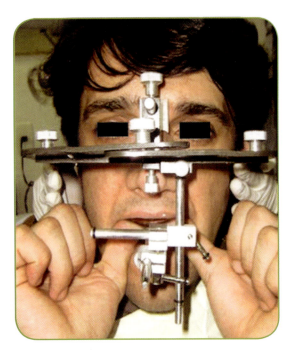

Fig. 5: Registro do arco facial para montagem em articulador

Fig. 6: Articulador totalmente ajustável

Demarcações de linhas de orientação

As linhas de orientação são auxiliares para a realização dos cortes da cirurgia de modelos. São realizadas as seguintes (Ayala, J.et al., 2002):
- Linha média de incisivos centrais superiores e inferiores,
- Duas marcas laterais equidistantes (5 mm) para distal em relação à primeira,
- Distal de bráquetes de caninos superiores e inferiores,
- Mesial dos tubos de molares superiores e inferiores,
- Do bráquete de incisivos superiores à espinha nasal anterior (ENA): buscar na telerradiografia lateral
- Do pogônio até incisal de incisivos inferiores (buscar na telerradiografia lateral).

Esses registros são transferidos aos modelos montados em articulador (Fig. 7 A, B)

Capítulo 11

Fig. 7: A,B: Demarcação das linhas de orientação

Instrumento para mensuração das medidas

Com a intenção de minimizar erros inerentes às medidas que devem ser milimétricas, utiliza-se como instrumento de trabalho para a fase laboratorial uma mesa de calibração e um bloco para modelos chamada de plataforma de Erickson 4. A mesa lisa e plana dispõe de um instrumento de precisão, um calibrador digital, fixado à sua base com uma angulação de 90 graus para o registro das medidas. O ramo fixo do calibrador está representado pela superfície da mesa onde este fica fixado. O ramo móvel se move unicamente no plano vertical e sua ponta aguda é utilizada para marcar os traços de referência no modelo de gesso. As medidas são lidas no visor eletrônico do calibrador. O dispositivo é utilizado levando-se sua ponta móvel até a superfície da plataforma e aciona-se o interruptor do dispositivo eletrônico que coloca o visor em zero. Levanta-se a ponta móvel até o ponto a ser medido e se faz a leitura no visor digital. Quando for necessário marcar um traço de referência no modelo de gesso, eleva-se a ponta até o nível desejado, fixa-se com um parafuso de ajuste e se faz o traçado. Um bloco para modelos permite sua fixação estável e sua manipulação de maneira que as medidas possam ser registradas neste modelo sempre nas mesmas condições. Estes instrumentos permitem a determinação de medidas nos três planos (vertical, ântero-posterior e transversal). Para isso é necessária a variação da orientação do modelo fixado ao bloco em relação ao calibrador. Com o bloco apoiado sobre sua base, são anotadas as medidas verticais do modelo; quando apoiado lateralmente, são registradas as medidas transversais. Se apoiado em sua superfície posterior, pode-se obter as medidas ântero-posteriores.

Durante a cirurgia não é possível respeitar com absoluta exatidão as medidas obtidas na previsão laboratorial. Contudo, deve-se saber que, quanto mais rigorosa for a previsão e sua aplicação em um ato cirúrgico, mais próximo estará o resultado obtido do objetivo fixado (Gregoret J.,2000).

Fig. 8: Plataforma de Erickson e articulador

As medidas dos modelos

Após a montagem dos modelos em articulador, procede-se as medidas nos modelos:

Medidas verticais: são aquelas realizadas a partir da superfície da plataforma até a borda incisal dos incisivos centrais, cúspide de caninos e primeiros molares. Essas medidas são bilaterais e na ausência de algum desses elementos, deve-se escolher o dente mais próximo.

Medida ântero-posterior: são aquelas realizadas com o modelo apoiado com sua superfície posterior na plataforma. Mensura-se os deslocamentos ântero-posteriores.

Medidas transversais: são aquelas realizadas com o modelo apoiado lateralmente. Mensura-se o posicionamento da linha mediana.

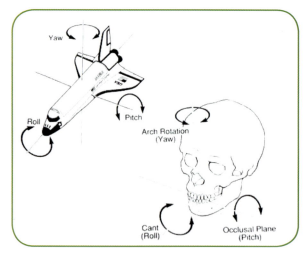

Fig. 9: Comparação de uma aeronave com a posição do crânio (Erickson K.L.)

Capítulo 11

Sequência das medidas pré-operatórias (Figs 10 a 14):

Fig. 10: Registro vertical de incisivos

Fig. 11: Registro vertical de caninos

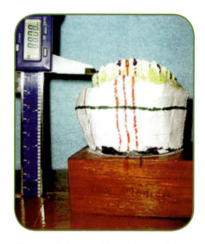
Fig. 12: Registro vertical de molares

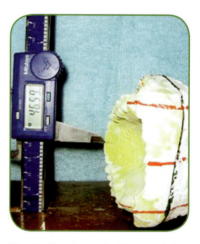
Fig.13: Registro da linha média

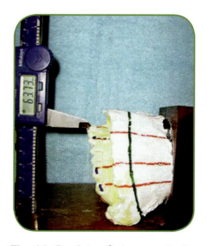
Fig. 14: Registro ântero-posterior

Confecção dos guias (splints ou goteiras) cirúrgicas

Os cortes dos modelos podem ser realizados, iniciando-se em nosso serviço, preferencialmente pela maxila. Esta é reposiocionada de acordo com o planejamento e re-medida com a Plataforma de Erickson para se confirmar o resultado.

Se os deslocamentos estiverem corretos, fixa-se a maxila e procede-se a realização do guia intermediário, isolando-se com vaselina ou similar para que a resina acrílica não fique aderida ao modelo. Em seguida levar o modelo em oclusão.(Fig. 15).

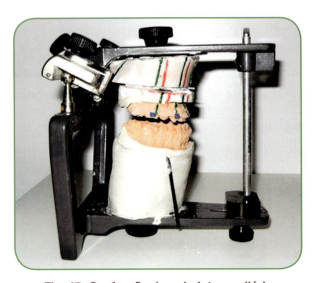

Fig. 15: Confecção de guia intermediário

Após a realização do guia intermediário, procede-se o corte do modelo inferior (Fig. 16). Este é levado a ocluir com o modelo superior de acordo com o planejamento e fixado na posição desejada. Confecciona-se o guia definitivo da mesma maneira que a anterior (Fig. 17).

Fig. 16: Corte do modelo

Capítulo 11

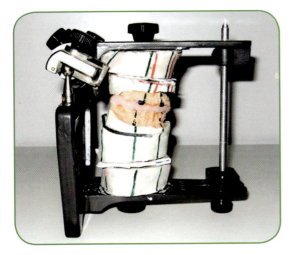

Fig. 17: Confecção do guia definitivo

Fig. 18: Guias intermediário e definitivo

Visão cirúrgica dos guias (Figs. 19 e 20)

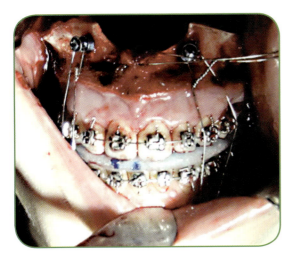

Fig. 19: Guia intermediário (maxila operada)

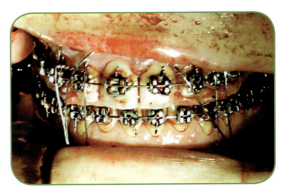

Fig. 20: Guia definitivo (mandíbula operada)

REFERÊNCIAS BIBLIOGRÁFICAS

1. ARNETT, G.W. *et al Cirurgia ortognática de modelo realizada passo a passo* R. Dental Press Ortodon Ortop Facial, v.7, n.1, p. 93-105, 2002.

2. ARNETT, G.W. *McLaughlin P. Planejamento facial e dentário para ortodontistas e cirurgiões bucomaxilofaciais*, ed: Artes médicas, 2004.

3. AYALA J. *et al.. Manual para construir splint quirurgico*, 2002.

4. ASERINSKY, E.; KLEITMAN N. *Regular occuring periods of eye motility and concomitant phenomena during sleep.* Science 118:273, 1953.

5. BACON, W.H. *et al. Cephalometric evaluation of pharyngeal obstructive factors in patients with sleep apnea syndrome.* The Angle Orthodontist. v. 60, n.2, pp. 115 -122, 1990.

6. BELL, W. *Modern Practice in Orthognatic and Reconstructive Surgery.* Philadelphia: WB Saunders, p. 2022-58, 1992.

7. BITTENCOURT, M.A.V. *et al. Dimensão do espaço nasofaringeano em indivíduos portadores de maloclusão de classe II.* Ortodontia 35 (3):16-30, 2002.

8. COLOMBINI N. E. P. *Interpretação e tratamento do ronco e Síndrome da Apneia Obstrutiva do sono: enfoque craniomaxilofacial.* In: Cirurgia da Face interpretação funcional e estética - 1ª ed. Rio de Janeiro: Revinter; cap.35, pp. 597-635.

9. DEBERRY-BOROWIECK, B. *et al.* C. A. *Cephalometric analysis diagnosis and treatment of obstructive sleep apnea.* Laryngoscope. V.98, n.2, pp. 226 – 34, 1988.

10. DICKENS, C. *The Posthumous papers of the Pickwick Club Ldres:* Chapman & Hall, 1837.

11. DI FRANCESCO, R. C. *et al. Respiração oral na criança: repercussões diferentes de acordo com à diagnóstico.* Rev. Bras. Otorrinolaringol. v. 70, n. 5, 2004.

12. DJUPESLAND, G. *et al.* Cephalometric analysis surgical treatment of patients with obstructive sleep apnea syndrome. Acta Otolaryngol. v. 103, pp. 551-57, 1987.

13. ERICKSON K.L.; Bell W.H; Goldsmith D.H. Analytical Model Surgery in Modern Practice in Orthodontics, 1999.

14. FAIRBANKS, D. N. F.; FUJITA S. *Snoring and Obstructive sleep apnea.*

15. GASTAUT, H.; TASSINARI, C. A.; DURON, B. *Polygrafic study of the episodic diurnal and nocturnal (hypnic and respiratory) manifestations of the Pickwick syndrome.* Brain Res 1965; 2:167-86.

16. GREGORET J. *Previsão Tridimensional nos modelos*, in: Ortodontia e Cirurgia ortognática, Ed. Santos, 2002.

17. GUILLEMINAULT, C. *Clinical features and evaluation of obstructive sleep apnea*. In: Kryger, MH; Roth T, Dement WC (Eds.): *Principles and practice of sleep medicine*. 2nd ed. Philadelphia: WB Saunders, pp. 667-77, 1994.

18. Guimarães, K. *Alterações no tecido mole de orofaringe em portadores de apneia do sono obstrutiva;* Monografia- Botucatu, 1999.

19. INTERLANDI, S. *O cefalograma padrão do curso de pós-graduação de Ortodontia da Faculdade de Odontologia da USP.* Rev. Fac. Odont. São Paulo, 6:63-74, 1968.

20. JUNIOR C.M.C.; *Pacientes com Síndrome da apneia e hipopneia do sono obstrutiva avaliados pela análise cefalométrica das contra-partes de Enlow;* http: universiabiblioteca.net, 2009.

21. JÚNIOR, C.M.C. *Estudo cefalométrico radiográfico das características craniofaciais em pacientes com Síndrome da Apneia do sono obstrutiva* [Dissertação de mestrado]. São Bernardo do Campo: Universidade Metodista de Ensino Superior; 1997.

22. LOWE, A. A. *et al. Cephalometric and computed tomographic predictors of obstructive sleep apnea severity.* Am. J. Orthod. Dentofac. Orthod. v. 107, n.6, pp. 589-595, 1995.

23. MACIEL, R.N. *Distúrbios do sono (respiratório) no respirador bucal. In: Respirador bucal – Uma visão multidisciplinar* Coelho-Ferraz M. J.- cap. 16 - pp.225-246 - Lovise-SP, 2005.

24. MARQUES C.G. ; MANIGLIA J.V.; *Estudo cefalométrico de indivíduos com Síndrome da Apneia Obstrutiva do sono: revisão de literatura Arq Ciênc Saúde 2006*, 12(4):206-12.

25. Mc NAMARA JÚNIOR, J. A. *A method of cephalometric evaluation.* Amer. J. Orthod, v 86, n 6, pp. 449-469, dec. 1984.

26. MEDEIROS P.J.; MEDEIROS P.P. *Cirurgia ortognática para o ortodontista.* São Paulo: Santos; 2001.

27. MEDEIROS P.; *Uso da mesa de Erickson na cirurgia simulada de modelos de maxila e mandíbula, in: Cirurgia da Face* (Nelson E.P. Colombini), Ed. Revinter, 2002.

28. OSLER, W. *The Principles and practice of medicine.* New York: Appleton & Lange, pp. 431-3, 1906.

29. PINTO, J. A.; *Síndrome da Apneia Obstrutiva do Sono: uma tarefa multidisciplinar.* In: Cirurgia da face, interpretação funcional e estética Nelson E.P. Colombini - 1ª ed. Rio de Janeiro: Revinter; cap.30, pp.556-557, 2002.

30. REIS, B. *Apneia do sono é menor entre crianças que dormem de barriga para cima.* Jornal da Escola Paulista de Medicina, n. 189, ano 17, 2004.

31. RILEY, *et al. Cephalometric analysis and flow-volume loops in obstructive sleep apnea patients.* Sleep v. 6, n. 4, pp. 303-311, 1983.

32. RINTALA, A. *et al. Cephalometric analysis of the obstructive sleep apnea syndrome.* Proc. Finn. Dent. Soc. v.87, n.1, pp.177-182, 1991.

33. SADOUT, P.; LUGARESI E. *Hypersomnia with periodic breathing - A symposium.* Buli Physiopathol Respir; 8:967-92, 1972.

34. SCHROEDER R.S.; WAGNER J.C.; KLEIN R.F.; *Planejamento em cirurgia ortognática: é possível prever o resulatado? Revista Brasileira de Cirurgia e Traumatologia Buco-maxilo-facial;* v.2, n. 1, 2005.

35. SILVA, S. R. *Como ajudar o paciente roncador.* Revista da APCD; 56 (4):247--256, 2002.

36. SIMÕES D.O. *Cefalometria em Apneia do sono.* In: Cirurgia da face, interpretação funcional e estética. 1ª ed. Rio de Janeiro: Revinter; cap.34, pp. 572-595, 2002.

37. ZUCCONI M. *et al. Habitual snoring without sleep apnea obstructive: the importance of cephalometric variables.* Thorax v. 47, n.3, pp. 157-161, 1992.

CAPÍTULO 12

CIRURGIA NASAL NO RESPIRADOR BUCAL

TOMAS GOMES PATROCINIO
Residente do Serviço de Otorrinolaringologia da Faculdade de Medicina da Universidade Federal de Uberlândia

LUCAS GOMES PATROCINIO
Chefe da Divisão de Cirurgia Crânio-Maxilo-Facial do Serviço de Otorrinolaringologia da Faculdade de Medicina da Universidade Federal de Uberlândia

JOSÉ ANTONIO PATROCINIO
Professor Titular e Chefe do Serviço de Otorrinolaringologia da Faculdade de Medicina da Universidade Federal de Uberlândia

Introdução

A influência da função respiratória no desenvolvimento das estruturas orofaciais tem sido amplamente discutida. De acordo com a teoria da "Matriz Funcional de Moss"[1], a respiração nasal propicia adequado crescimento e desenvolvimento do complexo craniofacial interagindo com outras funções como mastigação e deglutição[2]. Essa teoria baseia-se no princípio de que o crescimento facial está intimamente associado à atividade funcional, representada por diferentes componentes da área da cabeça e pescoço.

No entanto, a obstrução nasal conduz à respiração bucal, resultando em posição alterada da língua e lábios entreabertos[3-5]. Assim, qualquer obstáculo à passagem do ar pelas vias aéreas superiores, seja por malformação, inflamação da mucosa nasal (rinite), desvio de septo nasal ou hipertrofia do anel de Waldeyer, provocará obstrução nasal obrigando o paciente a respirar pela boca[6]. Considerando a doutrina das matrizes funcionais, se houver obstrução das vias aéreas naso e ororrespiratória, muitas influências podem ser exercidas na direção de crescimento das estruturas do esqueleto da face[7].

Uma vez diagnosticada a hipertrofia excessiva das tonsilas faríngea e palatina, o procedimento tomado é, geralmente, a extração cirúrgica desse tecido, desde que não haja contra-indicações como úvula bífida, palato fendido e insuficiência velopalatina, entre outras[8]. A adenotonsilectomia é, em geral, a cirurgia realizada em crianças menores de 8 anos de idade para a resolução da respiração oral.

Quando o nariz é o causador da respiração oral, as duas principais alterações encontradas são: rinite hipertrófica e desvio de septo nasal. O tratamento cirúrgico dessas duas patologias será discutido no presente capítulo.

CIRURGIA DAS CONCHAS

A cirurgia das conchas nasais é o procedimento cirúrgico tradicionalmente utilizado para desobstrução nasal nos pacientes com rinite hipertrófica não--responsível ao tratamento clínico[9,10]. São descritas várias técnicas como cauterização submucosa, turbinectomia parcial e turbinoplastia (com ou sem o uso do microdebridador).

A conduta tomada pelos autores é baseada na idade dos pacientes. Em crianças menores de 8 anos, realiza-se a cauterização submucosa das conchas nasais inferiores. Em crianças acima de 8 anos de idade, realiza-se a turbinectomia parcial inferior.

A turbinectomia parcial inferior é o procedimento de escolha, pois apresenta maior eficácia a longo prazo, fácil execução, sem necessidade do uso do endoscópio ou de tamponamento nasal e baixo índice de complicação[11-12].

Turbinectomia Parcial

É realizada infiltração de 10 ml de bupivacaína a 0,5% com epinefrina 1:80.000 nas conchas inferiores e vasoconstrição com cotonóides embebidos em epinefrina 1:2.000, 15 minutos antes do procedimento. Realiza-se a marcação do local de incisão na concha com pinça angulada de Rochester (figura 1). Em seguida, secciona-se o excesso mucoso e/ou ósseo com tesoura de Knight (figura 2) e retira-o com pinça Takahashi. Realiza-se a fratura lateral da concha nasal remanescente. Faz-se então a hemostasia cuidadosa com cautério monopolar. Não se utiliza tamponamento nasal. A revisão é feita com 10, 30 e 60 dias (figs. 1 e 2).

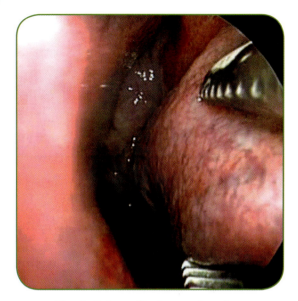

Fig. 1: Fotografia demonstrando a marcação do local de incisão na concha com pinça angulada de Rochester.

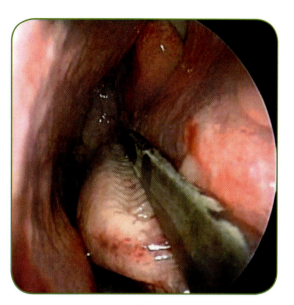

Fig. 2: Fotografia demonstrando secção do excesso mucoso e/ou ósseo com tesoura de Knight.

Cauterização Submucosa

É realizada vasoconstrição das conchas inferiores com oximetazolina a 0,05%. Introduz-se agulha-cautério monopolar ao longo da concha nasal inferior em plano submucoso. Cauteriza-se com aparelho de bisturi elétrico em modo *spray*" a 35W, retirando a agulha lenta e progressivamente. Não se utiliza tamponamento nasal. A revisão é feita com 10, 30 e 60 dias.

Turbinoplastia com Microdebridador

É realizada infiltração de 10 ml de bupivacaína a 0,5% com epinefrina 1:80.000 nas conchas inferiores e vasoconstrição com cotonóides embebidos em epinefrina 1:2.000, 15 minutos antes do procedimento. O endoscópio utilizado é o de 4 mm, de 0°, acoplado à microcâmera com monitor e fonte de luz. A turbinoplastia é feita com o microdebridador, com sonda de 4 mm, cortante, específica para conchas nasais. Este equipamento permite a irrigação com soro fisiológico e a aspiração do material ressecado e do sangue em tempo real, mantendo o campo da visão endoscópica limpo e claro.

A turbinoplastia é usualmente realizada introduzindo o microdebridador na cabeça da concha inferior, avançando-o até a porção caudal, ativando o aparelho da direção caudal para a cefálica. Eventuais pontos de hemorragia são controlados com eletrocoagulação. Não se utiliza tamponamento nasal. A revisão é feita com 10, 30 e 60 dias.

SEPTOPLASTIA

A cirurgia para correção do septo nasal desviado na criança vem através dos tempos sendo motivo de discussões e controvérsias. Ainda hoje existem cirurgiões que contra-indicam a cirurgia antes dos 17-18 anos de idade, orientando os familiares no sentido de que "devem esperar o nariz crescer". Com os novos conhecimentos sobre a importância da boa respiração nasal no desenvolvimento de toda a estrutura craniofacial, essa orientação tornou-se absurda.

Atualmente, sabe-se que quanto mais cedo seja corrigida a respiração destas crianças, maiores condições elas terão de chegar à idade adulta com a face que geneticamente lhes foi destinada. Apesar de Cottle, já em 1939, haver publicado um trabalho indicando a cirurgia septal na criança, somente na década de 80 é que este assunto começou a chamar a atenção dos cirurgiões otorrinolaringologistas, que até então o tinham como um tabu. Iniciando com trabalhos experimentais, demonstrando e analisando o crescimento do complexo nasomaxilar, o interesse por esta patologia tomou vulto. A partir destes conhecimentos, hoje não há idade mínima para realização de septoplastia. A cirurgia deve ser realizada quando há indicação, seja qual for a idade [13-15].

Nas crianças, a cirurgia de septoplastia é executada sempre sob anestesia geral. É realizada infiltração de 10 ml de bupivacaína a 0,5% com epinefrina 1:80.000 na região da columela e submucopericondral no lado côncavo do desvio e vasoconstrição com cotonóides embebidos em epinefrina 1:2.000, 15 minutos antes do procedimento. Inicia-se com incisão hemitransfixante, com bisturi com lâmina 15, na porção caudal do septo nasal, sempre do lado côncavo do desvio, por ser mais fácil de executar o descolamento submucopericondral. Este descolamento é realizado no sentido posterior, em direção e até a lâmina perpendicular do etmóide; e, inferiormente, até o assoalho ósseo do nariz; isto é, de maneira que se possa visualizar todas as uniões da cartilagem quadrangular com o osso. A dissecção submucopericondral tem direção de anterior para posterior; e da crista maxilar para o dorso.

Retiram-se quatro fitas de cartilagem com mais ou menos 2 mm de largura, a primeira no ângulo máximo do desvio, no sentido vertical, do dorso ao assoalho. Retiram-se mais duas fitas separando o osso da cartilagem, uma horizontal, no assoalho; e uma vertical, na junção da cartilagem quadrangular com a lâmina perpendicular do etmóide. A quarta fita de cartilagem é retirada horizontal e superiormente, 2 cm abaixo do dorso, unindo os espaços deixados pela retirada das duas fitas verticais. Com isso, a imagem formada pelos espaços sem cartilagem se parece com um "A" maiúsculo de cabeça para baixo (figura 3).

Em seguida, realiza-se o descolamento submucopericondral contralateral da cartilagem remanescente central, deixando-a presa apenas em uma pequena porção de mucosa, superiormente. Deve-se traumatizar o pericôndrio igualmente de ambos os lados, pois, caso contrário, os condrócitos terão estímulos diferentes para o crescimento, e essa cartilagem, com o desenvolvimento, pode se encurvar novamente.

Os esporões ósseos são ressecados com cinzel, parcimoniosamente. Sutura-se a incisão com 3 pontos separados septocolumelares com poliglactina (Vicryl®) 4-0. Não se utiliza tamponamento nasal. A revisão é feita com 10, 30, 60, 90 dias, 6 meses e anualmente até aos 18 anos de idade.

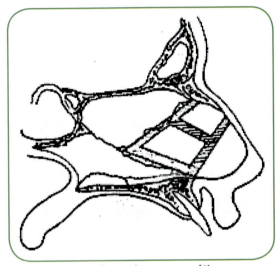

Fig. 3: Desenho esquemático demonstrando a disposição da cartilagem quadrangular após a retirada das quatro fitas de cartilagem, assemelhando-se a um "A" maiúsculo invertido.

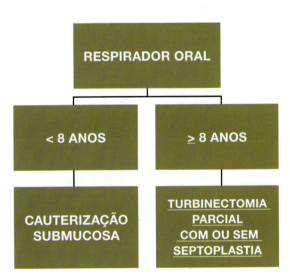

Fig. 4: Algoritmo demonstrando a conduta em relação a cirurgia nasal na criança.

COMENTÁRIOS FINAIS

A cirurgia nasal tem papel fundamental no respirador oral. A restauração da respiração nasal é de fundamental importância no crescimento craniofacial adequado. Os autores acreditam que a conduta cirúrgica deve ser tomada sempre que necessário, independente da idade do paciente. A idade influencia apenas em qual conduta cirúrgica deve ser escolhida (figura 4). Em pacientes menores de 8 anos de idade, opta-se por cauterização submucosa das conchas nasais inferiores (normalmente associada a adenoidectomia) e em crianças acima de 8 anos de idade, realiza-se a turbinectomia parcial inferior (associada ou não a septoplastia).

REFERÊNCIAS BIBLIOGRÁFICAS

1. MOSS, M. L. *The primary role of functional matrices in facial growth.* Am. J. Orthod. 1969; 55(6):566-77.

2. PRATES, N. S.; MAGNANI M. B. B. A.; VLADRIGHI, H. C. *Respiração bucal e problemas ortodônticos: relação causa-efeito.* Rev. Paul. Odontol. 1997; 19(4):14-8.

3. LINDER-ARONSON, S. *Adenoids: their effect on the mode of breathing and nasal airflow and their relationship to characteristics of the facial skeleton and the dentition.* Acta. Otolaryngol. 1970; 265:5-132.

4. PRINCIPATO, J. J. *Upper airway obstruction and craniofacial morphology.* Otolaryngol. Head. Neck. Surg. 1991; 104(6):881-90.

5. PROFFIT, W. R. *Contemporary Orthodontics.* 2nd ed. Saint Louis: Mosby--Year Book, 1993.

6. WECKX, L. L. M., WECKX, L. Y. *Respirador bucal: causas e consequências.* Rev. Bras. Med. 1995; 52(8):863-74.

7. SUBTELNY, J. D. *Effects of diseases of tonsils and adenoids on dentofacial morphology.* Am. Otol. Rhinol. Laryngol. 1975; 84(2):50-4.

8. SAFFER, M.; COLPO, E. L.; OLIVEIRA, R. C.; VIEIRA, A. F. A.; BROCK, A. J. *Prevenção da insuficiência velopalatina em crianças com indicação de adenoidectomia.* Rev. Bras. Otorrinolaringol. 1985; 51(2):7-12.

9. PEREZ, V. J.; VILADOT, J. *Partial lower turbinectomy. Indication and technical description.* Acta. Otorrinolaringol. Esp. 1995; 46(5):403-4.

10. OLARINDE, O. *Total inferior turbinectomy: operative results and technique.* Ann. Otol. Rhinol. Laryng. 2001; 110(7):700.

11. PATROCINIO, J. A.; AMARAL, P. M.; GARROTE, F. I. G.; REINHART, R. Y.; PATROCINIO, L. G. *Eficácia do ácido hialurônico (Merogel) na turbinectomia parcial inferior.* Arq. Otorrinolaringol. 2002; 6(3):211-4.

12. PATROCINIO, J. A.; PATROCINIO, L. G; PARO, J. S.; ALVARENGA, H. A.; AMARAL, P. M.; REINHART, R. J. Y. *Turbinectomia parcial inferior versus cauterização submucosa para hipertrofia da concha nasal inferior.* Arq. Otorrinolaringol. 2003; 7(3):225-30.

13. GUNTER, J. P.; ROHRICH R. J. *Management of the deviated nose: the importance of septal reconstruction.* Clin. Plast. Surg. 1988; 5:43-56.

14. MOCELLIN, M.; MANIGLIA, J. J.; CHEMI, I. A. *Septoplastia em crianças.* Rev. Bras. Otorrinolaringol. 1986; 52:38-44.

15. MOCELLIN, M.; PATROCINIO, J. A. Septoplastia - *Técnica de Metzembaum.* Rev. Bras. Otorrinolaringol. 1990; 56:105-110.

CAPÍTULO 13

INDICAÇÕES E FUNDAMENTOS TÉCNICOS DA CORREÇÃO DA OBSTRUÇÃO NASAL NO RESPIRADOR BUCAL

CLAUDIA P. MANIGLIA E RUBENS HUBER DA SILVA

Introdução

Uma definição completa e já conhecida da síndrome do respirador bucal (figura 1) a descreve como um grupo de alterações dos órgãos fonoarticulatórios causado pela respiração predominantemente oral durante a infância, geralmente associada a alterações da estética facial, do posicionamento dos dentes e da postura corporal; também pode ser acompanhada por alterações cardiopulmonares e endocrinológicas, distúrbios do sono, do comportamento e do desempenho escolar.

A respiração bucal é um mecanismo compensatório diante de uma dificuldade do fluxo aéreo nasal, causada por alterações anatômicas ou fisiológicas nas narinas, cavidades nasais, nasofaringe, orofaringe ou hipofaringe. Ela pode também ser fisiológica quando há aumento da demanda de oxigênio, como no esforço físico.

Suas repercussões são variadas e dependem da duração e idade de instalação. Incluem alterações de funções básicas, como respiração, olfação, proteção, fonação, funções imunológica, auditiva e ventilatórias, além de alterações permanentes no crescimento craniofacial.

Várias são as possíveis etiologias causadoras da respiração bucal. A mais comum é a hipertrofia adenoamigdaleana. As tonsilas palatinas e faríngeas são parte de uma massa de tecido linfóide que circula a rinofaringe e a orofaringe, conhecida como anel de Waldeyer.

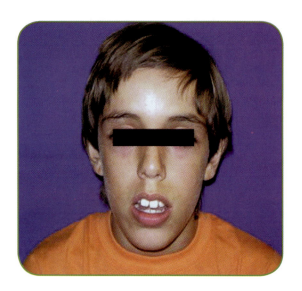 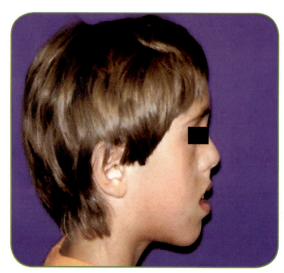

Fig. 1: Respirador bucal.

Apesar de uma atitude mais conservadora ter sido desenvolvida em relação à adenoamigdalectomia, ela ainda é recomendada com grande frequência, sendo a cirurgia mais realizada no mundo. As indicações cirúrgicas variam amplamente, enfatizando a falta de entendimento da função básica do tecido linfóide e as consequências de sua remoção precoce. Incluem, de um modo geral, causas infecciosas e obstrutivas.

Além da hipertrofia adenoamigdaleana, outras etiologias incluem desvio de septo nasal, hipertrofia das conchas nasais devido a rinites alérgicas ou não-alérgicas, atresia de coana, pólipos nasais, glioma nasal, entre outras. Outra causa frequente é a micrognatia, associada ou não a síndromes genéticas, como a de Pierre-Robin (figura 2). Nestas crianças, está indicada a distração mandibular, para deslocamento anterior da mandíbula e consequente aumento do espaço aéreo da hipofaringe.

O nosso papel em relação ao respirador bucal é a identificação e correção da obstrução nasal o mais precoce possível, recuperando a fisiologia nasal normal, antes que alterações craniofaciais irreversíveis se instalem na criança.

CRESCIMENTO E REMODELAÇÃO CRANIOFACIAL

Vários são os fatores gerenciadores do desenvolvimento craniofacial pós-natal, incluindo padrões genético e respiratório, hábitos deletérios orais e mastigatórios. Na infância, a face cresce muito mais do que o crânio. Isso muda completamente a proporção face-crânio encontrada no recém-nascido e no adulto. No recém-nascido, esta proporção é de 1:8, enquanto no adulto, ela é de 1:2.

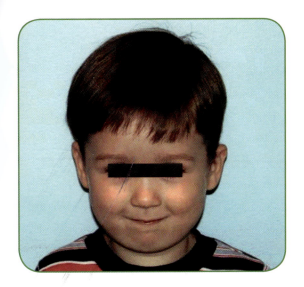 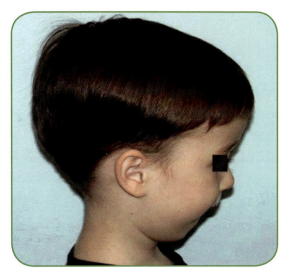

Fig. 2: Síndrome de Pierre-Robin.

Os cinco primeiros anos de vida da criança são fundamentais para o crescimento craniofacial. No recém-nascido, a largura craniana é, em média, de 100 mm, aumentando 50 mm no primeiro semestre de vida e mais 20 mm no segundo. Aumenta, então, cerca de 0,5 mm ao ano do terceiro ao décimo-quarto anos de vida. A abóboda craniana está 63% formada ao nascimento, atingindo 82% de seu tamanho completo por volta de um ano e 90% aos cinco anos.

Decorrente desta mudança, as orelhas possuem uma implantação mais baixa no bebê, a cabeça é mais alongada, os olhos e nariz são mais proeminentes, proporcionando uma face plana. No adulto, após as mudanças ocorridas, a face possui um padrão mais convexo.

Este crescimento facial ocorre por remodelamento ósseo, um processo simultâneo de deposição e reabsorção ósseas. Os ossos da face e do crânio crescem em todas as direções, a partir de seus respectivos centros de ossificação, havendo uma tendência de crescimento no sentido ântero-inferior. Quando a forma definitiva de cada osso individual é atingida, inicia-se o processo de remodelação da face fetal, aproximadamente na décima-quarta semana intra-uterina. Este processo serve tanto para dar formato, quanto para aumentar os ossos.

Na parte anterior da maxila do feto e da criança, ocorre deposição óssea na superfície lingual e reabsorção na superfície nasal. Nas superfícies posterior e infra-orbitária da maxila, ocorre deposição óssea. Deposição óssea no assoalho da órbita no crânio fetal ajuda a manter uma relação posicional constante com o globo ocular.

A língua desempenha um papel fundamental no desenvolvimento craniofacial, atuando como um equilíbrio entre as forças externas e internas que modelam o palato. Assim, durante a respiração nasal, com a boca fechada, a língua encosta no palato e na arcada dentária, igualando às forças externas da musculatura perioral, bochechas e músculos bucinadores.

Além da língua, outro fator imprescindível para a formação facial é o fluxo aéreo nasal. É a passagem de ar pelas cavidades nasais que determinará o crescimento da maxila superiormente.

ALTERAÇÕES DO DESENVOLVIMENTO E CRESCIMENTO CRANIOFACIAL

Havendo uma obstrução da passagem do fluxo aéreo pelo nariz, a criança terá que respirar através da boca. Com a boca aberta, a língua assumirá uma posição mais baixa, impedindo seu contato com o palato e a arcada dentária superior. Esta falta de contato causará um desequilíbrio entre as forças que modulam o palato, sendo que as forças externas tornam-se maiores do que as internas. Com a resistência interna da face diminuída, o palato assumirá uma posição mais alta, em forma de ogiva, causando consequentemente as alterações nas arcadas dentárias. Ocorrem também o retroposicionamento da mandíbula e o estreitamento do terço médio da face.

O desequilíbrio da musculatura orofacial levará à flacidez da musculatura elevadora da mandíbula, causando desequilíbrio na mastigação, que também é uma função importante para o crescimento simétrico da face. A posição da cabeça, por sua vez, é imprescindível para o bom alinhamento corporal. Com o esforço da respiração bucal, haverá a necessidade da ajuda da musculatura acessória, alterando todo o sistema de forças neuromusculares. Podem ocorrer também deformidades torácicas, como peito escavado, além de ombros caídos, inclinação anterior da cabeça e flexão da coluna cervical.

Outras repercussões consequentes à obstrução nasal

O nariz também é responsável por várias funções fisiológicas, que estarão prejudicadas com a sua obstrução.

A função primária do nariz é o transporte do ar do meio ambiente até os pulmões. Durante o trajeto do fluxo aéreo, ocorrem a sua filtração, umidificação, aquecimento e/ou esfriamento. As vibrissas presentes no vestíbulo são a primeira barreira à entrada de partículas estranhas grandes, como fuligem, folhas e insetos. Já o tapete de muco das paredes do nariz retêm partículas menores, como poeira e bactérias. Os cílios presentes na mucosa nasal promovem a movimentação do muco com partículas retidas em direção à nasofaringe e orofaringe, ocorrendo então a sua deglutição. As conchas nasais, principalmente as inferiores, são responsávies por umidificar e alterar a temperatura do ar que entra pelas narinas. Assim, o ar

Capítulo 13

adquire uma umidade relativa de 80%, temperatura de 36° e é separado de partículas em suspensão em sua passagem pelas cavidades nasais.

Em crianças com obstrução nasal severa, haverá um estado de hipoventilação alveolar crônico, podendo desencadear hipertensão pulmonar, insuficiência cardíaca direita e cor pulmonale, além de hipertensão arterial e arritmias cardíacas.

O nariz também desempenha funções imunológica, secretora e de proteção através do sistema mucociliar, reflexos nasais de proteção como espirro e mediadores químicos que estabelecem manifestações locais e sistêmicas. Seu epilélio produz cerca de 600 a 1000 ml de muco em 24 horas e possui anticorpos ativos contra vírus e bactérias, principalmente IgA, além de enzimas bactericidas, como a lisozima, linfócitos isolados, plasmócitos, macrófagos e nódulos linfáticos.

O olfato é uma função nasal que proporciona melhor qualidade de vida. Desta maneira, permite desde prazeres com perfumes, satisfações com comida e também avisos de perigo, como fogo e cheiro de alimentos estragados. A percepção dos diferentes odores depende da chegada de partículas odoríferas através do fluxo de ar no teto da cavidade nasal, onde está localizado o epitélio olfatório.

Existe também a função de fonação, pois as fossas nasais formam parte da caixa de ressonância que determina as características da voz, como qualidade e timbre. Através da comunicação com a orelha média pela tuba auditiva, o nariz também tem uma estreita relação com a audição.

Desta maneira, compreendemos que doenças nasais e nasofaríngeas podem repercutir em funções diversas, como respiração, fonação, olfato, proteção e audição, assim como no desenvolvimento craniofacial.

Identificação do respirador bucal

A história contada pelos pais ou responsáveis pela criança é fundamental. Eles serão a fonte de informação sobre os hábitos diurnos e noturnos da criança, essenciais para nosso diagnóstico. Entre os sintomas diurnos presentes no respirador bucal, estão abertura bucal, lábios entreabertos, hipersonolência, sialorreia, distúrbio da deglutição, alteração da postura e da linguagem, déficit de atenção e aprendizado, baixo desempenho escolar, hiperatividade, irritabilidade, comportamentos agressivos, cefaleia matinal e problema com peso. Os noturnos incluem respiração ruidosa, ronco, apneia, hiperextensão cervical, sono agitado, com mudanças de posição e despertares frequentes, pesadelos e enurese.

Crianças respiradoras bucais de longa data (figura 3) apresentarão deformidades faciais e corporais definitivas, tanto ósseas como musculares. As principais alterações são hipoplasia de lábio superior, lábio inferior seco, hipertrofia gengival, retroposicionamento da mandíbula, má-oclusão, caracterizada por mordida

Do Respirador Bucal à Apneia Obstrutiva do Sono: Enfoque Multidisciplinar

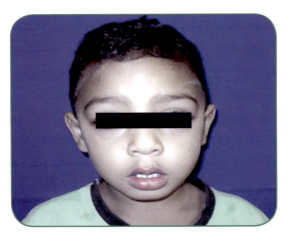 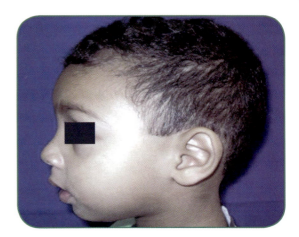

Fig. 3: Face do respirador bucal.

anterior aberta e posterior cruzada, aumento da altura facial inferior, rebaixamento da posição da língua, face hipotônica, palato atrésico ou ogival, protrusão dos incisivos superiores e retrusão dos inferiores, musculatura perioral hipodesenvolvida (figuras 4, 5 e 6).

Além disso, haverá ajuste neuromuscular para adaptação e manutenção da respiração por via oral, com alterações das musculaturas orofaciais, submandibulares, cervicais e vertebrais.

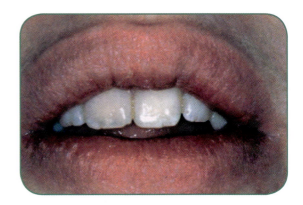

Fig. 4: Lábios entreabertos.

Pode ocorrer um retardo no crescimento pôndero-estatural consequente a hipóxia tissular, hiporexia, transtornos do sono e infecção. A criança pode assumir postura de cabeça e ombros caídos, aumento da cifose dorsal e lordose lombar.

No exame físico, a permeabilidade da via aérea superior deve ser avaliada, com cuidadosa análise das cavidades nasais, posição do septo nasal, conchas nasais, coana, tamanho da adenóide, cavidade oral, posicionamento da língua e dos dentes, tamanho das amígdalas, formato e integridade do palato e função velofaríngea. O respirador bucal geralmente apresenta voz anasalada ou rinolalia fechada. Pode apresentar articulações compensatórias da linguagem por defeitos de pronúncia, associados à má-oclusão, além de dislalia e incapacidade para pronunciar certos fonemas ou sons da fala. Disfagia é outro sintoma frequentemente encontrado em crianças com amígdalas grandes, pois elas interferem diretamente na fase faríngea da deglutição. Nestes casos, as crianças terão dificuldade para ingerir sólidos e, geralmente, preferem alimentos líquidos e pastosos.

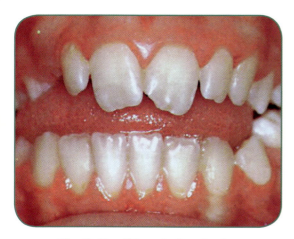

Fig. 5: Mordida anterior aberta.

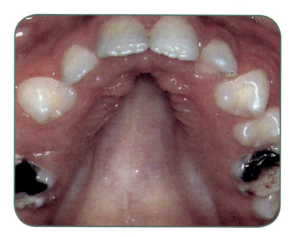

Fig. 6: Palato ogival.

O formato da face também deve ser descrito, avaliando o tipo facial, que é dividido em dolicocefálico, braquicefálico e misto. A face dolicocefálica, frequentemente presente no respirador bucal, apresenta complexo nasomaxilar mais protruído, base do crânio, arco maxilar e nasofaringe mais estreitos e longos. O côndilo mandibular assume uma posição mais baixa, com rotação posterior da mandíbula, que tende a ser retraída, proporcionando um perfil mais convexo da face. Já a face braquicefálica possui base do crânio mais larga e mais curta, complexo nasomaxilar menos projetado, arco maxilar e palato mais largos, nasofaringe mais curta e mais larga e ramo mandibular maior, com rotação anterior da mandíbula e perfil mais reto (prognata). A face mista possui características de ambos os tipos.

Exames complementares

A radiografia do cavum é um exame facilmente realizado e mostra o tamanho relativo da adenóide. Tem como desvantagem o fato de ser um estudo estático, além de exigir exposição à radiação para a sua realização. Hoje já se conhece a superioridade da nasofibrolaringoscopia flexível, um estudo dinâmico tolerável e facilmente realizado mesmo em crianças pequenas. Através dela, a adenóide é visualizada diretamente e o fechamento velo-faríngeo também pode ser estimado. Avalia não só a rinofaringe, como todo o trato aéreo superior, desde as narinas até a glote.

A polissonografia é a documentação completa do sono e o padrão-ouro para diagnóstico de anormalidades ventilatórias durante o sono, mas ainda existem muitas limitações à sua realização em crianças no Brasil. Algumas de suas limitações incluem o alto preço e a pouca cooperação das crianças, que necessitam dormir em um ambiente estranho e com alguns aparelhos conectados a elas.

Conduta

A conduta tomada em frente à criança respiradora bucal dependerá da causa da obstrução da passagem do ar. Desta maneira, deve-se diagnosticá-la como cirúrgica ou não-cirúrgica. Neste capítulo, iremos nos ater a algumas causas que necessitam de cirurgia, com o fim de descrever as técnicas cirúrgicas mais utilizadas para a correção da respiração bucal. Entre elas, estão adenoidectomia, tonsilectomia, septoplastia e cirurgia para redução das conchas nasais, entre outras.

Adenoidectomia

Apesar de serem muitas vezes mencionadas juntas, as cirurgias para remoção da adenóide e para a remoção da amígdala são procedimentos distintos, com indicações próprias. A cirurgia para remoção da adenóide foi desenvolvida na última metade do século XIX, após Wilhelm Meyer, de Copenhagen, sugerir que ela era responsável por sintomas nasais e também por perda auditiva.

A tonsila faríngea pode ser removida através de várias técnicas. A mais utilizada é feita através de curetas de diversos tamanhos. Primeiramente, o abridor de boca é posicionado e o palato e o cavum são cuidadosamente examinados (figura 7). Escolhe-se o tamanho apropriado da cureta. Esta é posicionada embaixo do palato mole, sendo apoiada no septo nasal (vômer) superiormente (figura 8-A). Gentilmente, a cureta é deslizada inferiormente, sendo realizado um movimento de báscula lateral, removendo o tecido adenoideano (Figura 8-B). Havendo resto de tecido no cavum, ele é, então, removido com cureta menor, usando a mesma técnica descrita acima. Deve-se ter cuidado para evitar lesão de musculatura profunda, do torus tubarus, da coana ou da vértebra.

Outra técnica consiste na vaporização das vegetações adenoideanas através de aspirador-cautério nº 10 Fr, em 15 a 30 Watts. Esta técnica necessita de visualização direta da adenóide, realizada através de espelho de laringe (espelho de Garcia) e também uma sonda de aspiração, que é introduzida pela cavidade nasal e retirada pela cavidade bucal, tracionando o palato superiormente, para melhor exposição

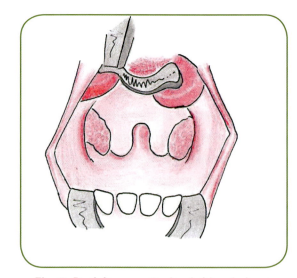

Fig. 7: Posicionamento do abridor de boca e exame do palato.

278

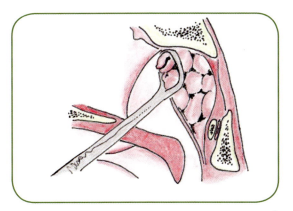 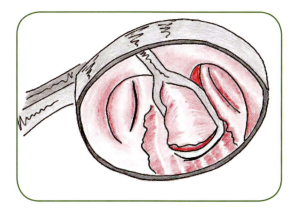

Fig. 8: Curetagem da adenóide. A, Posicionamento da cureta.
B, Movimento em báscula da cureta para remoção adenoideana.

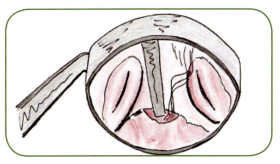 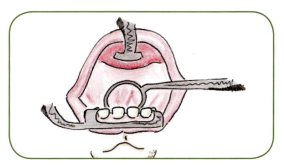

Fig. 9: Visualização da adenóide com espelho laríngeo.

Fig. 10: Adenoidectomia com eletrocautério.

do cavum (figura 9). O aspirador-cautério é segurado com a mão dominante e o espelho com a outra mão.O tecido adenoideano é, então, liquefeito e aspirado em toda a sua extensão, geralmente em sentido inferior para superior, até que a coana esteja completamente livre e visível (figura 10).

Também tem sido utilizado microdebridador curvo, especialmente adaptado para a rinofaringe (figura 11). O microdebridador ou shaver é um instrumento movido à energia elétrica que remove o tecido através da rotação e oscilação da lâmina em seu centro. Também necessita de visualização direta pelo espelho de Garcia.

A visualização direta empregada nestas duas últimas técnicas descritas também permitem a retirada apenas da metade superior da adenóide, o que é desejado em crianças com risco de insuficiência velo-faríngea. Assim, retira-se a parte superior da adenóide que está causando obstrução, ao mesmo tempo em que se mantém a sua parte inferior, importante para o fechamento velo-faríngeo (figura 12).

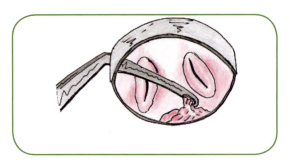

Fig. 11: Adenoidectomia com microdebridador.

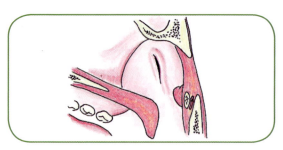

Fig. 12: Preservação da metade superior da adenóide, para prevenir insuficiência velo-faríngea em criança com predisposição.

A hemostasia de leito adenoideano pode ser feita por pressão com gaze ancorada colocada no cavum por 5 minutos, cauterização química, com produtos como o subgalato de bismuto ou cauterização elétrica, com o aspirador-cautério.

Tonsilectomia

A tonsilectomia foi descrita por Celsus, há dois milênios. Hoje, novas técnicas estão sendo desenvolvidas, tentando diminuir o risco de sangramento e dor no pós-operatório. Atualmente, as técnicas são divididas em extra e intracapsulares.

A técnica extracapsular consiste na dissecção desenvolvida por Dr. John Fowler no início do século XX, na Universidade John Hopkins. Inicia-se com posicionamento do abridor de boca. O pólo superior da tonsila é, então, medializado com o Allis curvo (figura 13-A). A mucosa do pilar anterior à tonsila é incisada. A incisão pode ser realizada com bisturi frio (lâmina nº 12) ou com bisturi elétrico ponta de agulha. O Hurd é posicionado no interior da incisão, encontrando o plano avascular entre a cápsula da tonsila e a sua loja. Reposiciona-se, então, o Allis longo, segurando todo pólo superior da tonsila. Dissecção é realizada com descolador ou mesmo com o próprio bisturi elétrico, de superior para inferior, até completa remoção da tonsila (figura 13-B). Enquanto isso, tração medial da mesma continua sendo realizada. Hemostasia pode ser realizada através de gaze ancorada, com ou sem subgalato de bismuto, promovendo pressão por 5 minutos. Outras maneiras de hemostasia incluem o uso do aspirador-cautério, cauterizando apenas os pontos de sangramento (figura 14-A) ou sutura com fio Categute cromado ou simples (figura 14-B). A tonsila contralateral é removida usando a mesma técnica. Irrigação com soro fisiológico 0,9% da nasofaringe e orofaringe permite remoção de coágulos e tecidos residuais. O abridor de boca deve, então, ser retirado com cuidado para que não ocorra extubação acidental prematura.

A tonsilectomia intracapsular, ou tonsilotomia, é uma abordagem cirúrgica que preserva parte da tonsila. Desta maneira, ela foi desenvolvida para diminuir o seu tamanho, o que eliminaria os sintomas de obstrução de vias aéreas de crianças com

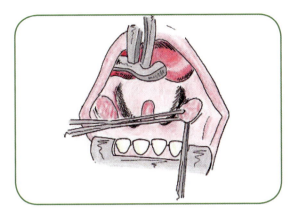 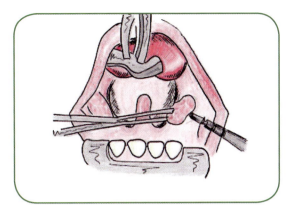

Fig. 13: Amigdalectomia. A, Preensão e incisão da amígdala. B, Dissecção amigdaleana.

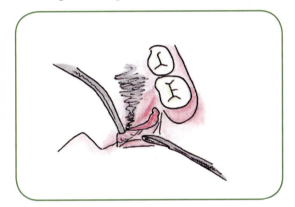 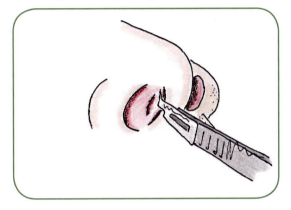

Fig. 14: Hemostasia. A, Uso de eletrocautério. B, Uso de sutura.

hiperplasia de tonsila. Algumas destas técnicas incluem coblation, radiofrequência, harmonic scalpels e microdebridador. Elas evitam lesão do tecido muscular, que possui mais terminações nervosas e vasculares do que a tonsila. Sua desvantagem é a possibilidade de crescimento do tecido tonsilar residual, que está estimado em 0,5% em um período de três anos.

Septoplastia

A septoplastia consiste na correção da parte desviada do septo nasal para permitir melhor fluxo aéreo. Em adolescentes acima de 15 anos, a mesma técnica cirúrgica dos adultos pode ser empregada, pois haverá crescimento facial muito pequeno a partir desta idade. Em crianças menores, a cirurgia deve ser realizada usando técnicas mais conservadoras, com a máxima preservação de tecidos. No entanto, não há nenhuma contra-indicação pela idade. A sua grande indicação consiste em conservar, reposicionar, retificar e preservar a cartilagem septal para melhorar a via aérea nasal e mesmo a realização de osteotomias, para corrigir desvios da pirâmide nasal, quando necessário.

O desvio septal é cuidadosamente examinado com a ajuda dos espéculos nasais (figura 15-A). O primeiro passo cirúrgico é a infiltração da mucosa septal bilateral com solução de lidocaína 1% com adrenalina, na concentração de 1:200.000, promovendo hidrodissecção submucopericondrial. Incisão hemi-transfixante é realizada no lado côncavo do desvio, para facilitar na dissecção, expondo a porção caudal da cartilagem quadrangular (figura 15-B). É confeccionado, então, o retalho mucopericondrial e mucoperiosteal com descolador de Cottle ou elevador de Freer (figura 15-C), sendo que sua dissecção é realizada em sentido posterior e inferior, até o vômer e o etmóide. O desvio septal é medido e condrotomia é realizada anterior ao seu início. Após a condrotomia, o outro lado do septo é dissecado de sua mucosa. Condrotomias posterior, superior e inferior são realizadas para completa remoção da parte desviada do septo nasal. Havendo desvio ósseo, este também deve ser retirado, o que pode ser feito com osteótomo ou Jansen-Middletown. Os fragmentos retirados devem ser preservados, podendo ser retificados e reposicionados. Os desvios septais anteriores caudais, muito frequentes em crianças, devem ser corrigidos pela técnica de Metzembaun. Havendo desvio da pirâmide nasal, osteotomias laterais são realizadas com osteótomo de 3mm e osteotomias mediais com osteótomo de 10 mm. Estas fraturas, quando necessárias, devem ser sempre completas. A incisão hemitransfixante é suturada com fio absorvível, podendo ser usado Categute simples, Categute cromado ou Vicril. Tampão nasal não é necessário, desde que não haja sangramento e o uso de moldes de plástico ou silicone *splint* pode ou não ser utilizado. Tendo sido realizadas osteotomias, a pirâmide nasal deve ser imobilizada com tiras de micropore e aquaplastic no dorso nasal.

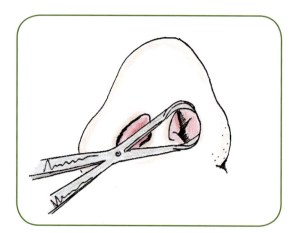 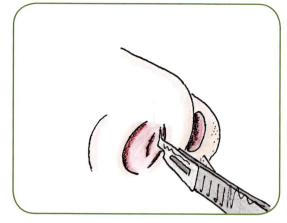

Fig. 15: Septoplastia. A, Exposição do desvio septal. B, Incisão hemitransfixante no lado côncavo do desvio.

Redução das conchas nasais inferiores

O tratamento cirúrgico das conchas nasais deve ser considerado quando há falha no seu tratamento clínico. Não há uma técnica padrão, sendo que cada uma possui um grau de eficácia, alívio da obstrução, tempo de duração e potenciais complicações. Várias técnicas podem ser realizadas, desde fratura ou luxação lateral das conchas até ressecção parcial. No entanto, a cirurgia não irá substituir tratamentos clínicos, que devem ser continuados no pós-operatório de pacientes com rinite alérgica ou não-alérgica.

O principal objetivo da turbinectomia é obter um espaço intranasal adequado, mantendo a mucosa nasal funcionante. Várias são as técnicas para a redução das conchas nasais e a sua escolha deve ser individualizada.

A fratura lateral da concha nasal inferior é realizada com o seu deslocamento lateral com um descolador de Freer ou mesmo uma das lâminas do espéculo nasal longo. Sua grande vantagem é a facilidade de realização e ausência de sangramento ou formação de crostas, porém não é muito efetiva, já que não diminui o tamanho da concha e esta pode reassumir sua posição prévia após o procedimento.

A cauterização intraturbinal com eletrocautério pode ser realizada em associação à outras cirurgias. Pode ser realizada com cautério unipolar ou bipolar, geralmente introduzindo a agulha em vários pontos da concha nasal. É simples, tem baixos índices de complicações e não necessita de tamponamento nasal. No entanto, ocorre a formação de crostas e não tem efeito a longo prazo.

Crioterapia das conchas nasais pode ser indicada e sua grande facilidade consiste no fato de poder ser realizada sob anestesia local e em nível ambulatorial. Pode, entretanto, haver sangramento nasal imediato ou tardio.

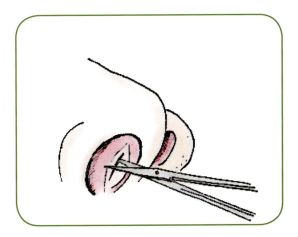

Fig. 15c: Descolamento do mucopericôndrio e periósteo para confecção do retalho mucopericondrial.

O laser vaporiza os tecidos moles. Pode ser realizado sob anestesia local, em consultório, com pequeno risco de sangramento. Vários tipos de laser já foram usados por diferentes autores, incluindo laser de CO_2, Nd:YAG laser e KTP/532 laser. É um método caro e sua superioridade em relação aos outros métodos ainda não foi provada.

A turbinectomia, total ou parcial, consiste na ressecção de parte ou toda concha nasal inferior, incluindo osso e mucosa adjacente. Pode ser realizada com tesoura angulada, alça fria, pinça cortante ou microdebridador. Após a ressecção, cautério unipolar é utilizado para hemostasia. Atualmente, a turbinectomia parcial tem sido preferida, pois preserva uma maior extensão de mucosa nasal secretora e ciliada e tem menos risco de sangramento. Além disso, previne a síndrome do nariz vazio, que consiste na persistente sensação de obstrução nasal, apesar de uma ampla cavidade nasal, sem a presença das conchas nasais.

CONTRA-INDICAÇÕES À CIRURGIA

As contra-indicações estão divididas em quatro categorias: hematológica, imunológica, infecciosa e velofaríngea.

Contra-indicações hematológicas incluem anemia (hemoglobulina menor do que 10g/dL ou hematócrito menor do que 30%) e desordens da hemostasia.

Também não deve ser realizada na presença de quadro agudo de infecção local, exceto se há sintomas obstrutivos urgentes, tratamento antimicrobiano prolongado sem sucesso ou durante o curso de um abscesso tonsilar, o que ainda permanece controverso. Na presença de deficiências imunológicas, cirurgia também deve ser evitada.

Fenda palatina submucosa deve ser suspeitada em criança com história de regurgitação nasal, úvula bífida, palato curto ou outras anormalidades palatais. Detalhada avaliação do palato mole deve ser realizada antes da cirurgia, pois a realização de adenoidectomia em criança com fenda palatina submucosa pode ser desastrosa, causando insuficiência velofaríngea.

Complicações iatrogênicas

Injúria dental ocorre pela intubação ou pelo abridor de boca. Deve-se ter especial atenção em crianças em idade de troca de dentição.

Estenose nasofaríngea ou orofaríngea é causada por remoção excessiva de tecido e uso inadequado de cautério. Sua correção é muito difícil, sendo que sua prevenção é seu melhor tratamento. Lesão da tuba de Estáquio ocorre quando torus tubarus é cauterizado ou desnudo.

Meningite é rara e pode ocorrer após infiltração de lidocaína e epinefrina na nasofaringe antes de adenoidectomia, o que é desnecessário e deve ser evitado.

Paralisia do nervo lingual ocorre por pressão prolongada da língua pelo abridor de boca, o que também pode ser evitado com o fechamento do abridor de boca por alguns segundos durante a cirurgia.

Lesão da artéria carótida interna é rara e pode ocorrer por dissecção, cauterização ou sutura muito profunda da fossa amigdaleana, já que esta artéria encontra-se de 5 a 30 mm dela.

Queimaduras pelo cautério ocorrem por descuido do cirurgião ou mau funcionamento do equipamento, quando este é utilizado na cirurgia.

Perfuração septal pode ocorrer após septoplastia, principalmente quando há injúria do retalho mucopericondrial bilateral, pois a nutrição do septo é prejudicada. Sinéquia é outra possível complicação da cirurgia nasal. Consiste na cicatrização indevida entre estruturas nasais, como septo e concha nasal, podendo ser evitada com o menor traumatismo possível das estruturas nasais durante o procedimento cirúrgico e uso de *splints*.

Complicações não-iatrogênicas

Sangramento ocorre em aproximadamente 2 a 5% das tonsilectomias, independente da técnica cirúrgica utilizada. Ela requer que a criança seja levada imediatamente ao centro cirúrgico para que a hemostasia seja restabelecida.

Dor é outra complicação frequente, estando diretamente relacionada à técnica cirúrgica e aos instrumentos utilizados. Sua abordagem deve evitar o uso de narcóticos, como a codeína, pois aproximadamente 10% das pessoas não a metabolizam adequadamente, apresentando náuseas e vômitos.

Juntamente com a dor, pode ocorrer desidratação pela falta de ingesta hídrica adequada nos primeiros dias de pós-operatório.

Crescimento do tecido adenoideano pode acontecer, principalmente em crianças muito jovens e/ou alérgicas, podendo requerer novo procedimento no futuro.

Hipernasalidade pode ser temporária, geralmente causada por dor, ou permanente, provavelmente por algum defeito palatal não detectado. Fonoterapia ou cirurgia, com construção de esfíncter velofaríngeo, podem ser necessárias.

Subluxação atlanto-axial (síndrome de Grisel) é outra complicação rara, que se manifesta com torcicolo persistente uma a duas semanas após a cirurgia. Avaliações neurológica ou ortopédica podem ser necessárias.

Hematoma septal também pode ocorrer por acúmulo de sangue no espaço que foi criado com a dissecção, entre o septo e o retalho mucopericondrial. Havendo infecção deste espaço, haverá a formação de abscesso. Ambos devem ser drenados imediatamente, evitando necrose e consequente perfuração do septo ou nariz em sela.

CONCLUSÕES

Atualmente, grande foco tem sido dado para a respiração bucal e suas consequências. Já se sabe que a deformidade facial independe da causa obstrutiva e que a idade de instalação, gravidade, duração e idade de correção da obstrução nasal são fundamentais para o tratamento do respirador bucal. Desta maneira, o tratamento clínico ou cirúrgico deve ser precoce para garantir crescimento craniofacial harmonioso.

A avaliação que deve envolver a criança respiradora bucal é multiprofissional e seus objetivos principais são identificação, intervenção e correção precoces da causa da obstrução e de suas consequências. A equipe de profissionais envolve desde o pediatra, responsável pela identificação da criança com padrão de respiração bucal, o otorrinolaringologista, que deve fazer o diagnóstico e tratamento clínico ou cirúrgico da obstrução nasal, o ortodontista, que corrigirá a arcada dentária, o fonoaudiólogo, que reabilitará os tecidos moles e o fisioterapeuta, que recuperará a postura corporal.

Para que haja equilíbrio do esqueleto craniofacial, assim como correto funcionamento fisiológico nasal, a permeabilidade aérea é a peça chave. E, no respirador bucal, a remoção precoce da obstrução das vias aéreas é fundamental para o desenvolvimento craniofacial normal.

REFERÊNCIAS BIBLIOGRÁFICAS

1. Carvalho, GD. *Síndrome do respirador bucal – abordagem ortodôntica*. In: Otorrinolaringologia Pediátrica. Rio de Janeiro: Revinter, 1998.

2. Cedin, AC; Carvalho, GD; Krakauer, L; Filho, NAR; Araújo, P. *Respirador bucal*. In: V Manual de Otorrinolaringologia Pediátrica da IAPO. Guarulhos: Lis Gráfica & Editora, 2006.

3. Darrow, D. *Dilemas na abordagem das tonsilas*. In: V Manual de Otorrinolaringologia Pediátrica da IAPO. Guarulhos: Lis Gráfica & Editora, 2006.

4. Darrow, DH; Siemens, C. *Indications for tonsillectomy and adenoidectomy*. Laryngoscope 2002; 112:06-10.

5. Demin, H; Jingying, Y; Jun, W; Qingwen, Y; Yuhua L; Jiangyong, W. *Determining the site of airway obstruction in obstructive sleep apnea with airway pressure measurements during sleep*. Laryngoscope 2002; 112:2081--2086.

6. Derkay, CS; Maddern, BR. *Innovative techniques for adenotonsillar surgery in children: introduction and commentary*. Laryngoscope 2002; 11:02.

7. Elluru, RG; Johnson, L; Myer, CM. *Electrocautery adenoidectomy compared with curettage and power-assited methods.* Laryngoscope 2002; 112:23-25.

8. Enlow, DH; Hans, MG. *Overview of Craniofacial Growth and Development.* In: Essencials of Facial Growth. Cleveland: W.B. Saunders Company, 1996.

9. Enlow, DH; Hans, MG. *Prenatal Facial Growth and Development.* In: Essencials of Facial Growth. Cleveland: W.B. Saunders Company, 1996.

10. Goldsmith, AJ; Rosenfeld, RM. *Tonsillectomy, Adenoidectomy and UPPP.* In: Surgical Atlas of Pediatric Otolaryngology. Ontario: BC Decker Inc, 2002.

11. Johnson, LB; Elluru, RG; Myer, CM. *Complications of adenotonsillectomy.* Laryngoscope 2002; 112:35-36.

12. Howard, WA. *The tonsil and adenoid problem. In: Pediatric Otolaryngology.* Boston: W.B. Saunders Company, 1972.

13. Huebener, DV; Nissen, RJ. *Dental and Orthodontic Disorders.* In: Pediatric Otolaryngology. Thieme: New York, 2000.

14. Koltai, PJ; Solares, A; Mascha, EJ; Xu M. *Intracapsular parcial tonsillectomy for tonsillar hypertrophy in children.* Laryngoscope 2002; 112:17-19.

15. Koltai, PJ; Chan, J; Younes, A. *Power-assisted adenoidectomy: total and partial resection.* Laryngoscope 2002; 112:29-31.

16. Maddern, BR; Cotter, CS. *Obstructive Sleep Disorders.* In: Pediatric Otolaringology, 4th ed. Saunders: Philadelphia, 2002/2003.

17. Maddern, BR. *Electrosurgery for tonsillectomy.* Laryngoscope 2002; 112:11-13.

18. Maniglia, CP; Filho, PGF; Maniglia, LP; Maniglia, MP; Maniglia, JV. *Fisiologia do nariz, seios paranasais e base anterior do crânio.* In: Rinoplastia estética-funcional-reconstrutora. Rio de Janeiro: Revinter, 2002.

19. Maniglia, JV; Dafico, SR; Simone, LHV; Filho, PGF; Maniglia, LP; Maniglia, CP. *Rinosseptoplastia reparador em criança.* In: Rinoplastia estética--funcional-reconstrutora. Rio de Janeiro: Revinter, 2002.

20. Mocellin, M; Faria, JG. *Respirador bucal.* In: Otorrinolaringologia Pediátrica. Rio de Janeiro: Revinter, 1998.

21. Morales, TM; Boett, LMA: *Obstrução nasal e suas repercussões.* In: III Manual de Otorrinolaringologia Pediátrica da IAPO. São Paulo: Quebecor World, 2003.

22. Pignatari, SSN; Stamm, AC. *Obstrução nasal na criança e desenvolvimento facial.* In: Cirurgia da Face- Interpretação Funcional e Estética. Rio de Janeiro: Revinter, 2002.

23. Pontes, PL; Britto, AT; Carvalho, GD; Mocellin, M; Godinho, R. *O papel da hipertrofia adenotonsilar na síndrome do respirador bucal.* In: IV Manual de Otorrinolaringologia Pediátrica da IAPO. Guarulhos: Lis Gráfica & Editora, 2006.

24. Paradise, JL. *Tonsillectomy and Adenoidectomy.* In: Pediatric Otolaringology, 4th ed. Saunders: Philadelphia, 2002/2003.

25. Plant, R. *Radiofrequency treatment of tonsillar hypertrophy.* Laryngoscope 2002; 112:20-22.

26. Reilly, JS. *Apneia obstrutiva do sono e roncos em crianças: noções gerais.* In: III Manual de Otorrinolaringologia Pediátrica da IAPO. São Paulo: Quebecor World, 2003.

27. Reilly, JS; Schmidt, RJ. *Atualizando a técnica intracapsular para tonsilectomia.* In: V Manual de Otorrinolaringologia Pediátrica da IAPO. Guarulhos: Lis Gráfica & Editora, 2006.

28. Rodrigues, K; Murray, N; Guarisco, L. *Power-assisted parcial adenoidectomy.* Laryngoscope 2002; 112:26-28.

29. Roithmann, R. Turbinectomia – *indicações e técnicas cirúrgicas.* In: Rinoplastia estética-funcional-reconstrutora. Rio de Janeiro: Revinter, 2002.

30. Rothschild, MA. *Central and Obstrutive Apnea.* In: Practical Pediatric Otolaringology. Lippincott-Raven: Philadelphia, 1999.

31. Sibbald, A. *Respiração bucal na Infância.* In: III Manual de Otorrinolaringologia Pediátrica da IAPO. São Paulo: Quebecor World, 2003.

32. Turk, JB; Crysdale, WS. *Nasal and septal deformities.* In: Surgical Atlas of Pediatric Otolaryngology. Ontario: BC Decker Inc, 2002.

33. Wiatrak, BJ; Willging, P. *Harmonic Scalpel for tonsillectomy.* Laryngoscope 2002; 112:14-16.

CAPÍTULO 14

ENFOQUE DA ORTOPEDIA FUNCIONAL NO TRATAMENTO DO RESPIRADOR BUCAL

ELISABETH TAVARES

Neste capítulo buscaremos mostrar como a Ortopedia Funcional dos Maxilares pode contribuir no tratamento do paciente portador de respiração bucal em conjunto com o tratamento Otorrinolaringológico.

A Ortopedia Funcional dos Maxilares faz parte de uma das técnicas odontológicas para o tratamento preventivo das más-oclusões ainda na dentição decídua ou já instaladas na dentição mista. Sendo assim, nos permite agir logo que seja identificado um problema mesmo em idade precoce, aproveitando a fase de crescimento e desenvolvimento.

Esta técnica teve origem na Europa, onde vários profissionais da área odontológica desenvolveram diferentes tipos de aparelhos removíveis patenteados, com base em estudos científicos sobre o crescimento ósseo e desenvolvimento muscular capazes de prevenir, controlar, corrigir e reorganizar alterações patológicas atuantes no sistema estomatognático.

Por volta de 1980, esta técnica começou a ser difundida no Brasil por intermédio de profissionais odontólogos que tiveram a honra de estudarem diretamente com estes mestres como poderemos citar Dr. Pedro Planas da Espanha e Dr. Hans Peter Bimler, Dr. Rolf Frankel da Alemanha dentre outros não menos importantes, que elaboraram aparelhos removíveis, que receberam seus nomes, e que são muito utilizados por nós em vários casos em nosso dia-a-dia de consultório apresentando resultados fantásticos.

Não podemos deixar de citar alguns pioneiros desta técnica no Brasil como Dr. Enio Eiras, Dr. Joel Médicis, e gostaria de enfatizar em particular, Drª. Wilma

Alexandre Simões, que muito tem feito por aumentar nossos conhecimentos sobre este assunto por intermédio de cursos, vários livros escritos especializados em Ortopedia Funcional dos Maxilares e Reabilitação Neuro-oclusal, desenvolvendo os aparelhos Simões Network (SN)

Este assunto é tão vasto e fascinante, que muito tem a ser visto, porém, vamos nos deter de uma forma resumida sobre o enfoque deste tema.

De acordo com Melvim Moss, a face se desenvolve por uma programação genética e por estímulos internos e externos. Estes estímulos podem ser ou não gerados pelo nosso organismo e podem modificar a programação genética alterando o crescimento facial.

A Ortopedia Funcional dos Maxilares utiliza-se das cinco forças naturais que são: crescimento, desenvolvimento, irrompimento dentário, movimento e postura (lingual e mandibular) sob influências neuro-endócrinas, portanto, a construção dos aparelhos ortopédicos é planejada utilizando recursos que aproveitem estas forças de forma passiva. Estes aparelhos são "flutuantes dentro da cavidade oral", isto é eles ficam soltos trabalhando as forças musculares que, devido ao uso constante, provocará mudanças significativas na forma e função muscular da face.

O desenvolvimento harmonioso do sistema estomatognático depende já de início de uma correta amamentação no seio materno, onde ocorrem os movimentos de ordenha, envolvendo posição de língua, lábios, bochecha e estímulos musculares que, mediante uma respiração desobstruída, haverá oportunidade para um correto desenvolvimento maxilo-mandibular. Se ocorrer uma alteração no padrão normal da respiração por alguma obstrução das vias aéreas superiores, teremos uma adaptação do sistema gerando alterações posturais da cabeça e da mandíbula, em resposta aos estímulos neuromusculares.

A falta de amamentação conjugada com a utilização de mamadeiras com aumento do orifício por onde sai o leite, fazem parte dos fatores externos que, por não promover o movimento de ordenha, altera o desenvolvimento maxilo-mandibular provocando um quadro de deglutição atípica devido à posição da língua baixa e passagem de ar simultaneamente ao líquido que passa direto pela garganta.

As alterações alimentares provocadas pelos tempos modernos fazem com que as crianças mastiguem menos devido a introdução de alimentos macios. Este fato também contribui para uma desordem no crescimento e desenvolvimento do sistema estomatognático.

Quando a língua assume uma posição baixa, gera uma adaptação da musculatura facial alterando a fala, mastigação, deglutição e a respiração. A falta da respiração correta altera a tonicidade dos músculos craniofaciais, osso hióide e língua, podendo gerar assimetrias ósseas e musculares, atresias maxilares e mandibulares (figura 1.1), palato ogival (figura 1.2), desvio de septo, mordida aberta (figuras 1.3 a 1.5), mordida cruzada uni ou bilateral (figuras 1.6 a 1.8), falta de selamento labial (figuras 1.9 a 1.10), alterações no crescimento sagital ou transversal da maxila e mandíbula.

CAPÍTULO 14

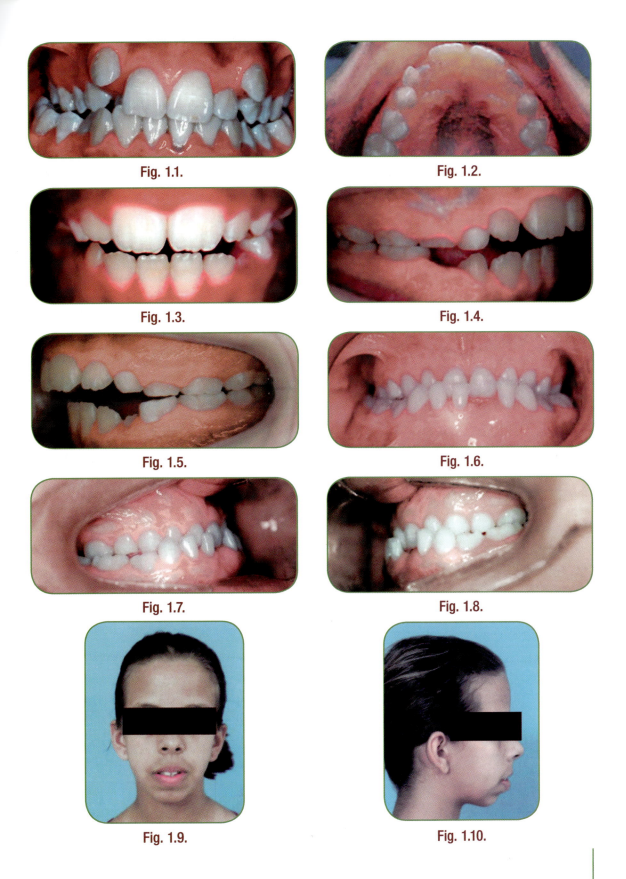

Fig. 1.1.

Fig. 1.2.

Fig. 1.3.

Fig. 1.4.

Fig. 1.5.

Fig. 1.6.

Fig. 1.7.

Fig. 1.8.

Fig. 1.9.

Fig. 1.10.

De acordo com as alterações ósseas e funcionais da face, os dentes se posicionarão de acordo com o espaço presente para que se acomodem e/ou de acordo com as condições de embricamento oclusal em relação ao tamanho das arcadas. Se tivermos uma diferença no comprimento horizontal entre as arcadas, haverá uma inclinação patológica dos dentes para compensar esta diferença óssea e como resposta do próprio organismo haverá uma busca de toque destes dentes na tentativa de ajustarem-se à função neuromuscular.

Nos pacientes portadores da Síndrome da Respiração Bucal, poderemos encontrar uma desarmonia neuromuscular, que pode levar o sistema estomatognático desenvolver hipo ou hiperfunção dos músculos bucinadores, orbicular dos lábios, depressores do mento, língua, e de toda cadeia muscular responsável pela mímica, pela postura cervical e posição da cabeça. Este conjunto de desarmonias alteram a forma da face e também a função de todo sistema estomatognático.

As crianças portadoras de respiração bucal geralmente mudam a posição da cabeça mais frequentemente no eixo sagital, provocando uma perda da sinuosidade natural da cervical, com isto há uma elevação da escápula e depressão do tórax causando deficiência na oxigenação. Como consequência a isto tudo a respiração desta criança se torna curta e rápida, há aumento de ventilação, aumento das atividades do sistema nervoso, endócrino, sensorial, ósseo e muscular, dificultado o equilíbrio, a capacidade de concentração e aprendizado (figura 1.11). Estas crianças normalmente possuem sono deficiente, irrequieto, não fecham a boca podendo babar no travesseiro e podem até mesmo roncar. Nesta situação já deveremos até investigar a possibilidade de estarmos frente a uma Apneia Obstrutiva do Sono. Com o uso de AOF desenvolvidos para expandir as arcadas e projetar a mandíbula, conseguimos uma mudança postural e funcional onde muitas vezes é possível mudar esta situação pela viabilidade da melhora do espaço orofaríngeo para a passagem do ar.

A falta da correta respiração nasal impossibilita muitas vezes a criança mastigar adequadamente de boca fechada os alimentos mais duros, porque sentem-se cansadas para respirar. Isto nem sempre é percebido pelos pais e acham que a criança está com "preguiça" de mastigar, portanto é uma pergunta que deve ser feita aos pais durante nossa anamnese.

Como o ar ao entrar diretamente pela cavidade oral deixa de ser filtrado, predispõe a criança à constantes problemas tais como rinite, asma, hipertrofias das adenóides, inflamações das amígdalas e das vias aéreas superiores e estreitamento das narinas. Esta situação já contribui para dificultar a passagem do ar.

Segundo estatísticas, foi observado que ocorre também uma má postura corporal onde a criança projeta a cabeça para frente provocando alterações na coluna, como por exemplo lordose, e outras posturas adaptativas.

CAPÍTULO **14**

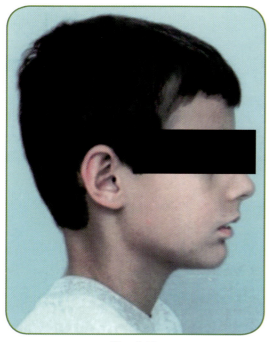

Fig. 1.11.

Outra alteração facial importante causada pela RB, como já citamos, é a atresia bi-maxilar, causada pela forte ação dos músculos bucinadores e orbicular dos lábios superiores. Esta atresia nos mostra dentes posteriores cruzados e inclinados para o palato e dentes anteriores projetados para frente e como consequência da força inadequada do bucinador, também notamos uma retrusão maxilar.

Nestes casos a utilização dos AOF, nos possibilita descruzar a maxila por meio de expansão simétrica ao mesmo tempo em que mantemos o alinhamento das arcadas com relação à linha média evitando laterognatismo pela busca de conforto oclusal.

Também podemos encontrar as falsas mordidas cruzadas, caracterizada pelo laterognatismo, cujo qual causa deformidade facial severa e se, não conseguirmos tratar no tempo mais precoce possível, esta correção será certamente de caráter cirúrgico. Assim sendo, muitas vezes está em nossas mãos a possibilidade de evitar que a criança portadora desta disfunção necessite de uma futura cirurgia ortognática bem complexa e difícil em sua idade adulta, pela viabilidade de prevenir todas as alterações estruturais adicionais envolvidas que contribuem para a piora do caso (figuras 1.12 a 1.15).

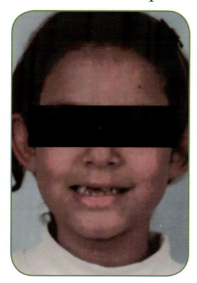

Fig. 1.12.

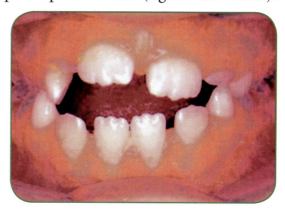

Fig. 1.13.

293

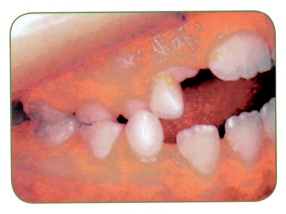 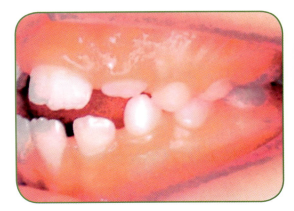

Fig. 1.14.   Fig. 1.15.

Todos estes fatores relacionados à Síndrome do Respirador Bucal trazem em pauta a grande necessidade de um tratamento de ordem multidisciplinar que envolve Otorrinolaringologia para cuidar da desobstrução das vias aéreas superiores, Ortopedia Funcional dos Maxilares, Fonoaudiologia e Fisioterapia, em ação conjunta para atuação preventiva e interceptativa das deformidades ósseas, dento alveolares e funcionais, reposicionamento lingual, adequação dos movimentos musculares faciais e automatização da respiração nasal, após as desobstruções e tratamentos interligados. O tratamento Fisioterápico também deve ser solicitado para reposicionamento da coluna cervical e clavicular quando o RB assume posicionamento de ombros fechados, arqueamento da coluna e posição anteriorizada da cabeça.

A Ortopedia Funcional dos Maxilares tem como objetivo, identificar, prevenir, controlar e tratar as alterações de crescimento e desenvolvimento que afetam a face, as arcadas dentárias e suas bases ósseas, removendo interferências indesejáveis durante o crescimento e desenvolvimento do sistema estomatognático. A mesma age de forma direta no sistema neuromuscular, redirecionando fisiologicamente o crescimento e desenvolvimento das arcadas aproveitando a fase hormonal propícia durante os surtos de crescimento da criança, desta forma, a OFM contribui para um perfeito e harmonioso crescimento da face e de suas funções musculares bem como também propicia uma correta postura da coluna cervical contribuindo para um bom equilíbrio postural geral do paciente.

Os aparelhos são removíveis confeccionados em acrílico e fios de aço inoxidável e devem ser usados não somente para dormir, mas o dia todo, pois sua ação se dá de acordo com a função muscular enquanto o paciente fala e deglute. Haverá um reposicionamento lingual de acordo com acessórios que introduzimos no aparelho de acordo com o caso, bem como de toda musculatura perioral. O objetivo é a mudança de postura terapêutica que os AOF provocam perante uma correta identificação de como e onde precisamos alterar de forma fisiológica através de estímulos de acordo com a terapia neuromuscular e miofuncional de escolha.

Caso clínico 1: (concluído)

Paciente sexo feminino (13 anos) com dentição permanente, RB CII com mordida profunda e retrusão mandibular (figuras 1.16 a 1.18). Tratamento iniciado com aparelho Bimler para CII e usado por 8 meses em todos os períodos (manhã, tarde e noite) para regressão do quadro de mordida profunda e retrognatismo (figuras 1.19 a 1.22). Em uma segunda fase fiz complementação com aparelho fixo superior e aparelho móvel inferior por mais 8 meses (figuras 1.23 a 1.24). Após esta etapa aparelho fixo inferior por mais 9 meses e como contenção novo aparelho Bimler (figuras 1.25 a 1.26).

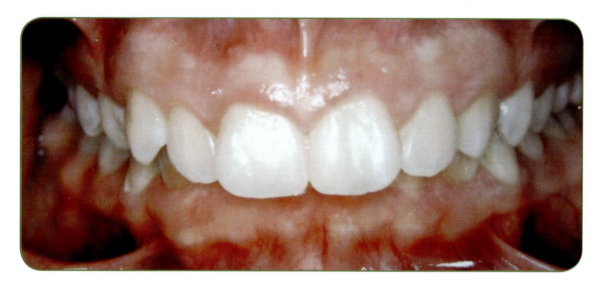

Fig. 1.16: Início do tratamento

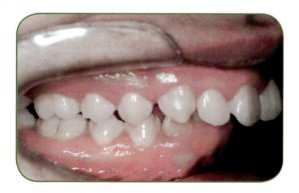

Fig. 1.17: Foto inicial lado direito.

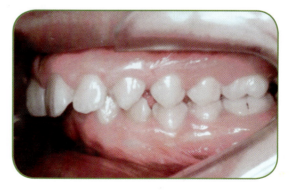

Fig. 1.17: Foto inicial lado esquerdo.

Fig. 1.19: Aparelho Bimler.

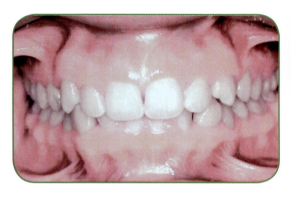
Fig. 1.20: Após 8 meses com aparelho Bimler.

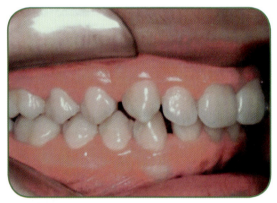
Fig. 1.21: Lado direito após 8 meses com aparelho Bimler.

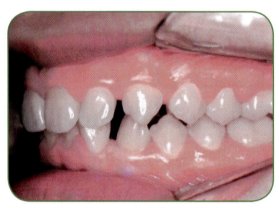
Fig. 1.22: Lado esquerdo após 8 meses com aparelho Bimler.

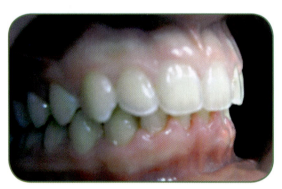
Fig. 1.23: Lado direito após complementação com aparelho fixo.

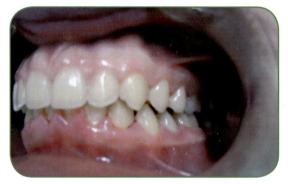
Fig. 1.24: Lado esquerdo após complementação com aparelho fixo.

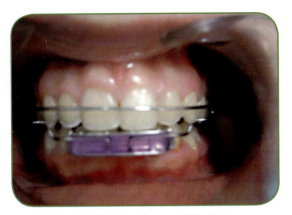

Fig. 1.25: Finalização com Bimler para aumento de dimensão vertical.

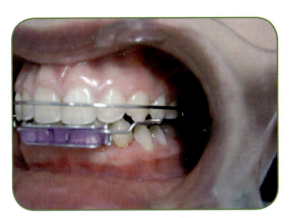

Fig. 1.26: Finalização com Bimler para contenção.

Caso clínico 2: (em tratamento)

Paciente sexo feminino (7 anos) com dentição decídua, RB com atresia maxilar, mordida cruzada unilateral (esquerda) e discreto laterognatismo esquerdo (figuras 1.27 a 1.30). Tratamento iniciado com expansor de Mc Namara cimentado por 6 meses e acompanhamento fonoterápico (figura 1.31 a 1.33). Após esta fase complementação com aparelho Planas e acessório conjugado para centralizar linha média e impedir avanço mandibular (figura 1.34).

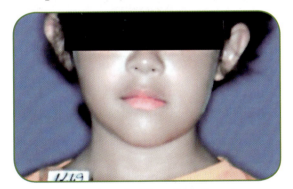

Fig. 1.27: Atresia Bimaxilar discreta e laterognatismo esquerdo. (6 anos)

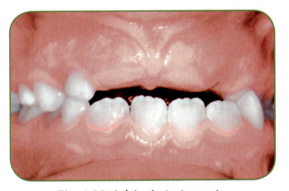

Fig. 1.28: Início do tratamento.

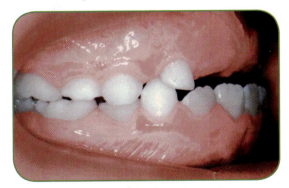

Fig. 1.29: Início do tratamento.

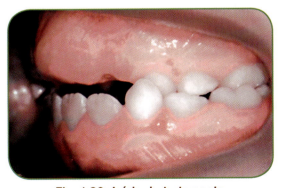

Fig. 1.30: Início do tratamento.

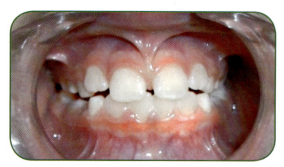
Fig. 1.31: Após expansão com aparelho Mc Namara por 6 meses.

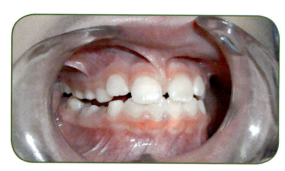
Fig. 1.32: Após expansão com aparelho Mc Namara por 6 meses.

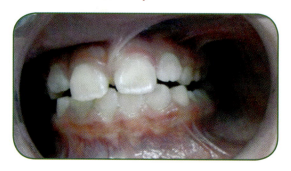
Fig. 1.33: Após expansão com aparelho Mc Namara por 6 meses.

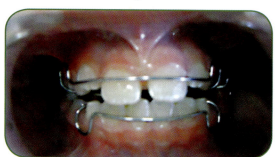
Fig. 1.34: Após 4 meses: Aparelho Planas com acessório para impedir avanço mandibular. Fonoterapia trabalhando no caso com exercícios de mastigação.

Agradecimentos
Prof. Dr. Nelson Eduardo Paris Colombini

REFERÊNCIAS BIBLIOGRÁFICAS

1. GRABER, TM. et al. *Ortopedia Dentofacial com Aparelhos Funcionais*. 2ª ed. Rio de Janeiro: Guanabara Koogan, 1985.

2. JBO - Jornal Brasileiro de Ortodontia e Ortopedia Maxilar v.1 nº 4, 1996 – SCHINESTSCK P.A. *Relação entre Maloclusão Dentária, Respiração bucal e as Deformidades Esqueléticas*.

3. JBO - Jornal Brasileiro de Ortodontia e Ortopedia Maxilar v.1 nº 2 1996 – Entrevista com Dra. Wilma Alexandre Simões *Características Peculiares da Ortopedia Funcional dos Maxilares*.

4. ROSSI, NELSON J. *Ortopedia Funcional Integrada à Ortodontia Fixa* 1988.

5. PLANAS, P. *Reabilitação Neuro-oclusal*: Rio de Janeiro: Médici, 1988.

6. CARVALHO, GABRIELA DOROTHY – *S.O.S. Respirador Bucal*: Lovise, 2003.

7. SIMÕES, WILMA A. *Ortopedia Funcional De Los Maxilares Vista A Através de La Rehabilitacion Neuro-Oclusal*: Isaro, 1988.

CAPÍTULO 15

FISIOTERAPIA APLICADA AO RESPIRADOR BUCAL

Leonardo Fusazaki

Introdução

Há atualmente relevada importância na avaliação interdisciplinar na Síndrome do Respirador Bucal, vista suas diversificadas alterações compreendendo até mesmo as posturas corporais.

Sabe-se que é indispensável apurado diagnóstico e entendimento de sua fisiopatologia para que os resultados parciais e finais sejam satisfatórios e funcionais. Caso contrário, o resultado pode ser um desastre para a equipe interdisciplinar, ocasionado por procedimentos invasivos e/ou não invasivos indevidos.

Na visão do fisioterapeuta, os conhecimentos sobre anatomia e biomecânica abordam de maneira específica as alterações posturais frequentemente relatadas na Síndrome do Respirador Bucal.

ABORDAGEM: AVALIAÇÃO E TRATAMENTO

De maneira geral, a avaliação postural deve englobar todas as alterações apresentadas pelo paciente num primeiro contato, independente de qual seja a ordem ou conceito de sua abordagem.

Devemos levar em conta as curvaturas fisiológicas da coluna vertebral, comprimento e tônus musculares, e amplitude de movimento articular.

A coluna vertebral é o eixo do corpo e constitui o **pilar central do tronco** (Kapandji, 1990). As curvaturas que podem ser consideradas normais são a Cifose (curvatura de convexidade posterior) e Lordose (curvatura de concavidade posterior); sendo consideradas patológicas quando apresentadas em excesso e denominadas pelo prefixo *hiper*, hipercifose e hiperlordose.

Nas vértebras cervicais temos então, a lordose, com a cifose das vértebras dorsais um pouco mais abaixo e novamente uma lordose nas vértebras lombares (figura 1).

A constante correlação entre a coluna cervical, e as alterações de oclusão e respiração bucal é coerente, visto que a proximidade e a influência das alterações biomecânicas do crânio são relevantes na formação do padrão postural do respirador bucal. Segundo ENLOW há uma modificação no posicionamento da língua e da mandíbula, assim refletindo sobre a cabeça e o pescoço, alterando consequentemente a postura corporal.

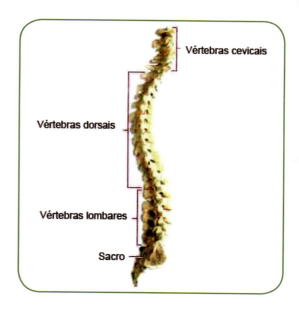

Fig. 1: Coluna vertebral (curvaturas)

As alterações posturais mais frequentemente encontradas no paciente respirador bucal envolvem:
- hiperlordose cervical
- ombros anteriorizados
- escápulas aladas (salientes)
- hiperlordose lombar
- fraqueza e flacidez abdominal
- pé chato (desabamento do arco plantar)

Além das alterações posturais descritas, existem alterações decorrentes da própria postura, nos sistemas cardiopulmonares: devido à compressão da caixa torácica, diminuindo a mobilidade do tórax e comprometendo o bombeamento cardíaco; e no sistema visceral: há relatos sobre problemas digestivos, do fígado, de incontinência urinária, etc.

No tratamento fisioterapêutico em geral, associamos técnicas ou métodos terapêuticos, que visa reabilitar as diversas alterações causadas pela Síndrome do Respirador Bucal não só do ponto de vista músculo-esquelético mas também cardiorrespiratórias para que se obtenha um resultado eficiente e satisfatório para o seu paciente.

Alguns dos métodos terapêuticos mais utilizados, estão aqueles que têm como objetivo melhorar a postura como por exemplo o treino de consciência corporal e/ou postural, através de exercícios de alongamentos e fortalecimentos dos músculos posturais; a hidroterapia desde que se utilize os recursos físicos da água para estímulo da coordenação, equilíbrio e força; e os exercícios respiratórios para reabilitar a função pulmonar e conscientização dos movimentos torácicos e abdominais.

Existem na literatura, e mesmo na prática fisioterapêutica, divergências na abordagem do paciente respirador oral, porém, são de comum opinião as alterações posturais apresentadas e a necessidade de tratamento para que se devolva a eles melhor qualidade de vida.

Ressalto que o tratamento multidisciplinar é de benefício de todos os profissionais envolvidos e certamente do paciente, o qual poderá ser avaliado minuciosamente por profissionais especializados em cada setor atingido, e engajados em um único propósito: o de obter o sucesso no tratamento.

REFERÊNCIAS BIBLIOGRÁFICAS

1. CARVALHO, F.M. *A fisioterapia e a síndrome do respirador bucal. A postura típica do respirador oral. www.respiremelhor.com.br*

2. HOPPENFELD, S. *Propedêutica Ortopédica, coluna e extremidades.* São Paulo: Atheneu, 1997.

3. KENDALL, F. P.; McCREAR Y, E. K. & PROVANCE, P. G. – *Músculos, provas e funções*, 4ª ed. São Paulo: Manole, 1995.

4. ROCABADO, M. *Cabeza Y Cuello. Tratamiento articular.* Buenos Aires: Inter-Médica, 1979.

5. COELHO-FERRAZ, M.J.P. *Respirador Bucal – Uma visão multidisciplinar.* Lovise, 2005.

6. KAPANDJI, I.A. *Fisiologia articular.* Vol 3, Editora Manole, 1990.

7. BIENFAIT, M. *As bases da fisiologia da terapia manual.* São Paulo, Summus. 2005.

CAPÍTULO 16

SÍNDROMES CRANIOFACIAIS ASSOCIADAS COM DISTÚRBIOS RESPIRATÓRIOS

NELSON COLOMBINI - ANA LUISA GUDIN - MÔNICA M. C. MACEDO - ARTURO FRICK CARPES

Deformidades craniofaciais podem cursar com alterações anatômicas e fisiológicas das vias aéreas superiores (VAS) impondo graus variados de distúrbios respiratórios, do ronco primário à síndrome da apneia obstrutiva do sono (SAOS).

Apesar de subdiagnosticada, a SAOS apresenta prevalência de 1% a 3% na infância.[1] O principal fator de risco nesta faixa etária é a hipertrofia adenotonsilar, mas obesidade, doenças neuromusculares, laringomalácia, cirurgias faríngeas e anormalidades craniofaciais também são reconhecidos fatores contribuidores à obstrução das VAS.

Crianças com Síndromes Craniofaciais (SCF), em especial aquelas com craniossinostose sindrômica associada à hipoplasia médiofacial (maxilomandibular), micrognatia, hipotonia muscular, compressão de tronco cerebral (acondroplasia) ou deformação na base de crânio, apresentam prevalência de SAOS de até 60%.[2]

Há inúmeras diferenças entre crianças e adultos no registro da SAOS através de polissonografia (PSG). Considera-se patológico o Índice de Apneia e Hipopneia (IAH) > 1, bem como saturação da oxihemoglobina (SpO2) < 90% associada a apneia obstrutiva e outros parâmetros comportamentais, estes de difícil avaliação em crianças mal-formadas.[3]

O estudo da apneia do sono obstrutiva em crianças mal-formadas do ponto vista craniofacial é recente, porém sabe-se que o hipodesenvolvimento do complexo nasomaxilar e mandibular determina alterações na VAS que predispõe a SAOS.

303

Procuramos a seguir definir as principais características das síndromes craniofaciais mais comuns e seus problemas respiratórios.

1. SÍNDROME DE DOWN

A Síndrome de Down pode ser causada por três formas de comprometimentos cromossômicos: Trissomia simples (não disjunção do cromossomo 21), translocação (indivíduos com Síndrome de Down apresentando 46 cromossomos e não 47 que estão presentes na trissomia simples) e mosaicismo (é caracterizado por no mínimo duas populações celulares diferentes).

A prevalência é aproximadamente de 1:1000 a 1:800 nascimentos vivos. Fatores ambientais também fazem parte dos agentes corroboradores. A maior incidência ocorre na prole de pais cuja faixa etária está acima da terceira década, porém, assim como em mães jovens multíparas.[4]

Aspectos craniofaciais da Síndrome de Down
1. Hipotonia muscular
2. Perímetro cefálico diminuído
3. Instabilidade atlanto-occipital e occipital achatado
4. Retrusão do terço médio facial
5. Fissuras palpebrais oblíquas, epicanto e blefarite
6. Telecanto, estrabismo e nistagmo
7. Hipoplasia dos ossos próprios nasais, nariz pequeno e selado.
8. Língua grande-protrusa, hipotônica e fissurada
9. Palato estreito e ogival
10. Micrognatia, microstomia
11. Erupção dentária irregular e tardia
12. Orelhas disfórmicas
13. Pescoço curto, largo com pele abundante
14. Comprometimento intelectual e dilatação dos ventrículos laterais do SNC

Vias aéreas superiores
Aproximadamente 50% dos portadores a Síndrome de Down apresentam algum grau de obstrução da VAS, desde ronco primário, SAOS leve até a completa obstrução alta, requerendo intervenção.

Várias podem ser as causas relacionadas às síndromes hipóxias nesses indivíduos. Há predisposição à hipoventilação vinculada à hipotonia muscular e rinorreia crônica causando microdespertares.

Porém os fatores anatômicos advindos do desenvolvimento craniofacial anômalo podem ser considerados os principais fatores obstrutivos. É comum a desproporção da rinofaringe aliada à frequente hipertrofia linfóide, aumento das tonsilas faríngeas e palatinas, e macroglossia.

Hipertensão pulmonar por Cor Pulmonale e associada à cardiopatia sindrômica pode ser causa de apneia central ou mista e deve ser excluída na fase diagnóstica com exame polissonográfico. Nestes casos o tratamento é diverso à patologia obstrutiva e deve ser multidissiplinar com avaliação da função cardiorespiratória e atenção ao uso do aparelho de pressão positiva (CPAP), já que pode comprometer o estímulo respiratório ao CO 2 agravando o quadro apnêico central.[5]

Os microdespertares podem levar a fragmentação do sono alterando os pulsos de liberação de hormônio do crescimento (GH). Estes são totalmente dependentes do ciclo circadiano e podem estar relacionados à baixa estatura característica do fenótipo sindrômico.[6] O Sono inadequado interfere nos mecanismos de fixação da memória e desempenho intelectual e não pode ser ignorado na investigação diagnóstica e decisão terapêutica.[7]

Na presença de deformidade do esqueleto craniofacial com discrepância maxilo-mandibular e obstrução ao nível de hipofaringe a cirurgia ortognática pode ser útil quando precisamente indicada. Especial atenção deve ser disposta ao tratamento concomitante da macroglossia, em nossa prática envolvendo a glossectomia de linha média com laser de CO2 como exemplificado abaixo.

O primeiro caso refere-se a uma criança portadora de Síndrome de Down (figuras 1 a 16) que ao exame clínico apresenta:

1. Macroglossia
2. Incompetência labial
3. Maloclusão Classe III de Angle com mordida aberta anterior
4. Tonsilas palatinas grau III
5. IAH: 40,4 eventos/h e SpO2 de 80%

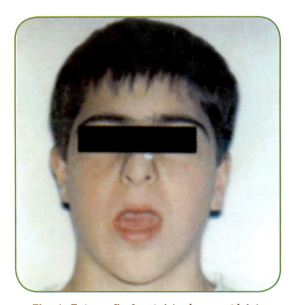 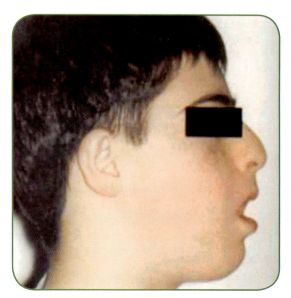

Fig. 1: Fotografia frontal (pré-operatório).   Fig. 2: Fotografia lateral (pré-operatório).

A proposta terapêutica foi glossectomia de linha média com laser CO2, para a redução da macroglossia bem como avanço maxilo mandibular com sobrecorreção da maxila, determinando classe I de oclusão.

Nota-se que a abertura do corredor aéreo comparativa entre as cefalometrias pré-operatória e pós-operatória, é significativa, o IAH caiu para 3 eventos /h com Sp O2 de 97%.

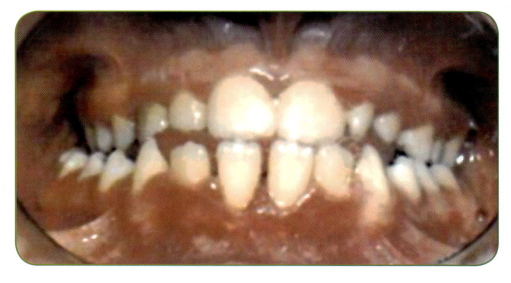

Fig. 3: Oclusão pré-operatória.

Capítulo 16

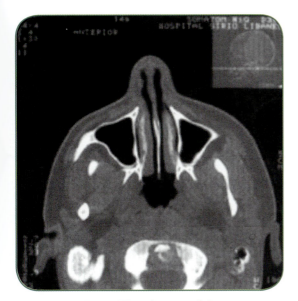

Fig. 4: TC pré-operatória.

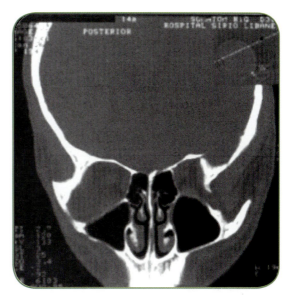

Fig.5: TC pré-operatória.

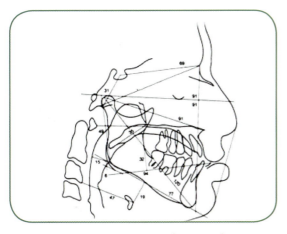

Fig. 6: Cefalometria pré-operatória.

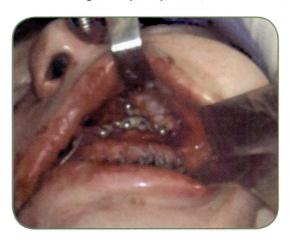

Fig. 7: Incisão maxilar (Le Fort I).

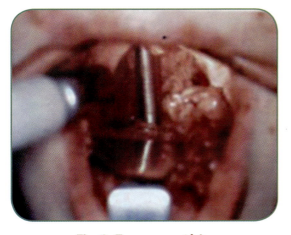

Fig. 8: Trans-operatório.

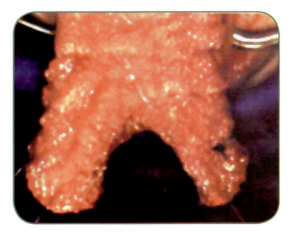

Fig. 9: Glossectomia de linha média.

307

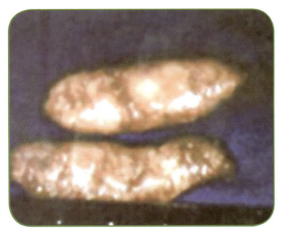
Fig. 10: Peça cirúrgica (língua).

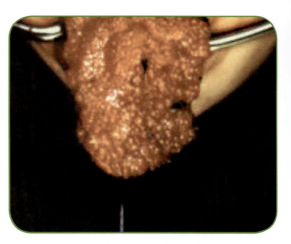
Fig. 11: Pós- operatório (língua).

No 2º caso (Quadro I) é demonstrado a polissonografia pré-operatória com IAH de 16,6 eventos/h com saturação periférica da oxi-hemoglobina média de 80%. Como tratamento optou-se pela septoplastia, turbinectomia, glossectomia mediana com CO2 e avanço maxilo-mandibular.

O IAH pós-operatório foi de 1,1 eventos/h e a SpO2 média foi de 97% determinado a cura do paciente.

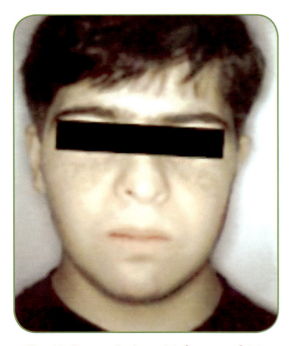
Fig. 12: Fotografia frontal (pós-operatório).

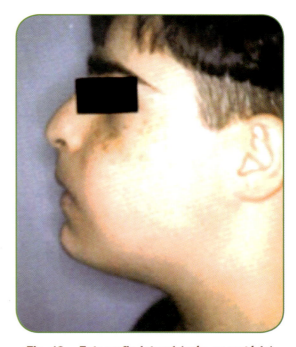
Fig. 13 – Fotografia lateral (pós-operatório)

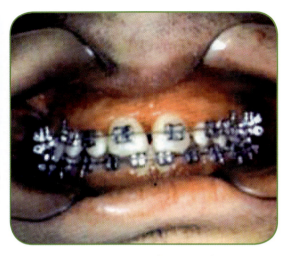
Fig. 14: oclusão pós-operatório.

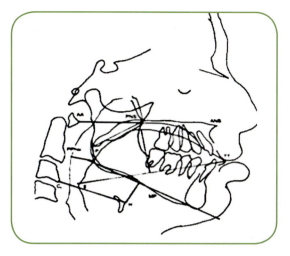
Fig. 15: Cefalometria pós-operatória.

Polissonografia pré-operatória

- Eficiência do sono: 85%
- Latência do sono: 25,5 min
- Latência do sono REM: 138 min
- Microdespertadores: 67
- Índice de apneia e hipopneia: 16,6 eventos/h
- SpO_2 - média: 88%; mínima: 82%.

Conclusão:
1. Aumento discreto do IAH, principalmente com componente obstrutivo (total de 16,6 eventos/h), com queda discreta na saturação da oxiemoglobina e microdespertares.
2. Redução discreta na eficiência do sono, à custa do aumento de despertares mais prolongados durante a segunda metade da noite.
3. Ronco moderado intermitente durante o sono.

Polissonografia pós-operatória

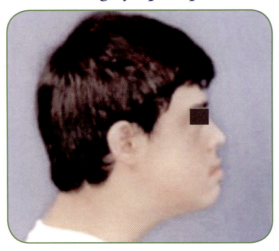 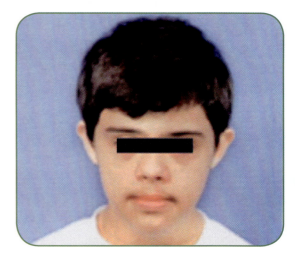

Fig. 16: Fotografia lateral (pré-operatório).   Fig. 17 – Fotografia Frontal (pré-operatório)

- O paciente dormiu pouco mais de 5 horas. Eficiência do sono encontra-se bastante reduzida devido ao aumento do tempo acordado depois de iniciado o sono; observa-se um aumento da porcentagem total dos estágios mais superficiais do sono NREM (estágios 1 e 2) em detrimento do sono REM.
- Aumento do número de despertares e do número de mudanças de estágios do sono, caracteriza sono fragmentado.
- Ronco de baixa intensidade e intermitente foi observado durante o sono.
- IAH de 1,1 eventos/h.
- Os raros eventos respiratórios foram constituídos por apneias/hipopneias do tipo obstrutiva e estiveram associados à dessaturação periférica rápida e transitório da oxi-hemoglobina até níveis de 90%.
- Saturação basal da oxi-hemoglobina em vigília de 97%. Média da SaO2 durante o sono REM e NREM de 96%.

2. SÍNDROME DE PIERRE ROBIN

A sequência de Robin tem sido descrita na literatura como uma tríade neonatal caracterizada por micrognatia, glossoptose e fissura palatina, clinicamente expressa por ataques recorrentes de cianose, dificuldade respiratória e deglutição. Esta displasia possui incidência significativa, estimada em 1/30.000 nascimentos, sem diferença entre os sexos.

A existência de um fator etiológico ou agente patogênico único é improvável. As diversas condições com que a tríade se apresenta sugerem a heterogeneidade etiológica.

Cohen[8] propôs não se tratar de uma síndrome como defendido ao longo de anos por muitos autores, mas sim de um complexo sintomático que pode se manifestar em várias situações: 1) isolada, sem associação com outras malformações; 2) como componente de uma síndrome; e 3) associada a outros defeitos do desenvolvimento, que juntos não representam um síndrome específica.[9]

A teoria mecânica tenta explicar a etiologia responsabilizando o posicionamento fletido do feto com o mento sobre o externo pela hipoplasia e retrognatia observadas na síndrome. O posicionamento anterosuperior da língua nesta fase embrionária daria origem à fissura palatina do tipo pós-forame incisivo em dois terços dos casos.[10]

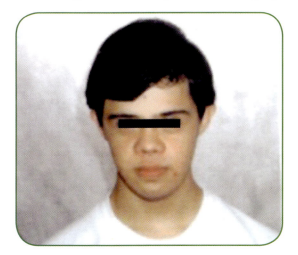

Fig. 18: Fotografia frontal (pós-operatória).

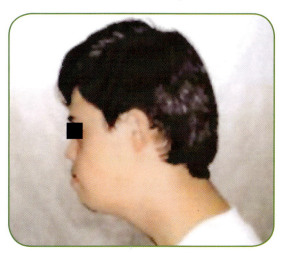

Fig. 19: Perfil pós-operatório.

A hipoplasia mandibular, ptose do complexo glosso-epiglótico e obstrução respiratória, com ou sem fissura palatina, gera potencialmente tiragem intercrostal, hipercapnia, cianose, edema pulmonar e, nos casos com evolução desfavorável, a cor pulmonale e pneumonia aspirativa, características estas associadas à SAOS.[11]

Alteração do reflexo sucção-alimentação está invariavelmente presente, associada à fissura palatina. Podem ocorrer malformações de olhos, orelhas, alterações cardiovasculares primárias e do sistema esquelético.

O retromandibulismo é causado por inatividade do músculo ptorigóide lateral, que não consegue se contrapor às forças de retroposicionamento dos músculos do assoalho da boca. No entanto, esta condição patológica é autolimitada e contornada com cuidados voltados para a postura, fisioterapia e a ortopedia maxilar. O crescimento mandibular é observado a partir do sexto mês, com desaparecimento dos quadros de asfixia.

O tratamento pode ser eficiente quando o manejo da VAS com cânula nasofaríngea e dieta hipercalórica é aplicado. Nos casos de difícil controle, glossopexia, através de incisão na face ventral da língua e sulco labial com rafia captonada, pode ser indicada.[12]

Nos casos mais graves e após estabilização das condições clínicas da criança, temos realizado a distração mandibular mesmo fora do período classicamente indicado na literatura[3], pois em nossa vivência conseguimos evitar a traqueostomia prevenindo sequelas a longo prazo. A distração osteogênica da mandíbula é segura e eficiente no tratamento da SAOS na sequência de Robin.

O tratamento da fissura palatina é realizado inicialmente com obturadores protéticos, sendo seu tratamento definitivo, apoiado no desenvolvimento ponderal e condições pulmonares. Via de regra, indica-se a palatoplastia ao redor de 18 meses.

No diagnóstico diferencial devem ser incluídas todas as síndromes mandibulares com envolvimento bilateral como as síndromes de Stickler e Velocardiofacial. Atenção ao posicionamento e função da língua, características da sequência de Pierre Robin.

3. ANQUILOSE DA ATM E MICROGNATIA

Esta condição pode determinar quadro severo de obstrução respiratória em crianças exigindo até mesmo traqueotomia de urgência como exemplificado no caso clínico abaixo (figuras 20 a 30).

Este caso representa uma criança encaminhada por outro serviço, traqueotomizada na urgência; portadora de anquilose das articulações têmporo-mandibulares (ATM) e severa micrognatia com apneia grave.

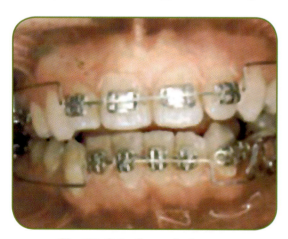

Fig. 20: Oclusão paciente com anquilose da ATM.

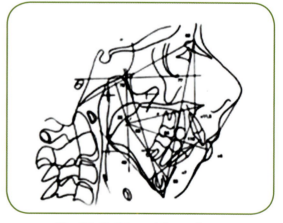

Fig. 21: Cefalometria paciente com anquilose da ATM.

Capítulo 16

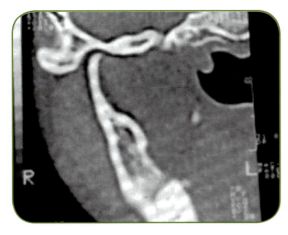

Fig. 22: TC da ATM.

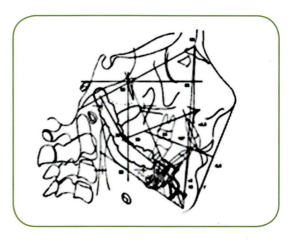

Fig. 23: Cefalometria pós-operatória.

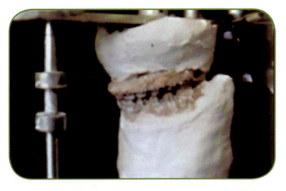

Fig. 24: Montagem de modelos no articulador.

Fig. 25: Acesso cirúrgico.

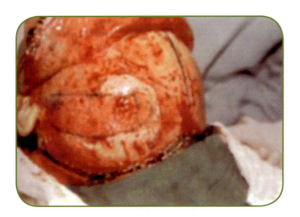

Fig. 26: Incisão Coronal.

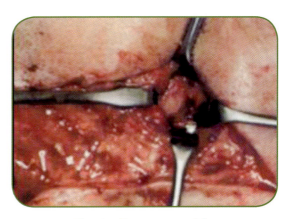

Fig. 27: Trans-operatório.

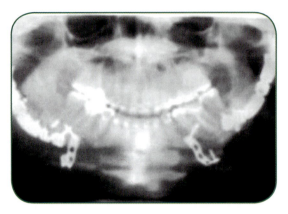
Fig. 28: Rx panorâmico pós-operatório.

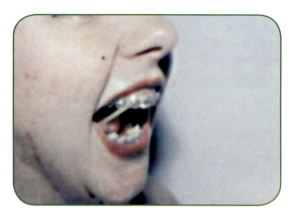
Fig. 29: Abertura bucal (pós-operatório).

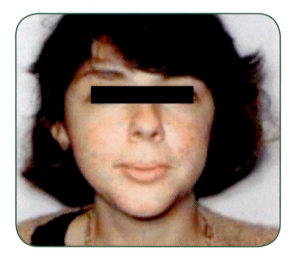
Fig. 30: Fotografia frontal (pós-operatório).

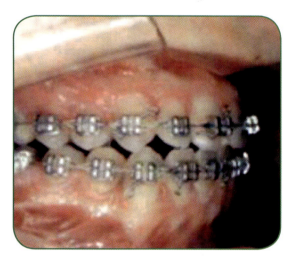
Fig. 31: Oclusão pós-operatória.

Neste caso optamos pela reconstrução das ATMs, associada ao avanço mandibular e genioglosso, culminando na decanulação da paciente sob controle nasofibroscópico no fim do ato operatório.

Como a anquilose das ATMs representa importante patologia de interesse maxilofacial, ortodôntico e otorrinolaringológico descrevemos a seguir conceitos e condutas clássicos nas diversas faixas etárias.

Cirurgia da anquilose temporomandibular

Na prática cirúrgica maxilofacial, a anquilose temporomandibular constitui tema de intenso estudo, havendo inumeráveis técnicas cirúrgicas para seu tratamento, desde as do século passado, até modernas opções atuais.

É definida como afecção que compromete a ATM em todos os seus reparos anatômicos internos e, por vezes externos, que restringe ou impede a abertura bucal.

A anquilose, em sentido genérico, pode ocorrer por razões intrínsecas à articulação ou externas a ela, também denominadas como falsas. Condições que acarretem hipomobilidade articular, como aquelas atribuídas à artrite degenerativa, serão aqui excluídas por estarem descritas em outros seguimentos deste trabalho.

As causas mais frequentes da anquilose são os traumatismos articulares da infância e idade adulta quando mal conduzidos em sua terapêutica; artrites infecciosas primárias ou secundárias a infecção de estruturas contíguas, como a orelha média e estruturas anexas, e hematogênicas também são relatadas na leitura.[13]

As anquiloses determinadas por artropatias sistêmicas constituem também etiologia importante, são representadas principalmente pela artrite reumatóide, artrite psoriática e espondilite anquilosante. Perfazem outras causas, descritas na literatura: operações sobre a ATM, radioterapia (fibrose actínica), osteocondroma, displasias mandibulares congênitas, malformação envolvendo o primeiro arco e idiopáticas. A anquilose pode ser do tipo fibroso, fibro-ósseo, ósseo ou cartilaginoso, unilateral ou bilateral.[14]

Em nossa casuística de aproximadamente 10 anos, observamos discreta preponderância do sexo masculino; quanto à faixa etária a anquilose de ATM foi mais prevalente em crianças, oscilando entre 5 e 10 anos de idade (nove casos).

A etiologia principal nesta faixa etária foi o trauma, nitidamente mais frequente, seguida por artrite reumatóide juvenil. A etiologia infecciosa em nossos casos foi atribuída à infecção de orelha média em um paciente de 6 anos de idade e por sequelas de osteomielite em um paciente de 16 anos.

Laskin, enuncia em suas observações que pacientes jovens até 10 anos de idade mostram uma maior tendência para anquiloses pós-traumáticas.[15]

Zide, estudando a incidência das fraturas condilares nesta faixa etária, enfatiza que somente 65% do total das fraturas condilares ocorrem na primeira década de vida, e aponta para atenção clínica sobre a alta prevalência de complicações a médio e longo prazo destes pacientes.[16]

O diagnóstico da anquilose temporomandibular é clínico e deve obrigatoriamente ser apoiado por métodos de imagem representados por:

- Raios-X panorâmico dos maxilares.
- Planigrafias de ATM.
- TC das ATMs nos planos coronais, axiais e sagitais.
- Ressonância nuclear magnética.
- Cefalometria.

As características clínicas que denunciam o diagnóstico são as imobilidades articular ao abrir a boca e a impossibilidade de lateralização mandibular, que pode ser absoluta ou relativa nos casos da anquilose ou fibro-óssea unilateral.

Nas anquiloses de crianças e, portanto, que ocorrem na fase de crescimento, a mandíbula está invariavelmente comprometida.

Nos casos unilaterais o mento encontra-se deslocado lateralmente e poste-riorizado para o mesmo lado da lesão. Este desvio poderá também coexistir nos casos bilaterais, sendo proporcional ao envolvimento e destruição de cada um dos côndilos. Em geral, nos casos bilaterais observamos micrognatia e hipomentonismo, que são proporcionais à idade em que a lesão teve origem. Via de regra, observamos ângulos goníaco aberto com ramo e corpo mandibular curto, acompanhando a marcante hipertonia dos músculos supra-hióides.

O paciente infantil anquilosado portador de SAOS devido à micrognatia chega às nossas mãos traqueotomizado, devido à dificuldade respiratória que acompanha este quadro. De maneira geral o tratamento dos mesmos é definido pela nasofribos-copia e cefalometria especializada, apoiada principalmente pela polissonografia. A indicação varia entre correção das hipoplasias da maxila e ou mandíbula, somado as correções otorrinolaringológicas clássicas como adenoamigdalectomia, princi-palmente; e glosectomia de linha média com laser de CO_2.

Hoje as corticotomias ósseas e fixação de distratores maxilares e mandibulares são procedimentos fundamentais do tratamento em uma faixa etária variante de meses de vida até adolescência, sempre com seguimento ortodôntico + ortopédico.

A cirurgia de avanço clássico e fixação com material de síntese é indicada aos pacientes após consolidação do crescimento craniofacial.

4. SÍNDROMES ASSOCIADAS A ASSIMETRIA FACIAL E HIPOPLASIA--ATROFIA HEMIFACIAL (SÍNDROME DE ROMBERG)

Esta doença é, na verdade, uma forma localizada de esclerodermia com bom prognóstico, podendo, no entanto, evoluir para a forma sistêmica da doença com envolvimento principal dos pulmões, trato digestivo e rins.

O envolvimento facial da forma localizada recebe a denominação de "coup de sabre", pois a lesão evolui com atrofia progressiva da pele, tecido celular subcutâneo e músculos, conferindo ao lado comprometido aspecto atrófico que divide o crânio e a face medianamente. Sua evolução geralmente completa-se ao longo de três anos e posteriormente se estabiliza. Em 7% dos casos pode comprometer o pescoço e tronco.[17]

No crânio podem ser observadas:
- Cifose do ângulo da base do crânio.
- Alopecia.

- Enoftalmia por perda do tecido adiposo periorbitário.
- No terço médio e inferior da face.
- Nariz desviado para o lado da lesão.
- Desvio labial lateral e ascendente para o lado da lesão.
- Região zigomática atrofiada, marcante hipodesenvolvimento maxilar e mandibular.
- Pele endurecida e inflexível com leocomelanodermia.
- Plano oclusal inclinado com hipodesenvolvimento homolateral à lesão.

Podem ainda coexistir epilepsia jacksoniana, neuralgia trigeminal e parestesias faciais.

O tratamento deve ser diferenciado entre as formas de envolvimento localizado e associado à doença sistêmica.

Do ponto de vista sistêmico o tratamento se baseia no uso de corticosteróides, cloridrato de lidocaína a 2%, d-penicilamina, colchicina e imunossupressores em geral; sem, no entanto, conferir controle efetivo da doença.

Para comprometimento facial, em nosso meio, Psillakis enfatiza a utilização de retalhos osteofasciais e faciais de pecrânio associados a osteotomias maxilares com bons resultados.[18 19]

5. MICROSSOMIA CRANIOFACIAL (MICROSSOMIA HEMIFACIAL) (SÍNDROME DO PRIMEIRO E SEGUNDO ARCOS BRANQUIAIS)

Gorlin[20] foi o primeiro a descrever esta síndrome que se caracterizava por microtia unilateral, macrostomia hipoplasia do ramo ascendente e côndilo mandibular com envolvimento articular. Estima-se a prevalência de um caso para 5.600 nascimentos por Grabb[21], sendo que Poswillo[22], estima um para cada 3.500 nascimentos.

Etiologicamente são mencionados fatores genéticos não totalmente esclarecidos e fatores outros como: deficiência vascular da artéria estapediana, indução pela talidomida e hemorragia intra-uterina na região do primeiro e segundo arcos branquiais.[21]

As estruturas derivadas dos arcos branquiais e cápsula óptica são:

a) Primeiro arco branquial:
- Processo maxilar:

        Maxila
        Osso palatino
        Zigomático

- Processo mandibular:
  - V par craniano
  - Parte inferior da orelha
  - Mandíbula
  - Cabeça do martelo
  - Corpo do estribo
  - Osso timpânico, esfenomandibular

b) Primeiro sulco branquial:
- meato auditivo externo
- membrana timpânica

c) Primeira bolsa faríngea:
- tuba auditiva
- orelha média

d) Segundo arco branquial:
- V II par craniano
- Parte posterior da orelha
- Manúbrio do martelo, processo longo do estribo
- Artéria estapediana, processo estilóide, ligamento hióideos.
- Corno menor do osso hióide.

e) Cápsula óptica; meato acústico interno; orelha interna.

Pelo exposto fica claro que o aspecto clínico da síndrome é amplo, com inúmeras variações de apresentação, correspondentes ao comprometimento dos arcos branquiais. Em sua primeira forma, a síndrome pode ser uni ou bilateral. Grabb cita o envolvimento bilateral em 20 de 102 pacientes[21], e Converse, em 208 pacientes estudados, observa-se bilateralidade em 50 destes.[23] Em nossa modesta experiência, dos quatro pacientes operados observamos um paciente com envolvimento bilateral.

Em normas gerais, as características clínicas da microssomia craniofacial são as seguintes:

Sistema nervoso

Tanto o sistema nervoso central como os nervos cranianos podem ser afetados. O sistema nervoso central pode estar envolvido com a hipoplasia homolateral apresentando lesão hipoplasia do corpo caloso, hidrocefalia comunicante e obstrutiva, hipoplasia do cerebelo ou lipoma intracraniano.

O envolvimento dos nervos cranianos é frequente podendo ocorrer: hipoplasia do nervo óptico, oftalmoplegia congênita, síndrome retrátil de Duane, hipoplasia dos núcleos e nervos troclear e abducente, hipoplasia trigeminal (núcleo motor e sensitivo), paralisia facial, hipoplasia central ou de nervo vestibulococlear. Dentre essas, a mais frequente é a paralisia facial decorrente da agenesia dos músculos faciais ou hipoplasia do núcleo cerebral do nervo.

Orelhas externas e internas

O osso temporal homolateral é hipoplásico podendo haver trajetos aberrantes do nervo facial. A mastóide via de regra é atrofiada acompanhada de hipoplasia da apórfice estiloide.

A surdez de condução pode ocorrer na presença de malformações da orelha externa, que podem variar dentro de um grande espectro: desde agenesia até distorções do pavilhão auricular, implantação irregular, apêndices auriculares e fístulas cegas. Pruzanski correlaciona o envolvimento da orelha externa com o tipo de malformação mandibular.[24]

Músculos faciais e tecidos moles

Os núcleos mastigatórios estão afetados no lado da lesão, com evidência de marcante hipoplasia dos músculos temporais, masseter e pterigóideo lateral e medial. Esta hipoplasia para alguns autores é responsável pela deformidade mandibular observada na síndrome.[24]

Na abertura de boca, observamos desvios não só de responsabilidade esquelética, mas também por hipofunção muscular do pterigóideo lateral com incapacidade do látero-protrusão contralateral.[23 25]

A musculatura mímica também é hipoplásica, acompanhando o envolvimento do tecido subcutâneo e pele.

A atrofia da glândula parótida homolateral é comumente observada, podendo ser evidente sua aplasia.

A fissura palatina pode estar presente em até 10% dos casos, podendo ainda ocorrer fissuras faciais transversas envolvendo a comissura labial ipsilateral ou ainda a macrostomia. Podemos observar distúrbios do sono.

Esqueleto craniomaxilofacial

Com o movimento do osso temporal, o mastoide encontra-se hipoplásico e desviado medial e cranialmente, acompanhando o hipodesenvolvimento da fossa média do crânio.

Pode ocorrer bossa frontal, provavelmente relativa ao crescimento visceral do cérebro.

O osso zigomático ipsilateral hipoplásico, sendo o comprometimento orbitário variável em sua expressão, desde microrbitismo até distopias caudais e craniais. A atrofia do arco zigomático é marcante com rebaixamento do plano de Frankfurt lado afetado.

A mandíbula é hipoplásica no lado da lesão marcando um grande aspecto da deformidade assimétrica. O ramo mandibular é curto, podendo estar ausente, acompanhando-se da diminuição e deslocamento cefálico do corpo mandibular.

O plano gonial é elevado para o lado da lesão, com a maxila também hipoplásica e o plano oclusal encontra-se desviado e inclinado ipsilateralmente, nos casos de microssomia unilateral. Nos bilaterais o plano oclusal é geralmente normal. Observa-se ainda, nas microssomias unilaterais, o alongamento da hemimandíbula não envolvida, com consequente desvio do mento para o lado da lesão.

O tratamento ortodôntico destes pacientes deve considerar o hipodesenvolvimento do rebordo alveolar maxilar ipsilateral e o atraso de erupção dentária do lado acometido.

Envolvimento de outros órgãos

São relatados problemas associados à coluna vertebral como: occipitalização do atlas, vértebras cuneiformes, sinostose parcial ou total cervical, vértebras supranumerárias, espinha bífida e anomalias nos arcos costais.

O coração e o sistema aortocarotídeo podem ser envolvidos, podendo ocorrer defeitos do septo interventricular, persistência do ducto arterial, dextroversão do arco aórtico, conexão do ducto arterial, com a artéria subclávia esquerda, coarctação da aorta e tetrologia de Fallot.

O pulmão do lado afetado pode estar hipoplásico ou até mesmo ausente.

Anormalidades do sistema geniturinário têm sido descritas.[25]

Classificação

Dentre as várias classificações existentes para as microssomias craniofaciais destaca-se a anatomocirúrgica de Psillakis e de Converse e McCarthy, que se fixa ao grau de envolvimento mandibular e merece especial atenção, pelo número de casos estudados e distribuição quanto ao sexo.[26][25]

Classificação das anomalias mandibulares (Pruzansky, 1969) relatada por Converse e Mac Carthy (1979):

Grau I: hipoplasia mandibular mínima ou leve.

Grau II: o côndilo e o ramo são pequenos, e a cabeça do côndilo é achatada. A cavidade glenoide é ausente. Superfície infratemporal convexa. A apófise coronoide pode ser ausente.

Grau III: o ramo mandibular está reduzido a uma fina lâmina de osso ou completamente ausente (figura 36).

CAPÍTULO **16**

BASES GERAIS DO TRATAMENTO

Microssomia craniofacial unilateral

Os objetivos fundamentais do tratamento são restauração do contorno facial, reconstrução das estruturas ósseas e da articulação; prover oclusão funcional e reconstrução craniofacial e dos tecidos moles.

A reconstrução órbito-zigomático-temporal deverá ser selecionada caso a caso. Nos pacientes com hipoplasia temporal do complexo zigomático, damos preferência aos enxertos costais de aposição como preconiza Converse, com a introdução da técnica de reconstrução da cavidade glenóide, conforme Obwegeser (figuras 37 e 38).[27]

Para a reconstrução zigomática por aposição, a técnica descrita por Psillakis[18] nos parece ser a que oferece resultados mais estáveis. É de fácil execução, com a vantagem de ser um retalho e, portanto, assegurar adequado suprimento vascular ao tecido ósseo; além de prover a transferência de pericrânio ou gálea-pericrânio que irá melhorar o contorno do tecido mole (figuras 27-70 A C).

Nos casos de distopia orbitária, utilizamo-nos da técnica de Tessier para reposicionamento superior da órbita. Esta técnica exige craniotomia e osteotomia orbital e zigomática. O segmento ósseo resultante da elevação do complexo orbital nos serve de enxerto ósseo na região zigomaticomaxilar.[28]

As deformidades maxilomandibulares e articulares devem ser tratadas em segundo tempo cirúrgico. A reconstrução maxilomandibular é realizada através de osteotomias maxilomandibulares e enxertos ósseos.

O melhor momento para reconstrução é amplamente discutido, com vários autores de renomada experiência colocando-se em posição diametralmente opostas quanto ao tratamento de crianças (figuras 32 a 35). Kazanjian, Obwegeser e Poswillo[22], entre outros, preferem a reconstrução óssea na maturidade, após o crescimento.

Kazanjian[29] enfatiza a reconstrução dos tecidos moles em primeiro tempo, enquanto Obwegeser[27] enfatiza a reconstrução óssea primária com um modulador do tecido mole e, portanto, realizando em primeiro tempo a cirurgia ortopédica.

Converse[23] recomenda a cirurgia durante a infância ao redor de 8 ou 9 anos de idade e justifica sua conduta apoiada nos seguimentos objetivos:

1. Melhorar a simetria mandibular.
2. Permitir crescimento vertical da maxila pelo alongamento do corpo mandibular.
3. Permitir uma melhor oclusão.
4. Expansão do tecido mole, por promover um melhor suporte ósseo.

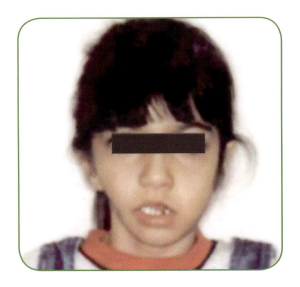

Fig. 32: Fotografia frontal (pré-operatória).

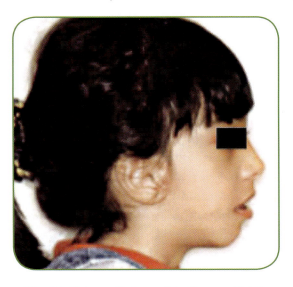

Fig. 33: Fotografia lateral (pré-operatória).

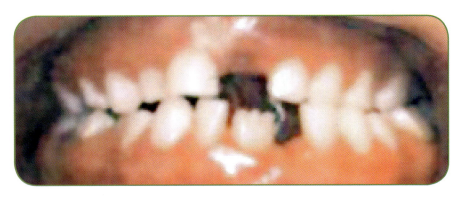

Fig. 34: Oclusão pré-operatória.

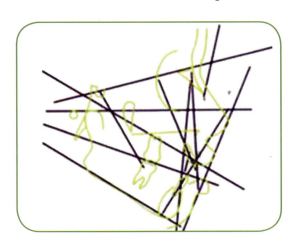

Fig. 35: Cefalometria pré-operatória.

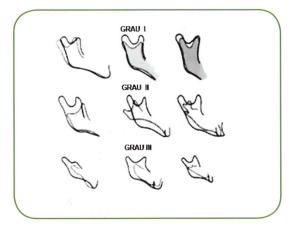

Fig. 36: Desvios da mandíbula.

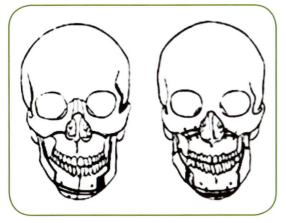

Fig. 37: Visão frontal (assimetrias).

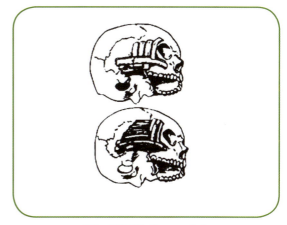

Fig. 38: Visão cranial.

As técnicas de Converse e Obwegeser são utilizadas nos casos de hipoplasia temporal e do complexo zigomático, eficientes e biológicas, pois acompanham o crescimento. Apesar disso tem sido substituídas, em casos selecionados, por inclusão de polietileno poroso (MedPore) em pacientes adultos jovens com grande vantagem.

Esta representação gráfica mostra o modelo de tratamento das assimetrias da microssomia no tocante à relação maxilomandibular. A reconstrução articular nem sempre é mencionada em trabalhos internacionais. Para nós, a reconstrução da ATM com enxertos condrocostais tem sido rotina nas microssomias hemicraniofaciais de graus II e III, nas quais raramente conseguimos realizar a osteotomia sagital no lado afetado. Osteotomia em "L" com associação de enxertos ilíaco e condrocostais representam nossa opção neste caso.

A deficiência de tecido mole, sempre marcante nos casos de graus II e III, pode ser contornada com retalhos locais como o de gálea e pericrânio e até mesmo do platisma, nos casos menos severos. Os retalhos miofasciais de grande peitoral e trapézio também oferecem uma segunda opção nos casos severos. No entanto, a transferência microcirúrgica de retalhos livres constituem a opção mais elegante e efetiva no manejo de casos severos.

Com o advento da distração óssea, vários autores, destacando-se Molina, no México[30], tem conseguido resultados brilhantes na reconstrução óssea e dos tecidos moles, em casos que no passado teriam indicação cirúrgica reconstrutiva. Os resultados sedimentados da distração óssea na microssomia hemicraniofacial fazem desta forma de tratamento a preferencial da infância.

DO RESPIRADOR BUCAL À APNEIA OBSTRUTIVA DO SONO: ENFOQUE MULTIDISCIPLINAR

Hovelle e Osborne[31] relatam a necessidade de alongamento mandibular, promovendo discrepância e mordida aberta ipsilateral, o que promoverá espaço para correção das instruções dentárias da maxila e da mandíbula, através de aparelhos ortopédicos tipo Frankel, assim como salientam Profitt e White.[32]

O uso de ativadores de crescimentos deverá ocorrer no tratamento pré e pós--cirúrgico nos casos em que enxertos ósseos de alongamento mandibular são utilizados com a intenção de retomar o crescimento. A resposta de crescimento, com a utilização destes aparelhos ortopédicos, depende do potencial de crescimento de cada paciente.

Um protocolo de tratamento da microssomia hemicraniofacial, na criança, foi recentemente criado por Munro e Kabon.[33] Consta de três fases, basicamente:

1ª fase: correção da mandíbula e simetria facial (6 a 9 anos de idade)

Obviamente, os requisitos de reconstrução nesta fase são proporcionais ao grau de deformidade apresentada, presença ou não de côndilo mandibular e cavidade glenóide.

De maneira geral, quando a deformidade existente é de grau I, as osteotomias em "L" invertido com deslizamento vertical da poção proximal do ramo restauram a altura do côndilo e o comprimento do corpo mandibular. A hipoplasia zigomática poderá ser tratada por enxertos costais de contorno ou por retalhos osteofasciais da calota craniana.

Nos pacientes classificados como de grau II, a cirurgia mandibular é mais complexa. A reconstrução temporozigomática e da glenóide é realizada pela técnica de Obwegeser.[27] A ATM poderá ser reconstruída através de transplante microcirúrgico de metatarso, articulação esternoclavicular e enxertos condrocostais. Quando nos utilizamos dos condrocostais, o fazemos de maneira a aproveitar o arco costal para a reconstrução do ângulo mandibular, sendo a osteotomia vertical mandibular realizada através de incisão submandibular e complementada pela adição de enxerto ilíaco. Enxertos de sobreposição para correção da hipoplasia mentoniana também recebem nossa preferência neste tempo cirúrgico.

É importante salientar que o alongamento do ramo comprometido só será efetivo com a desinserção do ligamento esfenomandibular e/ou estilomandibular, adicionando-se a esta medida, se necessário, osteotomia contralateral no lado sadio, do tipo vertical ou sagital, que permite a rotação mandibular com obtenção de melhor simetria.[34]

CAPÍTULO **16**

Com base na montagem em articulador semi-ajustável, é construído o splint interoclusal, que mantém a mordida aberta do lado da lesão, determinada pelo reposicionamento mandibular. A fixação rígida é realizada através de placas e/ou parafusos do tipo lag-screw.

Procedendo a segunda fase de tratamento, impõe-se a utilização de aparelhos ortopédicos e ortodônticos que objetivam:

1. Extrusão dentária maxilar.
2. Correção maxilar transversal.
3. Extrusão e alinhamento dental mandibular do lado afetado.
4. Coordenação dos hemiarcos dentário do lado não afetado.
5. Atenção à obtenção de linha média e inclinações dos incisivos superiores e inferiores, em relação as suas respectivas bases ósseas.

2ª fase: é realizada na adolescência, sendo exclusivamente ortognática

Estão indicados planejamentos gráficos e cirurgias de modelos corrigidos ortodonticamente, em articulador, com predicção e quantificação das osteotomias e movimentos necessários.

A mentoplastia é planejada em perfil e em normas póstero-anteriores com adequada orientação da altura, projeção e simetria, objetivando a estética do lábio inferior. Via de regra sua realização requer enxerto ósseo para aumento de altura no lado afetado e osteotomia de deslizamento contralateral. Enxertos de superposição podem estar indicados, bem como, se possível, osteotomia escalonada para obtenção de adequada projeção anterior do mento.

A osteotomia do tipo Le Fort I com correção das alterações transversais é realizada conjuntamente com a osteotomia sagital da mandíbula e correção da oclusão. Enxerto ósseo de sobreposição ao corpo e ângulo mandibular geralmente são necessários (Bell e Profitt), visando à melhora do contorno mandibular e ao preenchimento da região geniana e masseterina. Outra opção técnica para melhora do contorno é descrita por Psillakis, com a utilização de retalho de calota craniana.[18]

3ª fase: é realizada tardiamente, voltando-se à correção do contorno facial e deficiência dos tecidos moles

Retalhos de músculo grande peitoral, pequeno peitoral, musculares do trapézio podem estar indicados, com a intenção de suprir a deficiência de contorno nas regiões parotídeo-massetérica e submandibular.

Do Respirador Bucal à Apneia Obstrutiva do Sono: Enfoque Multidisciplinar

Pode ainda existir deficiência do corpo e ramo mandibulares que poderão ser tratados através de retalho osteomuscular de clavícula, com inclusão do músculo esternocleidomastóideo ou somente do platisma.

As opções microcirúrgicas, atualmente, destacam-se no manuseio dos tecidos moles na microssomia craniofacial. São estas representadas pelo retalho livre inguino-crurais, antibraquiais, escapulares e outros.

Os enxertos dermoadiposos, no passado amplamente indicados, recebem atualmente indicação de exclusão. Os motivos de sua limitação recaem sobre a reabsorção observada a médio e longo prazos.

Em determinados casos, nesta terceira fase de tratamento podem ainda estar indicados alguns procedimentos ortognáticos, complementação da mentoplastia etc. A correção da macrostomia pode ser realizada neste tempo cirúrgico.

Complementando-se o tratamento facial e reconstrução da orelha tem início, sendo realizada sempre após o reposicionamento mandibular.

No tratamento de pacientes adultos, a cirurgia primária poderá integrar o reposicionamento maxilomandibular através de osteotomia de Le Fort I e enxertos ósseos; além de procedimentos reconstrutivos da ATM, através de enxertos condrocostais, e ainda osteotomia em "L" invertido no ramo mandibular afetado, e sagital no ramo contralateral. O contorno facial ósseo e do tecido mole poderá ser tratado efetivamente em segundo tempo cirúrgico, às requisições de cada caso em particular.

A ortodontia está indicada em todas as fases como coadjuvante do tratamento ortopédico. Nos pacientes edentados, o preparo reconstrutivo dos rebordados alveolares e colocação de implantes promovem boas condições funcionais.

Microssomia craniofacial bilateral

A forma bilateral, à semelhança de sua homônima unilateral, possui ampla variabilidade em sua expressão clínica. Acompanham a síndrome, malformações auriculares diversas em forma e posicionamento da orelha, que podem ou não ser simétrica. Mesmo nas formas com pouco envolvimento mandibular, a ATM encontra-se comprometida).[35 36 37]

Do ponto de vista maxilofacial, a forma bilateral expressa-se por micrognatia e deficiência horizontal mandibular.

CAPÍTULO **16**

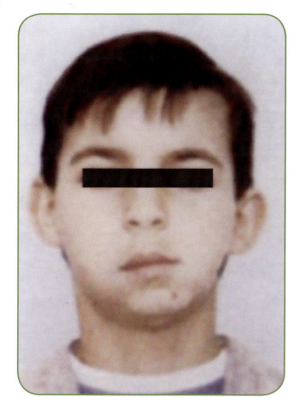

Fig. 39: Fotografia frontal (pré-operatória).

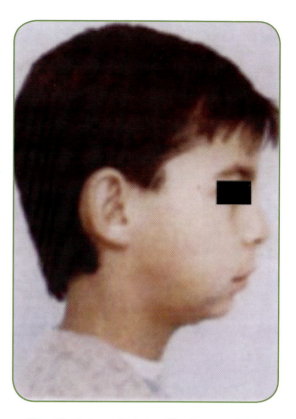

Fig. 40: Fotografia lateral (pré-operatória).

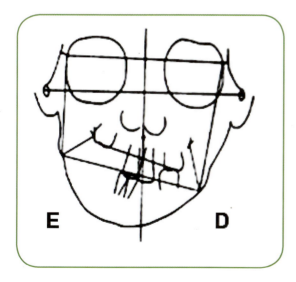

Fig. 41: Cefalometria frontal (pré-operatória).

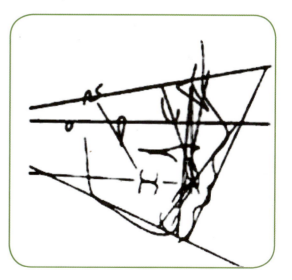

Fig. 42: Cefalometria lateral (pré-operatória).

Figs. 39 a 43: Microssomia hemicraniofacial leve (grau I) de um paciente de 13 anos de idade.

327

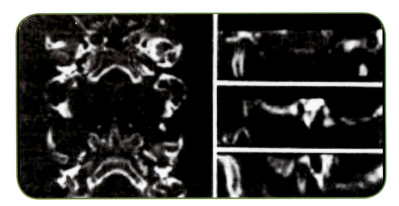

Fig. 43: TC pré-operatória.

O estudo cefalométrico em norma frontal evidencia grave assimetria maxilo-mandibular, que, no entanto, não compromete a órbita e a região zigomática. A norma de perfil salienta o perfil hipoplásico mandibular com maloclusão classe II compensada pelos incisivos superiores e inferiores. Note que a cefalometria em norma de perfil simplifica a visão do problema. A sequência tomográfica registra o quadro habitual da microssomia hemicraniofacial com severa hipoplasia do côndilo esquerdo acompanhada de assimetria das fossas glenóides. A fossa glenoide está mais anteriorizada e medializada.

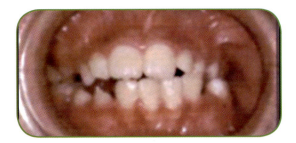

Fig. 44: Oclusão pré-operatória (frontal).

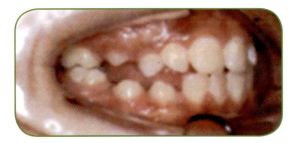

Fig. 45: Oclusão pré-operatória (lateral).

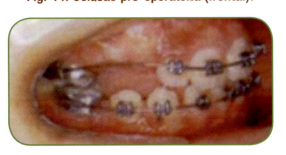

Fig. 46: Oclusão pré-operatória com aparelho fixo (lateral).

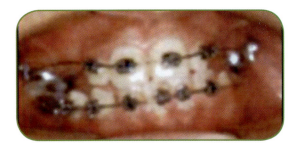

Fig. 47: Oclusão pré-operatória (frontal).

CAPÍTULO **16**

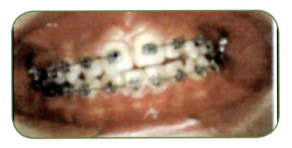

Fig. 48: Oclusão pré-operatória (ortodontia).

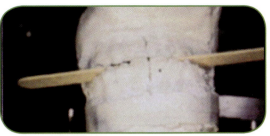

Fig. 49: Montagem modelos no articulador (notar assimetria).

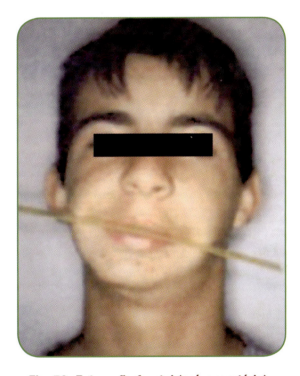

Fig. 50: Fotografia frontal (pré-operatória).

Figuras 43 a 50: A oclusão pré-tratamento mostra desvio de lateralidade com compensações tanto ântero-posteriores como transversais.

A conduta ortodôntica no caso visa à obtenção da relação incisiva e das discrepâncias transversais e verticais, obtendo-se um padrão de oclusão pré-operatório bem próximo daquele que será observado no pós-operatório. (Gentileza da Dra. Dilma Simões.) Note que apesar da oclusão obtida, o plano oclusal está inclinado e assim deverá ser passado ao articulador para a cirurgia de modelos.

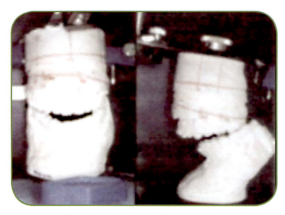

Fig. 51: Cirurgia de Modelos.

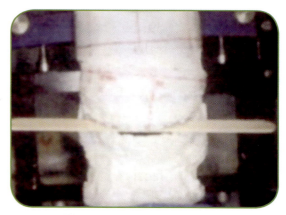

Fig. 52: Cirurgia de Modelos.

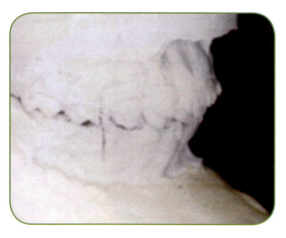

Fig. 53: Cirurgia de Modelos.

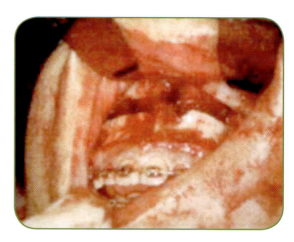

Fig. 54: Osteotomia tipo Le Fort I.

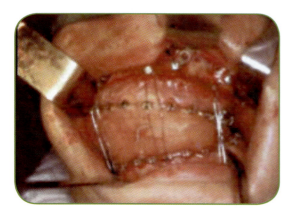

Fig. 55: BMM Trans-operatório.

Fig. 56: Fixação interna rígida (FIR).

Capítulo 16

Figuras 51 a 59: Na cirurgia de modelos, a maxila é feita inicialmente com a correção transversal. Esta manobra orienta e mensura a necessidade ou não de enxerto ósseo na osteotomia Le Fort I. Após a montagem correta da maxila, procede-se à confecção do splint intermediário de relação maxilomandibular que será utilizado no intra-operatório, em seguida, o modelo mandibular é cortado e levado na oclusão planejada, mostrando milimetricamente o movimento mandibular a ser realizado, com vista à obtenção da oclusão e correção da discrepância transversal. Neste momento, é confeccionado o splint final. Com relação ao planejamento cirúrgico de uma assimetria maxilomandibular não microssômica, somente a cirurgia de modelos é suficiente ao cirurgião. No entanto, na microssomia hemicraniofacial, o cirurgião deverá além do planejamento das osteotomias, concluir o melhor tipo de reconstrução com enxertos ósseos e a necessidade ou não de preenchimento de tecidos moles. A mentoplastia nos casos de microssomia quase sempre exige enxertos de sobreposição para obtenção do adequado resultado estético. A seguir, passos cirúrgicos (Osteotomia Le Fort I), colocação do primeiro splint, bloqueio maxilomandibular, osteotossíntese da maxila com interposição de enxerto ósseo.

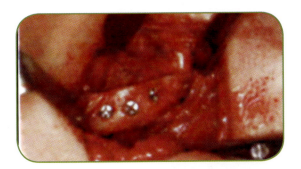

Fig. 57: FIR.

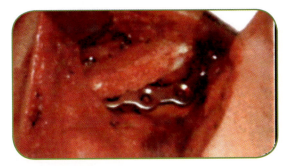

Fig. 58: FIR.

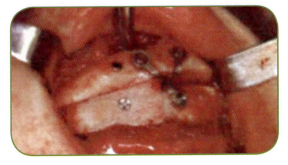

Fig. 59: FIR.

Figuras 60 a 62: Osteotomia vertical do lado não-hipoplásico extra ou intra-oral. (osteotomia "L" ou "C" do lado hipoplásico e colocação de enxerto ósseo corticoesponjoso de ilíaco. Bloqueio maxilomandibular e fixação rígida (mentoplastia com adição de enxerto ósseo de preenchimento do lado hipoplásico). Nesta sequência, mostramos o resultado final.

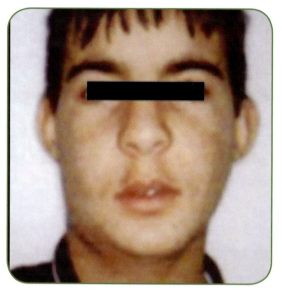

Fig. 60: Fotografia frontal (Pós-operatório imediato).

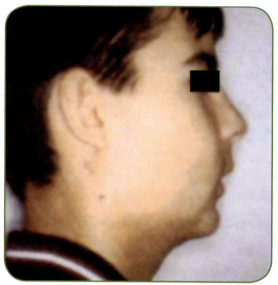

Fig. 61: Fotografia lateral (pós-operatório).

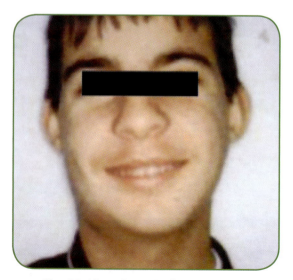

Fig. 62: Visto frontal pós-operatório.

Capítulo 16

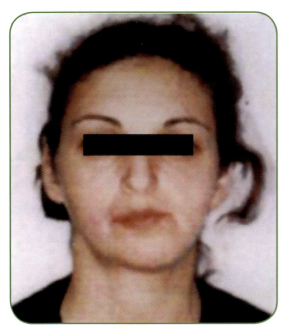

Fig. 63: Fotografia frontal (pré-operatória).

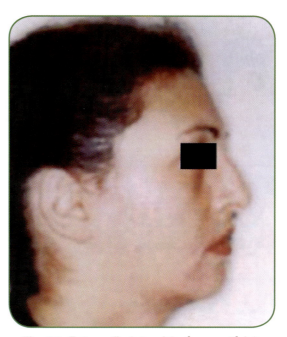

Fig. 64: Fotografia lateral (pré-operatória).

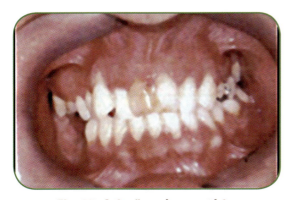

Fig. 65: Oclusão pré-operatória.

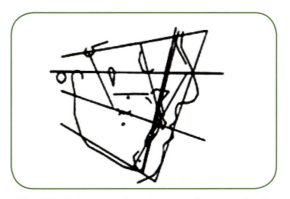

Fig. 66: Cefalometria lateral (pré-operatória).

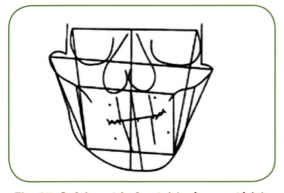

Fig. 67: Cefalometria frontal (pré-operatória).

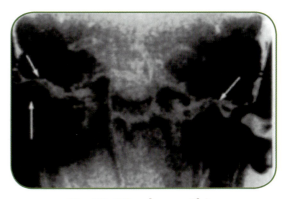

Fig. 68: TC pré-operatória.

Figuras 63 a 74: Trata-se de uma mulher de 29 anos, portadora de microssomia hemicraniofacial com sintomas articulares disfuncionais, otalgia reflexa esquerda a assimetria facial. Note a inclinação do plano oclusal característico. O estudo cefalométrico de lateral e frontal classe II com compensação dentária e assimetria transversal maxilar e mandibular com leve distopia por hipoplasia orbitozigomática suave. ATM em norma frontal revela côndilo esquerdo atrófico, com assimetria das cavidades glenoides e diminuição significativa do espaço de translação condilar esquerda.

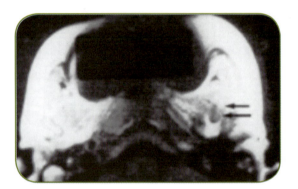

Fig. 69: TC pré-operatória.

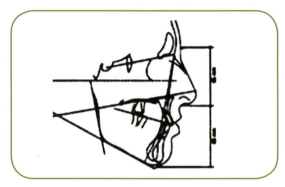

Fig. 70: Cefalometria lateral (pós-operatória).

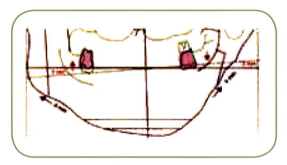

Fig. 71: Cefalometria frontal (pós-operatória)

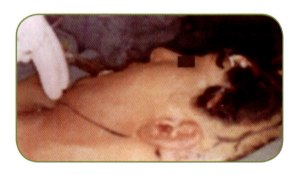

Fig. 72: Desenho da Incisão.

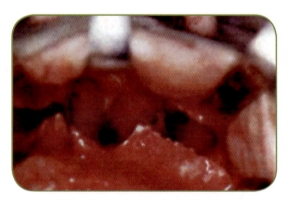

Fig. 73: Osteotomia Le Fort I.

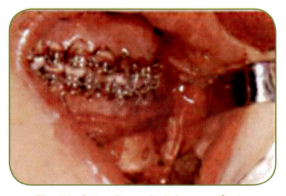

Fig. 74: Ostomia sagital da mandíbula.

CAPÍTULO **16**

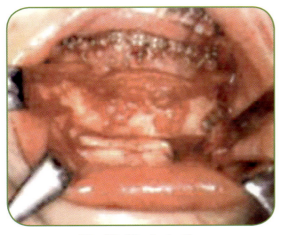

Fig. 75: Mentoplastia.

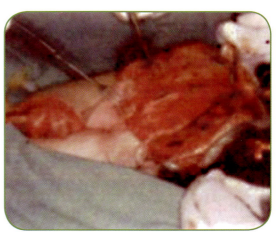

Fig. 76: Trans-operatório.

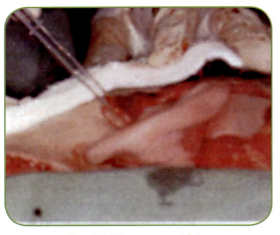

Fig. 77: Trans-operatório.

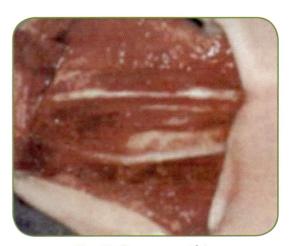

Fig. 78: Trans-operatório.

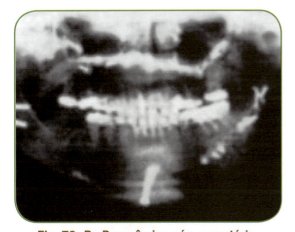

Fig. 79: Rx Panorâmico pós-operatória.

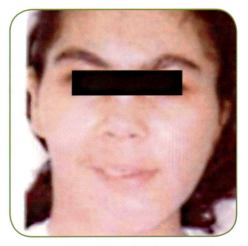

Fig. 80: Vista frontal pré-operatório.

335

Figuras 75 a 82: ATM em norma axial observam-se a anteriorização e medialização de cavidade glenóide do lado comprometido, características própria da microssomia hemicraniofacial. O planejamento gráfico em perfil demonstra a osteotomia Le Fort I e avanço mandibular com mentoplastia. O planejamento frontal maxilar para correção da assimetria não possibilitou o preparo ortodôntico pré-operatório. Foram planejados enxertos de calota craniana para aumento da dimensão vertical mentoniana, como retalho platismoclavicular para preenchimento e sobreposição do ramo mandibular comprometido e enchimentos de partes moles ipsilateral. As ATMs recebem especial atenção com reconstrução total, através da porção esternoclavicular, somada ao retalho para reconstrução meniscal pediculado na gálea-pericrânio e pericôndrio e cartilagem articular.

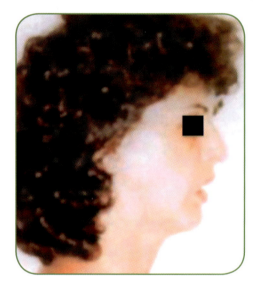

Fig. 81: Fotografia lateral (perfil) pós-operatória.   Fig. 82: Fotografia frontal (pós-operatória).

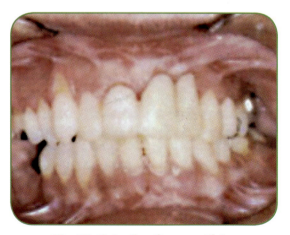

Fig. 83: Oclusão pós-operatória.

Figuras 83 a 88: Trata-se de um paciente de 23 anos de idade portadora de microssomia hemicraniofacial. Aspecto clínico, oclusal aspecto cefalométrico do caso. Foi realizado como tratamento cirúrgico osteotomia Le Fort I e osteotomia sagital mandibular contralateral, osteotomia e reconstrução com enxerto do osso ilíaco e retalho gáleo-temporal, mentoplastia + enxerto ósseo, resultado final. Desenvolvimento da articulação temporomandibular e classe I oclusal. Podem também ser observados padrões de crescimento vertical maxilar com consequente abertura do ângulo goniático e mordida aberta anterior. O mento encontra-se hipoplásico ao lado de hipertonia dos músculos digástricos.

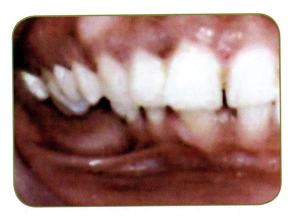

Fig. 84: Oclusão pré-operatória.

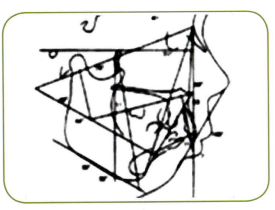

Fig. 85: Cefalometria lateral (pré-operatória).

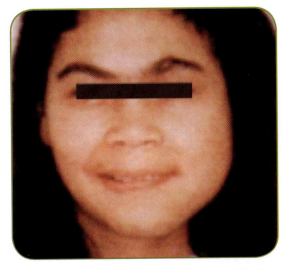

Fig. 86: Fotografia frontal (pós-operatória).

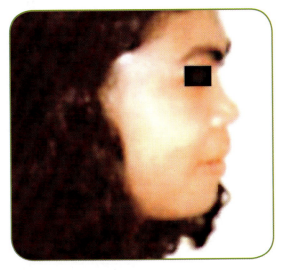

Fig. 87: Fotografia lateral (pós-operatória).

O tratamento é orientado ortodonticamente no pré-operatório, podendo em situações especiais ser realizado concomitantemente com as correções esqueléticas.

O único paciente com diagnóstico preditivo de microssomia craniofacial bilateral de nossa série apresenta-se com importante queixa de dor miofascial e temporomandibular. O exame clínico evidenciava limitação da abertura de boca, ao lado de arco maxilar em "V" e marcante hipoplasia mandibular. A oclusão era classicamente definida como classe II, ao lado de situação odontológica calamitosa.

Após o planejamento cirúrgico ortodôntico, vislumbramos a possibilidade de tratamento cirúrgico-ortodôntico em primeiro tempo, que poderia receber complementação ortodôntica ao longo do pós-operatório. Na cirurgia de modelos foi planejada osteotomia Le Fort I com correção transversal e segmentação do grupo pré-maxilar incluindo pré-molares, obtendo-se assim melhor conformação do arco maxilar.

A mandíbula foi avançada com obtenção de relação esquelética de classe I, compensando-se as inclinações incisivas ainda não corrigidas ortodonticamente.

O splint intermaxilar foi construído com base nessas alterações. A técnica utilizada foi o "L" invertido com enxertia óssea.

As ATMs direita e esquerda receberam plastia de eminência articular anterior e discopexia, permitindo-se assim um padrão translatório condilar, até então ausente. Foram realizadas mentoplastia de avanço e miotomia diagnóstica.

Após a fase cirúrgica, demos início à fisioterapia muscular e articular e teve continuidade a ortodontia objetivando intercuspidação. O reposicionamento cranial das orelhas foi postergado para segundo tempo cirúrgico.

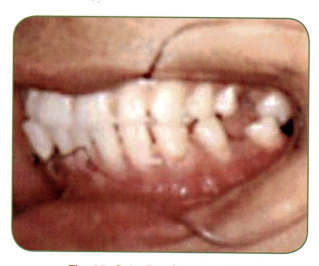

Fig. 88: Oclusão pós-operatória.

6. SÍNDROME OCULOMANDIBULOFACIAL – SÍNDROME DE HALLERMANN-STREIFF

A síndrome de Hallermann-Streiff é provavelmente induzida pela manutenção de um gene dominante único. É uma síndrome simétrica incluída no grande número de defeitos do primeiro e do segundo arcos branquiais. Caracteriza-se por braquicefalia com bossas frontais e parietais, associadas ocasionalmente à microcefalia. Também é observado fechamento retardado das suturas e fontanelas cranianas. Malformações oftalmológicas são características com descrições de microftalmia e cataratas congênitas bilaterais, podendo também ser observados: glaucomia, escleróticas azuis, nistagmo e estrabismo.[38]

Na área craniofacial são encontradas:
- Bossa frontal
- Hipoplasia dos seios nasais.
- Face pequena ao lado de nariz alongado delgado com diferentes graus de desvio septal.
- Hipoplasia do osso malar.

A mandíbula é hipoplásica, podendo coexistir hipoplasia ou aplasia condilar. A ATM é deslocada anteriormente em aproximadamente 2 cm, ao lado de ramo ascendente curto e ângulo goníaco aberto. O palato é atrésico e alto (ogival). O manto é hipoplásico, exibindo fenda central ou apenas depressão no tecido mole. Acompanhando a malformação óssea são observadas alterações dentárias como: anadontia, persistência de dentição decídua, má-oclusão de classe II e mordida aberta. É também relatada malformação da estrutura dental, com maior predisposição à cárie.[38 39 40]

Outras manifestações são assim descritas:

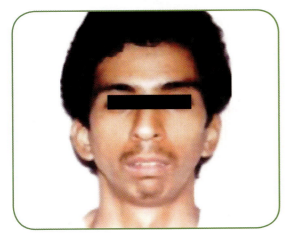

Fig. 89: Fotografia frontal (pré-operatória).

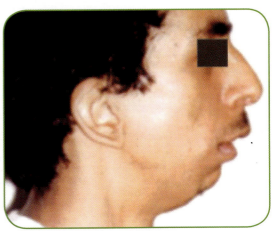

Fig. 90: Fotografia lateral (pré-operatória).

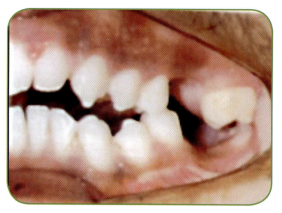
Fig. 91: Oclusão pré-operatória.

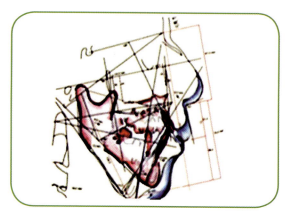
Fig. 92: Cefalometria lateral (sobreposição).

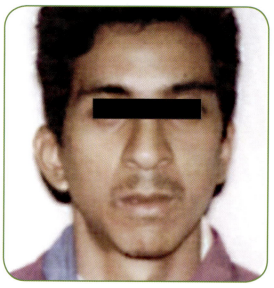
Fig. 93: Visto frontal pós-operatório.

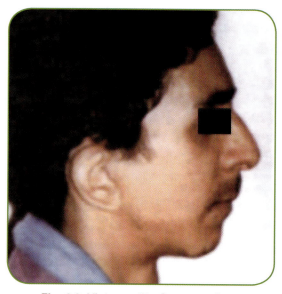
Fig. 94: Visto perfil pós-operatório.

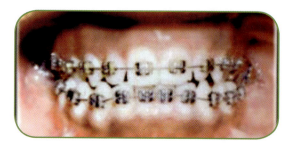
Fig. 95: Oclusão pós-operatória.

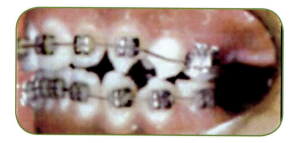
Fig. 96: Oclusão pós-operatória.

Figuras 89 a 98: Trata-se de uma microssomia hemicraniofacial bilateral com marcada hipoplasia mandibular, ramo ascendente curto e excesso vertical maxilar. Note a implantação baixa de ambas as orelhas. A clínica do paciente ressalta dor articular e limitação de abertura bucal ao redor de 20 mm. No planejamento cirúrgico foram realizados: Osteotomia Le Fort I com intrusão, septoplastia e turbinoplastia de conchas inferiores via Le Fort I. Osteotomia em "L" invertido e interposição de enxerto ósseo para avanço mandibular e rotação anti-horária. Mentoplastia, Artrotoplastia das ATMs D e E com eminencioplastia e discopexia D e E.

- Complementação ortodôntica de tratamento.
- Deficiência mental em 15% dos casos.
- Osteoporose, sindactilia, lordose e escoliose, espinha bífida e escápula alada.
- Pele atrófica e hipotricose.
- Hipognatismo.

Os controles cefalométricos pós-operatórios em perfil e póstero-anterior evidenciam o resultado de acordo com o planejado.

A impossibilidade de tratamento ortodôntico pré-operatório obviamente limitou a possibilidade de avanço mandibular. No entanto, ressalta-se a importância da avaliação articular nesses casos, visto que a marcante hipoplasia do ramo mandibular faz com que o côndilo praticamente só exerça atividade de rotação com a translação praticamente existente. A atroplastia nesta situação deve incorporar a eminencioplastia, bem como a discopexia, se necessário.

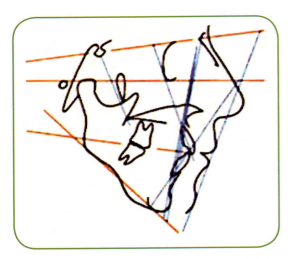

Fig. 97: Cefalometria lateral (pós-operatória).

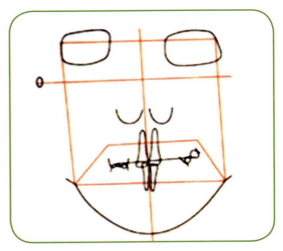

Fig. 98: Cefalometria frontal (pós-operatória).

7. DISOSTOSE MANDIBULOFACIAL

Síndromes de treacher-collins e fanceschetti-zwahlenklein

É condição autossômica dominante de expressividade variável, comprometendo estruturas do primeiro arco, sulco e bolsas branquiais.

É referida na literatura como a mais comum síndrome com disostose mandibulofacial. Sua etiologia é mais bem explicada por Poswillo e atribuída a uma precoce distribuição de células da crista neural na região da primórdia facial e auditiva, ocorrendo migração do primeiro e segundo arcos branquiais.[41]

Behrents, Macnamara e Auery[42 43] propõe alguns mecanismos patogênicos, dentre eles:

- Defeito da ossificação geneticamente controlada.
- Deficiência ou falha de diferenciação do mesoderma visceral maxilar.
- Ausência ou hipoplasia da artéria estapediana em um determinado momento crítico.

O evento patológico parece ocorrer no início da 7ª semana de desenvolvimento embriológico. Hematoma localizado na região da crista neural[44]. A transmissão é predominantemente materna, apesar de relatos de transmissão paterna estarem registradas.[45]

Caracterizam clinicamente a síndrome: bilateridade; hipoplasia dos rebordos orbitários superiores; hipoplasia do corpo do osso malar e agenesia do arco zigomático, malformação ou ausência da orelha ou ossos da orelha média, apêndices supranumerárias auriculares e fissuras cegas.

O ângulo frontonasal é quase nulo, com protrusão da pirâmide nasal decorrente da hipoplasia do terço médio, hipoplasia das cartilagens alares e atresia das coanas. As pálpebras apresentam-se com obliquidade antimongolóide e coloboma no terço externo da pálpebra inferior em 75% dos casos. A órbita possui forma oval e são frequentes as malformações do sistema lacrimal.

A mandíbula é hipoplásica com consequente hipomentonismo, sendo o ramo curto e o ângulo goniático mais obtuso do que a norma. Pode ocorrer aplasia do côndilo e apófise coronoide. Deficiência mental tem sido observada.

São frequentes a ausência de células mastóideas e hipoplasia dos seios paranasais. O palato é ogival, podendo ser fissurado. A macrotomia é frequente. Esses podem apresentar deficiência respiratória, causada pela exiguidade das vias aéreas.

A intubação endotraquial costuma ser dificultada pela hipoplasia laringotraqueal.

No diagnóstico diferencial devem ser observadas principalmente duas condições: a microssomia craniofacial bilateral que se diferencia da síndrome de Treacher--Collins por ser a última, sempre simétrica o que não acontece na forma bilateral da microssomia craniofacial. O segundo diagnóstico diferencial é feito com a disostose acrofacial ou síndrome de Nager que apresenta envolvimento mandibular mais severo: fissuras palatinas frequentes. Os colobomas da pálpebra inferior presente em 75% no Treacher-Collins são nesta síndrome de ocorrência rara. A síndrome de Nager é, portanto, uma entidade distinta de caráter autossômico recessivo.[46]

O tratamento da disostose mandibulofacial depende da extensão da deformidade, sendo dirigida ao esqueleto maxilofacial e aos tecidos moles. A pormenorização das técnicas de reconstrução é discutida com propriedade em vários textos especializados, cabendo-nos discorrer a respeito de alguns pontos relacionados com a articulação temporomandibular.

Para Norman e Braley[47] a correção da ATM e mandíbula podem ser realizadas precocemente. Estes autores recomendam miotomia diagnóstica generosa e poderam que a mentoplastia de avanço deve aguardar um segundo tempo cirúrgicos.

A osteotomia indicada é a em "L" invertido com a utilização de enxerto ilíaco, com qual se obtêm bons resultados. Pode ser realizada conjuntamente com a reconstrução do complexo zigomático através de enxerto costais (Converse) ou retalhos osteofaciais da calota craniana, como prefere Psillas em nosso meio.

A osteotomia maxilar do tipo Le Fort I é realizada no futuro após preparo ortodôntico, podendo haver necessidade de osteotomia sagital combinada.

Nos casos de apresentação incompleta do fenótipo sindrômico, o tratamento maxilomandibular pode estar restrito à mentoplastia. Cabe ressaltar, a despeito da controvérsia existente na literatura quanto ao momento oportuno para reconstrução dos tecidos moles, acreditamos que os procedimentos plásticos definitivos devem ser realizados após o fim do crescimento ósseo.

8. SÍNDROME DE MOEBIUS (SEQUÊNCIA DE MOEBIUS)

Esta malformação tem origem no sistema nervoso central, mais propriamente por lesão nuclear do VI e VII pares cranianos. É também chamada paralisia oculofacial congênita, apesar de alguns autores questionarem sua hereditariedade. Pode ser uni ou bi lateral.[48]

Caracteriza-se clinicamente por acometimento da face, com paralisia facial que determina aspecto de "rosto de boneca de cera". Este quadro clínico pode virar desde pelega facial total até comprometimento parcial.

O envolvimento da língua ocorre com presença de fasciculações. Anquiloglossia e língua bífida incompleta podem ocorrer. O palato mole apresenta sua musculatura hipofuncionante. Fatores este que somados colaboram na alteração do reflexo de sucção-alimentação, provavelmente por lesão do glossofaríngeo e vago.

A mandíbula encontra-se comprometida em seu crescimento, podendo, devido às alterações dos músculos elevadores e do palato mole, desencadear padrão de crescimento vertical. A oclusão é do tipo classe II com ou sem mordida aberta. A ATM não é diretamente envolvida.

O estrabismo convergente por paralisia do VI pode estar associado a outros distúrbios palpebrais morfofuncionais e neurológicos.[49]

As orelhas são mal posicionadas, ao lado de possíveis alterações da orelha média. O nariz é grande com ponte nasal projetada e alongada.

A síndrome compromete extremidades dos membros, o sistema cardiovascular, endócrino e o trato urinário.[50]

Estima-se em 15% a frequência de associação com retardo do desenvolvimento neuropsicomotor.[51]

O tratamento é multidisciplinar com início de cuidados fonoaudiológicos logo após o nascimento. Do ponto de vista cirúrgico, técnicas de levantamento estático na face devem ser ponderadas e apoiadas na investigação eletroneurofisiológica e eletromiográfica. O complexo maxilomandibular poderá ser conduzido ortopedicamente no início da vida, estando à cirurgia ortognática indicada na conformidade dos resultados.[52]

9. SÍNDROME DE CROUZON

Na síndrome de Crouzon a craniossinostose é comum, há fechamento prematuro das saturas cranianas com malformação do crânio. Os seios paranasais são diminuídos, existe pseudo-exoftalmo, hipoplasia maxilar, usualmente, acompanhada de prognatismo mandibular com lábio inferior invertido e lábio superior curto e palato ogival. Desvio do septo nasal a atresia do meato auditivo bilateral está descrito a literatura. Deficiência mental é observada em alguns casos.[2]

CAPÍTULO **16**

10. SÍNDROME DE APERT

Nesta síndrome ocorre o fechamento precoce e irregular da suturas cranianas, especialmente da sutura coronal. O grau de assimetria é variável. O terço médio da face é hipoplásico resultando em um relativo prognatismo mandibular, com morfologia nasal também variável. [2]

Esses pacientes apresentam:
- Polissindactilia de pés e mãos
- Hiperterolismo
- Face achatada
- Fenda palpebral
- Branquicefalia
- Ossificação precoce das saturas
- Microdontia
- Micrognatia/prognatia
- Palato ogival
- Apinhamento dental
- Obstrução da nasofaringe

REFERÊNCIAS BIBLIOGRÁFICAS

1. Hoeve, L.J., M. Pijpers, and K.F. Joosten, OSAS in craniofacial syndromes: an unsolved problem. Int J Pediatr Otorhinolaryngol, 2003. 67 Suppl 1: p. S111-3.

2. Carpes A.F, Alonso N., Hallinan MP, Polisomnographic findings on children with Apert and Crouzon Syndromes, in Brazilian Journal of Craniomaxillofacial Surgery. 2009. 12(3): p. 89-104.

3. Monasterio, F.O., *et al.*, Distraction osteogenesis in Pierre Robin sequence and related respiratory problems in children. J Craniofac Surg, 2002. 13(1): p. 79-83; discussion 84.

4. La Grutta, S., *et al.*, People with Down's sindrome: adolescence and the journey towards adulthood. Minerva Pediatr, 2009. 61(3): p. 305-21.

5. Kushida, C.A., *et al.*, Practice parameters for the use of continuous and bilevel positive airway pressure devices to treat adult patients with sleep--related breathing disorders. Sleep, 2006. 29(3): p. 375-80.

6.	Barbarino, A., *et al.*, Corticotropin-releasing hormone inhibition of paradoxical growth hormone response to thyrotropin-releasing hormone in insulin-dependent diabetics. Metabolism, 1992. 41(9): p. 949-53.

7.	Wetzel, W., T. Wagner, and D. Balschun, REM sleep enhancement induced by different procedures improves memory retention in rats. Eur J Neurosci, 2003. 18(9): p. 2611-7.

8.	Cohen, M.M., Jr., The Robin anomalad - its nonspecificity and associated syndromes. J Oral Surg, 1976. 34(7): p. 587-93.

9.	Marques, I.L., M.A. Barbieri, and H. Bettiol, Etiopathogenesis of isolated Robin sequence. Cleft Palate Craniofac J, 1998. 35(6): p. 517-25.

10.	Longacre, J.J., The Surgical Management of Mandibulo-Facial Dysostosis. J Genet Hum, 1964. 13: p. 351-84.

11.	Elliott, M.A., D.A. Studen-Pavlovich, and D.N. Ranalli, Prevalence of selected pediatric conditions in children with Pierre Robin sequence. Pediatr Dent, 1995. 17(2): p. 106-11.

12.	Wagener, S., et al., Management of infants with Pierre Robin sequence. Cleft Palate Craniofac J, 2003. 40(2): p. 180-5.

13.	Guven, O., A clinical study on temporomandibular joint ankylosis in children. J Craniofac Surg, 2008. 19(5): p. 1263-9.

14.	Guven, O., A clinical study on temporomandibular joint ankylosis. Auris Nasus Larynx, 2000. 27(1): p. 27-33.

15.	Laskin, D.M., Role of the meniscus in the etiology of posttraumatic temporomandibular joint ankylosis. Int J Oral Surg, 1978. 7(4): p. 340-5.

16.	Schneider, P.E. and M.F. Zide, Rib implant for mandibular ankylosis in a five-year-old child: clinical report. Pediatr Dent, 1984. 6(4): p. 259-63.

17.	Grippaudo, C., et al., Management of craniofacial development in the Parry-Romberg syndrome: report of two patients. Cleft Palate Craniofac J, 2004. 41(1): p. 95-104.

18.	Psillakis, J.M., et al., Vascularized outer-table calvarial bone flaps. Plast Reconstr Surg, 1986. 78(3): p. 309-17.

19.	Musolas, A., E. Columbini, and J. Michelena, Vascularized full-thickness parietal bone grafts in maxillofacial reconstruction: the role of the galea and superficial temporal vessels. Plast Reconstr Surg, 1991. 87(2): p. 261-7.

20.	Gorlin, R.J., Diagnosis of craniofacial anomalies: subjective evaluation- -Gestalt. Birth Defects Orig Artic Ser, 1980. 16(5): p. 35-46.

21.	Grabb, W.C., The first and second branchial arch syndrome. Plast Reconstr Surg, 1965. 36(5): p. 485-508.

22.	Poswillo, D.E., Major first arch malformations; contrasting causes and the clinical consequences. Annu Meet Am Inst Oral Biol, 1975: p. 62-71.

23.	Converse, J.M., et al., On hemifacial microsomia. The first and second branchial arch syndrome. Plast Reconstr Surg, 1973. 51(3): p. 268-79.

24. Pruzansky, S. and J.B. Richmond, Growth of mandible in infants with micrognathia; clinical implications. AMA Am J Dis Child, 1954. 88(1): p. 29-42.

25. McCarthy, J.G., Craniofacial microsomia. A primary or secondary surgical treatment program. Clin Plast Surg, 1997. 24(3): p. 459-74.

26. Pruzansky, S., Postnatal development of craniofacial malformations. J Dent Res, 1968. 47(6): p. 936.

27. Obwegeser, J.A., Maxillary and midface deformities: characteristics and treatment strategies. Clin Plast Surg, 2007. 34(3): p. 519-33.

28. Tessier, P., [Orbito-cranial surgery]. Minerva Chir, 1971. 26(16): p. 878--904.

29. Kazanjian, V.H., Advances in maxillofacial surgery during the past half century. J. Oral Surg (Chic), 1955. 13(2): p. 97-102.

30. Molina, F., Mandibular distraction: surgical refinements and long-term results. Clin Plast Surg, 2004. 31(3): p. 443-62, vi-vii.

31. Osborne, R., The Treatment of the Underdeveloped Ascending Ramus. Br J Plast Surg, 1964. 17: p. 376-88.

32. White, R.P., Jr., R. Alexander, and E.R. Costich, Oral surgery for the correction of facial skeletal deformities. J Ky Dent Assoc, 1968. 20(1): p. 9-15.

33. Munro, I.R., One-stage reconstruction of the temporomandibular joint in hemifacial microsomia. Plast Reconstr Surg, 1980. 66(5): p. 699-710.

34. Bell, W.E., JCO interviews Dr. Weldon E. Bell on TMJ function and dysfunction. J Clin Orthod, 1984. 18(12): p. 877-81.

35. Converse, J.M., et al., Bilateral facial microsomia. Diagnosis, classification, treatment. Plast Reconstr Surg, 1974. 54(4): p. 413-23.

36. Coccaro, P.J., M.H. Becker, and J.M. Converse, Clinical and radiographic variations in hemifacial microsomia. Birth Defects Orig Artic Ser, 1975. 11(2): p. 314-24.

37. Smith, D.W., Growth deficiency dysmorphic syndromes. Postgrad Med J, 1978. 54 Suppl 1: p. 147-57.

38. Tuna, E.B., *et al.*, Craniodentofacial manifestations in Hallermann-Streiff syndrome. Cranio, 2009. 27(1): p. 33-8.

39. Slootweg, P.J. and J. Huber, Dento-alveolar abnormalities in oculomandibulodyscephaly (Hallermann-Streiff syndrome). J Oral Pathol, 1984. 13(2): p. 147-54.

40. David, L.R., *et al.*, Hallermann-Streiff syndrome: experience with 15 patients and review of the literature. J Craniofac Surg, 1999. 10(2): p. 160-8.

41. Poswillo, D.E., The embryological basis of craniofacial dysplasias. Postgrad Med J, 1977. 53(622): p. 517-24.

42. Behrents, R.G., J.A. McNamara, and J.K. Avery, Prenatal mandibulofacial dysostosis (Treacher Collins syndrome). Cleft Palate J, 1977. 14(1): p. 13-34.

43. Behrents, R.G., The biological basis for understanding craniofacial growth during adulthood. Prog Clin Biol Res, 1985. 187: p. 307-19.

44. Poswillo, D., Hemorrhage in development of the face. Birth Defects Orig Artic Ser, 1975. 11(7): p. 61-81.

45. Trainor, P.A., J. Dixon, and M.J. Dixon, Treacher Collins syndrome: etiology, pathogenesis and prevention. Eur J Hum Genet, 2009. 17(3): p. 275-83.

46. Thompson, J.T., P.J. Anderson, and D.J. David, Treacher Collins syndrome: protocol management from birth to maturity. J Craniofac Surg, 2009. 20(6): p. 2028-35.

47. Norman, J.E., Temporomandibular joint disorders: diagnosis and treatment. Med J Aust, 1975. 2(17): p. 679-81.

48. Simonsz, H.J., Historical perspective: first description of the Moebius syndrome. Strabismus, 2008. 16(1): p. 3.

49. Lorenz, B., Genetics of isolated and syndromic strabismus: facts and perspectives. Strabismus, 2002. 10(2): p. 147-56.

50. Ferguson, S., Moebius syndrome: a review of the anaesthetic implications. Paediatr Anaesth, 1996. 6(1): p. 51-6.

51. Lima, L.M., M.B. Diniz, and L. dos Santos-Pinto, Moebius syndrome: clinical manifestations in a pediatric patient. Pediatr Dent, 2009. 31(4): p. 289-93.

52. Braye, F., et al., [Moebius syndrome: therapeutic proposals from 2 cases]. Rev Stomatol Chir Maxillofac, 1996. 97(6): p. 332-7.

CAPÍTULO 17

CIRURGIA CRANIOMAXILOFACIAL NA SÍNDROME DA APNEIA OBSTRUTIVA DO SONO

NIVALDO ALONSO
Professor livre-docente, Chefe do Serviço de Cirurgia Craniomaxilofacial da Divisão de Cirurgia Plástica e Queimaduras do HC-FMUSP

ARTURO FRICK CARPES
Otorrinolaringologista pela Associação Brasileira de Otorrinolaringologia e Cirurgia Cérvico Facial
Cirurgião Craniomaxilofacial pela Associação Brasileira de Cirurgia Craniomaxilofacial
Membro do Comitê de Cirurgia Craniomaxilofacial da Associação Brasileira de Otorrinolaringologia e Cirurgia Cérvico Facial

MAURICIO MITSURU YOSHIDA
Cirurgião plástico pela Sociedade Brasileira de Cirurgia Plástica
Cirurgião Craniomaxilofacial, pela Associação Brasileira de Cirurgia Craniomaxilofacial
Médico assistente da Disciplina de Cirurgia Plástica da Faculdade de Medicina do ABC

Introdução

A Síndrome da Apneia Obstrutiva do Sono (SAOS) é definida pela Sociedade Torácica Americana como um distúrbio da respiração durante o sono, caracterizado por obstrução parcial prolongada das vias aéreas superiores (VAS) e/ou obstrução completa intermitente que interrompe a ventilação normal durante o sono e os padrões de sono normal.

São definidos cinco níveis de obstrução aérea:[1]

- Grau I: ronco primário
- Grau II: respiração difícil, sono perturbado, excitação, porém, sem apneia, hipopneia ou hipoxemia (Síndrome da Resistência das Vias Aéreas Superiores)
- Grau III: apneia ou hipopneia, sono perturbado, sem hipoxemia (SAOS)
- Grau IV: como grau III, porém, com hipoxemia (SAOS)
- Grau V: SAOS, com falência cardíaca direita

Alguns conceitos são fundamentais para classificação da SAOS segundo a Academia Americana de Medicina do Sono:

- Índice de apneia (IA): número de apneias obstrutivas e mistas com duração mínima de dois ciclos respiratórios. Expresso em eventos por hora (considerando para cálculo o tempo total de sono). SAOS é diagnosticada nas crianças quando IA > 1/hora.
- Hipopneia: redução de 50% ou mais do fluxo aéreo associada à dessaturação da oxihemoglobina >4%, ou $SaO_2<90\%$ e/ou despertar.
- Índice de apneia-hipopneia (IAH): somatória do número de apneias obstrutivas e mistas, hipopneias obstrutivas. Expresso em eventos por hora (considerando para cálculo o tempo total de sono). Considera-se anormal nas crianças o IAH > 1,5 eventos/h.[2]

Harvey, 1999[3] classificou a gravidade da SAOS em crianças de acordo com o Índice de Apneia / Hipopneia (IAH), em:

- Leve: IAH >1/h e <5/h
- Moderada: IAH >5/h e <10/h
- Grave: IAH >10/h

A SAOS é a mais frequente desordem respiratória relacionada ao sono. De acordo com estudos epidemiológicos recentes, a prevalência de apneia obstrutiva do sono é surpreendentemente alta na população geral. Estima-se que 1 a 2% da população total de países industrializados são afetados por apneia obstrutiva do sono grave, com substancial aumento da morbidade e mortalidade cardiovasculares.[4] A prevalência estimada de ronco em crianças não sindrômicas é de 3-12%, enquanto que, em relação à apneia obstrutiva do sono sintomática, tal índice é de 1-10%[5]. Nesta população, o pico de incidência da SAOS ocorre entre 2 a 6 anos, correspondendo ao pico da hiperplasia linfóidea normal.[6]

Em estudo prévio a prevalência de SAOS em crianças com síndromes craniofaciais (SCF) foi de 40%[7]. Recentemente foi estimado que 85% das crianças com SCF que não receberam cirurgias corretivas têm algum grau de obstrução da VAS, e em 61% dessas crianças ela é clinicamente significativa (moderada a grave).[8]

A SAOS em crianças pode se manifestar com sintomas que variam desde os relacionados ao sono (ronco, sudorese, enurese e hiperatividade) até os relacionados ao dia-a-dia (sonolência, fadiga diurna severa e déficit funcional intelectual)[9][10], podendo resultar em efeitos deletérios significativos na qualidade de vida.[11]

Os sintomas noturnos mais comuns são o ronco e o sono inquieto, que podem estar acompanhados de paradas respiratórias testemunhadas, agitação, sudorese, cianose, enurese, tosse e engasgos durante o sono. O ronco em geral é alto, contínuo e incômodo, podendo assustar os pais, levando-os a mudar o decúbito da criança. Além disso, estas crianças se movimentam muito durante a noite procurando dormir em posições que facilitem a passagem aérea, às vezes sentadas ou com o pescoço hiperextendido.[12]

Os sintomas diurnos incluem respiração bucal, obstrução nasal, cefaleia matutina, distúrbios de comportamento (hiperatividade, agressividade, falta de atenção), dificuldade no aprendizado e sonolência excessiva diurna.[12] A fragmentação do sono e a hipersonolência diurna podem ocorrer em crianças maiores, mas raramente são observadas em crianças menores.[13]

O diagnóstico e tratamento precoces da criança com SAOS podem prevenir complicações como déficit de ganho ponderal, infecções respiratórias de repetição, hipertensão, cor pulmonale, danos neurológicos e, até mesmo, morte.[10] Porém, atrasos em tais processos ocorrem, ainda, com muita frequência, determinando morbidade prolongada desnecessária nos pacientes.[11]

Apenas recentemente, maior atenção foi direcionada à SAOS em crianças com anomalias craniofaciais.[10] Tais crianças apresentam maior risco para a SAOS[8] e podem apresentar uma diversidade de alterações nas vias aéreas, das quais, grande parte requer algum tratamento já no primeiro mês de vida.[14]

A suscetibilidade anatômica para apneia do sono é determinada pela complexa relação entre as dimensões fixas do esqueleto craniofacial e o volume e distribuição dos tecidos moles que se localizam no compartimento esquelético.[15] Anormalidades no tamanho, posição e morfologia dos tecidos esqueléticos têm impacto sobre os tecidos moles das vias aéreas e, consequentemente, sobre o fluxo aéreo.[10]

O posicionamento dorso-caudal anômalo do hióide em algumas crianças é o motivo do distúrbio respiratório durante sono. Esses pacientes tendem a dormir em posição de hiperextensão cervical, na qual há elevação do hióide e alívio temporário da obstrução.[16]

O palato mole pode estar anormal em posição, comprimento e espessura obstruindo a orofaringe. Uma mandíbula hipoplásica, podendo estar associada a macroglossia, também reduz o volume da orofaringe em todas as dimensões, somado à abertura parcial da boca nos respiradores orais, há retroprojeção da base de língua com obstrução a este nível.

No primeiro ano de vida a laringe da criança é mais cranial e a epiglote pode alcançar o palato mole. Essa conformação oferece maior proteção contra a aspiração de alimentos quando a criança faz movimento de sucção, porém facilita a obstrução da faringe. Hipertrofia adenotonsilar pode complicar o caso com o crescimento da criança.[17]

No sono há hipotonia dos músculos intercostais e dilatadores das VAS. No sono de ondas lentas, o reflexo de ativação dos músculos genioglosso e tensor do véu palatino é reduzido ou até abolido. Consequentemente, há diminuição do calibre das VAS e aumento de sua resistência ao fluxo aéreo.[16]

Desta forma, a localização da obstrução das vias aéreas varia de acordo com a síndrome craniofacial. Na síndrome de Down, a via aérea superior é estreita e comprometida por infecções respiratórias crônicas, além de ser associada a macroglossia e hipotonia muscular. Nas síndromes com craniossinostose – Crouzon, Apert, Pfeiffer, Saethre-Chotzen – a deformidade da base do crânio e a hipoplasia maxilar resultam em obstrução das vias aéreas nasal e nasofaríngea. Síndromes com micrognatia, como Treacher-Collins, Pierre-Robin e Goldenhar, são caraterizadas por obstrução ao nível da hipofaringe. A acondroplasia implica na deformação da base do crânio.[9] A retrognatia decorrente de anquilose de articulação temporomandibular também está relacionada à obstrução em hipofaringe.

Os diversos fatores facilitadores para a obstrução da VAS nesses pacientes mostram que as características clínicas são complexas e podem variar com o tempo. Problemas respiratórios podem parecer menos significativos quando comparados ao atraso no desenvolvimento e às alterações cosméticas.

Há uma tendência de subestimar o potencial de desenvolvimento neuropsicomotor desta população. Expectativas de desenvolvimento normal para crianças sindrômicas podem ser baixas e as alterações patológicas podem ser atribuídas à síndrome genética propriamente dita e não às causas potencialmente remediáveis como a SAOS, disacusia ou redução da acuidade visual.[18] A explicação para este fato pode ser a falta de multidisciplinaridade e sistematização no manejo desses pacientes, que deve englobar os aspectos plásticos craniofaciais, neurológicos, otorrinolaringológicos, oftalmológicos, genéticos, pediátricos, anestésicos, ortodônticos, fonoudiológicos e psicológicos, garantindo tratamento especializado global e individualizado.

A polissonografia e a avaliação endoscópica das vias aéreas auxiliam na confirmação diagnóstica e na definição do tratamento, além de serem úteis como medidas pré-operatórias na previsão de dificuldades anestésicas e para um adequado planejamento cirúrgico.[19] A polissonografia em laboratório do sono durante uma noite inteira é o padrão-ouro para diagnóstico da SAOS. O exame tem excelente reprodutibilidade, documenta a obstrução das VAS, distingue apneia obstrutiva da central, estabelece a gravidade e registra crises ou atividade epiléptica no eletroencefalograma de crianças com doenças neurológicas.[20] A endoscopia das vias aéreas, por sua vez, possibilita o estudo dinâmico da obstrução durante a respiração espontânea, além da identificação dos sítios de obstrução.[9]

O tratamento é estabelecido com medidas clínicas e procedimentos cirúrgicos, de acordo com a gravidade de cada caso. O manuseio das vias aéreas nos pacientes com anomalias craniofaciais associadas à patologia das vias aéreas superiores e inferiores é desafiador, não apenas em decorrência do edema causado por infecções respiratórias recorrentes e manipulação cirúrgica, mas, também, pela vulnerabilidade, ao trauma, da traqueia anormal.[19] A necessidade da associação de modalidades terapêuticas distintas reflete, também, a grave natureza e a origem multifatorial da obstrução nestes pacientes.[10]

Tratamentos clínicos incluem orientações sobre higiene do sono, controle da obesidade, tratamento da rinite, utilização de aparelhos de reposicionamento dentário, emprego de tubos nasofaríngeos temporários e ventilação com máscara com pressão positiva (CPAP – *continuous positive airway pressure*).[10] [12] O uso de CPAP está indicado nas seguintes situações: ausência de hipertrofia adenotonsilar, contra-indicação cirúrgica, persistência dos sintomas após tratamento cirúrgico. Sendo esta considerada a terapia clínica mais eficiente.[4] [12]

Terapias cirúrgicas convencionais incluem tonsilectomia palatina e faríngea (a resolução da SAOS após esta cirurgia ocorre em torno de 80% das crianças não sindrômicas)[13], uvulopalatoplastia e correção da obstrução nasal.

A traqueostomia pode ser mandatória na obstrução grave das VAS, em neonatos com anomalias craniofaciais que requerem intubação em decorrência da insuficiência respiratória.[10] [21]

A distração osteogênica representa uma importante inovação técnica que permite o avanço mandibular gradual em crianças de menor idade.[10]

Avanço maxilomandibular pode ser oferecido como terapia alternativa para os pacientes com deficiência maxilar e/ou mandibular associada a estreitamento das VAS.[4]

Em casos com craniossinostose sindrômica associada a obstrução de VAS, a extensão da retrusão do terço médio da face e das anormalidades traqueais pode suscitar a necessidade de cirurgia de avanço frontofacial em monobloco ou osteotomia tipo LeFort III[10], as quais podem ser realizadas em diferentes faixas etárias.[22]

SÍNDROMES CRANIOFACIAIS

1. Síndromes com sinostose craniofacial

Craniossinostose é o termo que designa a fusão prematura de uma ou mais suturas, tanto da calota quanto da base cranianas, podendo resultar em alterações de forma do próprio crânio e da face.

Nas craniossinostoses sindrômicas embora os ossos membranosos do esqueleto facial tenham crescimento anormal, os componentes cartilaginosos estão inafetados. A displasia facial é severa, com maxila grosseiramente hipoplásica em todas as dimensões e o nariz e mandíbula relativamente proeminentes. Encurtamento da base de crânio ocorre e a maxila é retruída com um pequeno e arqueado palato duro resultando em uma cavidade nasal reduzida com frequente desvio septal e estreita abertura coanal, frequentemente confundida com estenose. Há aproximação medial e estreitamento das lâminas pterigóideas com importante redução da dimensão transversa da rinofaringe. Isto resulta em uma redução do comprimento, profundidade e largura da faringe.[19 23]

Nas síndromes de Apert e Crouzon há um espessamento lateral do palato por deposição de mucopolissacarídeos ao longo dos arcos alveolares, criando uma ranhura mediana confundida como fenda palatina. A presença da fenda palatina real é associada à menor necessidade de intervenção na via aérea para tratamento da SAOS.[19 24]

A. Síndrome de Crouzon
Doença caracterizada por craniossinostose, exorbitismo e retrusão de terço médio da face, cujo padrão de herança é autossômico dominante com penetrância quase completa. Não existe um padrão regular de deformidade calvariana; escafocefalia, trigonocefalia ou oxicefalia podem estar presentes na dependência do sítio de sinostose da sutura craniana. As alterações na calvária e nas cavidades orbitárias representam alterações compensatórias secundárias ao aumento da pressão intracraniana.[25]

B. Síndrome de Apert (acrocefalossindactilia)
Doença caracterizada por craniossinostose, exorbitismo, hipoplasia de terço médio da face, sindactilia simétrica de mãos e pés e outras deformidades esqueléticas axiais, com padrão de herança autossômico dominante. Braquicefalia e turricefalia são comuns. Em associação à hipoplasia maxilar, pode-se observar palato ogival, fendas do palato secundário, apinhamento da arcada dentária e mordida aberta anterior,[25] além de atresia de coanas.

C. Síndrome de Pfeiffer

Doença caracterizada por craniossinostose, aumento de volume dos polegares e hálux, exorbitismo e severa hipoplasia de terço médio da face, com padrão de herança autossômico dominante.[25]

D. Síndrome de Saethre-Chotzen

Doença caraterizada por craniossinostose, baixa implantação da linha do cabelo, ptose palpebral, desvio de septo nasal e braquidactilia. O padrão de herança é autossômico dominante com penetrância completa. A hipoplasia maxilar é observada menos frequentemente do que nas demais síndromes com sinostose craniofacial.[25]

E. Síndrome de Carpenter

Doença caracterizada por craniossinostose, polissindactilia de pés e presença de mãos pequenas com variável sindactilia de tecidos moles, com padrão de herança autossômica recessiva,[25] associada, frequentemente, a retardo mental.

2. Síndrome de treacher-collins (disostose mandibulofacial)

Desordem com padrão de herança autossômica dominante com variabilidade na penetrância e na expressividade fenotípica. O espectro completo da doença é caracterizado por: 1) fissura palpebral antimongolóide; 2) colobomas de pálpebra inferior; 3) ausência de cílios nos dois terços mediais da pálpebra inferior; 4) hipoplasia zigomática e mandibular; 5) deformidades auriculares; e 6) costeletas de cabelo posicionadas anteriormente. A síndrome da apneia obstrutiva do sono e a morte súbita nestas crianças são de particular significância. Considera-se que as dimensões da faringe e da nasofaringe nestes pacientes são aproximadamente 50% menores comparadas às crianças normais[25] em decorrência da hipoplasia mandibular e consequente rotação da mesma no sentido horário.

3. Sequência de Pierre-Robin

Desordem caracterizada por micrognatia e glossoptose com obstrução das vias aéreas, frequentemente associada a fissura palatina.[25] Porém, outras desordens podem, também, estar associadas a micrognatia congênita e glossoptose[26], o que dificulta, eventualmente, o diagnóstico de Sequência de Pierre-Robin. Acredita-se que o tamanho da via aérea orofaríngea e a posição da língua são os fatores mais importantes relacionados à gravidade da dificuldade respiratória, com índices de

Do Respirador Bucal à Apneia Obstrutiva do Sono: Enfoque Multidisciplinar

mortalidade variando de 5 a 30%[20] . O aspecto mais importante a ser avaliado é a capacidade da criança de descansar e dormir mantendo uma adequada via aérea; caso não seja possível, um tratamento imediato faz-se necessário.[25]

4. Anquilose de articulação temporomandibular

Anquilose de articulação temporomandibular (ATM) é definida como rigidez ou fixação desta articulação em consequência de um processo mórbido. Ela pode ser classificada em verdadeira (ou intra-articular) ou falsa (ou extra-articular) e, também, como óssea ou fibrosa, dependendo do tipo de fusão entre os elementos articulares. Dentre as causas de anquilose verdadeira, o trauma é a condição mais frequente, porém, infecção e artrite reumatóide juvenil também podem provocar a destruição do disco e dos elementos ósseos suficientes para produzir anquilose. A falsa anquilose, de origem extra-articular, pode ser consequência de condições que afetem os músculos da mastigação, o nervo facial e o processo coronóide.[25 27] Em crianças, a anquilose de ATM pode comprometer o desenvolvimento mandibular adequado, resultando em retrognatia[28] , que, por sua vez, pode contribuir para a SAOS[29]. Nestes pacientes, o tratamento precoce da anquilose e da hipoplasia mandibular faz-se necessário com o intuito de melhorar a obstrução das vias aéreas e, consequentemente, evitar os problemas decorrentes da SAOS.[30]

CIRURGIA CRANIOFACIAL

1. Princípios

Os procedimentos cirúrgicos devem ser realizados o mais precocemente possível, com o objetivo de trazer ao paciente, condições estéticas e funcionais adequadas e, desta forma, poupá-lo do comprometimento de seu desenvolvimento e, também, evitar traumas psicossociais decorrentes de sua aparência craniofacial.

Nas crianças recém-nascidas com craniossinostose, os objetivos da cirurgia são: 1) descompressão do espaço intracraniano, com intuito de reduzir a pressão intracraniana e prevenir problemas visuais e permitir um desenvolvimento mental adequado e 2) aquisição de uma estrutura craniofacial satisfatória,[25] o que impõe, também, a necessidade da obtenção de uma via aérea funcional nos casos de SAOS associada.

Nas síndromes que cursam com microretrognatia, a cirurgia visa o alongamento mandibular ósseo, além da distensão dos tecidos moles associados, com consequente aumento das vias aéreas e melhora nas condições respiratórias, mastigatórias e fonatórias.

2. Cirurgia Multidisciplinar

Evidentemente, a multidisciplinaridade é fundamental, com a interação de diversas especialidades (cirurgia craniofacial, neurocirurgia, pediatria, genética, otorrinolaringologia, oftalmologia, anestesiologia, fonoaudiologia e ortodontia), cada qual contribuindo com suas respectivas competências na avaliação pré-operatória e no controle pós-operatório a curto e a longo prazo.

3. Principais Técnicas

A. Osteotomia tipo Le Fort III

O avanço do terço médio da face promovido pela osteotomia tipo Le Fort III tem como objetivo aumentar a dimensão anteroposterior da via aérea nasofaríngea, além de melhorar o aspecto estético craniofacial.

A exposição é realizada, principalmente, por acesso bicoronal, completada por uma incisão intraoral vestibular superior para abordagem da sutura esfenomaxilar.

A secção da órbita inicia-se à altura da sutura frontozigomática e se prolonga caudal e posteriormente, em direção à fossa temporal. A osteotomia continua-se medialmente, ao nível do assoalho orbitário, atrás das vias lacrimais; a extensão até a parede medial permite confluir na sutura frontonasal. De forma similar, a osteotomia prossegue caudal e posteriormente à parede posterolateral da maxila, em direção à sutura esfenomaxilar, a qual é separada. A sutura temporozigomática é seccionada por via alta (Fig. 1). Neste momento, o conjunto da pirâmide óssea pode ser mobilizado com fórceps (Fig. 2). Completada a osteotomia, o avanço do terço médio da face pode ser realizado com estabilização dos segmentos ósseos com material de síntese no mesmo tempo cirúrgico ou com avanço gradual, por meio de um distrator (Fig. 3, 4 e 5).

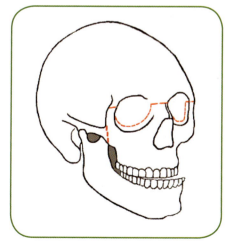

Fig. 1: Osteotomia Le Fort III.

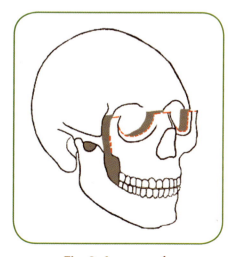

Fig. 2: Avanço após osteotomia Le Fort III.

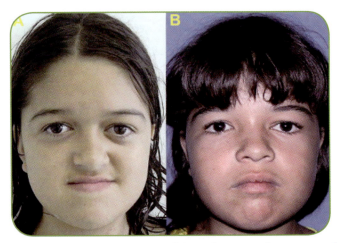

Fig. 3: Paciente portadora de Sd. de Crouzon. Aspectos pré (A) e pós-operatório, após avanço de terço médio da face por meio de osteotomia Le Fort III e distração osteogênica (B).

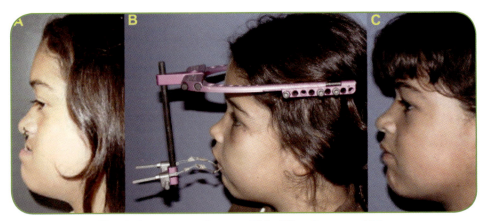

Fig. 4: Aspectos pré–operatório (A), pós–operatório durante distração osteogênica (B) e final (C).

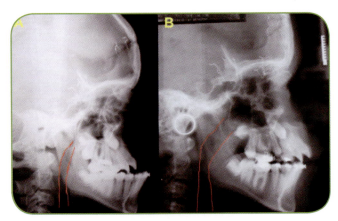

Fig. 5: Telerradiografia em perfil: pré-operatório (A) e pós-operatório (B). Nota-se aumento significativo da dimensão ântero-posterior da via aérea superior após avanço do terço médio da face.

B. Avanço Frontofacial em Monobloco (ou Avanço Craniofacial tipo Le Fort IV)

Consiste no avanço simultâneo da fronte, órbitas e terço médio da face, sendo indicado em crianças com retrusão de terço médio facial, distúrbio respiratório, exorbitismo e exposição corneana.

Assim como a osteotomia tipo Le Fort III, o avanço frontofacial em monobloco visa restabelecer a estética craniofacial, além de aumentar a dimensão anteroposterior da nasofaringe. Além disso, promove a correção do exorbitismo, protegendo, consequentemente, a córnea.

A exposição do esqueleto facial consiste na associação do acesso bicoronal ao acesso intraoral. Após a remoção do segmento ósseo frontal, a osteotomia supraorbital é estendida horizontalmente para a região da fossa temporal e se continua inferiormente em direção à base do crânio e prossegue caudalmente na parede posterolateral da maxila, até a osteotomia da sutura esfenomaxilar (Fig. 6). A sutura frontonasal e a suturas frontozigomáticas são poupadas. Após a osteotomia, o avanço gradual é realizado de forma semelhante à osteotomia tipo Le Fort III, com o auxílio de um distrator (Fig. 7, 8, 9 e 10).

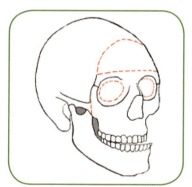

Fig. 6: Osteotomia tipo Le Fort IV para avanço frontofacial em monobloco.

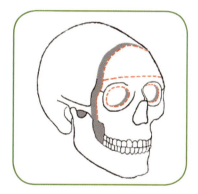

Fig. 7: Avanço frontofacial.

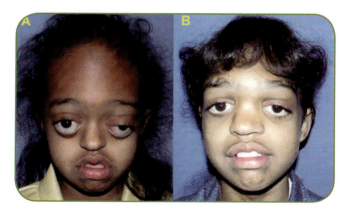

Fig. 8: Paciente portadora de Sd. de Crouzon. Aspectos pré (A) e pós-operatório, após avanço frontofacial em monobloco (B).

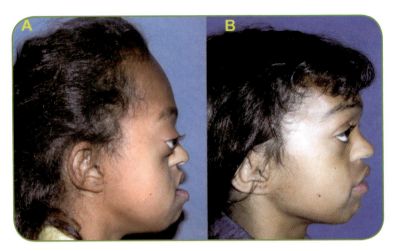

Fig. 9: Aspectos pré (A) e pós-operatório (B). Nota-se importante melhora do perfil após avanço frontofacial em monobloco.

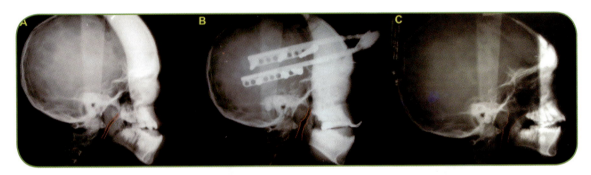

Fig. 10: Telerradiografia em perfil: pré-operatório (A), pós-operatório durante distração osteogênica (B) e aspecto final (C). Nota-se aumento significativo da dimensão ântero-posterior da via aérea superior após distração osteogênica para avanço frontofacial em monobloco.

C. Distração Osteogênica de Mandíbula

A proposta da distração osteogênica de mandíbula é promover seu alongamento gradual e tracionar anteriormente as inserções musculares do assoalho oral, aumentando a dimensão anteroposterior das vias aéreas[20].

São considerados 3 tipos de distração, segundo o número de osteotomias: 1) distração monofocal - um único foco de osteogênese; 2) bifocal - fragmento intermediário como "eixo"; e 3) trifocal - dois focos de regeneração óssea e uma zona de consolidação por compressão (transporte ósseo).

O acesso preferencial é o intraoral, e a exposição é resultado de uma dissecção subperiostal do ângulo mandibular. A osteotomia é traçada de acordo com o sentido de alongamento necessário, com dupla corticotomia (Fig. 11). As hastes são locadas por via transcutânea, com implantação óssea bicortical (Fig. 12).

A distração inicia-se após um período de 3-5 dias de latência, com um ritmo de 1mm/dia, seguido de um tempo de estabilização que varia de 4-8 semanas, segundo a importância do alongamento e da idade do paciente. Esta fase de consolidação acompanha-se de tratamento ortodôntico conforme a necessidade do caso (Fig. 13 e 14).

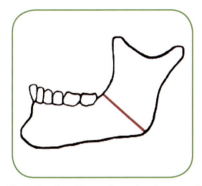

Fig. 11: Osteotomia no ângulo da mandíbula para distração osteogênica monofocal.

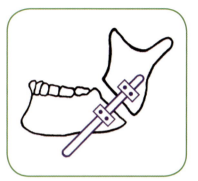

Fig. 12: Mandíbula após avanço com distrator.

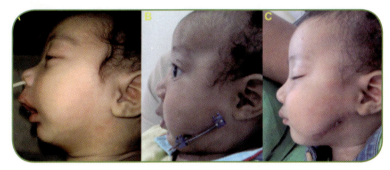

Fig. 13: Paciente portador de Sequência de Pierre-Robin (A) com IAH = 72,3, submetido a osteotomia de mandíbula e distração osteogênica monofocal (B), evoluindo com melhora da microretrognatia e do padrão respiratório (C).

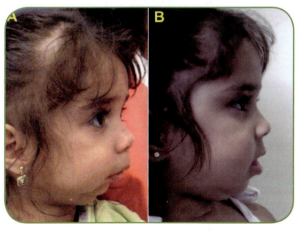

Fig. 14: Paciente portadora de anquilose bilateral de ATM com microretrognatia (A) e IAH = 49,8, submetida a distração osteogênica de mandíbula com melhora estética e funcional (B).

D. Cirurgia de Avanço Bimaxilar

A cirurgia de avanço bimaxilar associa a osteotomia tipo Le Fort I à osteotomia da mandíbula. Sua proposta é tratar o dismorfismo esquelético craniofacial em tempo cirúrgico único, associando a correção das anormalidades nos planos vertical e ântero-posterior; porém, o objetivo principal deste procedimento é o aumento das vias aéreas no plano sagital. A cirurgia de avanço bimaxilar promove aumento do volume do leito lingual, tração anterior da língua por meio da ação sobre os músculos genioglosso e gênio-hióideo, avanço do véu palatino e estiramento dos tecidos moles locais, contribuindo para o aumento da via aérea orofaríngea.[31]

Na osteotomia tipo Le Fort I, a maxila é seccionada transversalmente a partir da margem da abertura piriforme em direção à tuberosidade maxilar, posteriormente (Fig. 15 e 16). O septo nasal é seccionado em sua base no vômer ao longo de toda sua extensão no assoalho nasal. O segmento maxilar é separado em sua porção posterior na sutura esfenomaxilar (Fig. 17).

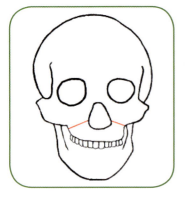
Fig. 15: Osteotomia Le Fort I.

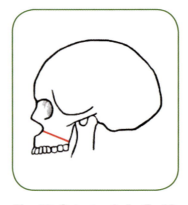
Fig. 16: Osteotomia Le Fort I, perfil.

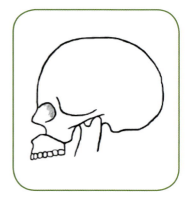
Fig. 17: Avanço maxilar após osteotomia Le Fort I.

A osteotomia do ramo mandibular é realizada, preferencialmente, pela técnica de secção sagital (técnica de Obwegeser). Após adequada exposição do ramo, uma incisão horizontal é realizada através do córtex medial, aproximadamente 1cm cranial à língula (Fig. 18). A osteotomia continua-se no plano sagital, em direção caudal, até uma incisão vertical no córtex lateral do corpo da mandíbula, na área do segundo molar (Fig. 19 e 20).

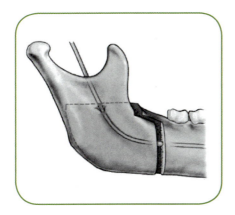

Fig. 18: Localização do n. alveolar inferior.

Fig. 19: Osteotomia sagital da mandíbula.

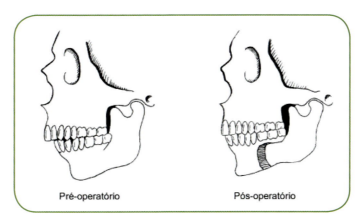

Fig. 20: Aspectos pré e pós-operatório de avanço de mandíbula.

CONSIDERAÇÕES FINAIS

O progresso dos recursos diagnósticos, com destaque para a polissonografia, possibilita, atualmente, a avaliação de crianças em idades mais precoces, com maior quantidade e qualidade de dados. Desta forma, tornou-se possível uma melhor avaliação da Síndrome da Apneia Obstrutiva do Sono, tanto pré-operatória quanto pós-operatória em relação aos resultados obtidos.

Infelizmente, muitas dúvidas ainda persistem à luz do conhecimento atual da SAOS nos pacientes portadores de Síndromes Craniofaciais. Por que algumas grandes retrusões de terço médio da face não apresentam alterações polissonográficas significativas? O que justifica os altos índices de recidiva de SAOS em pacientes submetidos a avanço bimaxilar?

Certamente, as respostas para tais questionamentos e a solução definitiva para a Síndrome da Apneia Obstrutiva do Sono ainda estão por vir.

REFERÊNCIAS BIBLIOGRÁFICAS:

1. Society, A.T. *Cardiorespiratory sleep studies in children. Establishment of normative data and polysomnographic predictors of morbidity. American Thoracic Society.* in *Am J Respir Crit Care Med.* 1999.

2. Medicine, A.A.o.S., *Sleep-related breathing disorders in adults: recommendations for syndrome definition and measurement techniques in clinical research. The Report of an American Academy of Sleep MedicineTask Force.* Sleep, 1999. **22**(5): p. 667-89.

3. Harvey, J.M., *et al., Aetiological factors and development in subjects with obstructive sleep apnoea.* J Paediatr Child Health, 1999. **35**(2): p. 140-4.

4. Hochban, W., *et al., Surgical maxillofacial treatment of obstructive sleep apnea.* Plast Reconstr Surg, 1997. **99**(3): p. 619-26; discussion 627-8.

5. Chan, J., J.C. Edman, and P.J. Koltai, *Obstructive sleep apnea in children.* Am Fam Physician, 2004. **69**(5): p. 1147-54.

6. Rosen, C.L., *Obstructive sleep apnea syndrome (OSAS) in children: diagnostic challenges.* Sleep, 1996. **19**(10 Suppl): p. S274-7.

7. Hoeve, L.J., M. Pijpers, and K.F. Joosten, *OSAS in craniofacial syndromes: an unsolved problem.* Int J Pediatr Otorhinolaryngol, 2003. **67 Suppl 1**: p. S111-3.

8. Pijpers, M., *et al., Undiagnosed obstructive sleep apnea syndrome in children with syndromal craniofacial synostosis.* J Craniofac Surg, 2004. **15**(4): p. 670-4.

9. Hoeve, H.L., K.F. Joosten, and S. van den Berg, *Management of obstructive sleep apnea syndrome in children with craniofacial malformation.* Int J Pediatr Otorhinolaryngol, 1999. **49 Suppl 1**: p. S59-61.

10. Cohen, S.R., C. Simms, and F.D. Burstein, *Mandibular distraction osteogenesis in the treatment of upper airway obstruction in children with craniofacial deformities.* Plast Reconstr Surg, 1998. **101**(2): p. 312-8.

11. Richards, W. and R.M. Ferdman, *Prolonged morbidity due to delays in the diagnosis and treatment of obstructive sleep apnea in children.* Clin Pediatr (Phila), 2000. **39**(2): p. 103-8.

12. *Clinical practice guideline: diagnosis and management of childhood obstructive sleep apnea syndrome.* Pediatrics, 2002. **109**(4): p. 704-12.

13. Lipton, A.J. and D. Gozal, *Treatment of obstructive sleep apnea in children: do we really know how?* Sleep Med Rev, 2003. **7**(1): p. 61-80.

14. Perkins, J.A., *et al., Airway management in children with craniofacial anomalies.* Cleft Palate Craniofac J, 1997. **34**(2): p. 135-40.

15. Akita, S., *et al., Sleep disturbances detected by a sleep apnea monitor in craniofacial surgical patients.* J Craniofac Surg, 2006. **17**(1): p. 44-9.

16. Balbani, A.P., S.A. Weber, and J.C. Montovani, *Update in obstructive sleep apnea syndrome in children.* Braz J Otorhinolaryngol, 2005. **71**(1): p. 74-80.

17. Kotagal, S., *Sleep and breathing disturbances in infancy and early childhood.* Semin Pediatr Neurol, 2003. **10**(4): p. 281-8.

18. Nishikawa, H., K. Pearman, and S. Dover, *Multidisciplinary management of children with craniofacial syndromes with particular reference to the airway.* Int J Pediatr Otorhinolaryngol, 2003. **67 Suppl 1**: p. S91-3.

19. Mixter, R.C., *et al.*, *Obstructive sleep apnea in Apert's and Pfeiffer's syndromes: more than a craniofacial abnormality.* Plast Reconstr Surg, 1990. **86**(3): p. 457-63.

20. Monasterio, F.O., *et al.*, *Distraction osteogenesis in Pierre Robin sequence and related respiratory problems in children.* J Craniofac Surg, 2002. **13**(1): p. 79-83; discussion 84.

21. Sculerati, N., *et al.*, *Airway management in children with major craniofacial anomalies.* Laryngoscope, 1998. **108**(12): p. 1806-12.

22. Psillakis, J.M., *et al.*, *Frontoorbital remodeling in congenital craniofacial deformities.* Ann Plast Surg, 1981. **6**(6): p. 453-63.

23. Delashaw, J.B., J.A. Persing, and J.A. Jane, *Cranial deformation in craniosynostosis. A new explanation.* Neurosurg Clin N Am, 1991. **2**(3): p. 611-20.

24. Hui, S., *et al.*, *Obstructive sleep apnea syndrome in a family with Crouzon's syndrome.* Sleep, 1998. **21**(3): p. 298-303.

25. McCarthy JG, E.F., Wood-Smith D. , *Craniosynostosis*, in *Plastic Surgery*. 1990, Saunders Company: New York. p. 3013-3053

26. Mandell, D.L., *et al.*, *Mandibular distraction for micrognathia and severe upper airway obstruction.* Arch Otolaryngol Head Neck Surg, 2004. **130**(3): p. 344-8.

27. Bessette RW, J.J., *Temporomandibular Joint Dysfunction*, in *Grabb & Smith's Plastic Surgery*, B.R. Aston SJ, Thorne CHM, Editor. 1997, Lippincott-Raven. p. 335-347

28. Oztan, H.Y., B.G. Ulusal, and C. Aytemiz, *The role of trauma on temporomandibular joint ankylosis and mandibular growth retardation: an experimental study.* J Craniofac Surg, 2004. **15**(2): p. 274-82; discussion 282.

29. Walker, D.A., *Management of severe mandibular retrognathia in the adult patient using distraction osteogenesis.* J Oral Maxillofac Surg, 2002. **60**(11): p. 1341-6.

30. Dean, A. and F. Alamillos, *Mandibular distraction in temporomandibular joint ankylosis.* Plast Reconstr Surg, 1999. **104**(7): p. 2021-31.

31. Smatt, Y. and J. Ferri, *Retrospective study of 18 patients treated by maxillomandibular advancement with adjunctive procedures for obstructive sleep apnea syndrome.* J Craniofac Surg, 2005. **16**(5): p. 770-7.